ÉTAT NATUREL

DES PEUPLES.

TOME TROISIÈME.

ETAT NATUREL

DES PEUPLES,

OU TRAITÉ

SUR les Points les plus importans de la Société civile, & de la Société générale des Nations ;

OUVRAGE dans lequel on tâche de ramener aux vrais principes de la Civilisation, en montrant, avec les erreurs des Peuples & des Ecrivains politiques sur cette matière, la possibilité & les moyens de les réparer.

TOME TROISIÈME.

Immò verò plerifque ultrò etiam irrifui fumus ifta commentantes, atque frivoli operis arguimur : magno quamquam immenfi laboris, folatio, fperni cum rerum natura : quam certè non defuiffe nobis docebimus. PLINE l'ancien.

A PARIS,

Chez SERVIERE, Libraire, rue du Foin-Jacques, N°. 30.

M. DCC. XCII.

DE L'ÉTAT NATUREL DES PEUPLES.

SUITE DE LA SECONDE PARTIE.

SECTION DEUXIEME,

Nº. I V.

*De la Propriété dans ses diverses espèces, &
dans ses différentes Branches. L'on explique encore ici ce que la Loi de Moyse
avoit de particulier & d'exclusif sur divers
Points de Morale & de Réglement Civil.*

CHAPITRE PREMIER.

*De la Propriété en général. Objets sur lesquels on va
la considérer ; divisée en deux sortes ; comment
formées l'une & l'autre.*

Après avoir discuté, par le *Droit naturel*,
les *Peines* en général & la *Peine de mort*, établies

Exposition
du sujet &

A

des diffé-
rens points
surlesquels
on va le
considérer.

dans nos Gouvernemens civils ; les conditions de *Maître* & de *Valet* que nous avons conservées ; celles de *Despote* & d'*Esclave*, qui ne sont pas encore abolies ; les Droits de *Conquêtes* qui subsistent ; les Loix de la *Guerre* qui servent encore de guide : après avoir approfondi les caractères & la nature du *Prêt à intérêt*, de la *Polygamie*, du *Divorce*, &c. qu'on ne croit point mauvaise en soi ; & recherché comment & en quoi le *Peuple de Dieu* étoit dirigé, sur tous ces points, par des principes qui ne pouvoient convenir qu'à lui : après avoir enfin reconnu combien nous sommes éloignés de cette perfection politique & civile que le *Droit naturel* recommande, il est temps de parler de la *Propriété*, cet apanage essentiel de notre existence, & en même temps, cette fatale mere des dissensions publiques & particulieres ; que nous considérions sa nature, son origine, son étendue, ses loix & ses effets.

Questions
déja faites
& qui trou-
veront leur
solution
dans ce
Chapitre &
les suiv.

J'ai demandé (1) si les hommes, en se liant en corps de société civile, *ont entendu que les uns seroient puissans & riches, les autres foibles & pauvres ; ceux-là accablés de travail, ceux-ci plongés dans l'oisiveté : d'autres jouissant de beaucoup d'honneurs & de prérogatives, & tout le reste borné à payer les charges.*

Ces questions qui naissent ici naturellement du sujet, trouveront leur solution dans les détails où je vais entrer en ce Chapitre & les suivans ; & j'espere de les rendre tels, ces détails, qu'ils nous menent à des idées justes sur une matiere qui

(1) Dans cette Deuxieme Partie, au Tome Second, p. 32.

à été, en général, & mal connue, & mal présentée.

On doit convenir, quand on a recours aux Les Livres
livres de nos maîtres, qu'il est impossible d'y rien
remontrer sur ce point qui nous satisfasse ; ni d'y
trouver ces principes lumineux , qui , en toutes
choses qui nous concernent, ne méritent ce nom
qu'autant qu'ils sont relatifs à la constitution humaine. *Grotius*, continuellement prévenu en faveur
de nos usages, nous dit bien plus ce que c'est
que la *Propriété* ou le *Domaine* , tels qu'on les
voit établis parmi les hommes, que ce qu'ils sont
en soi & réellement ; & toutes ses inductions sont
tirées de cette image fausse qu'il s'en est formée.
Puffendorf, qui en parle plus au long, & avec
un peu plus d'exactitude , mais qui n'est pas
exempt des mêmes préjugés , nous jette en des
considérations vagues & inutiles ; ou nous arrête
sur des subtilités qui ne font qu'étouffer le but :
on cherche en vain un fil qui nous conduise dans
ce labyrinthe obscur des temps & des nations,
sur un attachement le plus légitime , & en
même temps le plus séduisant pour l'espece
humaine.

Les Livres de nos Maî-
tres , foi-
bles ressour-
ce pour se
faire des i-
dées justes
sur la *Pro-
priété.*

Je dirois presque , qu'il est superflu de définir
la *Propriété* : chacun sait qu'elle va à posséder &
à pouvoir jouir ; & l'on sent même que ce *droit*
subsiste , quand la chose passe par violence ou
par finesse entre les mains d'un autre : c'est une
qualité morale qu'on acquiert par rapport à un
autre être, à l'effet d'en pouvoir disposer quand
bon nous semble.

Il semble
d'abord
inutile de
la définir.

Avec cela, il n'y a rien de fi mal approfondi que cette idée; & les fondemens fur lefquels elle porte, font encore plus méconnus.

L'on a compris, fans doute, dès l'entrée de ce Chapitre, que j'en voulois principalement à la propriété des *biens*, comme l'objet dont la poffeffion occupe le plus les hommes. Mais il eft indifpenfable, pour aller à la fource des chofes, d'envifager cette qualité morale dans fon fens le plus étendu; & que j'en compare enfemble les diverfes fortes. L'on pourra voir alors que cette idée fimple & évidente, à l'égard des corps infenfibles, ne nous paroît plus exactement la même, quand il s'agit des animaux, & qu'elle éprouve bien plus de changement encore, quand on l'applique à des hommes.

Mais l'on idée n'eft plus bien claire, felon les fujets où on l'applique.

Que faire dans cette recherche? Confulter la *nature*; c'eft-à-dire, aller aux indications fûres que Dieu a mifes exprès en chaque chofe pour la connoiffance de la vérité.

Ce que la nature nous en apprend.

Le fentiment intérieur nous apprend qu'une propriété très-réelle exifte, à l'égard de nos femmes & de nos enfans; & j'ajouterois prefque, ceux qui nous ont donné le jour, s'il n'étoit vifible qu'à leur égard, la propriété n'a plus tant d'empire.

Premier Principe: Caractere effentiel de la propriété

D'où je commence à découvrir un *premier principe*, qui eft qu'un caractere effentiel à cette qualité morale, eft qu'une certaine force l'accompagne: force qui n'eft autre que le Droit lui-même, ou le pouvoir de prétendre à la chofe

exprimé ou tacite, réduit en acte ou non, en
vertu d'un titre naturel ou acquis.

Je découvre encore, (& c'est un *second prin-*
cipe qui n'est qu'un développement du premier)
que cette force se dirige sur l'objet lui – même,
pour notre utilité particulière, ou pour la sienne ;
ou qu'elle tombe tout simplement contre tout
autre objet pour l'empêcher de lui nuire, ou à
nous par lui.

Telle est, à mon sens, toute l'ame de la *pro-*
priété, toute la vie qu'elle peut avoir dans ses
divers rapports & ses circonstances essentielles.

Mais ce que je dis, suppose nécessairement
qu'elle est de deux especes ; & il est autant important de ne pas les confondre, que de savoir
les remarques toutes les deux à la fois : la *natu-*
relle & l'*acquise*.

La *propriété* est *naturelle*, quand ce sont les
liens du sang qui nous la donnent ; comme sont
nos peres, nos enfans, tous les collatéraux,
ascendans & descendans : ou bien, quand c'est
quelque chose d'attaché à notre constitution, &
qui la suit ou en dépend, comme les diverses parties de notre corps, ou les attributs & les facultés de notre ame.

La *propriété* est *acquise*, quand c'est un acte
exprès de notre volonté qui nous la procure,
comme sont nos femmes, nos associés, nos domestiques, nos amis, nos protégés, tous les animaux

Deuxieme
Principe :
Dévelop-
pement de
ce caracte-
re.

Elle est de
deux espe-
ces.

Propriété
naturelle.

Propriété
acquise.

A iij

à notre service, & ceux que nous gardons pour notre plaisir : ou bien, en fait d'êtres insensibles, toutes les choses inanimées que nous faisons passer de même sous notre domaine.

Puffendorf ici dans l'erreur de croire toute propriété d'institution humaine.

On voit par-là évidemment que *Puffendorf* est dans l'erreur de croire que toute qualité morale en général doit son origine uniquement à l'*institution* ; puisqu'à l'égard des personnes & autres choses qui sont à nous, non par un effet de notre choix propre, l'on ne sauroit dire qu'il y entre la moindre institution possible : tout se trouvant ainsi arrangé, par rapport à nous, quant à ces mêmes personnes, par une suite du premier établissement, qui est le *mariage* ; & quant aux autres choses, par la nature même de notre individu, & la manière dont Dieu a voulu que nous fussions faits.

Danger de n'en avoir pas distingué les deux espèces.

L'ignorance ou l'omission de cette distinction a été d'autant plus fatale, que ne prenant pas la propriété naturelle pour modele, l'on a porté l'autre infiniment au-delà de ses limites. *Puffendorf,* qui n'envisage dans la propriété que les biens proprement dits, y comprend néanmoins ensuite les personnes, comme les esclaves, &c. ; & il s'étonne donc qu'on ait seulement mis la chose en question, savoir, *si la propriété des biens vient de la nature ou de l'institution ;* & l'on n'a été, selon lui, dans ce doute, que parce qu'on ignore, dit-il, une vérité de la derniere évidence, qui est que *que la substance physique des choses ne reçoit aucun changement, soit qu'elles appartiennent à quelqu'un, ou qu'elles cessent de lui appartenir.*

Si cette remarque est puérile, (car qui est-ce qui peut s'y méprendre ?) elle a du moins cet avantage, qu'elle nous montre que l'Auteur a compris que la *propriété*, en tant qu'*acquise* (qui est celle qu'on entend communément, parce qu'elle nous intéresse de plus près) est de sa nature particuliere, & exclusive de toute possession commune. Ce n'est pas effectivement posséder, que de n'avoir pas en propre à soi ; & la maxime qui dit, que *qui a associé à maître*, est très-véritable ; puisqu'il est de regle & de raison que dans toute communauté, chacun des participans ait un droit égal à la chose, ou du moins proportionné à sa part respective, & que chaque portion des biens en commun lui réponde de la sienne, en telle sorte qu'aucun d'eux en particulier ne puisse disposer de rien sans le consentement de tous les autres.

Utilité d'une remarque puérile de *Puffendorf.*

Ci-après, N°. V Chap. II.

Ainsi l'idée de représenter tous les biens du Monde, à la Création, comme ayant appartenu au premier homme, ou bien, aujourd'hui, comme étant indistinctement communs à tous, est - elle ridicule.

Ridiculité de représenter tous les biens à la Création comme appartenans à *Adam* ou, &c.

La nature veut que le genre humain, par-tout où il se trouve, campe (pour ainsi parler) à ses dépens, & use des choses qu'elle lui destine, ou telle qu'elle les produit, ou bien, qu'il les façonne lui-même, selon son utilité & son plaisir ; & c'est une premiere Loi.

Intention de la Nature à cet égard.

Premiere Loi.

Mais elle veut aussi que l'on se borne à ce que l'on a sous la main ; & que ce qui est dans la sphere étroite de chaque individu, (là où il est,

Deuxieme Loi.

A iv

ou bien où il se porte par nécessité, tandis qu'il ne le ravit à personne) soit précisément l'objet de ses prétentions & de son domaine dans le besoin.

Qualités que prend la *proprité*, selon les circonstances.

La *proprieté* est ainsi bornée, instantanée ou à demeure, selon les choses qui en sont l'objet, & selon notre propre direction sur la terre.

CHAPITRE II.

Nécessité que la Propriété acquise *soit moulée sur la* naturelle, *pour être juste.* Premiere Branche, *les* Biens.

OR, si d'une part, le vrai de la propriété est d'être particuliere, & par conséquent ainsi beaucoup impérieuse & redoutable ; de l'autre, la propriété acquise doit nécessairement se mouler sur la naturelle, pour être sage & bien ordonnée. Remarquez bien, Précepteurs des Nations, que c'est ici la clef de tout, & le point unique, d'où l'on peut arriver au bonheur public.

Clef du bonheur public : Que la propriété acquise soit moulée sur la naturelle.

L'origine de la *propriété* va nous montrer cette vérité : disons comment elle s'est introduite dans le monde.

On va le voir par l'origine de la propriété.

Le premier homme sortit immédiatement tout formé des mains du Créateur, & sans besoin d'aucun secours humain pour acquérir des forces & des connoissances. Mais il fallut être quelque part, se nourrir, se vêtir, &c. La terre donc sur laquelle il marcha & les alimens qu'il y prit, ainsi que les choses dont il y couvrit sa nudité, furent à lui, lui appartinrent : le droit en étoit incontestable, puisqu'il étoit clair que l'Être souverainement raisonnable, de qui il tenoit l'existence, entendoit qu'il fît usage de ce qui étoit propre à

Formation de nos premiers Peres.

la lui conserver ; & qu'en n'en usant qu'à propos, il ne se pouvoit qu'il ne fût en regle.

La propriété naturelle devançoit encore alors la propriété acquise.

A cette époque, la propriété *naturelle* devançoit encore la propriété *acquise* : il falloit des bras & des pieds pour attirer à soi ou pour se porter vers les objets dont la possession ou l'usage étoit nécessaire ; & le premier homme sentoit qu'il les avoit en son pouvoir, toujours prêts à lui obéir. Il avoit, de plus, la faculté de concevoir & d'imaginer, qui le rendoit encore plus habile à tout, & multiplioit ses ressources.

Mais l'on n'en voyoit que la premiere branche

Cependant, de la propriété *naturelle*, l'on ne voyoit encore que la premiere branche, je veux dire celle dont je viens de parler, dont l'objet est en nous ou avec nous, & n'est point, pour m'exprimer ainsi, un autre être que nous-mêmes.

La femme fut de la premiere branche de la *propriété acquise* : & réciproquement l'homme, par rapport à la femme

On ne pouvoit y comprendre la fidelle compagne que Dieu lui avoit donnée pour partager ses travaux, & être conjointement avec lui la source du genre humain ; car quoiqu'elle fût sortie tout de même d'une maniere miraculeuse des mains du divin Ouvrier, elle n'en étoit pas moins pour lui un objet de choix & d'acquisition, puisqu'il lui étoit libre de la refuser, & de n'avoir aucun commerce avec elle : en cela plus propre à mériter & à glorifier les vues du Créateur. Ce que je dis d'*Adam* est commun à *Eve*, & ils étoient, à l'égard l'un de l'autre, dans des droits & des obligations pareilles.

Ainsi, nous ne tenons jusqu'à présent que

l'exemple de la premiere branche de la propriété naturelle & de la propriété acquife.

Ce ne fut que quand il furvint des enfans, que la feconde branche de la propriété naturelle parut. Ils étoient venus fans choix & fans intervention d'une volonté expreffe, qui fait ce qu'elle fait, & qu'elle veut produire. On ne peut donc les regarder que comme des êtres qui entrent naturellement dans la claffe de la premiere propriété; mais fi les noms de *pere* & de *fils*, de *frere* & de *fœur*, s'établirent alors; & à la feconde génération, ceux d'*oncle* & de *neveu*, d'*aïeul* & de *petit-fils*, de *gendre*, &c. ils ne produifirent pas entr'eux, & des uns aux autres, les mêmes effets, & fe réglerent fur des principes différens, comme nous le dirons en fon lieu.

Voilà le fond & toute la matiere de la propriété *naturelle*, fur laquelle j'ai dit que la propriété *acquife* doit fe mouler pour être jufte & raifonnable.

Il faut néceffairement les préfenter l'une à l'autre pour faire appercevoir, comme des yeux, le rapport indeftructible & effentiel qui eft entr'elles; & ce procédé découvrira l'excès de folie & d'aveuglement où fe font plongés les hommes, quand ils ont négligé ou méconnu les bornes naturelles que Dieu même avoit mifes à ce qu'il y a de plus important fur la terre, après la Religion & la vie, je veux dire, l'exercice du Droit de propriété.

Nous voyons qu'il fe fit fentir en *Adam* fur fa

Les enfans occafionnerent la feconde branche de la propriété naturelle, en y faifant entrer avec eux, les autres relations de pere, mere, &c.

Voie fûre pour reconnoître la néceffité que les deux efpeces de propriété aient de l'analogie enfemble.

Avec la

propriété naturelle qui concerne les diverses parties du corps humain, & les facultés de notre ame, marche la propriété de toutes les choses qui sont propres à les maintenir & à les exercer.

propre personne, par les membres dont son corps étoit composé, & les facultés éminentes qui ornoient son ame, dont il ne pouvoit qu'être pénétré. Cette propriété naturelle étoit au-dessus de toute autre, puisqu'il en étoit lui-même l'objet & le fond; mais c'est une loi du Créateur, que l'on ne peut se maintenir en cet état sans nourriture, & sans parer aux atteintes qui peuvent nous blesser en mille manieres. Tout ce qui donc est actuellement nécessaire à cette fin, tient le second rang dans l'ordre des besoins, & par conséquent de la propriété : c'est-à-dire, que la *propriété acquise*, à l'égard de ces mêmes choses si précieuses, est de même poids que la *naturelle* : il ne serviroit de rien de respirer & d'avoir des organes, si le même moment qui les voit naître, les voyoit finir : il est bien juste que ce qui a une utilité si grande, jouisse d'une considération proportionnée, & soit réputé presque aussi essentiel que la chose même. Dès-lors la poursuite, la conservation de ces réparateurs du corps humain méritent tous nos soins ; & nos affections, en ce genre, sont des plus légitimes.

Se reglent l'une & l'autre sur le même principe & la même précision.

Mais il n'y a que ce qui sert actuellement à cet officice, ou qui doit y servir, qui soit digne de ce prix. Ici, l'analogie des deux especes de *propriété*, quoique l'une soit acquise & l'autre non, ne sauroit être plus parfaite : tout de même (1) que l'homme ne peut pas détourner de leur usage naturel ses facultés physiques, ni celles de son

_____

(1) Voyez ci-après, N°. V, Chap. I. & Chap. VI.

ame , & qu'il ne doit exercer les unes & les autres qu'à propos ; pareillement ce qui est destiné
à les conserver & à les entretenir , n'est sagement
employé qu'autant qu'il l'est à cette fin , & que
dans les occasions nécessaires. Le besoin seulement
légitime l'acquisition , & par conséquent la propriété.

C'est ici la grande & universelle regle , le principe & la source du Droit qui juge des démarches
des hommes sur la recherche des biens sensibles :
la regle est étroite & rigide ; mais elle est aussi
raisonnable que celle qui se trouve établie nature...ment , en vertu de la maniere dont nous
sommes faits par la volonté absolue & libre du
Créateur. Nous voyons de-là que non-seulement
les divers objets de la propriété acquise en sont
comme déterminés, mais qu'ils suivent la nature
du besoin & l'à-propos ; or , cela se réduit à ces
deux importantes questions , qui renferment seules
tout ce qu'on peut dire sur cette matiere : 1°. Quels
sont les biens temporels dignes de l'ambition des
hommes , & dont la possession soit irréprochable ?
2°. Quelle est la quantité qu'on en peut amasser,
& jusqu'à quel point précisément la propriété peut
s'étendre?

En cela la source du droit qui juge des démarches des hommes sur la recherche des biens temporels.

Deux questions sur cette matiere , qui embrassent tout.

Sur la premiere question , il est évident que
les soins que l'on prend pour acquérir des biens,
de quelle nature qu'ils soient , sont d'autant plus
justes que ces mêmes biens vont au but pour lequel ils ont été faits , & qu'ils seront illégitimes
à proportion qu'ils s'éloigneront de la vraie utilité
pour l'homme.

Principe certain sur la Premiere question.

Il détermine comment il faut entendre les *néceſſités de la vie.*

De cette vérité inconteſtable, on voit naître que les choſes qui ſont propres à appaiſer la faim, la ſoif, à préſerver du froid, du chaud, à garantir, en un mot, toute l'habitude du corps humain, comme celles qui ſont faites pour la nourriture & l'inſtruction de l'ame, tiennent le premier rang, & conſtituent ce qu'on appelle *les néceſſités de la vie.* Or, ces néceſſités ont été terriblement pouſſées loin; mais elles ſont ici viſiblement réduites à peu d'eſpeces. Leur qualité doit être auſſi ſimple que celle des mêmes objets qu'elles ſont deſtinées à entretenir : la propriété acquiſe ſuit ainſi trace à trace la naturelle; & l'on n'eſt chargé de rien de plus que de faire enſorte que celle-là ne ſorte pas de ſes bornes. Cette matiere eſt ſuſceptible d'un très-grand détail. Je ne fais ici que jeter les principes; j'en pourrai venir à des applications avant de terminer mon Ouvrage.

Leur petit nombre & leur ſimplicité.

L'agréable n'en eſt pas exclus; au contraire.

Mais n'eſt-il donc que ces premiers objets de la propriété acquiſe, qui concourent à l'entretien du corps humain & à la ſatisfaction de l'eſprit; & ne ſauroit-on vouloir acquérir autre choſe ſans mériter le titre d'ambitieux d'inſenſé ou de déraiſonnable poſſeſſeur?

Non, ſans doute : il eſt des choſes de pur agrément, & c'eſt une maxime très-ſage, qui trouve également ſa place ici, que *l'agréable* n'eſt point incompatible avec *l'utile,* & qu'il doit même, autant qu'il ſe peut, marcher avec lui (1).

(1) *Omne tulit punctum qui miſcuit utile dulci.*

Cela peut s'entendre de deux manieres : la premiere, que les chofes les plus néceffaires, comme
le boire, le manger, l'habillement, &c. font
même fufceptibles d'une forme plus gracieufe, ou
d'une compofition plus exacte, qu'il n'eft pas défendu de leur donner ; & pourvu que cette recherche ne porte point contre l'utile même, &
ne foit, au contraire, que plus propre à nous
en faire goûter tout le fruit, il eft permis, il eft
d'un être raifonnable & éclairé d'y afpirer ; mais
il ne faut point que la forme, comme l'on dit,
emporte le fond, c'eft-à-dire, que nous ayons
cette ridicule délicateffe d'être en tout moins fenfibles à la chofe qu'à la maniere.

*Deux ma-
nieres dont
cet agréa-
ble peut être
pris :*

*La premie-
re.*

En fecond lieu, nous ne fommes pas affez férieux, & maîtres de nous-mêmes pour nous contenter du fimple néceffaire. L'homme, avec fes
befoins abfolus, a encore celui de l'amufement
& de la jouiffance ; il tient ceci de fa nature qui
eft intelligente & de fon génie inventif. On méprife ce qui eft tout-à-fait inutile ; mais on n'eft
pas naturellement indifférent à poffeder les chofes
de pur agrément & de fimple curiofité. Plus fa
réfidence fera affurée & perpétuelle, mieux il fui-
vra ce goût d'acquifition & d'agrandiffement, &
il s'en procurera les objets. C'eft ainfi que les
fciences & les beaux-arts ont fait tant de progrès
dans les Nations civilifées ; les mortels abuferont
de tout : ils y ont mis leur principale affection,
ou les ont fait fervir contre leur vraie deftination,
comme j'aurai occafion de le dire avant de finir
cet Ouvrage. Ce que je releve donc ici, c'eft que
les acquifitions des chofes purement agréables ne

*La fecon-
de.*

doivent point nuire aux eſſentielles ; mais que quand on ne les deſire, ou qu'on ne les poſſede que pour délaſſer l'eſprit ou le corps, l'uſage des eſſentielles n'en aura que mieux ſon effet, & affectera nos ames & notre individu préciſément comme elles doivent faire.

C'eſt ainſi que l'on voit que le ſoin qu'on prend de perfectionner les talens que la Nature nous donne, ou d'améliorer nos organes, & d'embellir toute l'habitude de notre corps par un extérieur plus régulier & des mouvemens plus faciles, que ce ſoin, dis-je, peut entrer dans le plan d'un être raiſonnable ; puiſque l'ordre, les proportions, la régularité conſtituent eux-mêmes la ſolidité & la durée, & que les graces feront toujours partie eſſentielle de tout Ouvrage bien fait.

Deuxieme Queſtion : Les quantités des choſes utiles ou agréables qu'on peut poſſéder.

J'ai fait entendre juſqu'ici mon ſens ſur la nature des diverſes eſpeces de la propriété acquiſe, qui conviennent à l'homme dans les choſes inanimées, & qui ſont propres pour ſon plaiſir & ſes beſoins. Il me reſte un point beaucoup plus difficile à déſigner, qui eſt de ſavoir à quelle quantité il peut porter l'acquiſition de ces mêmes choſes, ſoit utiles, ſoit agréables ; & s'il n'eſt pas libre d'en poſſéder autant qu'il lui fait plaiſir ?

Principe ſûr pour parvenir à cette connaiſſance.

Je ne trouve pas de principe plus ſûr pour me guider dans ce que je cherche (& il me ſemble que cela eſt bien appuyé ſur la raiſon) que de dire que le beſoin eſt naturellement l'ame de tous les mouvemens que l'on ſe donne dans la vie. Avant de ſonger jamais à poſſéder, *Adam* ſe ſentit preſſé de la faim, de la ſoif, &c. Il ne s'aviſa point de commencer par s'aſſurer de choſes indifférentes.

indifférentes & de fantaisie : il fut d'abord tout entier à ses nécessités qu'il satisfit. C'est une maxime triviale & du Droit civil, qui se rapporte à ce que je dis, & que j'ai déja eu occasion de citer, que *l'intérêt est la mere de l'action* ; quoique l'abus en ait porté l'application sur tant d'objets inutiles, & même très-souvent mauvais, il est toujours vrai qu'on y suppose un besoin quelconque, vrai ou imaginaire.

Or, le besoin, proprement dit, est présent ou à venir ; les choses propres à le calmer sont ou des fruits ou des fonds capables d'en produire. Les animaux prennent tout ce qu'ils trouvent de la maniere qu'ils le trouvent ; ils sont faits pour se contenter, en l'état, de ce que leur façonne la nature. Ils profitent même le plus souvent de l'industrie humaine. Mais les hommes ont un génie créateur & un esprit qui va au-delà du moment présent : ils prévoient leurs nécessités, & ont une mesure de besoins bien plus étendue que celle des créatures irraisonnables. L'agriculture, & les premiers arts, qui la favoriserent, furent les ressources que nos premiers peres employerent. Comme la terre ne rapporte pas tout-à-coup, ni tous les mois, ni toutes les saisons les mêmes choses nécessaires à la vie ; il en fallut recueillir en outre, pour passer les temps intermédiaires : une famille fut ainsi occupée à se procurer la subsistance actuelle & future ; mais l'on sent bien que le nombre de bouches, & l'espace de temps dans lequel il fallut consommer ses provisions, durent être la regle des mêmes provisions que l'on en fit.

Circonstances & considérations qui y menent.

Tome III.　　　　　　　B

Regle in-variable, si ses objets varient.

C'est donc à raison de la consommation que j'appelerai *forcée*, & des ressources que l'on a, qu'il sera permis de posséder plus ou moins ; & comme ces deux points sont susceptibles d'une très-grande variation, il est impossible de déterminer le temps & la quantité, tant des fonds que des fruits simplement ; mais tout ce qui ne sera pas dans cette exactitude, sera mauvais & vicieux. Hommes civilisés & jouissans des plus amples possessions, qui êtes avides d'avoir toujours sous la main mille fois au-delà de ce qu'il vous faut pour vivre, vous trouverez mon langage dur & insensé, vous

Injustice des grandes possessions.

me traiterez de visionnaire ; mais il est bien plus insensé & plus dur, que vous teniez chacun de vous la subsistance de mille familles ; que vous rompiez l'harmonie & la proportion qui doit se trouver entre des êtres semblables ; que vous renversiez, en un mot, la regle naturelle & les premiers principes de la raison !

Ce que n'ont pas vu sur-tout les instituteurs des sociétés civiles.

Ce n'est pas votre ouvrage, j'en conviens ; vous l'avez trouvé ainsi établi. Les instituteurs n'ont jamais eu de boussole sûre : entraînés par le torrent de la coutume, ou enivrés par leurs propres passions, ils ont ouvert un libre champ à la cupidité & à l'apât des richesses ; ils n'ont pas vu (1) que ce n'étoit pas assez que la propriété s'acquît en vertu de certaines regles établies & sous de certaines formes prescrites pour une bonne fin ; qu'il falloit encore que le fonds

----

(1) Ci-après, N°. V, Chap. I, & Chap. IV.

en fût légitimé par le *Droit naturel* & par la raifon.

En toutes chofes il faut que les effets répondent à la caufe & les actions au but. Il eft contre le bon fens de faire faire à nos pieds & à nos mains, ainfi qu'aux autres parties de nous-mêmes, qui compofent la première claffe de la propriété naturelle, dix fois plus de mouvement qu'il n'eft néceffaire pour obtenir ce pourquoi ils nous ont été donnés ; en redoublant ou multipliant leurs efforts, on ne feroit qu'une dépenfe inutile ; il en feroit ainfi, fi on employoit dix degrés d'attention ou d'étude, là où il ne feroit befoin que d'un feul. De même la raifon commande de ne s'attacher à amaffer que les quantités précifément néceffaires, & de ne point fe charger d'un fardeau de provifions qu'on puiffe avoir en un autre temps & en détail quand il le faudra. D'ailleurs, tous les befoins (1) auxquels l'homme eft fujet, par une fuite de la conftitution qu'il a reçue du divin Maître, ne doivent tirer leur foulagement que du travail, & c'eft une des conditions auxquelles nous avons reçu la vie. Il faut donc que pour que *chaque jour*, comme on dit, *amène fon pain*, on fe donne les foins qui le procurent : rien n'étant plus contraire, non-feulement à l'ordre général, mais aux bonnes mœurs, que de vouloir tout faire à-la-fois, pour fe livrer enfuite à l'oifiveté & à la pareffe.

Maximes certaines de la raifon & du bon fens, qui le difoient.

Outre l'ordre général qui le demande ainfi, les bonnes mœurs l'exigent.

---

(1) Voyez ci-après, N°. V, Chap. I & III.

Maximes & vérités du Droit naturel, qui le prêchent.

Mais, de plus, le *Droit naturel* s'y oppofe : cette loi qui regarde tous les hommes, & qui n'en excepte aucune, foit dans fes permiffions, comme dans fes défenfes. Il eft, on peut l'avancer, une fomme fixe d'alimens, & de chofes propres à appaifer nos befoins. Les moyens en chaque coin de la terre où il y a des hommes, font bornés. La terre n'eft capable que d'une certaine production, & les hommes que d'une certaine action ou induftrie. Les arts ne font utiles ou néceffaires que dans un tel nombre d'occafions, & toujours la quantité de chaque chofe, dans tous les genres, eft en raifon des circonftances & des agens. Or, que deviendront les autres hommes, vos concitoyens & vos freres, fi vous faites valoir le tout à votre profit, fi vous pouvez, vous feul, autant que vingt autres ? Ils auront vécu, mais en efclaves ; ils auront travaillé, mais non pas pour eux ; ils n'auront retiré qu'un médiocre falaire ; & vous, vous vous ferez engraiffés de leur fang & de leur fueur !

Excès à quoi conduit leur violation, fur l'article de la *propriété*.

L'apologue *des membres & de l'eftomac*, en eft encore un exemple.

L'apologue des membres & de l'eftomac eft vrai, pour montrer que tout Etat civil, bien réglé, ne peut fubfifter que par le concours & les fervices réunis de chaque particulier qui le compofent ; mais il prouve encore qu'aucun d'eux ne doit attirer à lui plus de fubftance qu'il ne lui eft néceffaire. Dans le corps humain, la difformité eft évidente, quand cela arrive ; & dès-lors c'eft un figne d'incommodité. Il n'y a rien, au contraire, d'extraordinaire, fi dans l'état de fanté, le membre plus grand retire plus que le moindre, parce que c'eft

toujours en raison de son volume & de son besoin. Il en doit être de même des fortunes & de
la propriété dans l'Etat civil : La propriété naturelle, dont Dieu nous a voulu faire trouver l'idée
sur nous-mêmes, est l'image sensible de celle que
nous pouvons desirer hors de nous pour notre
conservation & notre durée. Un membre est boufi,
& les autres dépérissent dans la proportion,
quand un particulier possede au-delà de ce qu'il
lui faut : il ne peut prendre ce surplus qu'aux
dépens de la généralité ; & de-là il naît des
conséquences fâcheuses dont il n'est pas temps de
parler ici. La proposition seulement que je dois
en tirer maintenant, est (1) que la qualité & le
rang, qui sont des êtres moraux, n'ont rien par
eux-mêmes qui doive attirer à celui qui en est
revêtu, (quant à l'usage & à la propriété des
biens) plus que le physique dont il est composé
ne demande : c'est-à-dire, que la constitution naturelle que nous trouvons établie, à l'égard des diverses parties de nous-mêmes, décide seule du
besoin & de la mesure de nos propriétés ; & que
ce ne peut être que par tête, & selon cette consommation *forcée,* dont j'ai parlé, *proportionnée d'ailleurs aux vues d'une prévoyance raisonnable,* que l'on doit compter ses besoins & y pourvoir. Nous verrons dans la suite les regles naturelles que l'on doit suivre pour ne point déroger
à ces principes, & pour qu'il y ait entre la théorie & la pratique un accord parfait qui les fasse
reconnoître l'une par l'autre. Je passe à la seconde

Conséquence qui se tourne en principe fondamental sur cette matiere.

----

(1) Voyez ci-après, N°. V, Chap. I & Chap. V.

branche de la *propriété naturelle*, (les perſonnes qui nous appartiennent par le ſang) pour traiter celle qui nous vient de notre propre choix ſur les perſonnes mêmes & ſur les aninaux.

CHAPITRE III.

Seconde Branche de la Propriété acquise : Les Personnes & *les* Animaux. *Quel Droit elle donne sur les* Personnes?

S'IL n'avoit pas fallu perpétuer la race humaine, & que le premier homme eût dû demeurer seul sur la terre, comme il avoit d'abord été mis à un âge où il n'avoit point besoin de ses pareils, & que ses besoins ne se seroient pas étendus au-delà de sa personne, la propriété acquise pour lui, sur tout ce qui a vie, n'auroit point eu lieu, parce qu'elle ne lui auroit pas été nécessaire : mais cette créature intelligente que nous avons nommée *Homme*, devant se multiplier & sortir, comme toutes les autres, de l'état d'unité, qui ne convient qu'à Dieu, Dieu lui donna de quoi remplir cette vue, & une compagne pour y coopérer : ils furent dès-lors des instrumens, mais des agens libres ; & présenterent, en eux, le premier modele des sociétés.

De cette union il vint des enfans ; & la premiere génération montra à la terre les qualités de pere, mere, fils, frere, sœur ; & la seconde, celles d'aïeul, gendre, petit-fils, oncle, neveu, cousin, & ainsi des autres. C'étoient tous des sujets de la propriété naturelle, sur lesquels sa force & ses droits, par rapport à celui qui l'exerce, vont en diminuant d'autant plus qu'il y est personnelle-

Cette propriété a son tableau tout fait dans la seconde branche de la propriété naturelle.

Raison de cet arrangement, qui les fit naître l'une & l'autre.

Les générations étendant la propriété naturelle par les diverses sortes de qualités morales de pere, mere, fils,

B iv

&c. Comment se dirigent ces qualités morales par rapport à leur force inhérente.

ment moins intéreſſé, ou que les autres ont moins beſoin de ſon ſecours : ou bien la force augmente en raiſon des contraires. Cela ſe fait avec un ordre que nous n'avons point réglé ; mais que nos ſentimens diſcernent par merveilles, quand ils ne ſont point gouvernés ou divertis par nos uſages.

Principe aſſuré, & regle ſouveraine qui juſtifient cette direction.

On ne peut poſſéder, je l'ai déja dit, que par deux motifs, ou pour nous, ou pour les autres ; telle eſt la conſtitution des choſes, & la marche qui nous eſt preſcrite naturellement par notre poſition ſur la terre. Tout doit obtenir ce qui lui eſt propre & néceſſaire ; & à l'égard des êtres vivans, ce que l'un ne peut ſe procurer lui-même, un autre eſt obligé de le faire pour lui : le fort aſſiſte le foible, le ſain le malade, le raiſonnable l'inſenſé, & ainſi des autres. La propriété ſur les perſonnes ne peut pas avoir d'autre regle, bien loin de renverſer ces rapports.

Premiere conſéquence : Les enfans avant le pere, dans l'ordre de la propriété.

Il ſuit de-là que l'enfant doit intéreſſer davantage que le pere, & que par conſéquent cette propriété eſt la premiere. Comme il n'eſt pas queſtion là de ſoi-même, & qu'à ce défaut il ne s'agit plus que de l'intérêt d'autrui, la propriété ne peut qu'être en faveur de celui qui en eſt l'objet, & toute ſa force va aboutir là. L'autorité qui l'accompagne, n'eſt qu'un moyen pour que le bien ſe faſſe ; puiſque des êtres foibles, & qui n'ont pas encore l'uſage formé de la raiſon, ſeroient incapables, non-ſeulement de ſe gouverner eux-mêmes, mais pourroient empêcher les autres de les gouverner. Et il y a ceci de remarquable, à leur ſujet, qu'on les aime préférablement, & beaucoup plus, & que néanmoins on les maîtriſe.

Remarque : L'autorité ici avec l'amour.

Il suit encore, (& c'est pourquoi la propriété sur les peres & les meres, comme sur les collatéraux, est si différente) que n'ayant point besoin naturellement de nos offices, & étant pourvus de leur raison, la propriété, à leur égard, ne sauroit admettre aucune sorte de pouvoir : elle renferme simplement l'idée d'*obligation*, qui se trouve jointe à l'autre propriété regardant les enfans.

Il suit troisiémement que, dans cet état de regle où je suppose les êtres, non-seulement la propriété naturelle sur les personnes, en comptant les enfans, les imbécilles, les fous, n'est, au fond, qu'une véritable charge sans autorité; mais qu'elle nous oblige toujours en raison de la plus grande proximité du sang; & que tout de même qu'entre le fils & le petit-fils, la propriété se dirige de préférence vers celui-là; pareillement, entre le pere & l'aïeul, elle commence toujours par le pere; & ainsi successivement en remontant, comme on fait en descendant par rapport à sa lignée propre.

La propriété sur les collatéraux est un peu plus embarrassante; il est difficile de leur assigner une place, tandis que nous supposons le mouvement donné à l'action des services, & que semblable à une roue qu'un ressort pousse continuellement, cette action est censée aller toujours. Il est certain que la propriété, à cet égard, ne trouvera jamais à se déployer, si nous ne sortons de notre hypothese : à mesure que nous sommes au centre de la ligne directe, & que nous considérons en-dessous & en-dessus de nous, comment pour-

Deuxieme conséquence : La propriété sur les peres & les collatéraux absolument sans autorité & n'emporte aussiqu'une idée de services & d'égards pour eux.

Troisieme conséquence : Ces égards ou ces services, à commencer toujours par le plus proche du sang, en montant comme en descendant

Quatrieme conséquence : Les collatéraux n'étant pas sur la route la propriété, a leur égard, se guide par la Loigéné rale de l'humanité & les préfere à besoin égal.

rions-nous aller vers les branches qui ne sont point dans la route ? Il faut nécessairement que nos devoirs & nos obligations, envers eux, aient une autre cause, & un autre ordre de marche : il faut supposer les cas d'indisposition, de maladie, d'affoiblissement de corps, ou d'esprit, en un mot, tous les besoins pressans & indispensables qui nous commandent d'assister tout homme indistinctement, & même toute créature vivante, quand nous la voyons souffrir. Ce n'est plus l'état réglé, & la saine constitution des choses établies dès l'origine du monde ; ce sont des dérangemens dans les individus, auxquels il faut remédier : la *propriété naturelle*, alors, celle dont nous parlons, doit seulement nous faire préférer nos freres, proprement dits, & tous les collatéraux, chacun à son rang, dans l'ordre des services, aux autres hommes qui ne sont point nos parens ou nos alliés : & dans cette these, comme tout le genre humain nous appartient, au sens que renferme ce mot, (car il exprime en même temps un lien), nous suivrons la loi *du premier en date*, si je peux parler ainsi, qui nous exposera, ou dont nous verrons les nécessités & la misere. Ce ne sera qu'à maux égaux & à situation semblable, que nous courrons tout des premiers à ceux de notre sang.

Cinquieme *conséquence* : Dans la ligne directe en remontant, on s'affectionne toujours moins, à

Cinquiemement, je déduits que la propriété naturelle qu'on a sur les personnes, dans la ligne directe, en remontant, a ce singulier effet, qu'à mesure que les générations s'éloignent de nous, nous sentons diminuer notre amour, & augmenter notre vénération ; que ceux de qui nos aïeux descendent, nous sont moins chers, & que nous les respectons & admirons davantage. La propriété qui nous oblige envers le plus prochain du sang, nous donne, avec raison, l'amour avec lequel on peut s'acquitter envers lui ; & la véné-ration & l'admiration, qui font des paffions froi-des, ne font pas mal employées, lorfqu'il eft cenfé qu'on n'a point à agir. Je raifonne toujours ici d'après les notions & l'effence de la pro-priété, confidérée comme une liaifon naturelle & immédiate entre des êtres qui fe fuccedent. La liaifon générale, connue fous le nom du *genre humain*, met, pour ainfi dire, à part, les degrés de confanguinité, & ne préfente les obligations, que relativement à la qualité d'homme & de *nécef-fiteux*, pour me fervir de ce terme. Dans la pre-miere, l'on entend que les chofes font bien, & que le befoin d'agir n'eft pas venu. Dans la fe-conde, l'on fuppofe l'occafion arrivée, & qu'il faut réparer les breches & les dégradations fur-venues, ou bien parer aux inconvéniens qu'on craint.

En fixieme lieu, je découvre que la propriété naturelle fur les enfans doit caufer un effet tout contraire : c'eft-à-dire, qu'en defcendant, la ten-dreffe doit s'augmenter à mefure que l'objet eft plus loin de nous ; & que l'autorité diminue dans la même proportion. C'eft un fait, que nous ché-riffons bien plus les enfans de nos enfans, que les nôtre propres, & qu'ils nous craignent auffi bien moins. La raifon du *devoir*, qui eft dans celui qui poffede, eft en effet bien plus preffante & plus active dans le pere que dans le grand-pere : il eft fpécialement chargé du fujet qui vient im-médiate ment après lui ; il a donc plus befoin d'au-torité ; & il eft bien néceffaire auffi que la fou-

mefure que les degiés font plus éloignés ; & l'on vé-nere da-vantage.

Différence de la liai-fon natu-relle qui fe formepour la confan-guinité, à la liaifon générale entendue fouslenom de *genre*, *humain*.

Sixieme conféquen-ce : Les grands peres ai-ment da-vantage que les pe-res, & font moins craints.

miſſion de l'enfant y réponde. Mais d'où vient ce plus grand amour avec cette diminution d'empire ? Nous avons vu que l'amour dans les peres, marche avec le commandement, & que la propriété qu'ils ont des enfans eſt, dans cette eſpece, antérieure à toutes les autres.

Raiſon pourquoi. C'eſt que rien ne ſe fait que pour bonne cauſe, & par néceſſité dans l'ordre de la nature : la force inhérente & les droits de la propriété naturelle, quant aux diverſes ſortes de qualités morales de *pere, mere, fils, frere*, &c. ſe dirigent, comme j'ai dit, de cette maniere, *qu'ils vont en diminuant d'autant plus que l'on y eſt perſonnellement moins intéreſſé, ou que les ſujets eux-mêmes ont moins beſoin de notre ſecours.* Remarquons bien que l'action du pere envers ſon enfant eſt vive & puiſſante : elle eſt le fruit de l'amour & de l'autorité; mais ces deux cauſes operent par une union intime, qui ne permet pas de les conſidérer ſéparément, & qui eſt pourtant telle, que ſi on pouvoit les diviſer un inſtant, on verroit que l'autorité l'emporte de beaucoup ſur l'amour, & que l'amour eſt là principalement, pour tempérer & régler l'autorité, qui, par cette modification qu'elle reçoit, n'eſt plus à craindre.

A l'égard de l'aïeul ou du biſaïeul qui n'ont point la charge du pere, ces deux attributs ou reſſorts changent en ſens contraire : on y donne en amour, ce qu'on perd en autorité; & puiſqu'on ne peut uſer, dans l'état réglé où je ſuppoſe les choſes, d'un pouvoir dont l'exercice n'eſt pas requis, l'on ſe livre à un plus grand épanchement de tendreſſe; car il eſt triſte, il faut l'avouer, pour la condition paternelle, qu'il faille ſouvent employer la févérité, & que l'on ne connoiffe, pour ainfi dire, bien l'amour des peres que par les châtimens & la correction. C'eft pour cela que l'on voit que les grands-peres ont tant de complaifances & de foibleffes pour les jeunes rejetons de leur race. Ils aiment de plus à fe voir reproduire en eux, & leur exiftence femble s'accroître par cette efpece de garant d'une nombreufe poftérité. Les petits-fils, de leur côté, les craignent moins, parce qu'on fe trouve plus à fon aife avec ceux qui ne font pas nos maîtres. Ils les aiment moins encore, parce qu'effectivement le lien naturel ne tient pas à eux de fi près; en même temps ils les vénerent davantage, parce que la vénération eft un fentiment de refpect, & d'une très-grande eftime, (dégagé de toute crainte) que produifent la confidération de l'âge, & en général, toute idée de forte diftance entre nous & les objets que nous vénérons de la forte, foit par rapport à leur ancienneté, foit par rapport à des qualités & à des vertus extraordinaires qu'ils ont ou qu'on leur fuppofe.

La propriété naturelle fur les perfonnes n'a donc pas d'autre but que le bien; & fon reffort eft d'autant plus puiffant, qu'il eft pofitivement plus néceffaire ou pour nous ou pour les autres. Ce principe que j'ai déja pofé, eft un guide infaillible pour nous conduire, & non-feulement dans les chofes de premier befoin, & les fervices indifpenfables; mais pour les attentions même & les manieres (1), dont l'ufage eft fi agréable pour

Les attentions & les manieres font de la dépendance auffi de la propriété naturelle. Ci devant, Chapitres I & III.

----

(1) On en montre fort au long l'utilité dans la Troifieme Section de la Troifieme Partie.

le commerce de la vie. Ceci fuit le même ordre, & fe départ par les mêmes Loix; c'eft comme (en compofant la premiere branche de la propriété naturelle, & la premiere branche de celle qui eft acquife) les objets de pur agrément, qu'il n'eft pas indifférent de fe procurer, & de mêler aux effentiels. Ces petites marques d'attachement, quand elles ne font pas dictées par la fauffeté, font autant une dépendance de la propriété naturelle fur les perfonnes, que les devoirs abfolus; elles fuivent entiérement le même régime.

Pourquoi toutes ces vérités expofées?

C'eft ainfi que le principe dont j'ai parlé, nous éclaire touchant les droits fonciers, & les obligations facrées de cette forte de propriété fur les perfonnes. Mais ce que j'en ai dit doit aboutir à nous faire découvrir la liaifon naturelle qu'il y a entre elles, & la propriété acquife fur les perfonnes auffi; & que les perfonnes, en un mot, dont la volonté tranfitoire de l'homme peut, en quelque forte, s'attribuer la poffeffion, n'entrant en cette efpece d'état qu'en fuivant le plan général, & les loix fuprêmes de la propriété naturelle, que les hommes n'ont point faites, & dans la pratique defquelles ils font obligés de fe renfermer : c'eft ici un des points les plus importans à connoître dans cette partie.

La fucceffion des temps rendit néceffaires les rapports d'amis, d'affociés, de domeftiques, de

Les mêmes vues du Créateur, qui donnerent naiffance à la premiere propriété, donnerent lieu également à l'autre : elles furent introduites toutes les deux par la néceffité & la convenance. *Adam* n'avoit pas à fe faire des amis, des affociés, des domeftiques, des protégés, & autres fortes de relations, proprement dites, que l'éloignement de

la premiere source a fait connoître : il n'avoit autour de lui que des personnes de son sang, &
toutes les générations dont il fut témoin, ne composoient, pour ainsi dire, que sa famille ; mais
quand la succession des temps eut mis un voile
épais sur l'origine commune, & fait oublier qu'on
étoit tous freres, on sent bien que ces nouveaux
rapports durent s'établir, & que la propriété acquise s'en accrut d'autant : c'est de cette sorte
d'acquisition qu'il est question ici de déterminer
la force.

protégés, &c.

Adam eut une femme, ou bien *Eve* un homme ;
ils s'accepterent réciproquement : il se fit entr'eux
un pacte volontaire. Je rapporte cette premiere
acquisition, en ce genre de propriété, à l'acquisition d'un fils ou d'une fille, qui forme le premier
& le plus cher degré dans la propriété naturelle,
& sur lesquels elle a tant d'empire. Mais dans ce
parallele, il est besoin de remarquer quelques différences, qui en mettent dans la conduite, & non
pas dans la loi naturelle des rapports. L'enfant
est infirme & sans connoissance ; c'est ce qui donne
tant d'autorité sur lui aux auteurs de sa vie : autorité qui, comme nous avons vu, ne doit être
tournée qu'à son profit. Mais les deux époux qui
s'unissent, sont chacun pourvus du degré d'intelligence & de force qui leur convient ; ils se trouvent dans une position égale l'un envers l'autre.
Par la raison que dans le pere, le pouvoir est
beaucoup plus grand que l'amour ; entre le mari
& la femme, ce pouvoir doit diminuer dans la
proportion qu'ils sont tous les deux propres à aller
de concert, & l'amour en prend d'autant plus
d'empire. Leur propriété naturelle, à eux, de

*A l'acqui-
sition na-
turelle des
enfans se
rapporte
celle ac-
quise d'une
femme ;
mais il est
besoin de
remarquer
les diffé-
rences.*

*Le mari
& la fem-
me dans
une égale
position,
l'un de
l'autre. Ef-
fets qu'il
en résulte :
l'autorité
entr'eux
comme
nulle, &*

l'amour s'en agrandit.

leurs perſonnes, les oblige à une plus grande attention à ſe procurer leur propre bien ; & le moyen
qu'ils en trouvent, eſt mutuellement chacun dans
ſon conjoint. Il faut donc qu'ils le mettent en œuvre, ou plutôt que chacun de ſon côté faſſe pour
l'autre gratuitement, & avec plaiſir, ce que tout
ſeul il ne pourroit ſe procurer, & ce qui, par-là
même, fait le bien de tous les deux ; car dans une
pareille ſociété, tout concourt au même but, & doit
aller du même mouvement. L'autorité eſt comme
nulle entr'eux, parce qu'elle ſe trouve balancée
par des prétentions égales, & une même fin.

Droit interne, néanmoins de la *propriété*, qui ſubſiſte, & réclame ſans ceſſe, quand elle eſt attaquée en ſes fondemens.

Mais le Droit interne, c'eſt-à-dire, cette force de
la nature, qui eſt avant toute action, & qui eſt
encore plus puiſſante ſur les ames bien nées, eſt
toute entiere entre les deux époux, & réclame
ſans ceſſe pour leur propriété acquiſe, quand elle
eſt attaquée en ſes fondemens. Tout de même
que le pere ou la mere ſe trouveroient agités
de la plus vive indignation ou de la plus grande
colere contre quiconque leur enleveroit ou leur
mutileroit leur enfant ; pareillement le mari ou la
femme ſent les plus rudes déchiremens, quand il
eſſuie des torts relatifs à l'objet de ſon union, &
rien ne ſauroit calmer à ſa naiſſance un reſſentiment auſſi légitime. Ceci, comme l'on voit dans
les deux cas, eſt tout l'ouvrage d'un coupable
étranger. Mais ſi un enfant ne peut jamais être

Quelle eſt la force de ce *Droit* dans les cas majeurs ?

complice, une femme peut le devenir ; les droits
de la propriété contre l'auteur du mal, pour-
roient-ils faire la meſure de ceux qu'on auroit,
ſoit la femme ou le mari, l'un contre l'autre ? Et
tout l'empire de la propriété acquiſe, à l'égard
de ces deux perſonnes, entre elles, auroit-il à ſe
gouverner l'une par rapport à l'autre, ſelon la loi

commune

commune contre tout aggreffeur étranger ? J'ai déja touché ce point délicat, & montré les routes naturelles qui s'ouvrent d'elles-mêmes par les manquemens effentiels du mari ou de la femme, à l'égard l'un de l'autre, en traitant de la *polygamie* & du *divorce*, & j'y renvoie le Lecteur.

N°. III. Chap. VII & IX. Tom. II.

Différence encore dans le parallele, fur les *Droits* & la *durée.*

Mais pour continuer le parallele, & faire fentir encore les différences, rien ne nous appartient mieux qu'un enfant, comme rien n'eft plus à nous qu'une femme, & réciproquement à la femme, que le mari. Toutefois les droits que la nature accorde fur ceux que l'on met au monde, ne font au fond que des obligations à leur égard, & qui ont d'ailleurs un terme, après lequel l'enfant eft cenfé fon maître. Il en eft autrement des deux époux : la propriété leur départ un droit qui ne finit qu'avec la vie ; & cette fociété, qui eft le modele de toutes les autres, a ce caractere commun à toutes, que chacun des affociés travaille auffi pour foi, & entend fe procurer fon propre bien ; ce qui eft une des deux fins que peut avoir la propriété naturelle fur les perfonnes.

On juge par les différences ; mais il faut partir de la *propriété naturelle* des enfans pour faifir les principes.

Ils ont donc l'égalité, la durée, mêmes pouvoirs fur les enfans jufqu'à certains égards, des droits réciproques l'un fur l'autre, & des obligations auffi mutuelles. Tout naît de la différence de leur condition refpective, & de celle où font les enfans ; & néanmoins c'eft dans l'état de ces derniers, & dans le contrat, pour ainfi dire, qui fe dreffe par les mains de la nature, entre les auteurs de leur vie & eux, que fe trouvent les points fondamentaux, d'où il faut partir pour ne point s'égarer dans cette carriere. Quand on voit comment la force active & l'autorité entrent dans le plan de la *propriété*, au sujet des enfans ; on comprend en même temps qu'elles doivent disparoître là où elles ne sont plus nécessaires, & qu'elles le seront toujours moins, à mesure que les motifs de la même propriété *acquise*, seront moins graves & moins pressans. Or, aucun de ses degrés subséquens ne peut égaler celui d'une femme ou d'un mari ; à plus forte raison, seront-ils mo ns propres à donner de l'autorité sur les sujets de cette propriété.

Principaux Exemples de la *propriété acquise* sur les personnes, après celui d'une femme.

Nos premiers peres, ou plutôt leurs petits-fils, connurent sans doute l'utilité des sociétés, du moins, des passageres ; se virent dans le cas d'employer quelquefois des bras étrangers à leur service ; furent sensibles aux charmes de l'amitié; protégerent quelquefois un infortuné ou allié ; &c. tout autant d'exemples sur la question que nous traitons.

Quel pouvoir donne la propriété sur les *Associés ?*

Pour les *sociétés*, comme l'union conjugale est la premiere de toutes, on ne peut pas en mal raisonner, si nous tirons d'elle nos fondemens ; & puisque de quelle sorte qu'on puisse les former, soit pour des affaires d'intérêt ou pour des vues politiques, l'on ne sauroit leur donner un nœud, ni si étroit, ni si juste que celui du mariage ; nous trouverons donc toujours que la propriété acquise, dans tous ces rapports, diminuera de vigueur & de force active : sa voix intérieure ne sera pas morte, mais son pouvoir effectif n'existera plus. Supposons un homme, qui, pour mieux réussir à une entreprise qui exige des forces, s'associa avec un autre : ils convinrent tous deux de travailler de concert, & de partager les profits, ou de vivre en commun fur le produit de leur induftrie. Ils s'acquirent l'un l'autre réciproquement, mais leur propriété à cet égard fuivoit la nature de leur engagement, qui étoit tout libre & volontaire : de forte qu'aucun d'eux ne pouvoit avoir fur l'autre de l'autorité. Si dans l'union conjugale, ce pouvoir actif & contraignant n'a point de lieu, il eft bien plus étrange ici, & tout le droit des parties confifte à pouvoir fe féparer quand l'un des deux le defire.

Il en eft de même des domestiques : je fuis affez entré (1) dans la nature de cette condition. J'ajouterai feulement, pour en parler felon les vues générales de ce Chapitre, que le maître n'a fur lui qu'une propriété égale à la fienne ; qu'ils ont formé enfemble une efpece de fociété, où l'un s'oblige de payer ou nourrir & entretenir, & l'autre de travailler : que par conféquent étant tous les deux liés librement par des obligations différentes, mais réciproques, l'autorité que le maître peut avoir, eft le droit de déterminer & régler fagement les travaux, comme l'autre a celui d'exiger ce qui lui eft dû, & de fe plaindre quand on abufe de fes forces. Mais en tout cela, ils reftent libres l'un & l'autre, & la propriété finit du moment qu'ils fe féparent. Dans la propriété *naturelle* on n'eft uni que pour le bien, c'eft-à-dire, que pour que l'ordre & le maintien des individus

Quel, fur les Domeftiques ?

---

(1) Chapitre II, N°. II, Section II de la Seconde Partie, au Tome II.

aient lieu. Ce qui va réglément felon le but de la nature, n'a befoin du fecours de perfonne. Nous avons vu que le père, dans l'état fimplement de confanguinité, n'avoit à s'occuper que de fon fils, pour qui il étoit toute ame & tout pouvoir. Rien de femblable ne fe rencontre dans ce qu'il doit à fon propre père; mais il y a envers lui des devoirs d'une autre forte, felon que nous l'avons expliqué; & alors l'action de la propriété eft toute différente, elle rentre dans la commune loi de l'humanité; l'autorité n'y eft pour rien. Tels font les engagemens volontaires qui prêtent des fujets à la propriété *acquife*; ils font dépendans de la Loi naturelle, & il n'eft point permis d'en former qui ne foient de fon reffort; de forte que l'arbitraire & le pofitif ne lient (1) pas proprement les hommes, mais les obligations auxquelles ils fe font foumis, qui font du Droit naturel; & la condition de *maître* ne fera jamais, au fond, qu'un état (2) fans autorité, entre des êtres de

_____

(1) Cela ne regarde pas le fouverain d'un Corps Politique, dont la qualité eft de toute autre nature que celle d'un particulier vis-à-vis d'un autre, comme on peut s'en appercevoir par tout ce que nous avons déja dit de cette éminente & indifpenfable condition, & par ce que nous en difons encore : nous la comparons fans ceffe à celle d'un père de famille.

(2) Cela s'entend en *Droit naturel*, qui doit être la regle de nos actes humains, & non dans le *fait*; pour dire qu'au vrai l'injuftice, l'irrégularité, les difpofitions contre la nature, l'effence, les propriétés de chaque chofe ou de chaque être en foi & perfonnellement, ne font point loi. Mais dans le fait, comme il faut pouvoir ftipuler & convenir de quelque chofe parmi les hommes, il eft conféquent que l'accord & le traité les lient-dès-lors, indépendamment de toute conformité à la Loi naturelle; d'abord, que cette maniere de fe lier & les objets des conventions font approuvés par le

même efpece : c'eft la même chofe pour d'autres
fujets de la propriété , comme quand on dit,
mon *Secrétaire*, mon *Aumônier*, &c.

Si quelque chofe demande une pareille déci-
fion, c'eft affurément l'*amitié* avec qui l'autorité
& le pouvoir font inalliables ; la liberté qui la forme, & la confiance qui l'entretient, répugnent à
toute idée d'affujétiffement : deux cœurs ne fe lient
que parce qu'il eft entr'eux quelque reffemblance
& des avantages à-peu-près égaux : comment la
propriété auroit-elle ici du pouvoir l'un fur l'autre ? Et quelle efpece de pouvoir ce feroit ? On
parle des droits de l'amitié, on vante fes puiff-
fans effets & fes prodiges, on en recommande
la confervation & l'acquifition : c'eft qu'en effet ,
rien de fi utile dans le monde. La vertu feule
languit, & le vrai mérite eft rarement diftingué :
une amitié éclairée, fondée fur l'eftime & fur les
talens eft un vrai don du ciel, & la plus belle
chofe qu'on puiffe voir dans le commerce des
hommes. Il faut donc qu'aucun empire ne vienne
troubler la paix qui y regne, que les fervices
qu'on fe rend foient gratuits & généreux. Il eft
vrai que l'ami eft en droit de les attendre de fon
ami, qu'il peut les demander ; mais fon droit eft
dans le filence. Le refus même qu'il effuie quand
c'eft à tort, le dégage : le lien eft rompu. D'au-

Quel, fur
les Amis ?

Prince. Et l'on ne fauroit appliquer ce que j'ai dit aux Corps
Poliques, relativement des fujets aux Souverains, parce qu'ils
font tous faits pour maintenir l'Etat, tant le Souverain que
les fujets ; & que le feul moyen même de pouvoir remédier
aux maux, eft la foumiffion & l'obéiffance de ceux-ci, comme
je l'ai expofé perpétuellement dans cet Ouvrage.

tre part, des soins obligeans & des services rendus autorisent à compter sur la reconnoissance ;
mais comme il faut aussi qu'elle soit libre, on ne
peut que gémir, si elle nous manque, & en tirer
cette leçon utile, que comme apparemment on
n'a pas obligé son ami sans nécessité, ce n'est
point par son retour qu'il faut juger de notre
action, mais par elle-même, & par l'utilité dont
elle a été ; puisque nous sommes tous asservis à
cette belle & commune loi de la nature, en qualité d'hommes, de nous assister mutuellement
dans l'occasion, & quand nous le pouvons ; on a
alors fait son devoir, quoi qu'il arrive : tel est tout
le pouvoir que la *propriété* donne sur son ami.
Vous voyez que l'autorité s'éloigne toujours plus,
comme dans l'ordre de la consanguinité, en remontant à mesure que les sujets sont censés maîtres d'eux-mêmes, & en état de pourvoir à leurs
besoins. Mais au défaut de l'autorité, les attentions
& les égards en prennent la place ; on les leur
doit par la raison qu'on n'a pas l'autre. Ainsi
dans l'amitié, les manieres & les bonnes façons
sont un point important, elles la cimentent. On
ne pourra posséder long-temps un ami, si l'on ne
remplit pas, à son égard, ce que l'ouverture de
cœur & la liberté d'ame supposent d'extension au
sentiment, & de prévoyance à tout ce qui peut
faire le plaisir de son ami, & resserrer davantage
l'union commune.

Quel. sur
les *Proté-
gés* ? Quant aux *protégés*, je ne sais quelle autorité
la *propriété* pourroit donner sur eux ; & si la raison
d'appuyer quelqu'un de son crédit ou de sa force
seroit un titre pour le maîtriser ? Il est clair que
ce seroit bouleverser les idées que de le penser,

ou tout au moins , en le faisant , abuser étrangement de la chose , puisqu'on ne le défendroit contre
autrui que pour le soumettre à soi-même : or , la
protection , qui est un acte généreux , & le fruit
de l'indignation que nous cause l'injustice , comme
de la pitié qu'on se sent pour les malheureux ,
suppose que l'être protégé doit rester entiérement
libre & maître de ses facultés , de quelle part
que ce puisse être , même quand cette protection
est accordée par avance & par un traité qui pré-
voit les risques de la partie la plus foible. Ce n'est
pas tant celle , dont on est capable , qu'on pro-
met , que celle dont l'autre a besoin. Cette disposition ne va qu'au bien & à la satisfaction de celui
qu'on prend sous sa garde. Ce que l'on fait pour
lui est une obligation : vous auriez dû le faire ,
quand vous ne l'auriez pas promis. Cette idée
éloigne donc toute pensée de le gêner , de le sub-
juguer , de vous mêler de ses affaires , & de vous
rien attribuer sur lui. Vous n'avez que le droit d'entreprendre ce qui est nécessaire pour venir à cette
fin de le protéger : les moyens sont à vous , s'ils
sont uniques ; mais comme tout ne se fait qu'en
vue de son bien à lui , s'il s'oppose lui-même
l'accomplissement de vos œuvres , il faut le laisser ,
l'accord est rompu ; & même vous en êtes dispensé
par le *Droit naturel* , à moins que vous ne voyiez ,
en même-temps , une autre voie de lui rendre
service sans qu'il s'en mêle : la raison , c'est que
nous sommes tous obligés de nous défendre mutuellement contre l'injustice ; & qu'en pareil cas ,
notre union n'est pas pour nous , mais pour autrui. Quant à la *reconnoissance* , nous en pouvons
dire la même chose que de l'amitié : elle est un
devoir de la part du protégé ; mais notre droit ,

à cet égard, eft fans force, & nous ne pouvons l'exiger. L'autorité manque donc ici effentiellement, puifque nous ne pouvons, non plus, nous en prévaloir èn rien à fon défavantage. L'on dit bien *mon protégé*; mais cette propriété n'eft qu'une liaifon de fervices, toute indépendante de part & d'autre, & qui a fa fource feulement dans la liaifon intime & naturelle du genre humain, comme eft la propriété qu'on a fur fes peres. Elle défigne, comme l'autre, une affection de préférence, & une détermination de choix pour un fujet qui le mérite : dans celle-là, par des confidérations particulieres, ou un certain goût qui nous engage ; dans celle-ci, par la voix du fang & le refpect naturel qu'on a pour la fource dont on eft forti.

Quel, fur les *Débiteurs* ? Il y auroit encore un exemple à citer : les *débiteurs* font-ils des fujets de la *propriété acquife* ? Et comment fe peut-elle gouverner à leur égard ? Le mot eft extrêmement générique, il exprime tous ceux qui reftent obligés envers nous en quelque chofe : c'eft pourquoi l'on dit que la reconnoiffance eft un devoir ou une dette dont il faut s'acquitter ; mais l'ufage l'a confacré aux perfonnes qui font engagées pour affaires d'intérêt, comme argent, meubles, immeubles, procédant de leur propre fait, ou du fait d'autrui : c'eft auffi dans ce fens-là qu'il convient de le confidérer ici.

Mais l'on doit prendre garde d'abord, qu'il y a un contrafte entre les difpofitions que cette fituation fuppofe en celui en faveur de qui eft la dette, & l'ame de la propriété fur les perfonnes, laquelle ne peut avoir d'autre objet que leur bien :

Là où il s'agiroit de nous-mêmes, fon droit eft
fans force & fans autorité. Ce n'eft que dans le
cas de la défenfe naturelle, & qu'on eft actuellement attaqué qu'on peut attenter fur autrui ; &
encore, quelle efpece d'autorité eft celle-là ? Mais
ce n'eft pas de quoi il s'agit ici. Je parle du cours
réglé des chofes, & où chacun eft à fa place. Or,
la *propriété naturelle*, avons-nous vu, n'a de force
& d'empire que fur les êtres qui naturellement
font dans l'impuiffance de fe fecourir eux-mêmes,
& elle ceffe d'avoir ce pouvoir fur tous les autres
qui ne font pas dans ce cas. Son action auffi n'eft
pas faite pour nous. Et ici, au fujet des débiteurs, dans quel fens même qu'on veuille l'envifager, elle n'auroit que nous pour objet ; toute
fa force feroit à notre profit, & elle fe déploye-
roit avec la plus grande liberté.

Rien donc n'eft plus contraire aux liens naturels & invifibles qui attachent les hommes entr'eux
que cette forte de propriété fur une efpece de
nos femblables, fous un nom qui nous porte à
leur faire de la peine, quand ils ne s'acquittent
pas de ce qu'ils nous doivent. Les progrès éton-
nans & déraifonnables de la propriété fur les
biens a entraîné celle des perfonnes : on s'eft
d'autant plus permis de pouvoir fur celles-ci, à
raifon de ces mêmes biens, qu'on a mis à plus
haut prix les autres, & honoré davantage les grands
poffeffeurs. De cette erreur infenfée font fortis les
plus grands maux & la foule de tous les défordres.
En vain nous répandrions-nous en lamentations, elles
ne réformeroient pas les hommes ; il n'eft befoin,
pour leur inftruction, que de leur montrer le point
de leur égarement, & combien, en en ufant ainfi,
ils font en contradiction avec la nature, c'eft-à-

dire, avec l'auteur de notre être, qui a arrangé
les choses sorties de ses mains, de la maniere que
nous le disons.

Ce n'est pas qu'il faille admettre l'impunité pour
ceux qui nous doivent, & qu'on ne puisse réclamer d'eux les biens qu'ils ont à nous. La nécessité de vivre & le besoin de subsister nous mettent
dans le cas d'élever la voix, & d'implorer le bras
de la Justice. Le Droit civil a dû sagement prescrire des regles pour assurer à chacun ce qui lui
revient : l'objet est juste ; mais l'on ne s'est trompé
que dans les moyens. L'on n'a pas vu que la propriété ne pouvoit tomber que sur les biens, &
non sur la personne ; qu'on n'avoit aucun droit sur
le débiteur, & seulement sur son bien à lui, s'il
en a, ou sur celui qu'on lui auroit soi - même
vendu, s'il l'avoit encore ; que la personne enfin
ne devenoit *saisissable*, pour me servir de ce terme,
que dans le criminel ; & alors c'étoit une affaire,
pour ainsi dire, générale, qui regardoit tout le
corps des citoyens ; la propriété n'y pouvoit entrer pour rien. Il y a de quoi frémir en lisant
dans les histoires le damnable abus que l'on a fait
de ce mot, en l'appliquant, comme on a osé
faire, à ces hommes appelés *esclaves*, & devenus
tels, au profit de leurs créanciers, pour n'avoir
pu payer leurs dettes. J'ai traité fort au long cette
matiere ailleurs (1) dans cet Ouvrage. Il est inutile d'y arrêter ici le Lecteur. Qu'il se souvienne
pourtant (2) de l'exception unique qui en fut éta-

(1) Voyez dans cette Deuxieme Partie le N°. II, au Tome
Second.

(2) *Ibid.* N°. III, Chap. I.

blie en faveur du gouvernement du peuple Juif, lors de l'ancienne Loi de *Moyse*, à cause de son divin Souverain ; mais en même-temps de combien de sages tempéramens cette dureté apparente étoit accompagnée : au lieu que rien de pareil ne se conçoit, ni n'a pu convenir pour les autres Corps politiques, ouvrages purement des hommes.

Il faut conclure que si, vivans en corps de société civile, nous sommes comme obligés de contracter parmi nous, au sujet des biens, de telle sorte qu'il est presque impossible qu'il n'y ait pas une certaine connexité de-là aux personnes ; l'impossibilité d'accorder la propriété acquise, à cet égard, avec la naturelle, est une preuve que nos établissemens & nos usages ne sont point dirigés par eux-mêmes sur nos vrais intérêts & selon la regle souveraine du Créateur : que cette opération délicate est manquée, & que le prétendu droit sur les personnes est réduit à bien peu de chose par la Nature ; par conséquent, que nous n'avons sur les débiteurs aucune autorité personnelle ; qu'on ne peut les contraindre en leurs corps que comme coupables envers la Nation entiere, s'ils avoient commis, à propos de ces biens, quelqu'infraction aux Loix de l'honneur & de la probité ; & qu'enfin toute jurisprudence, qui choquera ces principes, a besoin d'être réformée.

Conclusion au sujet du pouvoir que la propriété s'attribue sur les débiteurs.

Il ne manqueroit pas d'autres exemples de cette propriété acquise sur les personnes que nos mœurs ont consacrés, & où se rencontrent les mêmes vices, mais on peut les combattre par les mêmes principes ; & la ruine des uns entraîne celle des autres. Toujours l'on sera moins puissant sur les

Conséquence générale touchant la propriété acquise sur les personnes.

individus, nos semblables, dans l'état réglé des choses, à proportion qu'il faudra rompre l'harmonie & le lien invisible qui nous tient tous unis l'un à l'autre, & qu'il sera moins question de nos besoins absolus.

CHAPITRE IV.

De la Propriété acquise sur les Animaux. Quel Droit elle donne sur eux ; & pourquoi les met-on ici dans la classe de la seconde Branche de cette Propriété ?

PARLONS maintenant des bêtes, ces corps animés, dont la connoissance a jusqu'ici si fort intrigué les Savans. Je les ai mises dans la classe de la seconde branche de la propriété acquise, parce qu'elles sont des êtres vivans, & que la bonne philosophie ou la Religion, qui nous enseignent qu'elles sont de pures machines, ne nous défendent pas de les considérer comme des créatures sensibles, & de tirer des grands rapports de conformité qu'elles ont avec nous, quant au physique, de quoi humilier notre orgueil, & entretenir en nous les sentimens d'humanité & de compassion qui doivent faire le propre de notre espece. Nous devons ici remonter à l'origine de toutes choses : tous les êtres, tout ce qui existe avec nous, a été créé en même temps que nous. L'Ouvrier suprême, qui a tout fait, a développé son plan dans une seule fois, & six jours ont suffi, ou plutôt, ont été l'espace de temps, dans lequel il a bien voulu, suivant la relation de *Moyse*, produire toutes ces merveilles. Les animaux se sont trouvés, avec l'homme, habitans de ce monde ; ils ont été sujets, comme lui, aux mêmes besoins corporels ; ils y ont pourvu de la même maniere. Ils ont été soumis, ou sollicités

Comment on les considere ici. Raison de les mettre dans la classe de la deuxieme branche de la propriété acquise.

Les bêtes figurent dès le commencement du monde, comme l'homme, & paroissent avoir même sort, extérieurement & physiquement parlant.

auſſi à ſe reproduire, & les loix de la génération pour eux ſont en tout les mêmes que pour nous. Enfin la vie & la mort ont été le partage des uns & des autres : il eſt difficile d'imaginer plus de reſſemblance entre des êtres ſi différens.

Tout ſemble indi-quer qu'el-les ont une exiſtence pour elles-mêmes.

Si je parcours leurs différentes claſſes & leur nombre prodigieux, leurs facultés, leurs incli-nations, leur genre de vie, leur infinie petiteſſe ou leur extrême grandeur, la diverſité des lieux ou des alimens qui conviennent à la plupart & ſi éloignés de notre ſphere : que ſi l'on jete ſes regards ſur l'induſtrie merveilleuſe que chaque eſpece a pour ſe nourrir, ſur les moyens qu'elles ont de le faire, ſur les armes naturelles données à toutes pour leur défenſe, proportionnées aux riſques de leur état, du moins quand nous les avons tirées de leur place : enfin, ſi l'on conſi-dere qu'il y a des eſpeces qui, par nature, cou-rent ſur d'autres eſpeces & les dévorent ; qu'il eſt aſſez général de voir ſur la terre comme dans les eaux, les gros animaux manger les petits, & cette ſorte de déſordre & de deſtruction ſe renouveller de race en race ; on ne peut s'abſtenir d'abord de penſer que les animaux ont une exiſtence pour eux-mêmes, c'eſt-à-dire, un droit inconteſtable à tout ce qui leur eſt propre, & un rôle à ſoutenir auſſi bien que nous, qu'il ne ſemble pas juſte, à qui que ce ſoit, de troubler ni d'empêcher.

Combien l'homme, pourtant s'eſt tiré de ces indica-tions.

Cependant il en a été le contraire : l'homme a étendu ſur eux la propriété ; il tire d'eux tous les ſervices poſſibles ; il n'en eſt preſque point, mort ou vif, qui ne lui paye, en quelque maniere, tribut. Les contrées les plus éloignées & toute la rigueur des faisons & des élémens, ne les fauvent pas, quand il lui plaît, de fon avidité & de fes recherches. Il croit qu'il a droit à leurs travaux, à leur habillement, à leur liberté, à leur vie même, puifqu'il en a deftiné un grand nombre à lui fervir d'alimens & de nourriture, & que les tables les mieux fervies, comme a dit un habile homme, ne feroient qu'un fpectacle dégoûtant & horrible (1), fans les préparations dont on ufe pour tâcher d'en déguifer les viandes.

D'où pourroit donc venir un droit fi peu conforme, en apparence, aux premieres notions de l'ordre & de la juftice qui régit le monde ? Toutes les créatures, animées ou non, contribuent à exalter la gloire du Créateur ; & les corps fenfibles, fur-tout, ont part à fa bonté infinie. Le *Pfalmifte* s'écrie à toutes indiftinctement de *louer le Seigneur.* Ce n'eft pas en vain, relativement à elles-mêmes qu'elles ont reçu l'exiftence. Si elles font faites pour être efclaves, pour payer de leur vie ; fi elles doivent dépendre fpécialement de l'homme, & favorifer, tant fon luxe, fa pareffe & fa gourmandife, que réparer les pertes infenfibles qu'il fe fait chaque jour de fa propre fubftance, ce n'eft pas la peine qu'elles aient à elles-mêmes des befoins & des appétits ; qu'elles foient fenfibles au froid, au chaud, à la douleur comme nous ; qu'elles s'agitent & fe remuent pour pourvoir à toutes leurs néceffités. Les rapports de conformité qu'elles ont avec nous à tous égards, pour le phyfique, nous menaceroient, ce femble, de

En en ufant ainfi, ne donneroit-il pas des armes contre lui-même ?

(1) Boffuet, *Hift. Univ.* Tome I, p. 173.

pareil traitement de la part d'autres êtres. Nous ne verrons rien, en tout cela, qui ne soit une contradiction étonnante.

L'homme absolument peut se passer des bêtes.

Mais la chose est bien plus étrange, quand on apperçoit que l'homme absolument peut se passer de leur secours, & que son domaine sur elles, qu'il a poussé jusqu'à les tuer & à s'en nourrir, n'est point nécessaire. On ne voit pas, en effet, qu'il ne pût subsister sans elles, & que le Genre humain ne fût tout aussi florissant & perpétuel, s'il n'employoit pas de tels moyens extrêmes.

Deux Points à examiner: l'un en droit, & l'autre en fait.

Nous avons donc deux points à examiner : premiérement, en *droit*, quelle est la propriété que nous pouvons avoir sur les bêtes ? Secondement en *fait*, quelle est celle qui nous est nécessaire & indispensable sur elles ?

Premier: Quelle est la propriété que nous pouvons avoir sur les bêtes.

Toute propriété, avons-nous vu, sur nos semblables (il est question de la *naturelle*) n'a d'autre objet que leur bien ; & l'autorité, qui l'accompagne dans certaines circonstances, n'est même appuyée que sur ce principe. Nous sommes faits pour nous servir, pour nous obliger, mais non pas pour nous contraindre & nous gourmander. Les pouvoirs donnés par le Créateur à chaque individu humain, après celui de repousser la force par la force & de veiller à sa propre défense, ne vont qu'à faire du bien aux autres : c'est ainsi que nos parens & tout le Genre humain nous appartiennent.

Principe,

C'est encore un principe assuré, que nous avons vu,

vu , que la propriété sur les choses inanimées,
laquelle n'a que notre bien en vue, n'est pourtant
pas illimitée ; & qu'il ne dépend pas de nous d'en
user simplement comme il nous plaît, & quand il
nous plaît.

au sujet de
la proprié-
té naturel-
le sur les
personnes.

L'on peut ajouter, pour une autre vérité aussi
sûre, que toutes les choses inanimées ne sont pas
de notre domaine, & qu'il y en a une infinité
sur lesquelles nous n'avons rien à prétendre.
Comme le besoin est l'ame de la propriété & la
raison qui l'autorise, dès qu'il manque, elle cesse
d'avoir lieu ; & il est évident que ce besoin, relativement aux choses de pure nécessité, ne va
pas bien loin. Le Créateur aussi en a mis une im-
mensité hors de notre portée ; & les dangers &
les travaux auxquels il faut se livrer pour les avoir,
montrent autant l'inutilité de leur service que l'injustice de nos prétentions.

Principe,
au sujet de
la propriété
sur les *cho-
ses inani-
mées.*
Autre prin-
cipe cer-
tain, à cet
égard.

S'il y en a donc, parmi celles-là, qui soient
absolument indépendantes de nous ; aurons-nous,
sur celles qui sont animées, plus d'empire & de
propriété ? Et ne répugne-t-il pas d'admettre une
proposition où le plus considérable sera plus chargé
& plus asservi que ce qui l'est moins ? Toutes les
bêtes seront-elles donc indistinctement du domaine
de l'homme ? Il n'en sera aucune qu'il ne puisse
regarder comme son bien, & mettre à son usage
de la maniere qu'il voudra ?

Si l'hom-
me n'a pas
la proprié-
té sur une
infinité de
choses ina-
nimées, à
plus forte
raison ne
l'a-t-il
point sur
une infini-
té de bêtes.

Il est palpable que la *Nature*, dans tout ce qu'elle
accorde, parmi ce qui a vie ou qui est inanimé,
n'entend jamais (pour m'exprimer ainsi) ne départir
que l'infiniment plus petite partie. C'est une loi

Belle Loi
de la natu-
re, de faire
toujours le
plus avec

toute fimple & générale, qui va à conferver l'univers, que les ufages & les confommations qui fe
font d'une efpece pour l'entretien d'une autre,
foient toujours en raifon de la moindre quantité
& de l'exacte mefure. La phyfique nous montre
que le monde matériel ne reçoit tant de modifications différentes dans fes divers êtres, & ne
les renouvelle fi fouvent que fuivant cette belle
& fage économie. La Nature fait toujours le plus,
avec le moins qu'il eft poffible.

Cette Loi eft commune à tous les êtres, animés ou non, ils font faits pour la pratiquer; &
les bêtes, comme les végétaux & les corps les
plus infenfibles y donneroient leur adhéfion, s'ils
la connoiffoient; mais les bêtes, tout en y rendant hommage paffivement & en automates, ont
pourtant les droits qui réfultent de cette conftitution effentielle, & de cet arrangement divin,
en vertu defquels nulle créature vivante n'a le droit
de les troubler, & ne peut attenter fur elles que
dans l'extrême néceffité, qui eft une Loi au-deffus de toutes les autres, & qui ne connoît point
de bornes.

Dans cette rigoureufe pofition, tous les êtres
ont une force & un pouvoir des plus actifs, relativement à eux, pour leur propre intérêt. Les
bêtes mêmes, pour celles qui le peuvent en *fait*,
font fondées à dévorer l'homme, fi elles n'ont
d'autre moyen d'affouvir leur faim, & de s'empêcher de mourir faute d'aliment : c'eft le feul cas
privilégié de la violence; parce que la premiere
Loi, comme j'ai dit, eft fa propre confervation
avant celle de tous les autres. Les chofes ani-

mées alors, par rapport à celles qui s'en prévalent, font au nombre des corps infenfibles & des purs végétaux.

Mais, hors de cette unique & fatale extrémité, la *propriété* eft reftreinte à fon état naturel & effentiel, qui eft de faire à tous ceux qui en font l'objet, leur propre bien & leur avantage. Il eft donc vrai qu'il y a un *Droit commun* entre l'homme & la bête, entre tout ce qui refpire ; & en un mot, entre tout ce qui a été créé fur la terre. Ce Droit eft le *Droit naturel*, le Droit *univerfel*, comme on voudra l'appeler, celui en vertu duquel toutes les chofes fe régiffent dans l'ordre & l'état primitif, qui leur a été donné par le divin Maître. Bien des Savans n'ont admis ce *Droit* qu'entre les créatures intelligentes & douées de la raifon, & ne l'accordent point par rapport aux bêtes ; mais ils ne prennent pas garde que ce n'eft pas la faculté que nous avons de le concevoir, ce droit, qui en fait l'exiftence & l'autorité ; & que fi nous y manquons, par rapport aux animaux, fi différens en cela de nous, nous en fommes encore plus coupables ; puifque notre fupériorité fur elles ne peut porter qu'à nous obliger davantage à remplir nos devoirs, & non à leur nuire en quoi que ce foit.

Comment fe trompent ceux qui le nient.

De forte que ceux qui ont penfé, comme nous, que l'homme n'étoit pas en droit de leur faire du tort, ou autrement, qu'il pouvoit devenir coupable envers elles, par des duretés & des mauvais traitemens, n'ont pas eu une opinion déraifonnable. Il eft bien vrai que la *bête*, comme tous les corps purement paffifs, ne font pas obligés

Comment ceux qui l'admettent, plus raifonnables & plus humains.

D ij

de la même maniere que l'homme , c'eſt-à-dire,
en ce ſens que l'on ſache qu'on y acquieſce; mais
il eſt en elles un penchant & une force qui les
entraîne néceſſairement à cet ordre , quand rien
d'ailleurs ne vient interrompre ce que nous nommons *inſtinct*. Il eſt dans l'eſpece animale , trop de
reſſemblance ſur tant de choſes avec la nôtre ,
pour ne pas mettre entr'elle & les autres corps
purement inſenſibles une grande différence : les
animaux nous donnent toutes les marques de l'a-
mour, de la crainte , de la pitié , de l'eſpérance,
de la colere, du plaiſir , &c. De quelle maniere
que cela ſe paſſe en eux , par une cauſe & pour
des motifs qui ſeront toujours pour nous un myſtere , nous devons convenir qu'ils agiſſent extérieurement & ſe portent par des mouvemens
très-détachés & très-viſibles , vers tout ce qui leur
eſt néceſſaire , comme ils s'éloignent de la même
maniere de tout ce qui leur eſt nuiſible : à la différence des végétaux qui ſechent ſur pied , faute
d'aliment , s'ils ne l'ont pas à leur entour , ou qui
périſſent par toute autre cauſe qu'ils ne ſavent ni
prévenir , ni empêcher; les bêtes font elles-mêmes
tout ce qu'il faut pour leur conſervation. Comment
pourrions-nous nous perſuader , ſans nous dégrader
nous-mêmes , ſans bleſſer l'ordre général , ſans
nous armer de la plus grande barbarie , qu'elles
nous appartiennent comme un meuble , ou une
pierre , dont on diſpoſe à ſa volonté; quand on
en peut tirer quelque ſervice ?

Si les bê-
tes en nous
manquant,
ne ſontpas
    Les bêtes , quand elles nous manquent , ne ſa-
vent pas ce qu'elles font , & l'on ne peut pas dire
d'elles qu'elles ſoient criminelles , puiſque l'on ne
donne ce nom qu'à un être intelligent ; mais ,

quand nous leur manquons, nous le favons, ou nous fommes du moins en état de le favoir ; & rien ne nous excufe, nos préjugés à leur égard n'étant pas invincibles. Ce n'eft pas l'égalité d'efpece qui a fait qu'il y a un droit commun entre les mêmes individus. Ce n'eft pas non plus la connoiffance qu'on a de ce droit, puifque, certes, les enfans & les imbécilles l'ignorent, & l'on peut dire que beaucoup d'autres hommes ne le connoiffent pas mieux ; quoique nous avons tous un fentiment intérieur, qui nous avertit lorfque nous nous portons à des excès contre les animaux : la nature pâtit en nous lorfque nous les tuons ou que nous les voyons tuer ; & ceux-là ne doivent qu'à la force de l'habitude, ou à un ufage conftamment reçu, la dureté apparente qu'ils témoignent en commettant ces actions de fang-froid. Cela eft tellement dans tous les êtres fenfibles, que les bêtes même, dont nous parlons, ne font pas indifférentes aux maux qui arrivent à leurs femblables, & paroiffent en être touchées comme nous. Quelque féroce que foit un animal, il eft des inftans où il s'attendrit fur les fiens : il ne faut que lui préfenter les circonftances où le jeu de la machine doit aller de même, felon les vues admirables du Créateur.

Or, cette répugnance naturelle que l'on fe fent à voir fouffrir ceux de fon efpece ; cette pitié qui nous faifit à la vue d'un tendre agneau que l'on égorge ; la fenfibilité même que celui-ci témoigne à la vue d'une action fanguinaire contre fon femblable, ou feulement à la vue d'un cadavre ; tout cela, qui n'eft pas l'ouvrage de l'homme, eft bien fûrement une indication de la

criminelles, nous le fommes du moins quand nous leur manquons.

Non néceffaire, pour établir le droit commun, que chacun des deux le reconnoiffe.

Les bêtes fuppléent à cette connoiffance, en quelque maniere, par leur inftinct qui les rend fenfibles, comme nous.

Cette fenfibilité commune, indice fûr pour nous régler dans notre droit de propriété.

D iij

conduite que nous avons à tenir. Nous devons reconnoître par-là quels sont nos droits de propriété sur les bêtes , & si nous en pouvons disposer comme nous faisons.

Je conclus que tout de même que notre propriété sur les hommes ne peut porter qu'à leur bien & à leur profit , celle que nous pouvons prendre sur les animaux ne doit aller qu'à leur avantage , ou du moins , qu'il ne nous est pas permis de déprimer ou détériorer leur état pour en retirer quelque service. Il reste à voir s'il en est , d'*animaux* , dont l'usage nous soit nécessaire.

On ne peut nier que de ce nombre infini de créatures vivantes qui habitent la terre avec l'homme , il n'y en ait dont le naturel paroît les porter à vivre en sa compagnie & à être dans sa société : la douceur, la fidélité, la complaisance, les caresses, la soumission même leur sont propres; & ces qualités si aimables se perpétuent de race en race dans les mêmes especes. Nous voyons donc là des amis du Genre humain, des êtres qui sont capables ou de charmer notre ennui, ou de nous amuser après nos travaux, ou de nous proposer , pour ainsi dire, leurs services.

Il en est d'autres qui , naturellement plus fiers & moins démonstratifs , & armés encore de défenses terribles, qui devroient nous les faire craindre, ne laissent pas que de s'apprivoiser avec nous, de se prêter à notre gouvernement , & de subir notre empire. Ils sont donc propres à être pliés ; & cette aptitude, dans laquelle ils se renforcent par l'habitude contractée à la faveur d'une nour-

Conclu-sion pour le premier Point : Ce droit de propriété sur elles , comme sur nos sem-blables, ne peut aller qu'à leur bien, ou du moins , à ne pas le heurter.

Deuxieme Point à examiner : Quelle est, sur les ani-maux , la propriété qui nous est nécessai-re?

Bêtes amies de l'homme.

D'autres plus fieres & redou-tables se prêtent pourtant aussi à son goût & à son servi-ce.

riture qui ne leur manque pas auprès de l'homme, indique assez que celui-ci ne fait rien de trop, en les tournant à son usage.

D'une créature qui est douée de la raison à celle qui en est privée, il y a une distance infinie ; & tout admirable que soit dans les animaux l'instinct dont nous avons parlé, il n'est jamais comparable à ce que peut dans les hommes la faculté de penser sur les choses mêmes qui sont de simple besoin & de premiere nécessité. L'on remarque de plus, qu'à mesure que les animaux vivent davantage avec l'homme, ils perdent plus de leur industrie naturelle à se procurer leur nourriture, & qu'accoutumés à passer leurs jours dans nos maisons, dans nos étables, à céder successivement aux diverses impressions que nous leur donnons, ils ne seroient comme plus capables de se préserver de mourir de faim, par les voies ordinaires, ouvertes à tout ce qui respire, si on les laissoit libres.

Distance entre une Créature douée de la raison, & une autre qui en est privée.

Les bêtes mêmes qui ont une disposition naturelle à vivre avec l'homme, moins propres que les autres bêtes à se procurer leur nécessaire.

Tout cela est encore un indice qu'il y a des animaux, dont la compagnie peut être utile à l'homme, ainsi que l'homme l'est à eux, & qu'il ne semble rien entreprendre sur leurs Droits, en les employant à son profit.

Conséquences de tout cela.

D'un autre côté, l'homme, quoique naturellement asservi à peu de nécessités pour sa vie, en s'arrangeant, comme, il a fait en corps de société civile, ne rencontreroit peut-être pas assez de secours dans sa famille, ou avec ses seules forces, pour fournir à ses pressans besoins ou à ceux des siens. Quand même il pourroit se suffire, quel tort feroit-il à des êtres qui n'ont

L'homme aussi quelquefois, peut bien ne pas se suffire à lui-même.

Et quand il le pourroit,

D iv

pas une antipathie à vivre avec lui, & dont la plupart se trouveroient bien de sa compagnie, s'il ne poussoit trop loin sur eux son empire : Quel tort, dis-je, leur feroit-il de les associer à ses travaux, en leur en faisant partager le fruit; en un mot, en pactisant en quelque sorte avec eux, comme avec des créatures raisonnables, qu'il ne nous est jamais permis de léser en rien, ou de tyranniser ?

une association raisonnable à ses travaux & à ses profits, ne paroîtroit pas une chose injuste à l'égard des bêtes.

Je comprends qu'*Adam* & les premiers hommes qui vinrent après lui, purent se trouver dans ces circonstances, par rapport aux animaux, dont la douceur, l'intelligence & l'aptitude en certaines choses, les rendoient propres aux diverses vues qu'on pouvoit avoir. Il n'y a rien là, dans ce commerce réciproque de services, qui sente l'attentat & l'injustice. Pourvu qu'on ne tire d'un animal que ce qu'il peut fournir, sans le trop fatiguer, & qu'il se trouve bien du traitement qu'on lui fait, l'homme n'use point de sa propriété hors du but qu'elle doit avoir ; & l'on peut dire que le bonheur de l'un est égal au bonheur de l'autre : les choses sont compensées; en travaillant pour l'homme, ou en perdant sa liberté, l'animal est sûr de sa nourriture, de son logement, d'être défendu, protégé, &c.

Adam & les premiers hommes se trouverent sans doute dans ces circonstances.

Je ne vois plus qu'une condition requise, c'est que l'homme soit réellement dans la nécessité de mettre à son service & sous son gouvernement, ceux des animaux dont le travail ou le produit peut lui convenir : condition essentielle, sans laquelle son empire, quelque doux d'ailleurs qu'il puisse être, seroit déraisonnable, puisqu'il ne

Derniere condition requise : Que le besoin de se servir des bêtes soit réel.

les foumettroit apparemment que pour s'en prévaloir, ou contre d'autres animaux dont il n'auroit
pas befoin, ou contre d'autres hommes fur qui
il voudroit prendre de l'avantage.

Si nous mefurons, à préfent, fur les regles
que je viens d'établir, la *propriété* que nous nous
fommes donnée fur ces fortes de créatures, nous
comprendrons fans peine qu'il n'eft pas fi clair
qu'il n'y ait rien à reprendre à l'exercice que
nous faifons de cette même propriété : Nous
nous trouverons manquer, & dans l'objet,
& dans les moyens, & dans l'application :
c'eft-à-dire, que nous violons les trois grands préceptes que la raifon & l'humanité nous dictent
à l'égard des bêtes. 1°. De ne prétendre qu'à
celles qui paroiffent propres ou difpofées à nous
aider dans nos travaux, ou à nous fournir quelque
chofe d'utile. 2°. De ne les maîtrifer & de ne
s'emparer d'elles que quand la néceffité le demande. 3°. De n'exiger d'elles que les fervices
qu'elles peuvent rendre & avec modération, &
de les dédommager en outre de leur liberté perdue,
par une nourriture affurée & tous les fecours
dont elles ont befoin.

Conclufion: notre propriété de fait à leur égard, fautive en fes trois points.

Sur ce pied, notre propriété fur une infinité de
bêtes, qui naturellement ne font point deftinées
à notre ufage, doit être réputée une chimere ;
& quand nous les regardons toutes comme nous
appartenant, nous extravaguons, nous nous éle-
vons contre l'Être fuprême, en attaquant par notre infatiable avidité ou notre gourmandife, &
par toutes les autres erreurs des paffions, des
êtres qui naturellement font libres & auffi indé-

Et nos fentimens & notre conduite en- vers elles, le démon- trent.

pendans que nous. Les sciences, les arts, les manufactures, tous nos usages nous fourniroient des preuves sans nombres de tous nos excès en ce genre. De plus, par rapport à celles mêmes qui paroissent faites pour notre service, ou qui s'y accoutument aisément, avec combien peu de ménagement n'en usons-nous pas, soit pour n'en exclure aucun dans la pensée, si nous ne le pouvions en effet, soit pour faire servir celles que nous pouvons, assez inutilement à nos besoins ? Nous avons fait passer, comme en maxime, que nous ne sommes tenus à aucune regle envers elles ; & il suffit, à notre avis, qu'elles soient propres à quelque chose pour avoir droit de nous les assujétir. Enfin, là même où elles nous sont utiles, nous leur faisons sentir notre empire, d'une force qui nous persuaderoit qu'elles sont notre ouvrage, si nous pouvions nous faire cette illusion : ou plutôt, qui a tout l'air d'une guerre ouverte ; le moindre plaisir pour nous, où le plus léger avantage suffit pour commettre sur elles les plus grandes cruautés. Nous pensons, en un mot, qu'étant destituées de raison & d'âme, & par conséquent aussi insensibles qu'elles le sont, nous ne leur devons absolument rien.

CHAPITRE V.

Où l'on répond à l'Objection tirée de l'empire que Dieu même donna à nos Premiers Peres sur les Animaux, suivant le récit de Moyse; & du pouvoir qu'il leur accorda, après le Déluge, de se nourrir de leur chair.

MAIS, quand nous serions en regle, par rapport à ces excès, c'est-à-dire, que nous n'abuserions pas du pouvoir que nous nous donnons sur les animaux, & que nous ne l'employerions jamais à notre profit que pour une cause réelle & juste en soi, il me reste à me débarrasser d'une objection très-considérable, qui va directement à renverser mes principes, du moins par le fait, qui est que Dieu même, au rapport de *Moyse*, en donna l'empire & le commandement universel à *Adam* & à *Eve*, & les leur assujétit tous sans distinction. Il leur assigna dès-lors, ainsi qu'aux animaux, toutes les plantes pour nourriture; mais après le Déluge, il permit à *Noé* & à ses enfans de *manger de la chair des animaux*, n'en exceptant que le sang. Cette difficulté est grande, & les termes de l'Ecriture, qui la fondent, sont bien formels. Ou ce que la raison me dicte est une vapeur, un songe de mon imagination, ou bien Dieu a eu, en ces rencontres, des motifs, qui l'ont fait déroger aux mêmes loix générales qu'il avoit établies. Il faut encore ici chercher à connoître ces motifs, &

Objection en fait.

Dieu même, au rapport de Moyse, (Gen. Cap. I, V, 28) donna le souverain empire à nos premiers Peres sur les animaux; (Ibid. 29 & 30.) & permet à Noé & à ses enfans (Ibid. Cap. IX, v, 3) de manger de leur chair.

Ce qu'il faut ici connoître

& distin-
guer.

à bien diftinguer, de ce qui eft de précepte général, ce qui n'eft convenable qu'à un certain Peuple,
ou à certaines familles ; ou bien ce qui n'eft propre
qu'à un certain ufage, de ce qui fe peut dans toutes
les occafions , & toujours.

Boffuet ,
Hift. Un.
Tome I ,
pag. 173.
Les hom-
mes, avant
le Déluge,
vivoient de
fruits &
d'herbes ,
& toujours
l'abftinen-
ce des
viandes,
(*Mœurs
des Chrét.*
p. 197) eft
allée avec
la pureté
des mœurs
comme
avec la for-
ce du corps
& celle de
l'ame.
Rom. X,
V, 21.
Affinité
qu'il y a
entre la vie
fimple & la
force ; en-
tre la fru-
galité & la
vertu.

Il eft convenu qu'avant le Déluge les hommes
ne vivoient que d'herbes & de fruits ; & l'on regarde
cette nourriture fimple comme un refte de la
premiere innocence & de la douceur à laquelle nous
étions formés. Par-tout l'on a traité , de figne
effentiel à la *frugalité*, l'abftinence des viandes ,
& on l'a vue aller toujours de compagnie, non-
feulement avec la pureté des mœurs , en général,
dans une nation , mais encore avec la force
du corps & celle de l'ame. Les premiers Chrétiens la pratiquoient , prenant à la lettre cette
parole de *Saint Paul*, qu'*il étoit bon de ne point
manger de chair & de ne point boire de vin.*

Il y a fans doute , dans l'ufage fimple des herbes & des légumes , quelque chofe de naturel
qui va beaucoup mieux avec la vertu ; & il eft vrai
auffi que phyfiquement cette nourriture fuppofe
dans le fujet plus de force & d'exercice. Et comme
la gourmandife eft un vice qui abaiffe l'ame &
la rend , pour ainfi dire , toute matiere , il n'eft
pas étrange que le moral fe reffente de fon contraire ; & que par-tout où il y aura fobriété ,
nourriture frugale & mets entiérement fans apprêts,
il y ait force d'ame jointe à la force du corps,
& la grandeur des fentimens avec une vie dure
& un manger peu délicat. Le feul changement
des viandes , difoit *Boffuet*, parlant des hommes
depuis le Déluge, leur pouvoit marquer combien

leur être alloit s'empirant; puisqu'en devenant plus foibles, ils devenoient en même-temps plus voraces & plus sanguinaires.

Mais ce que je n'aime pas de ce grand homme, dans le bel ouvrage d'où je tire ces paroles, c'est qu'il cherche dans l'altération des sucs de la terre, causée par le Déluge, dans l'air chargé de trop de parties humides, dans les principes plus développés de corruption, dans les herbes & les fruits qui n'avoient plus leur premiere saveur, des raisons pour donner aux hommes une nourriture plus substantielle dans la chair des animaux. Je ne comprends point comment l'Auteur suprême auroit pu allier avec sa sagesse un parti qui jetoit de plus en plus dans le crime; & comment l'homme eût pu devenir coupable en prenant par force une nourriture qui l'inclinoit toujours plus au vice.

C'est pourtant ce qui arrive, si la chair des animaux a été depuis le Déluge, un aliment nécessaire à nos corps, à cause que notre constitution est changée & affoiblie. *Bossuet* semble partir de-là comme d'une époque d'où l'on peut compter le commencement des plus grandes horreurs, où les hommes se plongerent ensuite. « La vie déja raccourcie, » *dit-il*, s'abrege encore par les violences qui » s'introduisent dans le genre humain. *L'homme* » *qu'on voyoit, dans les premiers temps, épargner* » *la vie des bêtes, s'est accoutumé à n'épargner* » *plus la vie de ses semblables.* C'est en vain que » Dieu défendit, aussi-tôt après le Déluge, de » verser le sang humain; en vain pour sauver » quelques vestiges de la premiere douceur de

Passage de *Bossuet*, où il est de ce sentiment. *Hist. Un.* p. 173.

Mais son système, que l'affoiblissement (*Ibid.* pag. 172) de la nature humaine par le Déluge, demandoit de manger de la chair des animaux, & d'expliquer ainsi la permission que Dieu en donna, ne me paroît point sage.

Il y entre encore de la contradiction dans les choses.

Ibid. p. 173.

» notre nature , en permettant de manger de la
» chair des bêtes , il en avoit réservé le sang :
» les meurtres se multiplièrent sans mesure ». Toutefois le même *Bossuet* nous a dit auparavant que
la nature changée , (c'est-à-dire, tout ce qui ,
selon lui , avoit donné lieu à permettre que
l'homme se nourrît de chair) *l'avertissoit que Dieu
n'étoit plus le même pour lui , depuis qu'il avoit été
irrité par tant de crimes.* Un peu auparavant encore , il nous a fait remarquer que Dieu sauva
du Déluge , par les soins de *Noé* , les animaux,
*afin que l'homme entende qu'ils sont faits pour lui,
& qu'il s'en serve pour la gloire de leur Créateur.*

*Ibid.
p. 172.*

Ibid.

Cette ex-
plication
de *Bossuet*
n'est pas de
foi ; & le
raccourcis-
sement de
la vie hu-
maine n'a
d'autre
cause que
la volonté
de Dieu.

Enfin , cette cause de l'affoiblissement de notre
constitution & de l'altération des fruits de la terre
est une chose dont on peut bien ne pas convenir,
puisqu'elle n'est point dite dans le récit de *Moyse*,
& qu'elle n'est pas nécessaire pour que Dieu ait
raccourci le terme de la vie humaine après le Déluge. Il l'a fait , parce qu'il l'a voulu , & qu'apparemment cela convenoit à ses admirables desseins
sur l'homme.

Pluche,
pas mieux
fondé en
raisonne-
ment , à
soutenir
l'empire de
l'homme
sur les bê-
tes, & le
droit qu'il
s'arroge
d'en man-
ger.

Un autre Auteur que je respecte , & que j'ai
déja cité avec éloge, adoptant cet empire universel sur les animaux & l'usage de s'en nourrir ,
traite *d'esprits revêches & querelleux* , ceux, dit-il,
(1) « qui, au lieu de louer Dieu d'avoir soumis
» toute la nature à leur usage , se sont plaints &
» se plaignent encore du pouvoir honorable que
» l'homme y exerce. Ils traitent , *continue-t-il,*

_____

(1) *Pluche, Spectacle de la Nature*, Tome III, page 496.

» son domaine sur les animaux, d'usurpation &
» de tyrannie : non-contens de se dégrader eux-
» mêmes, ils relevent les droits des animaux &
» vont jusqu'à leur attribuer la raison ». Il faut
convenir qu'on peut pousser trop loin le zele en
faveur de ces Créatures irraisonnables, & que,
pour éviter un excès, on tombe peut-être dans
un autre. Mais il me paroît aussi que *Pluche*
déshonore sa plume, en cette occasion, par des
raisonnemens pitoyables ; & je suis étonné qu'il
n'en eût pas senti tout le foible.

Il commence pourtant assez bien : « Dire que nous
» pouvons, sans conséquence, disposer selon notre
» besoin, de toutes sortes d'animaux, parce qu'ils
» sont de pures machines, c'est autoriser un droit
» très-certain par une raison plus qu'incertaine ».
Cela du moins ne présente rien de mauvais en
soi ; mais la suite n'y répond pas : Après avoir
exposé que *le sentiment intérieur conspire avec la
révélation à faire connoître à l'homme qu'il étoit
né pour habiter la terre*, il s'appuie sur ces propositions : *Que le même rapport de commodité,
qui l'avertit de manger un fruit, lui donne avis
du secours qu'il peut tirer de la peau & de la chair
des animaux. Qu'il n'a pas besoin de raisonner sur
la nature de ces choses pour les employer.* Assurément en usant de chaque chose de la maniere
seulement qu'on peut en user, ce qu'il avance-là
sera vrai ; mais il est visible qu'on ne peut confondre la *chair* & la *peau des bêtes* avec un fruit
quelconque, par rapport à la faculté de s'en servir ; puisque les unes ont vie, & l'autre non ;
puisqu'il faut répandre le sang dans l'usage des
premieres en voulant s'en nourrir, & faire

Ibid.

Ibid.
p. 497.
La peau &
la chair des
bêtes ne
peuvent se
mettre sur
la même
ligne, avec
un fruit
quelcon-
que, par
rapport à
la faculté
de s'en ser-
vir.

cesser le jeu d'une machine organisée à peu-près comme la nôtre, pour en tirer ce service. *Le sentiment intérieur*, au contraire, répugne à cette entreprise; & il n'y auroit que la nécessité de vivre, & une faim réduite à l'excès qui nous pussent faire franchir l'horreur que nous causeroit naturellement le massacre de ces pauvres bêtes, si nous étions encore dans notre première condition. Il n'est pas question ici de savoir & d'approfondir si les bêtes ont une ame: Cette étude nous met dans une contention d'esprit, qui fait cesser bien plutôt l'attendrissement qu'excite la vue de leurs maux & de leurs souffrances. Dès-lors que nous les croyons insensibles, nous le devenons peu-à-peu envers elles. Ce n'est donc pas, en effet, qu'il soit besoin de raisonner sur la nature des choses pour les employer, & l'on est fondé à faire cette observation. Mais cela même renverse ce que dit *Pluche*. En suivant le sentiment intérieur, nous ne mangerons point de la chair des bêtes, parce qu'il faudroit les tuer; nous ne les tuerons, nous ne les mangerons que pour nous empêcher de mourir de faim; ou bien nous les tuerons simplement pour nous défendre nous-mêmes de leurs coups meurtriers, si elles nous attaquent: Le desir de notre conservation ne porte que là. Que trouvant des bêtes nouvellement mortes, soit pour des occasions semblables, ou par des accidens qui n'ont point dépendu de nous, nous pensassions à tirer parti de leur peau ou de quelqu'autre chose de leur corps, cela pourroit être: avec la patience & en prenant un peu sur nous, nous vaincrions cette répugnance naturelle à approcher de pareils cadavres pour nous en servir. C'est le cas de mettre ensemble, si l'on veut, par rapport au dessein d'en tirer

Le sentiment intérieur qu'il réclame est contre lui.

Ce ne seroit qu'en supposant l'animal mort qu'on pourroit être tenté de se servir de sa peau ou de quelque autre chose qui lui appartient.

parti

parti , des matieres fi peu femblables , que la
peau des animaux & un fruit. Et ce raifonnement ne fera admiffible, qu'autant qu'il n'aura pas
fallu tuer l'animal pour avoir fa peau. Ce qui
doit nous rendre la vie des bêtes refpectable ,
c'eft que le fang coule dans leurs veines , comme
à nous ; c'eft que , malgré toute l'orgueilleufe
philofophie , nous n'avons pas pu nous tirer
du terme générique & commun d'*animal* ,
bien que nous y joignions pour nous , la
qualification de *raifonnable*.

Je ne trouve auffi , rien de plus léger & de
plus aveugle que cette obfervation du même Auteur fur le même fujet : « Un bœuf n'eft pas
» feulement une excellente nourriture ; mais c'eft
» une nourriture vivante qui va, vient, fe pro-
» cure à elle-même fon propre entretien, & qui
» vient fans réfiftance trouver l'homme quand
» elle lui eft néceffaire. C'eft donc un double
» bienfait. L'homme voit de toute part autour de
» lui des habits & des vivres qui fe façonnent
» eux-mêmes par degrés & qui fe perfectionnent
» fans qu'il s'en mette en peine ». Quand on raifonne de la forte , il eft bien à craindre que
tout ne fe confonde dans la tête des hommes :
que tout, dans la nature, ne s'attribue un droit
égal : que nous ne foyions nous-mêmes un objet de defir & d'apas pour une efpece différente
de la nôtre. Il n'eft pas jufqu'aux *Cannibales*, à
ces fauvages que nous avons peine à regarder
comme des hommes , qui ne puffent être fondés
à tenir le même langage contre nous.

Obfervation du même Auteur (Tom. III , page 494), bien légere & aveugle. C'eft nous expofer nous-mêmes.

Mais puis , c'eft pouffer la chofe jufqu'à faire

Ce qu'il a-

Ioute va à faire rire, & est justement contre lui.

Ibid.
p. 495.

rire que d'ajouter ce qui suit : « Les matieres qui
» le couvrent (*parlant de l'homme*) qui le nour-
» rissent, & qui le meublent, ont reçu des dents &
» un estomac pour s'entretenir, des armes pour se
» défendre, des ailes, des pieds, des nageoires,
» pour se venir placer sous la main de l'homme ;
» en un mot, un principe de mouvement & de
» vie pour se conserver sans altération jusqu'à ce
» qu'il lui plaise de les mettre en œuvres ». Il
est fâcheux que des puérilités pareilles se trouvent dans un Livre, d'ailleurs fort estimable.
Mais de plus, c'est se faire étrangement illusion,
que d'employer, au soutien de sa cause, les
mêmes choses qui la combattent : On se blesse
ainsi soi-même sans s'en appercevoir : Les circonstances que l'on releve sont précisément des
caracteres qui disent le contraire de ce qu'on
veut établir. C'est bien plutôt parce que ces matieres, ou pour parler plus congrûment, les
animaux, ont reçu des dents & un estomac,
qu'ils ont des ailes, des pieds, des nageoires, &c.
qu'on en doit conclure qu'ils sont faits pour eux-
mêmes, je m'explique : pour passer tranquillement, comme nous, le nombre de jours qui
leur est assigné à chacun suivant son espece. Si
nous nous tirons de ces indications, je l'ai déja
dit, tout sera perdu.

Cette cau-
se, abso-
lument in-
soutenable
sans l'au-
torité de
l'*Ecriture*,
& la prati-
que du Peu-
ple Juif.

Sans doute cette cause seroit insoutenable, si
l'on n'avoit pour soi l'exemple du pouvoir donné
à *Noé* & à ses enfans de manger des animaux,
(usage dans lequel on a vû aussi le Peuple de Dieu)
& l'autorité souveraine accordée généralement sur
tous les animaux, tant à ce second pere du
Genre humain, qu'au premier. L'indépendance

& la liberté réciproques entre des êtres qui portent tous également la qualité de *Créatures*, font
fi naturelles, qu'on ne concevra jamais, par les
feules lumieres de la raifon, que les uns aient le
droit de difpofer des autres à leur fantaifie, &
de les détruire, fi ce n'eft pour des caufes ma-
jeures de fa propre confervation & de la légitime défenfe dont nous avons parlé ; & que
l'ordre & l'arrangement puiffent fubfifter avec cette
diffenfion & ces excès. Au contraire, le *Droit
naturel*, qui ne s'étend pas feulement à maintenir l'accord & la balance parmi les hommes,
nous dira toujours que nous n'avons pas d'autorité fur les bêtes qui aille jufqu'à les manger,
& à leur faire fouffrir toutes fortes de maux, pour
peu qu'il y ait une apparence d'utilité pour nous.
La raifon, dont l'homme eft doué, lui prefcrit
bien davantage de refpecter cette loi. Nous allons
donc tâcher de nous délivrer de l'objection de
fait qui s'y oppofe.

A la premiere inftitution, quand l'homme for-
tit immédiatement des mains du Créateur, il fut
ordonné qu'*il fe nourriroit d'herbes & de plantes*,
c'eft-à-dire, de tous les végétaux qui conviennent à fa nature. Les paroles de l'Ecriture difent
généralement *toutes les productions de la terre ;*
mais il eft clair qu'on ne pouvoit entendre que celles
qui dans ce regne végétal, font propres à le nourrir & à le fuftenter. Tout ce qui à vie fut vifiblement excepté de cette diftinction générale,
puifqu'il n'y eft pas joint, & qu'au contraire les
animaux entroient en partage, avec l'homme, de
ces mêmes productions de la terre : Il y a un article expreffément pour eux. On a vu feulement,

[marginal note:] D'abord l'homme & la bête fe nourri-rent d'her-bes & de fruits, par inftitution divine. *Gen. Cap.* I, v, 29, 30.

par l'expérience, que les diverses especes ne vivoient pas des mêmes productions; & nous avons
aussi les nôtres propres, hors desquelles nous
mourrions de faim.

Le regne animal considéré dès-lors, comme
tenant le premier rang; & nous ne pouvions nous
dissimuler que les bêtes pouvoient au plus nous
servir de compagnes, & nous aider dans nos
travaux; puisqu'elles partageoient avec nous les
mêmes avantages, c'est-à-dire, ceux d'êtres sensibles & actifs par eux-mêmes, qui ont leur force
& leur mouvement pour aller chercher & saisir
ce qu'il leur faut, se tirer des dangers, &c : *Adam*
les nomma toutes, c'est-à-dire, miraculeusement,
car, on ne doit pas prendre à la lettre, le langage
de l'Ecriture, qui est une de ces propositions que
l'esprit corrige, & dont se servit *Moyse* pour
se conformer à la commune façon de parler des
hommes. Il auroit été impossible physiquement
que tous les animaux fussent actuellement présens
devant *Adam*, & que le même lieu ou il étoit
les contînt tous. Il eût été impossible pareillement,
quand cela eût été, que cesdiverses especes d'animaux
ainsi rassemblés, se transportassent de-là dans tous
les endroits de la terre où ils sont répandus pour
y multiplier comme elles ont fait, & acquérir
ces distinctions de climat & de caractere qu'on
remarque en elles. Il n'est point de terre sur la
surface du globe, qui n'ait ses bêtes, ses oiseaux
ses poissons, ses insectes particuliers. Ils paroissent
y être venus d'origine de l'un à l'autre, & trop d'obstacles se rencontrent à l'exécution du systême contraire : au moins pour les reptiles, pour les
bêtes énormes & pour ces especes qui ne peu-

Le regne
animal
considéré
dès-lors
comme te-
nant le
premier
rang.

Gen. Cap.
II, v, 19,
20.

Adam ne
put nom-
mer que
par mira-
cle toutes
les bêtes.

vent venir qu'en certains pays, & non dans d'autres. On ne fauroit penfer des animaux, ce qui à été poffible à l'homme. La facilité qu'il a de fe tranfporter par-tout, nous éclaire fur ce qu'a de merveilleux cet effet de trouver de notre efpece dans les régions les plus éloignées & même dans les Ifles les plus diftantes & les plus féparées des continens.

Mais cette nomination générale, d'ailleurs, de la part d'*Adam*, quand elle eût été réelle, ne donnoit pas plus d'empire par elle-même à ce premier homme fur les animaux. Elle n'imprimoit point fur eux aucun caractere d'une plus grande fujétion. C'étoit un moyen, pour les diftinguer, dont il ufoit, pour lui & fa famille; & l'on nous donne fouvent à nous des noms, que nous ignorons, ou que nous favons, cela eft égal, qui n'influent en rien à notre bien-être, & ne changent certainement pas la conftitution des chofes.

Cete nomination, d'ailleurs, ne changeoit en rien leur condition.

Cet état dura 1656 ans; c'eft à-dire, que pendant près de dix-fept fiecles, les bêtes furent maintenues dans le privilege honorable de n'être point mangées par les hommes. On voit feulement que Dieu les foumit à *Adam* & à *Eve*, mais d'une foumiffion qui n'emporte que la fupériorité de rang, & l'excellence de nos premiers peres; fans pouvoir entendre autre chofe qu'une fage difpofition de cette fupériorité envers les animaux, quand elle pourroit être mife à effet: car on ne peut difconvenir qu'il n'y ait, pour la plupart, entr'eux & nous, trop de difproportion de force & de reffources naturelles pour nous flater

Combien de temps les bêtes, ne fervirent pas de nourriture à l'homme? *Gen. Cap.* I, *v.* 28. Et quelle étoit la fouveraineté fur elles, donnée à *Adam* & à *Eve*?

E iij

à ce point de nous en regarder comme les maîtres ; & que d'ailleurs l'autorité ufuelle & poffible ne tombant que fur un petit nombre , & même étant obligés bien fouvent d'employer contr'eux la rufe ou la violence pour les foumettre , il n'y a rien phyfiquement qui puiffe nous convaincre d'une fouveraineté réelle & légitime de la part de l'homme.

Les bêtes, pourtant expofées à être mifes à mort, dès le commencement du monde, pour être offertes à Dieu en facrifice.

Il paroît pourtant que dans ce temps fortuné dont je parle , il y avoit des facrifices d'animaux, puifque la querelle de *Caïn* avec *Abel* vint de ce que celui-ci ayant préfenté les premiers nés de fon troupeau , & l'autre les premiers fruits de fa terre , Dieu eut plus agréable le don d'Abel que celui de Caïn : Or , il eft marqué que ces pauvres bêtes fubiffoient auparavant ce trifte fort. L'Ecriture donne la qualité de *Pafteur de brebis* à Abel , & celle d'*Agriculteur* à fon frere. On a voulu tirer de la différence de traitement qu'ils éprouverent de la part de Dieu , une induction contre la profeffion de Caïn , qui avoit , dit-on influé fur fes fentimens ; & l'on a regardé (1) la vie paftorale comme plus innocente & plus parfaite. J'ai peine à en convenir , & il me femble que l'oifiveté engendrant tous les vices , fi on ne peut voir une vie moins occupée que celle d'un Pafteur , elle doit donc être plus dangereufe pour les mœurs & moins innocente ; il eft vrai qu'aujourd'hui cette comparaifon ne peut fe faire : Les mœurs font changées , & l'induftrie humaine s'étant pervertie par des accroiffemens

Comment on s'eft perfuadé , fans fondement, que la *vie Paftorale* que menoit *Abel* , étoit plus innocente & plus parfaite que l'*Agriculture* qu'exerçoit Caïn.

(1) Fleury, *Mœurs des Ifraélites*, p. 10.

de besoins chimériques ou insensés, dont la cupidité s'est nourrie, ce premier art, le plus utile & le plus nécessaire de tous, *l'agriculture*, est obligé, en quelque maniere, de le céder à l'art Pastoral pour la simplicité & l'innocence. On n'a point dans celui-ci mille petits objets d'intérêt & de détail, qui gâtent le cœur, mais qu'on ne trouve dans l'autre, que parce que nous avons bien voulu sortir de l'état naturel, & abuser des meilleures choses. La Terre est notre commune mere, elle nourrit les hommes & les animaux ; & c'est d'elle que l'on doit tirer tout premierement sa subsistance. Cet ordre est celui de la sagesse & que Dieu même a établi : Après le péché d'*Adam*, Dieu lui déclare que la terre ne produira qu'à force de sueurs, qu'il la travaillera avec peine, & qu'il ne peut attendre son pain que de là : Il le ramene toujours à ce point comme le seul moyen de le faire vivre, & comme un joug qui lui avoit été imposé.

Les paroles de Dieu même, après le péché d'Adam, lui tracent la condition d'Agriculteur, & à toute sa postérité.

Or, sa condition étoit dès-lors toute tracée, & l'on peut dire celle de toute sa postérité. Ce que l'Être suprême a prononcé à ce premier homme, c'est-à-dire, au pere de tout le genre humain, a été une loi pour tous les hommes. Sa faute a entraîné la nôtre, & nous avons été punis en lui & par lui : y ayant une égalité de sort dans une partie, elle est dans l'autre. L'on doit bien distinguer ce que Dieu établit en parlant à ce premier homme, d'avec ce qu'il régla en parlant au second, je veux dire à *Noé*, qui fut l'*Elu* au quel il départit toute sa grace, & en qui il commença le mystérieux & admirable dessein de sa religion & de son culte. Tout ce qui fut dicté

Il faut bien distinguer ce que Dieu établit, en parlant à ce premier homme, de ce qu'il régla, en parlant au second, Noé.

Tout le plan de sa Religion & de ses miséricordes commence à cet homme élu. On doit se souvenir que la plupart des ordonnances *divines positives* , étoient d'un autre ordre que le *Droit naturel.*

Fleury, nomme mal la vie pastorale , & en juge vulgairement.

Mœurs des Isr. p. 10.

Les avantages qu'il lui donne sur l'Agriculture, par rapport aux mœurs sont vains.

à cet homme juste fut dès-lors soumis à des vues extraordinaires & spirituelles qui ne pouvoient point être la route de tous les hommes , ni ce qui convenoit à qui n'étoit pas son Peuple. Nous avons vu dans les Chapitres précédens, (1) combien il falloit s'abstenir de juger du *Droit naturel* , en certains points, par ce qu'ont pratiqué les Juifs , ou les Israélites , ou ce qui leur avoit été ordonné ou défendu par la Loi : Ici nous avons à suivre les mêmes regles. Mais je reviens à *la vie Pastorale* , par rapport à l'*Agriculture,* parce que cette discussion nous mene aux vérités que je vais établir.

La vie Pastorale (2) n'étoit pas plus innocente que l'agriculture , quoiqu'elle fût le partage d'*Abel,* & que *Cain,* qui exerçoit l'autre , fût un méchant. On ne peut pas dire qu'elle eût quelque chose de plus *simple* & de plus *noble,* si, par ces mots, l'on doit entendre la véritable utilité , & ce qui se rapporte le mieux à nos besoins. Pour moins *pénible* , cela n'est pas douteux ; mais ce n'est pas un éloge ; elle ne l'est moins qu'en se repaissant de chair & de sang aux dépens des troupeaux qu'on mene , & c'est-là la question que j'agite. Si elle attache moins à la terre, ce n'est pas qu'on y incline moins , & qu'on y renonce plus aisément à ses douceurs. En changeant de demeure , en étant souvent occupé à camper & à décamper , en se mettant souvent en marche , on ne faisoit que changer de terrain &

(1) Tout le N°. III, dans le Tome II.
(2) On parle encore de ces deux Professions au Chapitre suivant, à-peu-près à la moitié.

y tranfporter la propriété : On a bien droit de regarder comme à foi une terre inhabitée où l'on
arrive ; & dans ce point de vue je ne fache pas
fi l'attachement à la terre ne feroit pas encore
plus grand , puifque les mêmes lieux que l'on
avoit quittés, peuvent être regardés encore comme
fon domaine : à la vérité , avec la différence que
notre maniere de poffèder , qui nous fixe chacun
en un endroit fans pouvoir prétendre à celui des
autres , parce que tout eft occupé , nous rend
avec fondement plus fenfibles à cette poffeffion
dans la crainte de la perdre ; & c'eft l'inconvénient infurmontable des grandes multiplications
d'hommes, quand on ne peut s'étendre , ou des
trop nombreufes colonies. Mais les Hordes des
Tartares , ou les troupes d'Arabes , qui encore
aujourd'hui menent cette vie errante & ne bâ-
tiffent point , fe contentans de porter des tentes ,
& conduifans leurs femmes , leurs enfans, leurs
troupeaux, leurs armes & leurs bagages , comme
faifoient les Patriarches de l'ancienne Loi , ces
peuples modernes, dis-je , font tout auffi remplis
du defir de fubfifter que nous, ils fentent auffi-
bien le plaifir d'avoir ; & leur jouiffance , pour
être d'une autre forte , & en les attachant à leur
maniere , n'agit pourtant pas différemment fur le
cœur & ne les affervit pas moins. *Abraham* étoit riche *Mœurs des*
en beftiaux , en efclaves , en domeftiques , en or *Ifr. p. 18, 9.*
& en argent : C'en étoit affez & beaucoup trop
pour l'intéreffer à cette terre , malgré les changemens de demeure , s'il n'avoit été préfervé de
la contagion des mœurs par une vocation fpéciale
de Dieu. La vie paftorale ne peut paroître mener
mieux à la vertu qu'en la confidérant dans l'état
actuel, où notre luxe & notre cupidité ont gagné

jufqu'aux arts les plus néceffaires, & qu'en fuppofant qu'on s'y nourriroit fimplement d'herbes
& de légumes fans rien poffeder, tandis que dans
les autres profeffions, l'on fe donneroit un libre
champ à la jouiffance de tant de fuperfluités ou
de chofes dangereufes que nous avons en propriété. Mais, toute proportion gardée, & dans
l'état de nature fur-tout, qui eft celui où l'on
repréfente cette profeffion comme fi belle & fi
innocente, elle n'avoit rien au-deffus de l'agriculture, bornée aux fimples foins, de la part du
cultivateur, de faire fubfifter fa famille. Il faut
fe donner le temps ou la peine d'approfondir les
fujets, quand on écrit ou que l'on parle, & tâcher de les voir fous toutes les faces, pour ne pas
parler comme le vulgaire ; & le judicieux *Fleury*
étoit bien en état de cela.

L'utilité de la profef-
fion pafto-
rale, quant
aux néceffités de la
vie, eft
comme
celle par
rapport aux
mœurs.

Le préjugé étant mis au jour fur cet article,
il ne fera pas difficile de s'appercevoir que l'utilité
de la profeffion paftorale, par rapport aux befoins
de la vie, n'eft pas plus étendue que celle dont
elle eft aux mœurs : Les chofes font toujours importantes par elles-mêmes, à raifon des avantages
réels qu'elles procurent ; & tel eft le figne naturel auquel le Créateur a voulu que nous jugeaf-
fions du degré d'affection que nous devons y mettre.
La vie paftorale ne rend meilleurs que relativement aux excès auxquels on a porté les autres
profeffions ; & l'agriculture eft celle qui fera la
plus propre à nous rendre fages, comme elle eft
la plus utile, fi nous remontons à l'état primitif
de nature.

Ces deux

En rangeant cette profeffion de *Pafteur* dans la

claſſe qui lui convient, on ſentira que ſon objet n'a plus tant d'étendue ; & l'on pourra connoître que ſi l'innocent *Abel* l'avoit priſe , ce n'étoit point qu'elle fût plus importante , ni qu'il ſe fût occupé en cela de choſes plus agréables à Dieu. L'injuſte *Caïn* n'avoit rien fait non. plus de moins louable , & rien qui annonçât ſon crime, en ſe déterminant pour l'autre profeſſion : Il fal- loit bien ſubſiſter ; & l'on ne ſauroit dire qu'en ce temps-là l'agriculture fût bien puiſſante à perver- tir les mœurs.

professions paroiſſent maintenant dans leur jour.

Il me ſemble que leur département eſt viſible- ment & diſtinctement marqué par nos beſoins : L'une nous habille & l'autre nous nourrit. Nous avons , tout premierement , gardé des moutons pour en avoir la laine ; nous n'avons , dans le commencement, cultivé la terre que pour lui faire produire de quoi manger. Ce n'eſt même qu'en bornant l'uſage de l'art paſtoral au but de nous couvrir , qu'on pourroit, en un ſens , lui donner la ſupériorité ſur l'autre , parce que la gour- mandiſe eſt un vice qui ſe gliſſe facilement & nous ravale. Mais cette idée de *perfection* eſt trop quinteſcenciée pour être juſte , & la perfection , par rapport à nous , ne ſe tire que du réel & du néceſſaire : On peut encore moins ſe paſſer de nourriture que de vêtement.

Leur dé- partement, marqué par nos beſoins réels.

L'objet de nous nour- rir , étran- ger à l'art paſtoral, étant ôté , cela ſeul pourroit donner quelque ſu- périorité à cette pro- feſſion, &c. mais la nourriture paſſe avant

Nous nous ſommes donc inſenſiblement conduits point de nous convaincre que la vie paſtorale , dans ſon origine, n'a point eu pour motif ni pour fondement , le deſſein de tuer des bêtes pour s'en nourrir ; & que cette fin lui eſt étrangere & même injurieuſe. C'eſt en regardant les choſes préciſé-

Conclu- ſion certai- ne : C'eſt que la vie paſto- rale n'a point eu

originaire-
ment pour
motif ni
fondement
le deffein
de nous
nourrir des
animaux.

ment comme elles font , que l'on eft plus en
état de lever les objections qui fe préfentent ;
& l'on n'eft jamais plus fort que quand on eft
fûr d'une vérité. Il faut maintenant favoir pourquoi les bêtes , que l'homme jufqu'au Déluge ,
n'avoit pas le pouvoir de tuer pour les manger,
étoient pourtant , ce femble , foumifes à perdre
la vie, quand il les vouloit offrir à Dieu en facrifice.

Pourquoi
donc les
bêtes dès-
lors foumi-
fes à périr
pour être
offertes en
facrifice ?
L'exemple
du facrifice
d'*Abel*,
fans doute
fuivi.

C'est du moins ce que nous préfente le facrifice d'*Abel* ; & il y a lieu de croire qu'il fut
imité des générations fuivantes , comme un figne
authentique de tribut & d'hommage envers le fouverain Maître de toutes chofes ; puifque l'on a
vu , dans les temps poftérieurs , par un aveuglement étrange , des hommes facrifier (1) même
leurs femblables & leurs propres enfans.

Trois re-
marques
utiles de
Barbeyrac
fur ce fu-
jet,

Mais l'on a remarqué (2) avant moi, à propos
des facrifices en général , & pour favoir s'ils font
d'inftitution divine & d'une obligation univerfelle
pour tous les hommes , que *le quatrieme Chapitre*
de la Genefe , nous préfente feulement un exem-
ple de facrifices offerts par deux enfans du premier
homme ; & qu'il n'y a pas la moindre chofe qui in-
finue que Dieu leur eût lui-même ordonné de lui
rendre cette forte de culte extérieur. L'on convient
qu'il y a apparence que les hommes ne s'en feroient pas fi-tôt avifés d'eux-mêmes ; mais l'on conclut qu'*il ne s'en fuit point de-là que Dieu leur ait*

_____

(1) Dans *Grotius*, *Droit de la Guerre & de la Paix*, Tome I, pag. 76 , à la fin de la colonne.

(2) Voyez p. 117 du Premier Tome de *Grot*. même Ouvrage,
au texte & à la note 9.

preſcrit cet uſage en forme de Loi univerſelle & per-
pétuelle pour tout le genre humain.

A partir de ce fait & de ces réflexions qui ſont
vraies, l'aċtion d'*Abel* qui tua une bête de ſon
troupeau pour en faire une offrande à ſon Créateur, ne ſuppoſoit donc pas, dans les autres
hommes, un tel pouvoir ; & l'on eſt obligé de
recourir à un fondement plus ſolide, ſi on veut
le rendre général. Il eſt vrai que ſi Dieu n'avoit
pas ordonné qu'on l'honorât de cette ſorte, il ne
l'avoit pas, non plus, condamné, puiſqu'au contraire, il eut pour agréable le préſent, tandis
qu'il rebuta celui de *Cain*, qui étoit des fruits
de la terre : à quoi l'on peut répondre que tout
de même que par ce refus, ce Dieu ſuprême
n'entendit point de déprécier la choſe même, l'on
ne peut pareillement inférer qu'il louât le genre
d'offrande, dont ſe ſervit *Abel*, de ce qu'il ac-
cepta ſa viċtime : C'eſt le cœur & l'intention que
Dieu jugea. Il eſt plus vraiſemblable auſſi que la
permiſſion de tuer la bête, lui avoit été donnée
par une exception unique, fondée ſur des motifs
ſupérieurs qui nous ſont cachés ; & il eſt certain
que ce privilége ne s'étendoit point juſques-là,
pour les autres hommes. Ainſi, en *droit* ou
en *fait*, l'on ne ſauroit rien conclure de cet exemple, en faveur du prétendu pouvoir de tuer les
animaux ; & il faut néceſſairement paſſer aux temps
où il fut, non-ſeulement permis d'en manger,
mais où le Peuple de Dieu en enſanglantoit les
autels, en vertu des ordonnances même & des
cérémonies de la Loi.

Applica-
tion :
L'exemple
d'*Abel* ne
prouve
point qu'on
eût le Droit
de tuer les
animaux.
Et l'accep-
tation que
Dieu fit de
l'offrande
n'en ap-
prouveroit
pas la ma-
niere ;
quoiqu'il
eſt vrai-
ſemblable,
&c.

CHAPITRE VI.

Continuation du même sujet, par rapport à cet empire confirmé à Noé & à ses Enfans, sur les Animaux, après le Déluge; & à ce pouvoir qui leur fut donné de se nourrir de leur chair.

Caractere du changement subit dans les réglemensdu *Très-Haut* par rapport aux *animaux*, après le Déluge. *Gen. Cap.* IX, *v.*2,3.

LE premier temps qui se présente, après *Adam*, est celui qui vient immédiatement après le Déluge, lorsque les eaux se furent retirées : nous voyons alors un changement subit dans les réglemens du *Très-Haut*; les bêtes paroissent plus spécialement & plus rigoureusement soumises à la puissance de l'homme, & ce pouvoir va jusqu'à s'en nourrir : Dieu veut *que tout ce qui a vie & mouvement serve de nourriture, comme toutes les plantes* dont il a donné l'usage. Le précepte est clair, & l'empire qu'il accorde sur les animaux, est énoncé d'une maniere très-forte, qui marque la subordination la plus parfaite.

Il ne peut qu'annoncer des vues particulieres, qu'il faut biendistinguer du premier temps. Chap. précédent, 5 ou 6 pages avant la fin.

J'ai dit qu'il falloit nécessairement distinguer, entre le commandement ou les volontés divines qui ont été prononcées à *Adam*, & celles qui ont été adressées à *Noé* : les premieres, comme obligeant tous les hommes, & les autres étant seulement particulieres & fondées sur des droits infiniment relevés qui ne peuvent pas servir de regle générale. Cette idée me paroît découler naturellement de la connoissance de la Religion & de l'état des choses.

Si jamais la Divinité a dû, s'il m'eſt permis de parler ainſi, ſignifier des ordres qui marquâſſent à la race humaine les grands principes du *Droit naturel* & de l'ordre immuable qui lui convient, c'eſt inconteſtablement à la naiſſance du Monde, lorſqu'il déclara ſes volontés au premier homme, & lui marqua le genre de vie qu'il devoit embraſſer & les alimens qu'il pouvoit prendre, ainſi que l'empire qu'il avoit ſur les animaux. Et quand eſt-ce que cette connoiſſance étoit plus certaine, ſi ce n'eſt en ce temps où tout commence ; où le premier homme paroît, où les animaux même reçoivent leur état & leur condition ; où toute la race humaine, renfermée comme dans un ſeul homme, partage déja avec lui ſon ſort & ſon traitement ; où enfin l'Auteur de la Nature parle pour la premiere fois aux hommes ?

La raiſon nous dit que c'eſt au commencement du monde que l'on doit trouver les enſeignemens propres au genre humain, touchant le *manger* & *l'empire ſur les animaux.*

Auſſi, la longue vie des peres donnoit moyen aux enfans de s'inſtruire des premieres inſtitutions : *Abraham* avoit vécu plus d'un ſiecle avec *Sem*, fils aîné de *Noé*, & pouvoit avoir appris de lui l'état du Monde avant le Déluge. S'il ne ſe conforma point, non plus que les autres Patriarches, aux préceptes donnés à *Adam*, touchant le manger & le pouvoir ſur les animaux, c'eſt, comme nous verrons, qu'ils étoient d'un autre ordre, qu'il s'agiſſoit de préceptes nouveaux, & tendans à une fin particuliere, & qu'il leur falloit remplir des vues qui ne s'écartoient de la regle primitive & commune que pour le ſalut même de l'humanité.

Mœurs des Iſr. pag. 6. *Hiſt. Un.* Tome I, p. 177.

Non étonnant que les Patriarches ſuiviſſent une autre regle.

C'eſt, en effet, premiérement par *Noé*, que commença, comme j'ai dit, ce grand ouvrage :

Le grand ouvrage de notre *ſalut*

commence tout premiérement pat *Noé*, qualité particuliere de ce fecond Pere.

Alliance divine faite avec lui & avec fes enfans.

Gen. Cap. IX, *v.* 9, jufqu'à 17. Cette alliance énoncée, *Cap. VI, v.* 18.

Il avoit déja, lors de cette alliance, facrifié de tous les animaux, en fortant de l'arche. *Ibid. Cap.* 8, *v.* 20.

Et fon facrifice très-agréable à Dieu, qui déclare tout auffi-tôt fes favorables difpofi-tions pour

Dieu le réferva, lui & fa famille, pour être les réparateurs du Genre humain ; mais il en fut bien moins encore le fecond pere, que celui d'où devoit defcendre un peuple nouveau, tout extraordinaire, & fur lequel en bien des points les autres n'avoient point à fe mouler : c'étoit le peuple de Dieu, compofé tout d'enfans iffus d'une même famille, & pouvant fe glorifier, non-feulement d'être les dépofitaires du vrai culte, & de donner naiffance, par la chair, au *Meffie* promis, mais de remonter par une fuite non interrompue de générations, jufqu'à cet homme unique, le feul jufte qui mérita d'être excepté du naufrage univerfel, & avec qui le Vengeur fuprême voulut bien former l'alliance la plus folemnelle qui fut jamais.

Nous lifons qu'elle fut précédée, de la part de *Noé*, d'un hommage public qu'il rendit au Seigneur, à la fortie de l'arche, en lui dreffant un autel, & y offrant un holocaufte de tous les animaux & de tous les oifeaux *purs*, dit l'Ecriture.

Or, la permiffion de manger de toutes les bêtes n'avoit pas encore été donnée ; & l'on doit regarder la liberté que prit *Noé* en cette occafion, d'ôter la vie à celles qu'il voulut facrifier, ou comme un ufage qui s'étoit confervé depuis *Abel*, en figne de culte, ou comme l'effet d'une infpiration divine : & cette derniere conjecture eft plus vraifemblable ; car il eft dit, en propres termes, *que le Seigneur en reçut une odeur qui lui fut très-agréable*, déclarant dès-lors qu'il ne répandra plus fa malédiction fur la terre à caufe des hommes, par cette raifon remarquable que l'*efprit de l'homme*

&

& toutes les penſées de ſon cœur ſont portées au mal
dès ſa jeuneſſe. Je ne frapperai plus, inſiſte-t-il *,*
de mort, comme j'ai fait, tout ce qui eſt vivant & ,
animé

ce qui a
vie.
Ibid. v. 21.

Après cette déclaration ſi conſolante pour la
Nature entiere , Dieu donne cependant la permiſſion de manger de la chair des animaux , &
apporte ainſi cette grande innovation à la nourriture de l'homme.

Après ce-
la, la per-
miſſion de
manger
des ani-
maux , eſt
donnée.

Toutefois l'acte d'alliance ſe prononce immédiatement & en termes magnifiques. Dieu s'adreſſe
auſſi aux animaux dévoués à la boucherie : ils entrent , comme l'homme , dans cet objet de la réſolution que prend l'Eternel , *de ne plus punir de mort*
tout ce qui reſpire : il aſſure ces créatures irraiſonnables du même avantage qu'il accorde au Genre
humain , & l'expreſſion pour eux eſt tout auſſi éner-
gique.

Et à cette
permiſſion
ſuccede la
prononcia-
tion de
l'acte d'al-
liance , en
faveur auſſi
des ani-
maux.

Je dis , 1°. qu'on ne peut pas , en vérité , prendre cette permiſſion de manger des animaux,
comme générale & regardant tous les hommes ,
ſans bleſſer l'idée auguſte de la Divinité & ſon infinie ſageſſe. 2°. Qu'il y a dans l'acte d'alliance ,
au ſujet des animaux , un renouvellement de leur
premiere deſtination. 3°. Que la promeſſe divine
étant faite à tout le Genre animal , ſans diſtinction
& d'une maniere & en une occaſion ſi ſolemnel-
les , elle ne peut pas être vaine ; & ſuppoſe non-
ſeulement un bien réel , mais un bien conſtant &
d'une utilité que rien de fâcheux n'interrompe. Si
nous parvenons à nous bien aſſurer de ces deux
dernieres propoſitions , l'autre ſera d'autant plus

Trois Pro-
poſitions
que j'en
infere &
qui me pa-
roiſſent
ſans répli-
que. On les
traitera
quelques
pages plus
bas.

facile à admettre que toute l'économie de la religion Judaïque la présuppose, & que le pouvoir sur la vie des animaux en étoit une dépendance essentielle.

Réflexions préliminaires.

Maniere dont Dieu disposa les choses pour le châtiment universel, & la multiplication nouvelle des hommes.

Gen. Cap. IX & 19, 20.

Ibid. v. 21.

Arrêtons-nous pour un moment sur quelques réflexions préliminaires : le Souverain de la nature, lassé, en quelque sorte, du débordement des crimes, qui se répandoit de plus en plus, avoit voulu submerger dans les eaux toute l'espece humaine. Les bêtes ne purent manquer d'essuyer le même sort ; mais ce n'étoit pas l'intention divine qu'il n'y eût plus d'especes vivantes sur la terre. Une famille d'hommes est conservée pour repeupler le monde, & par elle deux de chaque espece de tous les animaux, mâle & femelle, renfermés ensemble dans l'arche durant le Déluge. Dieu commande en même-temps à *Noé* de prendre aussi avec lui de tout ce qui se peut manger, & de le porter dans l'arche, *pour servir*, est-il dit, *à votre nourriture & à celle de tous les animaux.*

La premiere institution n'en est point changée.

L'on voit que cette terrible exécution de noyer, dans les mêmes eaux, tout ce qui a vie, ne porte point atteinte à la prémiere institution, quant à la vie animale ; & que dans sa plus grande colere, si l'on peut parler ainsi de Dieu, les animaux, qui, d'ailleurs, n'en pouvoient pas être plus coupables, sont maintenus dans l'utile possession de ne nous servir point de nourriture. Ceux qui périssent par le Déluge, sont violemment traités & en criminels, ainsi que l'homme ; mais c'est une suite inévitable de la chose : il falloit déranger le cours naturel, & opérer un miracle, pour les préserver de l'effet de l'inondation ; outre que leur multitude auroit été alors trop en disproportion avec la population naissante des hommes , l'équilibre auroit été rompu ; & comme ceci n'arrive qu'une fois, & que Dieu est le maître de la vie des animaux, il en dispose alors d'une maniere qui n'a rien d'injuste. Les principes généraux existoient toujours. Il en étoit ainsi de la race humaine : la mort , à laquelle tous les hommes de ce temps-là furent condamnés , ne fut qu'un accident particulier. Les regles , selon lesquelles ils devoient se conduire , n'en furent pas renversées , & tout l'ordre primitivement établi , subsistoit en soi, comme s'ils n'avoient pas été submergés.

Dieu veut bien faire cesser le châtiment , & ordonner la nouvelle multiplication des hommes. Il s'adresse aussi aux animaux, & leur fait le même commandement ou invitation ; toutes choses sont encore comme au commencement du monde. Il avoit *remarqué* (mot fort impropre à l'égard de Dieu), que *l'esprit de l'homme & toutes les pensées de son cœur sont portés au mal dès sa jeunesse ;* & il se décide à ne plus les punir par les eaux. La foiblesse humaine est là reconnue , mais non approuvée : Dieu fait seulement l'aveu du motif pourquoi il n'usera plus d'une telle rigueur à l'avenir, & il n'entend rien vouloir qui puisse autoriser ou accroître ce penchant au mal : on ne me niera point cette proposition.

Noé , à sa sortie de l'arche, lui avoit sacrifié, nous l'avons dit , de toutes les especes d'ani-

Quand Dieu fait cesser le châtiment, toutes choses sont encore comme au commencement du monde , par rapport à l'ordre établi.

L'aveu de Dieu sur la foiblesse humaine n'en est pas l'approbation, ni une marque qu'il veuille la favoriser. *Noé* , en sacrifiant , aufortir de l'arche, de tous les animaux, ne fait proprement rien pour lui-même.

maux, & Dieu y avoit pris plaifir ; mais c'étoit encore un cas particulier, qui n'eft nulle part commandé, & dont la pratique ne fe dirigeant point à l'homme, ni n'intéreffant fon individu corporel, ne pouvoit caufer un trouble éminent dans l'ordre général. Les bêtes, dans leur univerfalité, n'avoient que ce rifque à courir pour la perte de leur vie, & elles la perdoient pour Dieu : jufques-là, l'homme ne prend rien pour lui ; il n'eft pas le but du pouvoir qu'il fe donne fur elles.

Circonftances tirées des paroles même de Dieu, qui marquent qu'il ne vouloit point faire de changement aux Loix générales. *Gen. Ch. VI, v. 22.*

Là même, Dieu, après avoir annoncé fon *alliance* avec tout ce qui *eft vivant & animé*, & où les animaux font également compris, releve ces circónftances conftitutives du monde, & en affure la continuité : Que, *tant que la terre durera, la femence & la moiffon, le froid & le chaud, l'été & l'hiver, la nuit & le jour ne cefferont point de s'entre-fuivre.* Qu'eft-ce que cette attention divine, de faire mention d'un fait, qui, ce femble, devoit aller tout feul, une fois que les eaux du Déluge s'étoient retirées, ou plutôt, lorfque le Déluge même n'avoit pas interrompu la plupart de ces chofes : qu'eft-ce, dis-je, que cette attention divine, fi ce n'eft qu'il vouloit mieux faire entendre par-là, qu'il n'avoit rien changé à l'ordre établi, & que les grandes & primitives regles fubfifteroient dans leur vigueur? Il reftoit donc toujours conftant que les hommes ne pouvoient point naturellement fe nourrir de la chair des animaux.

Le changement dans la vie

Véritablement, Dieu avoit fait un changement dans le cours de la vie humaine, en la rédui-

fant à *six vingts ans* ; & cet arrêt de détermination fut rendu public immédiatement avant le
Déluge , par la même raison qui avoit attiré
une fi grande punition ; mais cette nouveauté
étoit indifférente au cours naturel de l'ordre ,
felon lequel il avoit établi fes productions ; les
Créatures alloient toujours à leur fin , & rem-
pliffoient leur deftinée. Il n'y avoit point d'empire , pris injuftement , d'une efpece fur une
autre , du moins par une Loi générale & de
commande. Il eft bien clair que le plus ou moins
de vie , foit des hommes , foit des animaux , eft
un point indifférent , quant à la beauté & à l'entretien du monde. Ainfi , voyons - nous que cet
admirable Ouvrier , cet Auteur fuprême de tout
ce qui exifte , nous laiffe toujours le confolant
afpect des Loix générales , & la douce obligation
de les maintenir.

de l'hom-
me réduite
à 120 ans,
ne touche
point à ces
Loix.

Enfin , Dieu déclare fon alliance univerfelle :
il en expofe l'effence & la maniere : l'objet eft
qu'il ne punira plus par les eaux du Déluge ,
& le figne qu'il en donne, en fera dans les nues,
c'eft-à-dire, vifible à toute la terre ; l'on ne
fauroit s'y tromper. Mais je remarque , de fa
part , une différence dans la façon d'expliquer à
cet égard , fes volontés, d'avec celle, où, immédiatement auparavant , il a permis de manger
de la chair des bêtes : *Je vais faire*, dit - il ,
alliance avec vous & avec votre race après vous.
Il envifage là toute la poftérité & cette fuite
innombrable de générations qui fe fuccéde-
ront dans les temps les plus reculés ; en un mot,
il communique à toute la race humaine , tant
qu'elle durera , l'avantage promis aux hommes.

Ibid. Cap.
IX, v. 9,
& feq.
Différence
fenfible
dans la
maniere
dont Dieu
explique
fes volon-
tés, au fu-
jet de l'al-
liance
univerfelle
par com-
paraifon à
celle dont
il permet
de manger
de la chair

F iij

des animaux.

Il n'en est pas de même, au sujet de la permission de manger des animaux : Dieu ne s'adresse qu'à *Noé* & à ses enfans ; il ne leur dit rien à cet égard, qui marque un usage général & perpétuel. Après les avoir bénis, comme il fit à l'égard d'*Adam* & d'*Eve*, au commencement du monde, & leur avoir répété, en propres termes, le même précepte *de se multiplier ;* après s'être expliqué, mais d'une maniere plus terrible, au sujet de l'empire qu'il donnoit sur les animaux : *Nourrissez-vous*, dit-il, *de tout*

Ibid.
V. 1, 2, 3.

ce qui a vie & mouvement : je vous ai abandonné toutes ces choses, comme les légumes & les herbes de la campagne. On ne peut méconnoître les caracteres qui distinguent cette concession

Caracteres distinctifs entre cette concession particuliere & les volontés divines universelles.

particuliere, de ces volontés divines, dont l'objet est universel & commun à tous les hommes.

1°. Le commandement de croître & de se multiplier, adressé simplement à nos premiers peres.

Dieu commanda à nos premiers Peres, comme aux seconds, de croître & d'étendre leur race sur la terre. Il ne dit point ici qu'il fait le même commandement à ceux qui viendront après eux ; il est visible que cela ne peut s'adresser qu'à toute l'espece humaine prise ensemble ; & que c'est leur parler à tous, que de parler de cette sorte à celui d'où ils doivent tous sortir, l'effet ne pouvant avoir lieu autrement.

C'est que ce commandement étoit bon de sa nature.

De plus, la chose ordonnée ne renferme rien de mauvais en soi. Au contraire, elle tend à développer la puissance & les merveilles du Créateur, ainsi que le plan de ses bontés infinies ; un seul homme, une seule famille sur la terre ne suffiroit à la cultiver. On voit bien que tant d'espaces, tant de lieux déserts, dépourvus de créatures intelligentes, manqueroient d'admirateurs & d'ufufruitiers dignes d'elle. Il faut peu de place pour un homme, & l'immenfité du globe nous avertit affez de celle que devoit avoir le genre humain.

Ainfi, dans l'occafion que nous venons de voir, le précepte eft pour tous les hommes, encore qu'il ne s'adreffe littéralement qu'à un feul, & qu'il n'y foit pas dit en propres termes qu'on y comprend toutes les races futures. Au lieu que de manger des animaux, de les livrer à notre appétit, & les anéantir ainfi pour notre ufage ; ce n'eft plus la même chofe : cela renverfe là premiere regle, c'eft-à-dire, un ordre dont le maintien affure notre exiftence, & eft un gage pour la confervation de nos jours ; un ordre felon lequel tout ce qui a vie tend, fans interruption, jufqu'à fa fin marquée par le Créateur, felon les refforts cachés, qu'il a mis en chaque être, pour le mouvoir & l'entretenir. Les animaux, nous l'avons vu, font en cela entiérement femblables à nous. Pour détruire un fi bel ordre, & en établir un nouveau à perpétuité & tout contraire, il faut d'autant plus une volonté bien marquée & bien énoncée, que les hommes ont appris originairement qu'ils n'avoient à fe nourrir que des plantes & des fruits de la terre. De forte que, quand Dieu n'a point dit à *Noé* & à fes enfans, en leur permettant de manger de la chair des animaux, qu'il étendoit cette permiffion à toute la Race humaine à perpétuité, & à toutes les Nations ; c'eft un figne qu'il n'a point voulu la rendre conftante & univerfelle.

2°. Il n'en étoit pas de même de manger des animaux.

Pour renverfer une Loi bonne, il auroit fallu que Dieu dît qu'il faifoit de la permiffion une regle pour tous les hommes.

F iv

3°. Une autre indication, c'est que Dieu prend en cette occasion contre les animaux, un langage tout effrayant.

Ce ton extraordinaire marque l'exception de la regle; & convenoit d'ailleurs pour engager à une action qui naturellement répugnoit.

Deux caracteres encore me l'indiquent : la maniere effrayante pour les animaux, dont le Souverain s'énonce, en les assujétissant, pour cette seconde fois, à l'homme : il change ici de langage, comme nous l'avons vu. En parlant à *Adam*, il paroît que l'empire, auquel il les soumet, n'est que simple obéissance, respect, services, familiarités, distinction d'ordre & de rang. En parlant à *Noé*, l'épouvante & l'effroi marchent les premiers, il ne s'agit de rien moins que de la plus grande servitude & du plus profond anéantissement : c'est qu'il faut faire une violente exception à la Loi générale ; & plus l'entreprise seroit téméraire & injuste, sans ce commandement ou cette permission, & plus le ton du maître doit être impérieux & redoutable. Il falloit encore ce ton d'autorité pour vaincre la répugnance naturelle ; car, sans doute, on n'avoit osé jusques-là, franchir la barriere que Dieu avoit mise ; & près de seize siecles de suite avoient dû confirmer le genre humain dans un usage qui convenoit si bien à notre constitution. Ce n'est pas qu'on ne se fût peut-être accoutumé à verser le sang des animaux par les sacrifices, puisqu'il y a des exemples de sacrifices dans l'*Ecriture*, & que vraisemblablement, comme nous l'avons dit, ils furent imités ; mais il est positif que cela n'est pas ordonné, & que c'étoient tout au plus des cas sans conséquence. Et d'ailleurs, il est bien différent de tuer simplement les animaux, ou de les manger ; quoique j'avoue qu'à la longue, d'un usage on peut passer à l'autre ; & que c'est ainsi que les

Nations, à qui Dieu n'avoit point accordé une telle permission, sont parvenues à n'être plus rebutées des mêmes accidens physiques, qui naturellement leur auroient causé de l'horreur.

Mais un dernier caractere frappant, & qui s'arrange parfaitement avec ma pensée, c'est la défense que Dieu fit, en même temps, *de manger de la chair mêlée avec le sang. En vain,* dit Bossuet, *pour sauver quelques vestiges de la première douceur de notre nature, en permettant de manger de la chair des bêtes, il en avoit réservé le sang.* Cette raison entre bien dans l'ouvrage du souverain Législateur ; mais elle n'est pas entiere : elle n'explique pas, ni le motif de la concession, ni le sens de la réserv , elle nous laisse , au contraire, dans le fatal préjugé que ce qu'avoit permis alors la Divinité , étoit une regle pour tous les hommes. Nous nous en autorisons toujours mieux pour fortifier une coutume, dont la cessation nous paroîtroit aujourd'hui un malheur. Nous convenons qu'il ne faut point répandre le sang humain , & nous jugeons que Dieu nous en a voulu encore plus détourner par la défense qu'il fit de manger du sang des bêtes ; mais nous versons ce sang avec sécurité ; & l'usage réitéré & sans remords d'un pouvoir, qui va à ôter la vie, nous accoutume insensiblement à oublier le motif qu'on prête à la réserve. Aussi, non-seulement on s'est porté à tuer son semblable ; les échafauds & les guerres en sont une belle preuve ; mais l'on a cru, depuis la mort du *Messie,* qu'il n'étoit plus nécessaire de remplir la condition imposée au sujet du sang des animaux, & que la cessation de la Loi Judaïque faisoit tomber la défense.

4ᵉ. Dieu se réserve le sang des bêtes. *Gen. Cap. IX, v. 4.*

Hist. Un. Tome I, pag. 374.

Bossuet n'en donne , pour ainsi dire, qu'une demi - raison, qui ne fait que confirmer davantage dans cette erreur que *la permission de manger de la chair a été générale & universelle.*

A la mort de *J. C.* l'on s'est cru endroit de continuer de jouir de la permiſſion ſans tenir pied ſur la réſerve.

Inconſé-quence de toute part.

La réſerve du ſang des bêtes devoit faire comprendre que l'action de les tuer & de les manger n'étoit point bonne en ſoi; & par-là, que la permiſſion n'étoit que particuliere.

Et la raiſon, qu'on donne à la *réſerve* devoit la faire maintenir; ou nous rendre ſuſpecte la *permiſſion*, quand la Loi Moſaïque fut abolie.

L'on eût été bien plus conſéquent de s'abſtenir tout-à-fait & du *ſang* & de la *chair* des bêtes, & de remarquer que ce pouvoir d'uſer d'une nourriture ſi extraordinaire n'alloit pas plus loin que la Religion, pour laquelle il avoit été accordé. De ſorte que, de toute part, les hommes ſe ſont étrangement abuſés dans l'interprétation de la volonté divine à tous égards. Au lieu de regarder la réſerve du ſang des bêtes, comme un indice que l'action de terminer leurs jours n'étoit point une choſe bonne en ſoi, autant pour les offrir en ſacrifices que pour s'en nourrir, mais ſeulement bonne relativement aux ordres de l'Eternel que nous devons reſpecter, quand il les a bien fait connoître; & de conclure de cette même réſerve, que la permiſſion de manger de la chair n'étoit que particuliere, & pour un temps : l'on s'eſt, au contraire, précipité toujours plus dans la croyance que le fond de la choſe étoit bon & louable, & que c'étoit un droit nouvellement accordé & à perpétuité, par le Créateur, à toute la Race humaine. L'on devoit, d'un autre côté, penſer que, ſi l'abſtinence du ſang des animaux, tandis qu'on en pouvoit manger la chair légitimement, étoit non-ſeulement commandée, mais propre, par elle-même, à nous maintenir dans la douceur qui nous étoit naturelle; c'étoit une raiſon pour y être fidele, ou pour être en garde contre la permiſſion de tuer & de manger des animaux, quand la Loi Moſaïque fut éteinte. Toujours la même ſageſſe du Légiſlateur a ſubſiſté; ce qui étoit prudent & ſalutaire n'a point changé de nature : il ſera éternellement vrai que l'action de répandre le ſang des bêtes, & de manger de leur chair,

demande une certaine hardieſſe, qui eſt cruauté
& fureur, ou bien un étourdiſſement, dans lequel
on ne peut vivre que par un effet de l'habitude
& de l'exemple ; mais qui n'eſt pas moins dangereux, par l'inſenſibilité même où elle nous
met ſur des accidens qui devroient remuer notre
ame & l'attendrir.

Pluche prend à la lettre, par rapport au ſang
humain, la réſerve du ſang des bêtes : c'eſt-à-
dire, qu'elle tendoit, ſelon lui, à réprimer l'eſprit
de vengeance & d'ambition qui ſe repaiſſoit avec
délice du ſang d'un ennemi vaincu : *Coutume exé-*
crable, ajoute-t-il, *qui s'eſt toujours renouvellée*
dans les lieux éloignés du gros de la ſociété. Et il
prétend que « ſi l'Evangile a aboli une loi ſi ſage,
» c'eſt parce qu'il eſt inutile d'employer des dé-
» fenſes & des précautions pour empêcher le
» Chrétien de ſe repaître du ſang de ſes ſem-
» blables, lui qui apprend à l'école de la grace
» à aimer non-ſeulement ſon ſemblable, mais
» ſon priſonnier & ſon ennemi ». Mais il y a
toujours bien loin entre le précepte & la pratique,
quand on laiſſe ſubſiſter de méchans uſages, &
qu'on ne remonte point à la ſource du bien. Il
eſt d'un tendre pere, d'un habile médecin, de ne
laiſſer rien croire au malade qui puiſſe le détourner involontairement de l'obéiſſance. Les choſes
morales, comme les naturelles, ont entr'elles des
liaiſons imperceptibles qui agiſſent fortement ſur
nos eſprits ; & ſi nous ne ſommes point entourés
préciſément d'ordonnances ou de coutumes toutes
juſtes, & univerſellement utiles, en ſorte qu'elles
ſoient entr'elles en accord, en vain exigera-t-on

La raiſon,
que donne
Pluche, de
ce que les
chrétiens
ont aban-
donné *la*
réſerve du
ſang, n'eſt
point bon-
ne.
Spect. de
la Nature,
Tom. V,
pag. 78 &
79.

1°. Il eſt
desliaiſons
impercep-
tibles dans
les choſes
morales
qui agiſ-
ſent forte-
ment ſur
nos eſprits;
en ſorte
qu'il faut
que tout
ſoit en ac-
cord, pour
que les ſa-
lutaires le-
çons nous

déterminent.

une obéissance sur certains points, quelque vrais & nécessaires qu'ils puissent être.

Il est vrai que chez des nations sauvages, l'on se repaît encore avec plaisir du sang d'un ennemi vaincu ; mais l'on en mange aussi la chair : dans un excès de rage, cette soif dévorante de vengeance a eu porté certains hommes jusqu'à ronger le foie, ou telle autre partie intérieure du corps d'un ennemi ; or, ces autres actes horribles d'inhumanité ne tiennent pas précisément leur source, de ce qu'on ne s'est pas abstenu de manger du sang des bêtes ; ils viennent de ce qu'on s'est accoutumé à se nourrir de leur chair, & de ce qu'on les tue.

2°. Cette *réserve du sang* n'étoit pas seulement pour nous préserver à la lettre de boire du sang de notre ennemi. On a été jusqu'à manger de son foie, ou quelque autre partie intérieure.

Fleury, encore, en disant vrai, touchant l'utilité de la réserve du sang des bêtes, ne fait qu'entretenir toujours plus dans l'erreur sur la permission de manger de leur chair.

Mœurs des Isr. p. 50.

Fleury, entre les raisons morales qu'il donne de la plupart des défenses de la Loi de *Moyse*, en apporte de naturelles, & il remarque, à propos de la défense de manger du sang ou de la graisse, *que l'un & l'autre est difficile à digérer : & quoique des gens robustes, dit-il, & laborieux, comme nos Israélites, en dussent être moins incommodés que d'autres, il valoit mieux, ayant à choisir, leur donner la meilleure nourriture.* Cela est bon, & il y a effectivement une vérité dans la chose ; mais l'utilité, dont on parle, n'est pas le fond de la détermination divine, elle n'en est qu'une suite. Il est de l'essence d'un principe constamment vrai de n'avoir que des conséquences utiles : ne faire remarquer que ces conséquences, sans montrer ce qu'elles supposent, ou sans s'en appercevoir, c'est laisser tout le mal dans sa force, c'est n'avoir rien fait, ou plutôt, c'est avoir toujours plus précipité dans l'erreur.

Après toutes ces obſervations ou réflexions préliminaires, je reprends les trois propoſitions que
j'ai tantôt avancées ſur l'impoſſibilité que le Souverain de l'univers ait généralement accordé
aux hommes, l'uſage de la chair des animaux.
Je dis, en premier lieu, *qu'il y a dans l'acte*
d'alliance, au ſujet de ces créatures irraiſonnables,
un renouvellement de leur première deſtination.
C'eſt-à-dire, qu'à part l'exception dont il s'agit,
l'eſpece animale étoit garantie de la dent de
l'homme, & avoit à vivre ſur la terre, dans les
eaux, ou dans l'air, avec ni plus ni moins de
riſques, ni plus ni moins d'aſſurance que nous.
En effet, le plus beau ſigne, pour notre foible
intelligence, de la grandeur & de la ſtabilité du
divin Ouvrier, eſt l'ordre admirable & conſtant
qui s'obſerve en toutes choſes. Quand il ſeroit
vrai que des animaux ſeroient deſtinés, par état (1),
à ſervir de nourriture à d'autres, ce ſeroient des
êtres dépourvus de raiſon, il n'y auroit de leur
part, aucune infraction à la Loi univerſelle, ſelon
laquelle tout ſe maintient & eſt conſerv' Mais
l'homme qui partage, avec ſon Créateur, : ineſti-
mable avantage de l'intelligence, qui a reçu de
lui une ame capable de ſentir les plus grandes
vérités, & de les aimer, ne ſauroit avoir, de
commun avec les bêtes, une inſtitution qui aille
à dégrader ſa raiſon, à étouffer en lui la ſenſi-
bilité, qui eſt une des qualités, en quoi le genre
humain peut ſe faire le plus d'honneur ; à exer-

Les trois propoſitions, tantôt avancées, maintenant ſenſibles.

1°. Qu'il y a dans l'acte d'alliance pour les animaux, un renouvellement de leur première deſtination.

(1) Voyez la Premiere Partie, Section VI, Chapitre II.

cer enfin des actes de cruauté, fans néceffité &
fans befoin. L'alliance que Dieu veut faire, avec
les bêtes, fuppofe néceffairement leur état d'in-
tégrité ; & que, s'il en eft, qui, pour un temps,
& en un endroit de la terre, foient confacrées à
perdre la vie & à fuftenter des hommes, c'eft
feulement en vertu d'une regle particuliere, & non
d'un plan général, qui change la conftitution
primitive.

2°. Que la promeſſe divine ne peut pas être vaine, ni illuſoire pour les animaux. De plus, & c'eft ma feconde propofition que
je rappele, n'eft-ce pas un dérifion que de
fuppofer qu'on puiffe allier avec la fageffe & la
conftante habitude de Dieu à faire du bien,
cette prétendue ordonnance générale qu'il rend
de vivre de la chair des animaux, & de les
mettre à l'égal des plantes & des légumes ; tandis
qu'il les fait entrer dans le fein de fa bienfaifance,
& qu'il contracte avec eux, comme avec l'homme,
pour les affurer qu'il prendra foin de leurs jours,
& qu'ils ne périront plus par le Déluge ?

Ne périt plus par le Déluge n'eft rien, fi un autre genre de mort, encore plus certain, leur eft préparé. Mais, *ne périr plus par le Déluge*, feroit-ce
donc une fi grande grace, fi les animaux, qui,
auparavant, n'étoient pas deftinés à la nourriture
de l'homme, y devenoient fujets dans le même
temps, & pour raifon de cette alliance ? Et quel
bien feroit celui qu'un mal mille fois plus grand,
& beaucoup plus réitéré, devanceroit & rendroit
inutile ? J'ai dit que l'Être fuprême eft véritable
dans fes promeffes, que le bien qu'il accorde eft
pofitif & réel, qu'il tombe en fréquent ufage, &
qu'il n'en découle pas d'autre de fa main. Hâtons-
nous, Humains, de détacher de toute idée, qui
le concerne, toute chofe qui la déshonore : ne

le mesurons point sur nos foiblesses & nos imperfections. Eh, encore ! le sentiment qu'il a gravé
en nous, du *bien*, de l'*ordre* & de la *justice*,
nous avertiroit de notre erreur, si nous y étions
fideles !

C'est ainsi que, quand deux vérités, qui se con-
trarieroient, ce semble, existent, & que nous ne pouvons pourtant pas douter d'elles, il est de nécessité &
de devoir, en vertu de la maniere de penser que
Dieu nous a donnée, que celle qui est souverainement salutaire, soit regardée comme générale,
& propre à tous les êtres ; & que l'autre ne
soit que particuliere, c'est-à-dire, existant seulement pour un temps, un lieu, un nombre d'individus ; enfin, qu'on lui donne des bornes, puisqu'elle ne fait que suspendre, dans ces occasions,
l'ordre général, auquel il n'appartient qu'à Dieu
de déroger.

Regle in-
dubitable,
quand deux
vérités, qui
se contra-
rieroient
en appa-
rence, exis-
tent.

Cette regle est principalement de pratique dans
les choses naturelles & sensibles, parce que tout
le monde la peut remarquer, & que toute la
capacité humaine est comme pénétrée du bien
qu'elle procure. Ce sont les idées accessoires,
qu'une volonté déréglée & des usages sans raison
ont produites, & tout aussi désordonnées qu'eux,
qui empêchent qu'on ne s'avise d'un expédient
aussi simple & aussi estimable.

Cette re-
gle princi-
palement
de pratique
dans les
choses na-
turelles.

N'est-ce pas présentement que, rappelant ma
troisieme proposition, nous pouvons nous persuader, sans aucune crainte, que la faculté, donnée
à Noé & à ses enfans, de manger de la chair
des animaux, n'étoit que particuliere, & qu'on

3°. Que
la permis-
sion géné-
rale de
manger de
la chair
des ani-

maux, blefferoit l'idée augufte de la Divinité.

ne fauroit la prendre pour générale & commune à tout le genre humain, fans bleffer, en même temps l'idée augufte de la Divinité, & fon infinie fageffe?

Développement du fyftême, par rapport à la permiffion particuliere.

Domaine fouverain de Dieu dans les cas particuliers.

Devoit exifter une Religion, d'où la Religion chrétienne prendroit fa naiffance. Leurs caracteres différens.

En conféquence de fon domaine fouverain fur tout ce qui exifte, la vie de l'homme a été en fon pouvoir, non - feulement en certaines occafions rares, où il exigeoit un pareil facrifice; mais encore par la peine de mort impofée contre les coupables, dans l'état théocratique des Juifs. A plus forte raifon la vie des animaux a-t-elle pu être fous fa dépendance, & livrée par lui à la volonté hùmaine, dans les occafions & pour les ufages où un pareil office étoit néceffaire.

Il devoit être une Religion, d'où la Religion Chrétienne prendroit fa naiffance : celle-là, toute pleine de cérémonies & d'obfervances extérieures, capables de frapper les fens, & de conduire par l'habitude corporelle aux chofes divines; l'autre, au contraire, toute fpirituelle & intérieure, nous menant plus folidement & plus honorablement, fi on peut le dire, aux voies du falut : toutes deux pourtant l'ouvrage du Très-Haut, & accommodées aux temps, aux lieux & aux circonftances.

Le Déluge, eft une punition qui réunit les deux caracteres convenables à la corruption générale.

Les débordemens du vice avoient été univerfels parmi les hommes; ils avoient été conftatés à des actes extérieurs & les plus révoltans. La corruption s'étoit répandue dans toutes les démarches & les actions de la vie. Il fallut donc une punition générale, une punition qui fût fenfible aux yeux: le Déluge univerfel réuniffoit ces deux caracteres.

Dieu

Dieu se choisit un homme juste, qui, seul avec sa famille, fut préservé de la contagion, comme du naufrage. Il lui déclare ses volontés; & par le pacte d'alliance, commence à lui l'ouvrage de ses miséricordes. Bien que jusques-là son culte n'eût pas été ordonné ou prescrit par des Loix positives, & qu'il dût être livré, pour quelque temps encore, à la seule conscience des hommes, il y avoit cependant un point qui devoit devancer la Loi, & ce qui étoit nécessaire au but ou au régime de cette Religion qui devoit bientôt s'établir; il étoit raisonnable de le faire goûter d'avance, & d'y préparer les esprits. Dieu ordonne donc que *les hommes pourront se nourrir désormais de la chair des bêtes, en en réservant néanmoins le sang;* mais ce sont les hommes qui, par *Noé* & ses enfans, doivent composer son peuple : nous avons, je pense, assez fait connoître que sa *permission* n'a pas pu être générale. Quant à la nécessité d'user de cette nourriture, par rapport à cette Religion même, ce ne sera pas une chose si difficile à se persuader, si l'on fait attention à l'analogie cachée qui est entre ces deux choses.

Nécessaire, pour la Loi Mosaïque, de préparer les Esprits à l'usage de manger de la chair des animaux.

C'est un point, que nous avons manié plusieurs fois, que l'empire immédiat de Dieu sur la terre, (c'est-à-dire, connu & établi sous un certain gouvernement temporel), ne peut qu'avoir des Loix extrêmement sévères, quoique justes; & c'est parce qu'elles sont justes, qu'elles sont sévères. La *mort*, dans cet état, étoit de *droit* la punition naturelle des crimes; & les hommages dûs à la Divinité par le culte, se manifestent par le *sang* : ce sont naturellement des victimes qu'il lui faut,

Et cette nourriture nécessaire, à la Loi Mosaïque.

La sévérité des Loix, essence du Gouvernement immédiat & temporel de Dieu sur les hommes.

Suite : Peine de

mais des victimes d'animaux. C'étoit un signe que Dieu étoit redoutable, en même temps qu'il étoit bon; puisque si, d'une part, le sang des hommes criminels pouvoit seul faire respecter la Loi, & celui des bêtes être la marque la plus éclatante de la puissance du Maître, & de l'humiliation dans laquelle devoient être les créatures; d'autre part, il avoit soin de défendre très-séverement qu'on répandît le sang humain; & l'on voit que toute son indignation est tournée contre les meurtres. C'est dans cette vue qu'il ne veut pas que des sujets, à qui il accorde de manger de la chair des animaux, en prennent le sang : il déclare même toute sa malédiction contre les bêtes qui attenteront à la vie de l'homme.

Or, qu'il fallût immoler des victimes d'animaux à l'Être suprême, dans cet état théocratique, c'est ce qui n'est pas contestable : là où il y a un Dieu, il y a un sacrifice. La Divinité n'existe point sans culte, & le culte n'est point sans sacrifice. Les marques extérieures sont non-seulement requises pour se dire à soi-même ce que l'on sent, mais pour le dire aux autres; & toute société d'hommes répugne à l'idée isolée d'un culte intérieur. Il est tout simple que des êtres qui dépendent d'un même maître, qui reçoivent en commun ses bienfaits & ses complaisances, lui en témoignent en corps leur gratitude; & que tout ainsi qu'ils s'assemblent pour leurs plaisirs & leurs affaires, ils se réunissent dans un même lieu, pour faire, tous ensemble, l'aveu de leur néant & de leur misere, devant celui par qui tout existe. On le doit, ce témoignage, à soi, à ses enfans, à ses freres : les peres aux fils, les vieux aux jeunes; il n'est point de condition qui n'y foit foumife. L'on fe foutient ainfi naturellement dans l'exercice d'un acte, d'ailleurs très-naturel ; & quand la raifon, dans l'enfant, en reconnoît la néceffité, l'ufage s'en trouve heureufement établi, le penchant s'en eft accru davantage par l'habitude.

Il faut donc, encore un coup, un culte extérieur. Or, le culte extérieur des Juifs compofoit principalement leur police ; & leur état politique & civil étoit prefque tout celui de la Religion. Voilà comment encore tout ce qui étoit permis à ce peuple, qui contredifoit les grandes Loix générales que Dieu fit connoître au commencement du monde, étoit interdit à tout autre. L'ufage de manger de la chair des animaux ne pouvoit convenir qu'à lui, comme tant d'autres ufages, dont nous avons eu occafion de parler.

Le culte des Juifs compofoit prefque toutes leurs Loix politiques & civiles.

Mais, fi les marques extérieures d'un culte font indifpenfablement requifes, quelle plus grande & plus frappante, peut-on en donner, que celle d'immoler un être vivant, & par cette efpece d'abandon de fa vie, reconnoître que Dieu eft le maître de la nôtre, & de tout ce qui refpire ?

Sacrifices d'êtres fenfibles, bien plus propres à exprimer la grandeur de la divinité.

Cette idée eft belle, elle eft de droit, elle vient naturellement ; mais les hommes, comme j'ai dit une fois, porterent plus loin leur pouvoir & leur zele. Ils abufent des meilleures chofes. Il y en eut qui s'imaginerent que du fang humain feroit mieux reçu de la Divinité, comme étant plus noble. Aveugles ! qui ne voyoient pas que le fang de l'homme, par cela même qu'il eft plus précieux, ne pouvoit point convenir à Dieu, comme *hom-*

Abus de cette idée, en facrifiant des hommes

G ij

mage, mais en tant qu'*expiation de crimes*, pour raison de quoi la Loi puniſſoit de mort les citoyens qui en étoient coupables !

Dieu ne veut point que dans l'état réglé des choſes, pour lui rendre hommage, l'on trouble l'ordre & la ſûreté des particuliers.

Dieu ne veut point que dans le cours réglé & conſtant des choſes, ſelon qu'il les a établies, la vie humaine ſoit ſacrifiée ſur ſes autels, & ſerve à cet uſage. Il ne l'avoit exigé d'*Abraham* envers ſon fils *Iſaac* que pour éprouver ſon obéiſſance ; il ne deſire qu'on ſe dévoue à la mort que pour ſoutenir ſon nom & ſa religion : ce ſont des cas extrêmes, hors de la condition commune où il nous a mis. Il ne veut point que les actes d'adoration ſoient des actes de cruauté envers nos ſemblables ; & que ce qui ſe rapporte ſi néceſſairement à l'Auteur de notre repos, les hommages, les reſpects, les redevances, &c. ſoit un perpétuel miniſtere de barbarie & de pleurs parmi les hommes. En vain les Nations féroces, qui rougiſſoient de ſang les autels de leurs dieux, penſoient-elles trouver une tranquillité qu'interrompoit ſans ceſſe un ſi funeſte uſage, & en tout ſi contraire à la raiſon & à la nature.

Par le choix qu'il fit des animaux pour cet uſage, dans la Loi donnée à ſon peuple, il remplit l'un & l'autre objet.

Le Peuple élu connut bien mieux quelle devoit être la nature des victimes ; ou plutôt, Dieu luimême le conduiſit à ce choix, en le fixant uniquement aux animaux, comme rempliſſans ſeuls l'objet & les vues de cette action religieuſe. Les détails immenſes, dans leſquels le divin Légiſlateur entra ſur cette matiere, par rapport aux différens points qu'il voulut régler, montrent viſiblement que toutes ces immolations avoient autant, póur objet, la pureté des mœurs & la conſervation des individus entr'eux (en ſorte que la vie de chaque particulier fut dans la plus grande sûreté) que sa propre gloire à lui & l'honneur de son culte. Il prend des êtres sensibles & innocens pour que les hommes lui puissent rendre assez de gloire , sans intéresser leur bonheur , & s'acquitter en quelque sorte envers lui , sans attenter sur leur existence.

En un mot, l'acte d'immolation (le sacrifice) est un acte de paix ; on ne peut y allier une action sanguinaire. La charité , le sentiment humain ne compâtissent point avec le coup de mort qu'on porte à son semblable. Dans la nécessité qu'il y ait du sang répandu , l'on voit bien que cela ne peut tomber que sur les bêtes ; & c'est pourquoi Dieu y détermina son peuple , & les contint dans cette pratique jusqu'au temps de la Loi nouvelle, où pareils sacrifices furent abolis , pour faire place à celui dont tous les autres n'avoient été que la figure , & qui seul devoit subsister jusqu'à la consommation des siecles.

Le sacrifice , un acte de paix de sa nature.

De ce systême il naît une liaison intime entre les deux Loix , & l'on en sent , en même-temps, les différences.

Avantage de ce systême.

Toute la race humaine , quand elle auroit péri une seconde fois, n'auroit pu racheter la faute du premier homme , ni tous les vices qui inondoient depuis la terre. Il falloit une victime d'un rang supérieur ; mais il ne la falloit qu'une fois. Les temps marqués par la Providence , & portés à un terme éloigné , soit pour l'instruction , soit pour la préparation & les épreuves, n'étoient pas annoncés. Dieu , en attendant , établit des sacri-

Les temps devoient amener une victime , d'un rang supérieur , & seule propre à satisfaire pour la race humaine.

G iij

En atten-
dant, les
facrifices
d'animaux
en font la
figure : ils
font purs.

fices de fang, mais d'un fang innocent, qui ne
pouvoit fouiller le cœur de l'homme : digne par-
là de repréfenter celui qui, dans les temps poffé-
rieurs, devoit tout feul remplir la mefure des fatisfactions, & être une fource de graces : ce qui
donne à ce dernier facrifice ce double caractere,
qu'au lieu que les autres ne font qu'un pur hommage envers la Divinité, un tribut par lequel l'on
avouoit fon domaine univerfel & divin fur tout
ce qui exifte, celui-là eft à la fois, & hommage,
& caufe de tous les biens.

Le fau-
veur repré-
fenté par
les Prophe-
tes, fous
tous les fi-
gnes de l'a-
nimal le
plus doux,
l'Agneau.
La Loi
même dif-
tingue mê-
me entre
les ani-
maux purs
& impurs.

Dieu ne manque pas d'entretenir cette correfpondance & cette liaifon cachée. Dans les divers
temps où des Prophetes paroiffent ; ils ont le foin
de parler du Sauveur, comme d'un agneau qu'on
mene à égorger ; ils fe plaifent à exprimer, fous
toutes les marques naturelles à cet animal, l'innocence éminente de l'Homme-Dieu, qui devoit
fouffrir pour tous les hommes. La Loi diftingue
même entre les animaux *purs* & *impurs*. Il en eft
qui ne font pas affez dignes d'être l'image du Rédempteur, qui eft la pureté même. Tout, dans
l'Ecriture, porte à remarquer le rapport intime
entre les facrifices de la premiere alliance & celui
de la nouvelle. Nous avons fait appercevoir dans
le Chapitre premier, n°. III, Sect. II de cette Deuxieme Partie, la néceffité que la peine de mort
fût établie dans cet état théocratique du peuple
Juif, pour donner lieu à celle du Meffie, par laquelle tout étoit confommé.

Mais il fuit que tant de chairs facrifiées, tant
d'animaux *purs*, offerts fur les autels, devoient
avoir, en outre, un emploi utile, & n'être pas

entièrement abandonnées au feu ou à la corruption. Il eſt de la nature du *ſacrifice* qu'il y ait en même-temps repas & communion ; & que les eſpeces de la choſe , diſtribuées à ceux qui y ont participé , ſervent encore à les unir danſ l'action ſi indiſpenſable à la vie , qui eſt le manger.

Il eſt vrai qu'on pouvoit encore trouver , dans cette inſtitution de manger la chair offerte, la raiſon morale, que comme c'étoit un don fait à Dieu ; & que Dieu l'avoit vraiſemblablement béni, il étoit raiſonnable & juſte d'en approcher avec des diſpoſitions conformes au temps & au mérite de la victime : & ce ſeroit encore une nouvelle figure qui mettroit plus de reſſemblance à la choſe ; mais ce n'étoit qu'une figure : l'agneau ſans tache , le Meſſie immolé devoit éminemment & ſans comparaiſon porter la vie à ceux qui s'en nourriroient ; & rien n'approche de la pureté & de la ſainteté de cœur qu'une pareille communion exige.

Il étoit donc indiſpenſable , je le répete , de conſommer les animaux ſacrifiés. C'étoit une néceſſité que Dieu eût accordé à ſon peuple de ſe nourrir de la chair des bêtes. L'analogie , qui eſt entre ces divers événemens, les prépare l'un par l'autre ; & il eſt ſenſible que le Sacrement de *l'Euchariſtie*, où vient aboutir tout l'exercice de la Loi chrétienne, annonce l'exiſtence antérieure des ſacrifices d'animaux & les repas communs à l'occaſion de ces ſacrifices ; & que ces mêmes repas demandent auſſi que l'uſage de manger de la chair des bêtes ait été, primitivement au temps de *Noé* , permis à ceux qui devoient former ſans

Marginalia:
fertes, ſerviſſent en même-temps, de nourriture.

La nature du ſacrifice l'exige auſſi.

La raiſon morale s'y rencontre, par rapport à la pureté de cœur néceſſaire en ceux qui ſont admis à en manger : En quoi la figure toujours plus ſenſible.

Le ſacrement de *l'Euchariſtie*, à quoi vient aboutir tout l'exercice de la Loi chrétienne, ſuppoſe néceſſairement, & l'uſage antérieur des ſacrifices d'animaux & celui de manger de leur chair.

interruption cette lignée unique, d'où la Religion Chrétienne devoit descendre.

L'établissement de la Religion chrétienne abolissoit de droit l'un & l'autre usage.

Mais il étoit conséquent qu'à l'établissement de cette même Religion chrétienne, finît, avec l'usage de sacrifier des animaux, celui de se repaître de leur chair. On ne devoit pas continuer une nourriture, après que le motif pour quoi la permission en avoit été donnée, avoit cessé; & il résulte de ce que je viens de dire les observations suivantes.

Observations :
Immolation du sauveur, pour tous les hommes; celle des animaux bonne que pour le Peuple de Dieu.

L'immolation du Sauveur, c'est-à-dire, ce sacrifice par excellence, est pour tous les hommes; il est donné à tous d'en user & d'en jouir. Les sacrifices au contraire de l'ancienne Loi n'étoient permis qu'au peuple Juif, puisqu'ils lui étoient même ordonnés; les peuples étrangers n'avoient point le droit de mettre à mort un animal pour l'offrir à leurs dieux; c'étoit une action uniquement dévolue à ceux dont la Religion demandoit un pareil pouvoir; & pour l'acquérir, ce *pouvoir*, il n'y avoit pas d'autre moyen que d'embrasser la Loi de *Moyse*.

Les Nations étrangeres pouvoient aussi peu manger de la chair des bêtes que les sacrifier.

La Loi de *Jesus-Christ* a fait disparoître les victimes d'animaux; & cette disparition entraînoit l'usage de s'en nourrir, qu'on a pourtant conservé par un étrange aveuglement & une coutume que la seule bonne foi peut excuser. Et tant que le peuple de Dieu a subsisté, s'il devoit avoir de l'autorité sur les bêtes, à ce point de leur ôter la vie pour les présenter au Seigneur, & que c'en fût une dépendance d'avoir la permission en général de s'en nourrir; il en est tout le contraire des Nations qui n'avoient pas le bonheur d'être de ce peuple : elles pouvoient auſſi peu manger de la chair des bêtes que les immoler. L'admirable réſolution de l'Eternel, de ſe faire un peuple à lui, établit dès-lors des différences immenſes entre tous les gouvernemen٠ de la terre & celui-là. Excepté les grands préceptes de la Loi naturelle & ces mouvemens ſecrets de la conſcience, communs à tous les hommes, qui n'ont pas, pour objet direct, les droits de la Divinité, en tant que gouvernant ſoi-même & immédiatement, tout le reſte étoit ſubordonné à des Loix & à des regles toutes particulieres, qui, par cela même, formoient une excluſion pour tous les autres peuples.

La réſolution d'élire un Peuple, établiſſoit dès lors des différences immenſes entre lui & les autres.

C'eſt dans cette même différence extrême que l'on doit trouver la condamnation de ceux-ci, & la raiſon d'en élire un pour ſervir de développement au grand myſtere de la Rédemption des hommes ; & être, en même-temps, l'exemple unique d'un gouvernement régi de Dieu même ſur la terre.

En cela même eſt la condamnation de ceux-ci, & la raiſon d'en élire un particulier.

En effet, l'on peut bien préſumer, que Dieu n'auroit jamais penſé à s'élire un peuple, ſi tous les autres avoient été dans la bonne voie ; & encore dans cette ſuppoſition, ſi l'on vouloit admettre qu'il lui eût plu néanmoins d'en gouverner un lui-même & immédiatement, il auroit toujours donné à celui-ci des loix & des réglemens qui dépendent abſolument de ſa nature ; & les autres n'auroient pas mieux été en droit, tout juſtes qu'ils auroient pu être, de ſe les approprier.

Quand les Nations étrangeres auroient été dans la bonne voie elles n'auroient pu uſer de certains points de la Loi, qui étoient particuliers au Peuple élu.

Mais, dans l'état où les choſes ſe ſont trouvées, ſelon qu'il lui a plu de les laiſſer aller, il eſt évident que c'eſt parce que les hommes en

Dieu, en s'éliſant un Peuple, ne fit que réa-

général étoient fi défigurés & fi livrés aux vices, fi ineptes & fi fots fur le chapitre de la Divinité, qu'ils ofoient même pratiquer des points de police uniquement faits pour un gouvernement immédiat de Dieu fur la terre : il eft, dis-je, évident qu'à caufe de tout cela, cet Être fuprême réalifa un tel gouvernement où les mêmes points étoient à leur place, & où d'ailleurs tout le Genre humain pouvoit puifer, en un fouverain degré, tout ce qui étoit de commune obligation à tous les hommes.

Dans ce point de vue, la mifere & la méchanceté univerfelles fuppofent la néceffité d'élire un peuple ; & l'élection d'un peuple eft une confirmation de l'étrange & déplorable fituation où étoit tombée l'efpece humaine. Or, parmi les vices & l'ignorance qui couvroient la terre, ce n'en étoit pas un des moindres que d'ufer du fléau de la guerre, de mettre à mort les criminels, de manger de la chair des bêtes, & quelques autres pratiques qui ne convenoient qu'au peuple élu.

Pourquoi donc Dieu auroit-il voulu que ces mêmes Nations qui avoient perdu l'image du vrai Dieu, & qui s'étoient livrées à toutes les imperfections où l'efpece humaine peut tomber, trouvaffent dans la pratique des mêmes points dont je viens de parler, de quoi se corriger & devenir meilleures ? Ce n'eft que parce que ces actes font mauvais en foi, c'eft-à-dire, relativement aux droits refpectifs des hommes entr'eux quand ils se gouvernent eux-mêmes (comme tout ce qui n'a pas été peuple de Dieu) qu'ils étoient coupables de les pratiquer ; & qu'il étoit comme impoffible

---

Marginal notes (left column):

lifer un état civil & politique, où ces mêmes abus de la part des Nationsétrangeres étoient des regles fages & juftes pour ce même Peuple.

L'élection d'un Peuple, & la perverfité générale des hommes, s'établiffent l'une par l'autre.

La guerre, la peine de mort, manger de la chair des bêtes, ne font pas les moindres marques de la perverfité générale.

On ne peut fuppofer que Dieu, &c.

de rentrer dans l'ordre & de devenir bons & juftes en s'y abandonnant : ils font la fource de tous les maux.

Mais ce qui étoit, de fa nature, fi fatal aux fociétés humaines en général, avoit des différens effets chez le peuple élu, & fous la main du divin Maître qui conduifoit cet ouvrage. Affuré-ment la *guerre* n'eft point une bonne chofe ; mais faite, pour ainfi dire, & ordonnée par celui qui a établi nos propres droits, & qui veut que nous concourions aux grands deffeins où il nous appele, quand cela eft auffi bien conftaté qu'il l'étoit chez les Juifs : la guerre, dis-je, eft alors à fa place. *La punition de mort* contre les criminels, dans tout autre Etat que le *théocratique*, eft également un attentat contre les droits de la Divinité, & un abus extrême du pouvoir de punir ; mais parmi le peuple de Dieu, où elle étoit indifpenfable, elle étoit fi liée à d'autres obfervances & confidé-rations, que la vie même des particuliers, comme je l'ai obfervé, en étoit plus en fûreté & mieux refpectée. Il en étoit ainfi de l'ufage de *manger de la chair* des bêtes : tout mauvais qu'il foit en lui-même, il étoit fi bien tempéré chez ce peuple, unique en fon efpece, par une foule d'autres ré-glemens, qu'il n'en pouvoit rien réfulter de con-traire aux mœurs & à la fubordination ; la ré-ferve du fang, l'abftinence de certaines viandes, les purifications, les jeûnes & tant d'autres céré-monies légales, qui, par le corps, alloient à af-fujétir l'efprit & à l'humilier, faifoient des contre-poids à ce que ces permiffions particulieres avoient pu avoir de funefte.

Ces mê-mes prati-ques ce-pendant avoient des effets bien différens chez le le Peuple Juif.

Encore influoient-elles sur le caractere & l'humeur : d'où vient que ce Peuple a paru si extraordinaire & indéfinissable.

Ce n'est pas que le caractere des Juifs ne s'en ressentît : nous en avons marqué les effets , en parlant des qualités que l'*Ecriture* elle-même donne à ce peuple unique ; & nous avons trouvé cela naturel. La *servitude*, qui est encore en soi une mauvaise chose, étoit chez lui à sa place, & il n'y avoit rien d'étonnant que l'humeur en prît une teinte désagréable , que Dieu avoit pris soin en même-temps de combattre par toutes les dispositions qu'exigeoit sa Loi. Voilà comment ce peuple éroit si extraordinaire, indéfinissable aux yeux des Nations, & l'écueil de toute la sagesse humaine. Il étoit le plus souvent aussi la dupe de sa propre croyance : il le fut jusqu'à la fin & dans l'article le plus important, & qui fit sa réprobation & son crime, celui de mettre à mort le Sauveur.

Une pareille constitution civile & politique sur la terre , ne pouvoit qu'être telle.

C'est que pareille constitution humaine sur la terre, tout Etat civil comme celui-là , régi immédiatement de Dieu même , ne peut manquer d'être ce qu'étoient les Juifs. Le Regne divin , dans l'autre vie, trouvera les hommes & toutes les créatures intelligentes dans cette soumission & ce parfait accord qui convient à sa souveraine justice. Il ne sera plus question de punitions & de menaces, d'invitations & de promesses, d'abstinences & de mortifications ; les corps seront dociles, ainsi que les esprits. Dieu n'aura pas besoin de faire des miracles pour obtenir un si bel ordre. Il n'est rien qui ne tende alors , comme à son centre , à la pratique du bien. Mais , sur cette terre, les choses morales comme les spirituelles , n'affectent pas vivement nos ames : si la réflexion ou un mouvement de la conscience nous avertissent de notre

Ni manquer d'avoir de tels effets sur le cœur de

devoir, c'eft un coup-d'œil, l'affection d'un moment. Les objets fenfibles nous faififfent; nous les
craignons, nous les defirons, nous fommes fans
ceffe occupés entre les fouhaiter ou les fuir. L'empire immédiat de Dieu fur les hommes ne change
pas cet état commun & naturel à l'efpece humaine.
Il demande des Loix plus féveres; & s'il infpire
en même-temps un plus grand amour pour fes
freres, une crainte plus refpectueufe pour fon
Dieu, un défintéreffement & le goût de la vie
fimple, il eft inévitable qu'on y trouve une obéiffance d'efclaves, un amour du prochain mal entendu, borné uniquement à ceux qui étoient de
la même Religion; le goût de la pareffe bien plus
que le mépris des chofes fuperflues; beaucoup
d'inconftance & de légéreté; de l'ingratitude même;
avec cela, une efpece de rebellion aux Loix im-
pofées qui avoient trait au culte; le penchant à
l'idolatrie; la vengeance portée en honneur dans
les familles; des fortes difpofitions à la polygamie,
malgré l'inftitution premiere du mariage; une intelligence bornée pour les Ecritures, & prenant
tout à la lettre: enfin, toutes ces contrariétés
étonnantes qui nous choquent dans le peuple Juif,
& dont lui feul pouvoit donner l'exemple.

l'homme, tant qu'il n'étoit pas changé.

Dieu, encore une fois, & je crois même de
l'avoir remarqué beaucoup plus haut, ne vouloit
pas faire un miracle, en fe choififfant un peuple.
Il a laiffé agir les effets naturels; & certes, il avoit
à établir des ufages ou des loix qui ne pouvoient
manquer d'en produire, felon la nature de l'homme,
quelque digue qu'il y oppofât, & quelque précaution qu'il prît d'ailleurs pour les contre-balancer.
Le cœur humain, tel qu'il nous l'a donné, fuit

Dieu laiffa agir les effets natu-
rels, en établiffant des points de droit & des ufages qu'il devoit à fon rang fuprême.

involontairement les impreffions qui nous viennent par les fens. La vue du fang répandu nous effraie ; mais en le répandant & en continuant de le ver-fer, foit à la guerre celui de nos ennemis, foit dans nos boucheries & nos baffe-cours celui des animaux deftinés à nous nourrir : en le répandant encore dans la punition des coupables au fein des fociétés civiles, l'efprit s'accoutume à ces actions fanguinaires ; ce qu'elles ont de cruel fe diffipe peu à peu, nous en acquérons une dureté & un penchant à nous écarter de la regle, qui s'étend infenfiblement à tout, & qui produit tous ces dé-réglemens, dont ceux-là font comme le germe ; ainfi que j'aurai occafion de le dire dans la fuite, en montrant les liaifons cachées que toutes ces chofes-là ont enfemble.

Cette efpece de combat dans lequel, à caufe de cela, le Peuple de Dieu a toujours été, a fait briller encore plus les miféricordes du Seigneur & fa puiffance. Inftructions qu'on en peut retirer.

Cette efpece de combat, dans lequel le peuple de Dieu n'a ceffé d'être, par rapport à ce qu'o-péroient fur lui ces établiffemens uniques, qui ne tenoient leur juftice que de la feule élévation fans égale du Souverain, & par rapport aux réglemens de police & de Religion, felon lefquels il étoit féverement contenu : ce combat, dis-je, a fervi merveilleufement pour faire éclater les miféricordes de Dieu & les reffources de fa puiffance. L'état des Juifs, en un mot, étoit tel qu'il devoit être, & eft une fuite continuelle de tableaux pour l'inf-truction & l'édification humaine : l'on y apprendra du moins à fe méfier de fes forces & de fon in-telligence ; à craindre de mal connoître le doigt de Dieu ; à ne fe point livrer aux chofes de la terre, & à bien redouter la Juftice divine pour l'autre vie, puifque dans celle-ci fon empire tem-

porel & immédiat a été si terrible & si rigoureux,
& que le châtiment en dure encore.

De tout cela concluons que la permission de
manger de la chair des bêtes, étoit particuliere au
peuple Juif ; qu'aucun autre n'a pu en user ; &
qu'elle a été abolie, de droit, à la naissance de
la Religion Chrétienne.

Conclusion.

Je n'ai rien dit de l'alliance que Dieu fit ensuite
avec *Abraham*, & de la vocation de ce grand
homme, auquel on fait commencer la séparation
d'un peuple, & qu'on appelé *la tige & le pere de
tous les croyans*, pour avoir été choisi de Dieu,
au milieu de la corruption générale, à l'effet de
venir établir son culte dans la terre de Chanaam,
lui promettant de *multiplier sa postérité comme les
étoiles du Ciel, ou comme le sable de la mer* ; & ce
qu'il y a de plus important, *de faire sortir de sa
race celui qui devoit bénir toutes les Nations.*

Remarque au sujet de la vocation d'Abraham, dont
nous n'avons pas parlé, qui ne fait que confirmer davantage la nécessité de remonter à *Noé* pour s'instruire de la volonté divine sur le sujet de manger de la chair des bêtes.

Mais le peuple de Dieu n'a fait, sous ce Patriar-
che, que prendre une forme plus réglée : Il exis-
toit déja ; & tout comme, en vertu de cette alliance,
quoiqu'il dût s'étendre par la génération & que la
bénédiction dût suivre le sang, Dieu ne laissa pas
d'y marquer l'élection de sa grace, en choisissant
parmi les enfans *d'Abraham*, *Isaac* ; & des deux
jumeaux *d'Isaac*, *Jacob*, à qui il donna le nom
d'Israël : pareillement ce grand Dieu choisit, parmi
les trois enfans de *Noé*, *Sem*, pour être la race
bénite, & d'où devoit descendre, par une suite
non interrompue, non-seulement *Abraham* & sa
postérité, mais le Rédempteur des hommes, celui
en qui & par qui tout le système de la Religion

Hist. Un.
Tome I,
p. 177.
Ibid.
P. 185.
Ibid.
P. 10.

devoit s'accomplir. Ainfi, c'eft toujours à *Noé* qu'il faut remonter, comme étant à la tête de ce grand peuple, pour trouver la vraie intention divine fur le fujet de *manger la chair des bêtes*. Cet ufage étoit déja tout établi, du temps d'*Abraham*, l'habitude s'en étoit infenfiblement contractée ; Dieu avoit préparé de bonne-heure à un réglement d'écono-mie & de police, dont l'obfervance devenoit un point indifpenfable à fa religion ; & l'établiffement devoit s'en faire dès *Noé* même.

N°. V.

Quelques Propositions principales sur la Propriété des Biens, qu'on rappele ici pour les mettre dans un plus grand jour, & pour faire encore mieux sentir, par leur réunion, nos vains Préjugés & nos continuelles Erreurs sur l'usage & l'acquisition des mêmes Biens.

CHAPITRE PREMIER.

Ces Propositions au nombre de cinq. Leur importance.

VOILA que j'ai tâché de faire connoître la nature & les droits de la propriété *acquise* sur les personnes & sur les animaux, en établissant bien la nature & les droits de la propriété *naturelle* sur ces mêmes créatures vivantes.

J'ai traité aussi des droits naturels que nous pouvons avoir sur les choses inanimées ; & par comparaison, j'y ai rapporté ceux de la propriété *acquise* sur les mêmes choses : j'ai montré ces derniers dans les liens resserrés où les autres doivent les contenir ; & comme j'ai à indiquer en quoi principalement la pratique du genre humain, à cet égard, a besoin d'être redressée, & que j'ai seu-

On reprend ici la matiere de la propriété des *biens*, & l'on indiquera en quoi principalement la pratique du genre humain à cet égard a besoin d'être redressée.

Cinq Propositions, qu'on rappelle comme des principes, pour les développer.

lement jetté quelques principes, qui éclairent la théorie, mais qui ont befoin d'être développés pour en tirer une application utile, je les reprends, & vais faire enforte que, par des conféquences fuivies, les regles en découlent comme d'elles-mêmes, & qu'il ne refte plus à faire, pour les pratiquer, que de le vouloir.

Ci-devant, p. 18, traitée ci-après Chap. IV.

J'ai dit que ce n'étoit pas affez que la propriété s'acquît en vertu de certaines regles établies & fous certaines formes, qu'il falloit encore que le fond en fût légitime par le Droit naturel & par la raifon.

Ci devant, pag. 7, traitée au Chap. fuiv.

Qu'il étoit ridicule de confidérer la propriété des biens comme commune à tous les hommes; qu'elle étoit de foi particuliere, & que l'étendre à l'univerfalité, c'étoit la détruire.

Ci-devant, pag. 21.

Voyez ci-après, Ch. V.

J'ai penfé que la qualité & le rang, qui font des êtres moraux, n'ont rien par eux-mêmes qui doive attirer à celui qui en eft revêtu, (quant à l'ufage & à la propriété des biens) plus que le phyfique, dont il eft compofé, ne demande.

Ci-devant, pag. 19.

Voyez ci-après, Ch. III.

J'ai remarqué que tous les befoins auxquels l'homme eft affujéti par une fuite de la conftitution qu'il a reçue de notre divin Maître, ne doivent tirer leur foulagement que du travail; & que c'eft une des conditions auxquelles nous avons reçu la vie.

Ci-devant, pag. 12.

Enfin, j'ai avancé comme un principe, & que j'ai dit être la fource du droit qui juge des démarches des hommes fur les recherches des biens temporels, que tout de même que l'homme ne peut Voyez ci-apres, Chap. VI. pas détourner de leur ufage naturel fes facultés physiques, ni celles de fon ame, & qu'il ne doit exercer les unes & les autres qu'à propos : pareillement, ce qui eft deftiné à les conferver & à les entretenir, n'eft fagement employé, qu'autant qu'il l'eft à cette fin & que dans les occafions néceffaires.

De toutes ces propofitions réunies, il doit ré- Leur réunion & leur parfait accord doivent opérer la lumiere. fulter la lumiere que je cherche : Elles ne doivent point fe contredire, ni fe combattre l'une l'autre ; il faut que toutes enfemble elles concourent au même but & produifent le même effet. C'eft en les détaillant, chacune en particulier, que je ferai apparoître leur liaifon intime, & qu'elles ont une force au-deffus de tous les préjugés & des méchantes coutumes.

CHAPITRE II.

Premiere Proposition : *Que la Propriété est,*
de soi, particuliere.

Deux sortes de *biens*. JE commence par celle-là, comme me paroissant plus propre à développer mes idées avec ordre. De tous les biens du monde il y en a de naturels; il y en a qui sont l'ouvrage des hommes : toutefois ils n'y mettent que leur industrie, leur travail, une certaine forme. Le fond ne dépend pas d'eux : il est déja tout fait. Parmi ces biens, les uns sont de premiere nécessité, les autres sont simplement commodes ou agréables : C'est entre ces deux branches qu'ils se divisent, c'est-là tout leur territoire. Supposer qu'avant la formation des sociétés, & au temps, si l'on veut, des premieres générations humaines, lorsqu'on ne s'étoit encore rien partagé, **Qu'est-ce, au fond, qu'une propriété en commun ?** toute la terre leur appartenoit, & que chacun des particuliers avoit le droit de disposer de ce qui lui faisoit plaisir, ce n'est autre que le droit de la nature qui donne à tout être animé la faculté de travailler à sa conservation & à son entretien par les moyens que le Créateur lui même a mis sous sa main. Mais cette propriété, qui est naturelle, ne peut qu'être l'autorisation & la raison de celle que nous appelons *acquise :* elle en est le fondement. Posséder de cette maniere, c'est-à-dire, n'avoir qu'un droit général aux choses qui sont communes à tous, & ne pouvoir disposer de quoi que ce soit, qu'en même-temps un autre n'y puisse

prétendre , c'eſt n'être aſſuré de rien ; c'eſt avoir
& n'avoir point. L'on ſent qu'il faut rendre fixe
& perſonnel ce que l'on s'attribue , & que l'homme
a dû viſer à pouvoir compter ſûrement ſur ce qu'il
avoit une fois adopté ou choiſi , ou avoit intention
de choiſir.

L'exemple des Communautés Religieuſes , & de
tous les Corps dont les biens ſont en commun ,
nous préſente une image , ſi l'on veut , de cet état
primitif où nous ſuppoſons la race humaine encore au berceau , avant que l'on eût penſé à faire
un partage : c'eſt-à-dire , que les membres de ces
Corps n'ont , au fond , rien à eux ; puiſqu'ils ne
peuvent diſpoſer eux-mêmes & chacun à part , de
ce qui eſt à la généralité ; & qu'en même-temps
ils ont tout ce qu'il leur faut , tandis qu'ils ſont
aſſurés de leur ſubſiſtance & de leur entretien.
Mais il y a là une grande différence , qui doit faire
reconnoître que la propriété générale des biens eſt
une idée chimérique & qu'elle eſt impoſſible : Ces
Corps Religieux , ou tous autres , ſont eux-mêmes
bornés à une certaine quantité de biens ; le choix
eſt fait , ils ne peuvent s'étendre au-delà ; car
même , en en acquérant de nouveaux , ils ſont aſ-
treints à des regles preſcrites qui lient ou gênent
les acquéreurs ; il n'eſt pas permis de porter ſes
vues & ſa jouiſſance ſur ce qu'on n'a point en vertu
de ces regles : c'eſt que tout eſt pris : tous les hommes poſſedent ou devroient poſſéder. La ſurface de
la terre eſt répartie ; & la ſomme des biens eſt toute
occupée.

L'exemple
des *Corps*
ou *Commu-
nautés*, qui
poſſedent,
en com-
mun , n'a
qu'une ap-
parence de
réalité.

Différence
encore, qui
fait recon-
noître que
la proprié-
té généra-
le eſt im-
poſſible.

Ces corps particuliers ſont ainſi gênés. Ils n'exiſ-
tent que précairement & comme conditionnelle-

Ce que ſont
que ces
Corps ?

ment : leur propriété n'a de vie que par une fiction arbitraire, dont les réfultats font comme leur caufe; les membres qui les compofent n'ont véritablement qu'une jouiffance momentanée : le lit où ils couchent, la chambre qu'on leur donne & les autres commodités que le toit & la maifon procurent, ne font point à eux. Ils n'ont de réel que l'habit qu'ils portent, les alimens qu'ils prennent & au moment qu'ils les prennent : en un mot, que ce qui eft inféparable de leur être.

Ce que demande la propriété?

La propriété n'eft pas l'ufage, quoiqu'elle le fuppofe ordinairement ; & elle demande qu'on puiffe, avant le temps, ou dans le temps, difpofer de la chofe comme on le defire : de telle forte qu'aucun autre n'ait le droit d'en vouloir difpofer à notre exclufion, ou en concours avec nous, ce qui mettroit ou pourroit mettre obftacle à l'exercice du nôtre.

Inconvénient de la communauté de nature.

Raifon qu'elle foit particuliere.

Mais cet inconvénient pourroit arriver dans la communauté de nature, en pouvant prétendre généralement à tout ; & cette prétention étant égale pour tous les hommes, il s'enfuivroit qu'elle s'anéantiroit elle-même, & que la propriété, dont on fe flateroit, feroit réduite à rien. Les befoins de l'humanité, les néceffités de la vie, font trop preffans & trop précieux pour qu'ils n'aient d'autre appui qu'un pareil titre. On les doit remplir en vertu d'un droit plus certain : c'eft celui de la propriété particuliere, & qui eft, pour l'homme, une attribution fi jufte & fi effentielle, qu'elle fait, pour ainfi dire, partie de fon exiftence.

Elle fut toujours

Ainfi, dans l'état de nature & avant toute diftribution des terres, la propriété ne fut point commune & universelle. Elle se fixa avec tout chef de famille, ou avec tout homme sorti de l'enfance & de la dépendance de pere & mere, dans l'endroit même où ils se placerent. Elle fut circonscrite par l'étendue de terrain qui leur fut nécessaire pour vivre ; & s'ils changeoient chaque jour de demeure ou seulement de temps en temps, la propriété marchoit avec eux ; elle étoit toujours là où ils se trouvoient ; & il suffisoit que personne n'eût auparavant pris possession d'un tel lieu pour pouvoir s'en dire les maîtres.

comme chaque chef de famille, ou comme tout homme chargé de lui-même.

Il arrivoit que la prise de possession faisoit toujours leur propriété ; & que l'acte de campement, & l'usage qui s'en ensuivoit, les assuroient du domaine : c'est toujours un premier exercice du droit qu'on avoit comme homme, de se loger & de se nourrir, & une application qu'on fait de ce droit, un témoignage enfin qu'on se décide, ou qu'on s'est décidé, qui donne naissance à la chose & à ce fond de valeur, d'où l'on peut attendre du service ou du soulagement à ses besoins. Avant tout partage, ou toute résolution sur le choix, l'on a la faculté de posséder, mais l'on ne possede pas encore. Tous les biens de la terre pouvoient servir au premier homme ; c'est-à-dire, qu'en se donnant la peine de les chercher, il en eût pu être le maître, tandis que personne ne les lui auroit contestés ; mais la propriété ne commençoit pour lui qu'au moment qu'il avoit fait les dispositions nécessaires pour se les procurer.

Il y a un droit général avant la propriété, commun à tous les hommes, de pourvoir à ses nécessités.

Mais la propriété ne commence qu'à l'exercice de ce droit & quand on l'applique à quelque chose.

Je trouve donc toujours que la propriété n'existe qu'en vertu d'un acte ou prise de possession, &

La prétendue propriété en

commun, suppose ou annonce toujours une propriété particuliere.

qu'elle n'est pas même naturellement autre chose: Quand il seroit vrai que dix hommes, seuls dans une vaste contrée, conviendroient de la posséder en commun ; que les forêts, les étangs, les campagnes seroient les ressources où chacun puiseroit pour sa subsistance, il se formeroit encore la propriété particuliere qui est analogue aux besoins &

L'homme est porté à attirer à lui de quoi garantir son être.

inséparable de l'existence : on auroit toujours, sur soi ou avec soi, quelque chose qui n'appartiendroit pas aux autres ; &, de plus, l'on ne doit pas supposer que ces hommes ne voulussent jamais vivre qu'ensemble ; qu'ils ne pensassent jamais qu'à former un seul toit, un seul ménage ; qu'ils se regardassent, en un mot, comme un tout indivisible : les inclinations & le goût des hommes sont si divers, qu'on ne peut attendre une union pareille. L'on est porté, en général, à ranger vers son individu tout ce que l'on croit capable de le soutenir & de le défendre. On formera bien une confédération, une société d'hommes pour sa plus grande sûreté ou afin de pourvoir d'autant mieux à ses besoins ; mais l'esprit particulier, le desir de son agrandissement & de se multiplier, pour ainsi dire, soi-même, par l'amas des choses utiles à son être, existe, il domine : on voudra encore plus pouvoir compter sur soi-même que sur les autres, & l'on ne fera même de tels accords généraux que pour l'intérêt particulier. Tel est le penchant où la nature nous porte. Il est sage, il est de droit, c'est le garant de notre état, pourvu qu'on n'en abuse & qu'on ne le tourne pas contre soi-même, en le portant hors de ses limites.

Mais l'esprit particulier est

Eh ! que sera-ce, si nous envisageons la condition humaine par rapport au mariage & à l'union des

deux fexes ? C'eft-là que la *propriété* fe trouve ren- bien plus fort dans le mariage.
fermée, comme dans fon fort, & eft toute parti-
culiere. Les deux êtres animés qui s'uniffent, pour La proprié-
concourir aux vues de la nature, confondent en- té yeft dans
femble & leurs defirs & leurs befoins, & femblent, fon centre.
par l'attachement qu'ils ont l'un pour l'autre, ne
prendre plus d'intérêt, en quelque maniere, aux
autres familles. Toutes les vues font pour eux &
leurs enfans. Une propriété commune à toute l'efpece humaine, ne calmeroit point leurs craintes,
ni ne fatisferoit leurs efpérances. Ils ne feroient
point affurés d'avoir ni de jouir. Il faut que l'homme
fe dife à foi-même qu'il a fous la main, & toujours
à fa volonté, l'objet de fa poffeffion ; & qu'en
ayant fait la recherche, ou y ayant contribué par
fon induftrie, il fera toujours affez jufte pour y
prétendre, s'il n'eft affez fort pour le conferver ;
mais la force, qui eft le gardien naturel de toute
poffeffion, ne vient qu'après le droit de poffeder ;
& chaque être, à nombre égal & avec les reffources
propres à tout homme, eft toujours fuffifamment
muni à cet égard, pour faire acheter cher fes
pertes.

Si l'on difoit que les oifeaux des champs & L'exemple des ani-maux des champs,
tous les animaux qui vivent libres, font dans le
cas de cette propriété commune, dont je contefte dont tous
l'exiftence, je ne trouverois pas cet exemple bien les biens
propre à faire preuve, ni bien appliqué. Il eft font, pour
bien vrai que les bêtes puifent en commun, dans ainfi dire,
les tréfors de la nature, & fouvent même dans en com-mun ; mau-
les apprêts de l'induftrie humaine, de quoi four- vaife preu-
nir à leurs néceffités, & qu'il ne paroît pas qu'elles ve.
faffent autre chofe que prendre les productions de
la nature ou de l'art comme elles fe trouvent, &

en ne les cherchant qu'au moment qu'il les leur faut, sans se donner le soin d'en amasser d'avance; si ce n'est quelques especes particulieres, qui paroissent avoir cette inclination machinalement, ou du moins, qui n'ont rien fait auparavant pour mettre les ressources de la nature en valeur, & pouvoir compter sur elles. J'avoue encore que ces créatures animées subsistent en cet état, & que tel est l'ordre que Dieu a établi pour elles. Mais possedent-elles, & possedent-elles en commun? C'est ce qui est à voir. Là où elles possedent en commun des trésors qu'elles ont amassés, comme les fourmis, & quelqu'autres especes, l'on voit déja que ce sont des pelotons séparés de la masse entiere, formant des corps d'individus, qui n'ont rien de commun, à l'égard de ces provisions, avec les autres corps, leurs semblables, & ayant par conséquent une propriété particuliere. On n'aura jamais l'idée d'une possession générale & commune à tous les êtres, qui ne s'étende à la totalité sans exception; c'est du moins, en ce sens, qu'on entend la propriété primitive & commune, à l'égard du genre humain, par rapport aux biens de la terre. C'est l'idée de la propriété particuliere qui se présente toujours dans les occasions, & qu'on étend ensuite, par une fiction de l'esprit, à une multitude d'individus, dont ces mêmes corps particuliers sont composés. Outre cela, dans cette prétendue communauté, les mêmes individus ne possedent personnellement rien: ils n'ont, comme je l'ai dit des membres des corps religieux, que l'exercice momentanée d'un droit que la nature donne d'user des choses nécessaires à la vie; lequel exercice peut continuellement être troublé par un droit égal de la part d'un autre individu. La par-

Comment on doit les considérer à cet égard?

Ou ils n'ont point de propriété ou elle est particuliere.

celle d'aliment prife d'un monceau pour fe fuftenter, n'eft à celui qui l'a prife qu'au moment
qu'elle eft fous fa dent. Cela ne s'appele pas pof-
féder, il faut avoir acquis pour foi, s'être donné
quelque mouvement d'avance, en vue de fes
befoins, pour fe dire le maître de la chofe. C'eft
ainfi que l'oifeau poffede réellement fon nid qu'il
a fait, & le renard fa taniere qu'il s'eft formée.
Or, tout cela n'eft que la propriété particuliere.
L'on ne peut trouver, à l'égard des bêtes, l'idée
complette de la propriété en commun. Elles fe
divifent, entre elles, par pelotons, ou elles vivent
chacune à part, ou bien fimplement en corps de
famille. Quand elles auroient la connoiffance de
ce qu'elles font, ce feroit toujours vivre à l'aven-
ture ; le hafard décideroit fans ceffe de leur fortune. Inutilement les confidéreroit-on comme maî-
treffes d'un bien, qui le lendemain peut leur manquer, ne l'ayant pas alors en leur puiffance. La
propriété eft actuelle, & n'eft pas pour un temps
à venir ; elle fuppofe, comme j'ai déja dit plufieurs fois, qu'on eft dans le moment préfent
maître de la chofe. Elles ne poffedent rien de cette
propriété univerfelle & commune qu'on fuppofe.
L'exemple fe tourne même contre l'objection &
favorife mon fyftême, il ne fait que confirmer
davantage ce que j'ai dit.

> Leur ma-
> niere d'a-
> gir s'oppo-
> fe à toute
> idée de
> propriété.

Mais il eft, de plus, mal appliqué. Malgré toutes
les reffemblances d'ailleurs, que nous nous trouvons avoir avec les animaux, il y a, par rapport à l'intelligence qui brille en nous, & au rang
que nous tenons parmi les créatures, une différence fi grande, qu'on ne fauroit nous apprécier

> Cet exem-
> ple encore,
> mal appli-
> qué.
> Différence
> immenfe
> de leur état
> au nôtre.

par les mêmes endroits, ni vouloir nous connoître par les mêmes attributs. L'inſtinct aſſuré qui les dirige, par-là même qu'il les détermine comme des machines, montre qu'ils ſont plus immédiatement, ſi j'oſe le dire ainſi, ſous la main de la Providence. C'eſt dans ce tréſor de ſes bienfaits qu'ils ſont perpétuellement deſtinés & à la lettre, à prendre leur ſubſiſtance ; & chaque jour ils ſont dans cet état paſſif & merveilleux, où, ſans vouloir rien chercher, ils cherchent pourtant, & trouvent de quoi fournir toujours à leurs néceſſités.

L'arrangement par rapport à eux, très-bon, malgré quelques inconvéniens. — Que cet arrangement du Créateur ſoit bon & repréſentatif de l'ordre ſouverain, en vertu duquel il a été établi toutes choſes, il n'y a pas à en douter : lui ſeul peut connoître toute l'étendue & la valeur des reſſources ; & ſi, dans des cas particuliers, quelques animaux manquent du néceſſaire, ou qu'ils ſoient même la proie d'autres animaux qui les dévorent, comme nous l'avons remarqué ailleurs, c'eſt par une ſuite des Loix générales, dont il ne veut pas ſuſpendre le cours en ces occaſions uniques, ainſi que nous l'éprouvons pour nous-mêmes, à l'égard de certains accidens fâcheux qui nous arrivent, malgré toute la prévoyance humaine & la meilleure conduite. On ne peut rien conclure de ces faits-là contre ſa ſageſſe divine. On ne voit pas qu'aucune eſpece d'animaux ait ceſſé de ſe perpétuer ſur la terre.

L'arrangement pour l'homme, d'une autre ſorte. — Or, il eſt un autre ordre pour l'eſpece humaine. Le Créateur, dans l'univerſelle direction de ſa providence, a voulu laiſſer un peu les hommes à leur prudence. Il a voulu qu'ils agiſſent en

êtres raifonnables & libres; & que ce qu'ils étoient
invinciblement portés à faire pour leur confervation,
ils le vouluffent & le defiraffent : comme auffi,
que ce qu'ils étoient capables d'améliorer & de
produire, foit pour le bien du corps, que pour
l'avantage de l'efprit & des mœurs, ils le fiffent.
Il a voulu, en un mot, que nous concouruffions
avec lui à faire valoir notre exiftence par tous les
moyens poffibles, & dans tous les points qui en
font fufceptibles.

Cela a demandé l'ufage du choix & la conduite
des reffources, à mefure qu'on voudroit les mettre
en œuvre ; que les fubfiftances & les autres
chofes néceffaires à la vie fuffent, pour ainfi dire,
créées une feconde fois par l'homme, à raifon de
l'adreffe & de l'induftrie avec lefquelles il fait les
multiplier & les conferver ; qu'il pût les proportionner au nombre des bouches qui étoient à fa
charge, s'en ménager d'avance pour les temps
infructueux de l'année où la terre fe repofe, en
avoir même quelquefois au-delà du befoin préfent
pour parer aux ftérilités qu'on peut craindre ; enfin,
qu'il eût à pouvoir faire, dans fa famille, des difpofitions relatives au culte Divin, à l'inftruction
de fes enfans, à l'état & à la condition d'un chacun, en fuivant les regles d'une fage économie
& d'un amour bien entendu.

Ce que demande cet arrangement ?

On ne peut jamais mieux parvenir à ces fins,
que par la propriété particuliere ; c'eft même elle
feule qui y conduit. Dieu nous a donné une inclination fi utile pour tout ce qui fe rapporte à
nous, & un amour de nous-mêmes fi néceffaire
qu'il n'eft pas étonnant que nous les trouvions fi

*On ne par-
vient à ces
fins que par
la proprié-
té particu-
liere.*

Grand ref-
fort qui y
mene.

forts & fi victorieux dans les occafions où l'on doit les exercer. Il n'y a que leur excès & leur méchant emploi qui foient criminels. Par ces reffors cachés en nous, nous tendons tous à nous-mêmes & aux autres : nous commençons par nous ; mais de-là, nous allons vers ceux de notre efpece ; & c'eft même une chofe regardée comme un axiôme, que nous ne pouvons bien aimer le genre humain que parce que nous nous aimons déja comme nous devons. En effet, quel avantage la fociété peut-elle attendre de celui qui ne fent que de la haine pour fa perfonne, fi tant eft qu'il y ait un pareil perfonnage au monde ; & fi ayant étouffé le fentiment naturel qui l'attache à fon être, il a rompu, pour ainfi dire, le lien qui le tenoit uni à tout le refte ? C'eft ainfi que le *mifanthrope*, dans la rigueur du terme, eft un être infupportable & fi odieux, & qu'on a eu raifon d'en faire des peintures fort défagréables.

Mélange
des deux
penchans,
l'un vers
nous, &
l'autre vers
nos fem-
blables :
tout le
merveil-
leux du fyf-
tême.

Suppofi-
tion d'un
homme qui
feroit feul
fur la terre

C'eft le mélange, en chaque individu, de ces deux penchans, l'un vers nous, & l'autre vers nos femblables, qui opere tout le merveilleux du fyftême. Si un homme étoit feul fur la terre, & qu'ayant commencé à y vivre feul, il y dût mourir de même, fes facultés feroient la plupart inutiles ; il auroit un cœur fenfible qui ne trouveroit à s'épancher que pour des êtres, en quelque forte, indignes de lui, qui feroient incapables d'une fociété réguliere, & d'un commerce de fentimens & d'offices réciproques & volontaires, qu'on ne peut attendre des bêtes. Il auroit, d'un autre côté, un amour pour lui affez infructueux quand il viendroit à tomber malade, à faire une chûte dangereufe, à devenir vieux & infirme, &c. Tout lui appartiendroit ; mais rien ne viendroit à son secours, les choses ne se remueroient pas de leur place. L'on voit que la propriété s'anime, parce qu'elle est particuliere, & qu'elle devient particuliere, parce qu'il y a d'autres hommes. Suivant le cours naturel où le genre humain se trouve, le cas isolé, dont je parle, n'a point lieu ; ou du moins il ne doit point avoir lieu par un ordre établi ainsi par le Créateur : un homme est toujours à portée de son semblable ; il a ou des enfans, ou une femme, ou des voisins, &c. Les biens qu'il possede, il peut encore s'en servir, quand il ne peut les prendre lui-même ; l'on les lui apporte, ou l'on les lui présente. Or alors, la nécessité pressante dans laquelle il est, ce qu'a de fâcheux sa condition, exigent qu'on trouve déja en son entour & dans sa maison les choses dont il a besoin. L'on se sent bien de l'ardeur pour se procurer à soi ce qui nous est nécessaire ; mais l'on n'aura jamais le même feu pour servir les autres, c'est-à-dire, cette grande chaleur avec laquelle ils agiroient pour eux-mêmes. Il n'est pas juste que nous soyions chargés à la fois de deux devoirs si graves concernant la conservation. Chaque individu est obligé de travailler à la sienne ; & quand, par quelque accident, il en est empêché, c'est de ses ressources à lui & de ses acquisitions déja faites qu'il faut tirer, tout premiérement, les secours qu'on lui prête ; la nature & la raison prescrivent cette marche : cela suppose qu'il a une propriété particuliere. Que s'il n'a absolument rien du tout, ce que l'on ne peut guere imaginer que par des désordres (1) dont

Combien différente la condition humaine, quand on suppose d'autres hommes.

Mais cela demande la propriété particuliere. Comment, & avec quelles conditions?

____

(1) On parle ici comme si toutes les Institutions Sociales & Politiques étoient bien justes ou bien ordonnées.

il feroit la caufe , ou par un malheur bien peu
commun , on partage alors avec lui , généreufe-
ment , ce qu'on peut avoir , on lui communique
une partie de ce qu'on poffede ; mais ce n'eft pas
pour long-temps : l'ordre de la fociété & le Droit
naturel veulent que cet être malheureux ou infirme fe remette au travail le plutôt qu'il pourra,
pour s'exempter d'être à charge aux autres , &
qu'il *acquiere* par conféquent. Et fi l'on fuppofe
encore qu'il foit déformais dans l'impoffibité abfolue de gagner fa vie ; comme c'eft une exception
unique & légitime de la loi générale , & qu'un
feul particulier n'en doit pas porter le fardeau , il
eft jufte , & il faut que la fociété entiere en foit
chargée , & que chacun des membres contribue
de fon côté à ce qu'il faudra fournir. Quoiqu'on
tourne , c'eft toujours la propriété particuliere qui
agit ou pour foi ou pour les autres ; & la propriété en commun , comme on l'entend , ne
feroit propre qu'à laiffer mourir de faim ou de
mifere celui qui manqueroit de tout.

CHAPITRE

CHAPITRE III.

Deuxieme Propofition : Que l'Homme n'a de moyen naturel & légitime de fournir à fes Befoins, que le Travail; & que c'eft une des Conditions aux-quelles il a reçu la vie.

TELLE eft la propofition que je prends en deuxieme lieu. En effet, pour fe foutenir & s'en-tretenir, il ne fuffit pas de refpirer. Les chofes, comme j'ai dit, ne fe tireroient pas de leur place pour venir à notre fecours. Il eft, de plus, mille objets de néceffité que la prévoyance humaine doit fe préparer & fe ménager d'avance. La terre produira des fruits & des herbes bonnes à man-ger, mais elles feront trop éparfes & mêlées avec de mauvaifes ; & les bois gagnent par-tout quand on néglige la culture. Le fol ne produit des chofes utiles, & en la quantité qu'il faut, qu'autant que nous y en renfermons les germes, ou que nous les favorifons par nos foins : autrement c'eft un pur hafard auquel on ne peut pas fe fier. Les animaux font foumis à cette regle, qui fait ma propofition : c'eft - à - dire, qu'ils s'exercent tous, & s'agitent d'une maniere merveilleufe pour rencontrer de quoi mettre fous la dent ou dans leur eftomac, & fatisfaire à leurs autres befoins. Le mouvement, & le fouci qui fe témoigne par les peines qu'ils prennent, font en eux de la derniere évidence; & ils nous apprennent ce que je dis, que le tra-

Néceffité de fe re-muer pour vivre.

Les ani-maux nous l'appren-nent; mais l'homme, encore plus foumis à cette loi.

Tome III. I

vail eſt pour toute créature vivante, l'unique moyen naturel de pourvoir à ſa ſubſiſtance : mais le genre humain eſt encore plus obligé à ce devoir.

Adam n'en eût pas été exempt dans le paradis terreſtre.

Quand *Adam* (1) auroit continué à vivre dans le Paradis Terreſtre, quoique les fruits y fuſſent venus ſans culture, il auroit fallu toujours y veiller, mettre un certain choix dans l'arrangement des plantes, & un certain ordre pour en conſerver les fruits, favoriſer la nourriture des animaux qui auroient été à ſon entour, parce que ſon entour n'auroit pas pu produire de tout, & qu'il eût été néceſſaire d'en aller chercher ailleurs. Il auroit été obligé de moiſſonner, de vendanger, s'il avoit voulu boire du vin ou en avoir pour remede, de mettre en œuvre la plupart des productions de la terre pour les tourner mieux à ſon uſage, & les rendre ou plus utiles ou plus commodes. Il auroit été obligé aux mêmes ſoins pour ſes enfans encore jeunes. Enfin, à ne parler que du phyſique, il eût eu ſans doute continuellement à s'occuper. Eh ! de fait, qu'eſt-ce qu'une vie oiſive, ſi ce n'eſt une eſpece de mort, la ceſſation des mouvemens qui entretiennent la vigueur, & avec la perte de la ſanté celle des mœurs, leſquelles ne ſe conſervent pures que par l'application aux devoirs qui ſont ſpécialement de notre condition humaine, ſuivant le plan dans lequel nous avons été formés ?

L'oiſiveté, eſpece de mort; dangereuſe au corps & à l'ame.

Les animaux, tous laborieux & actifs.

Auſſi avons-nous bien plus à ſuivre cette obli-

(1) Voyez *Gen.* Cap. II, v. 15.

gation, que les animaux qui y font fidéles. L'inftinct les y pouffe ; ils le font fans réflexion , &
leurs befoins font bien moins étendus. Leurs logemens font fimples, ils fe paffent d'habillement,
ils font fixés à certaines nourritures, qu'ils prennent comme elles fortent des arbres ou du fein de
la terre. Leurs petits font d'abord formés, quelques jours fuffifent pour les rendre propres à fe
paffer de leurs peres & meres. Toute liaifon ceffe
enfuite, & les fociétés entre eux ne font que mo-
mentanées, & pour des temps fort courts. Bornés
aux fimples befoins phyfiques, toutes les opérations tendent-là ; & la fageffe divine les a fait naître dans les climats qui leur font propres à chaque efpece ; enforte qu'il y a des efpeces qu'on
ne voit que dans de certains pays, & non dans
d'autres.

quoiqu'a-
vec beau-
coup moins
de befoins
que nous.

Mais pour l'homme il en eft tout autrement : il
eft tranfportable, il peut vivre par-tout. Quand le
terrain lui refufe ce qui lui eft néceffaire , il le
force, il le remue, il l'engraiffe, il y met ce qui
naturellement y vient mieux, ou ce dont il a le
plus de befoin. Il applanit des côteaux, ou il éleve
des terres trop baffes ; il y fait paffer les eaux
d'une riviere, ou de quelque fource abondante ;
enfin, il fe mêle de tout, il invente toutes fortes
de machines ; & par la communication qu'il entretient dans les divers pays du monde , il eft en
état de rendre le fien auffi abondant & auffi commode qu'on peut le defirer.

Le génie
de l'hom-
me & tout
ce qu'il
peut faire,
indice que
fes befoins
font plus
étendus.

Ce n'eft pourtant pas que tant d'adreffe & d'induftrie , & tant de tentatives foient néceffaires :
nous aurons occafion d'en voir l'inutilité, pour la

Dans l'ex-
cès même,
l'on voit
combien il

a de be-
foins indif-
penfables
au-deffus
des bêtes,
& par con-
féquent,
que le tra-
vail eft en-
core plus
un devoir
pour lui.

plupart, & leur vain excès. Nous nous répandons
en mille objets de curiofité & de luxe qui détour-
nent nos fens & notre efprit des devoirs réels
& des biens véritables. Mais, là même, l'on voit
que la deftination de l'homme eft bien autre que
celle des bêtes, & que plus nous avons au-deffus d'elles des obligations indifpenfables à remplir, & plus il devient preffant d'y vaquer par
le travail ; puifque c'eft par-là feulement que nous
pouvons y parvenir : or, ce qui eft un devoir à
l'un, eft un devoir à l'autre ; tous les individus
de la race humaine font tenus à faire ce qu'un feul
eft obligé, & même intéreffé à pratiquer.

Conclu-
fion.

De tout cela il réfulte que nous devons travailler, & que ce devoir nous intéreffe tout premiérement nous-mêmes. C'eft comme cela que la
propriété eft *particuliere* , & nous avons expofé
ce point.

CHAPITRE IV.

Troifieme Propofition : *Que ce n'étoit pas affez que la Propriété s'acquît en vertu de certaines Regles établies, & fous de certaines formes ; qu'il falloit encore que le fond en fût légitimé par le Droit Naturel & par la Raifon.*

IL me femble que ce n'eft pas mal-à-propos, que de faire venir ici cette propofition. Dès qu'il eft conftant que l'homme doit avoir une acquifition propre à lui, & qui ne foit point aux autres ; qu'il ne peut trouver fon intérêt ni fon repos, non plus que tout le genre humain enfemble, à dépendre d'une propriété en commun, qui pourra ou lui manquer ou lui être difputée : il convient, de toute néceffité, de la rendre ftable par des loix pofitives, & de lui donner un caractere de convention qui la faffe reconnoître par le moyen des formes prefcrites. Or, ces deux points ne font pas ce qu'il y a de plus difficile dans la Légiflation : on n'a trouvé que trop, peut-être fans deffein, à perpétuer & à affermir par l'autorité publique, & par des réglemens, le mal infini qui naît de l'abus même de la chofe; & à rendre la condition des malheureux & des foibles, pour ainfi dire, fans remede. C'eft ce dernier regard qui eft un objet éternel de gémiffement pour les amis de l'humanité.

Néceffité d'affermir par des Loix pofitives, la propriété, & de la rendre reconnoiffable à des formes prefcrites.

Ce n'eft pas le plus difficile. Mal même qu'il en revient, quand le fond eft manqué.

I iij

Le diffi-
cile , en
quoi il con-
fiste ?

La difficulté est de donner à la *propriété* le corps & la confiftance qui lui conviennent : de faire enforte qu'elle s'accorde avec le *Droit natu-rel* & avec la raifon : en un mot, d'empêcher qu'elle ne foit autre que ce qu'elle eft par nature, ni qu'elle s'étende au-delà de fes vraies limites. *Hoc opus, hic labor eft.*

Moyen de
ne s'y pas
tromper :
*Confidérer
un homme
dans fa fa-
mille , en
l'état de
nature.*

Pour cela, ne nous mettons point encore en corps de fociété civile ; fuppofons d'être dans *l'état de nature*, & prenons un homme dans fa famille, qui ne dépend que de lui-même, & eft expofé feulement aux inconvéniens de l'état & aux maux inféparables de la condition humaine. Il fe marie, il a des enfans, que faut-il qu'il poffede pour fe rendre heureux, c'eft-à-dire, pour fournir à fes befoins, & pouvoir compter qu'une attaque imprévue ou une maladie ne le mettront pas à deux doigts de fa perte, faute d'avoir eu en réferve de quoi fuppléer aux jours non utiles ? Car s'il fe porte bien lui & fa femme, s'ils ne font point troublés dans leur poffeffion par des voifins jaloux ou des bandits courans la campagne, ils feront toujours en état, par le tra-vail, de fe procurer leur nourriture & les au-tres chofes néceffaires à la confervation du corps, & même d'en faire une certaine provifion.

Il s'in-
duftrie na-
turelle-
ment pour
fes befoins
perfonnels
& penfe au
lendemain.

Cela nous indique qu'ils ne doivent point fe contenter de vivre au jour la journée, & qu'ils penferont au lendemain. L'exemple du *Caraïbe* (1), qui vend le matin fon lit de coton, & vient

(1) Difcours de J. J. Roufeau fur *l'origine & les fonde-*

pleurer le soir pour le racheter, me passe ; je ne comprends rien à cette stupidité. Ou le fait n'est point vrai, ou il s'agit d'un être entièrement brut & sans culture, qui ne connoît rien encore des simples commodités de la vie, ou qui, peut-être, n'en a pas besoin. Je parle à des peuples policés, & je suppose un homme qui, dans l'état de nature, aura fait usage de ses sens, & développé assez sa raison pour sentir la nécessité de s'industrier, & de penser aux divers accidens de la vie. Cet homme a peu de besoins pressans, mais ils sont grands & inexorables : il commencera sûrement par eux. Il se voit forcé de s'entretenir par la nourriture, & il y trouve un certain plaisir : de se garantir du froid ou du chaud, des grands vents, &c. suivant les saisons; pour cela il se fait des habits & un logement : de multiplier, pour ainsi dire, ses bras par son adresse & l'invention de certaines machines ou instrumens, qui ne sont d'abord que très-grossiers, comme tout ce qu'il tente du commencement concernant les Arts. Il essaie peu-à-peu de tout, & souvent en voulant une chose, il en trouve une autre ; comme aussi il rencontre par hasard quelque-chose, en ne cherchant rien.

Mais s'il sent ces besoins pour lui & sa femme, qui de son côté contribue à les remplir, il les sent encore pour ses enfans, qui, sevrés du lait de la mere, sont incapables de se procurer d'autre nourriture, ni de veiller autrement à leur conserva-

A plus forte raison, si l'on y joint ceux de sa femme & de ses enfans, auxquels pourtant elle contribue aussi de son côté.

---

mens de l'inégalité des conditions parmi les hommes. Pag. 39, édit. d'Amsterd. 1745.

tion. C'eft ici que l'inftinct de la nature & la raifon fe réuniffent pour opérer dans les deux époux
es plus grands miracles : il n'y aura plus rien de
difficile à qui fentira la douceur d'une pareille fol-
icitude.

Premiers objets de leur pro-priété. Il n'eft encore là queftion que des befoins du
corps ; déja ils y tournent toutes leurs vues, on ne
les voit appliqués qu'à ce feul objet. J'ai dépeint
(1) ailleurs le partage naturel qui fe fait entr'eux
des travaux domeftiques, en parlant des devoirs
communs, & de la fupériorité d'un fexe fur l'autre, s'il y en a une. Mais ils poffedent, à coup
für, l'autre ou la cabane dans laquelle ils fe mettent à couvert. Ils poffedent fûrement leurs vête-
mens, leurs uftenfiles, leurs inftrumens, tout ce
qu'ils ont imaginé de propre à leur diminuer la
peine, & à accélérer l'ouvrage. Il poffedent les
animaux domeftiques, qui, par la douceur de leur
naturel, leur ont paru difciplinables, & par leur
force ou par leurs productions, pouvoir leur être
utiles. Ils ont à eux très-certainement les vivres
qu'ils confervent, & dont ils ont recueilli pour
plus d'un jour ; enfin, les armes défenfives qu'ils
ont pu fe faire, en cas d'attaque, qui ne confif-
tent guere qu'en des bâtons, des piques, des fle-
ches, des frondes, tout ce que l'on voit encore
que les enfans dans leurs jeux, favent pratiquer,
eux qui font dans l'état d'innocence.

_____

(1) Chapitre I, N°. I, Section II de cette Deuxieme
partie, au Tome Second.

On nous parle (1) des peuples fauvages & des
peuples barbares ; & en nous faifant remarquer
« qu'il y a entr'eux cette différence , que ceux-là
» font de petites nations difperfées, qui, par quel-
» ques raifons particulieres, ne peuvent pas fe réu-
» nir ; au lieu que les autres font ordinairement
» de petites Nations qui peuvent fe réunir : *l'on*
» *nous dit que* les premiers font ordinairement
» des peuples chaffeurs , & les feconds des peu-
» ples pafteurs ». Je ne fais point en premier
lieu fi cette différence eft bien réelle, & en fecond
lieu , fi l'on peut compter abfolument fur l'explication qu'on nous en donne. Il eft pourtant apparent que le climat & la fituation des terres qu'on
habite influent fur le choix général du genre de
vie, & que les peuples de la montagne , comme
ceux des forêts, auront des occupations différentes
de ceux de la plaine. Toutefois, de quelle maniere qu'on envifage la diftribution des hommes
fur la terre, ils auront toujours, quels qu'ils foient,
les premiers befoins dont je parle , & des objets
de propriété relatifs à ces befoins. Qu'il y en ait
qui foient naturellement *chaffeurs* , c'eft ce qui
peut être par des caufes accidentelles , mais fans
que ce foit pourtant l'état propre du genre humain.
On voit, dès le commencement du monde, que,
des deux premiers enfans d'*Adam*, l'un étoit *Pafteur* ,
& l'autre *Agriculteur*. Ce n'eft qu'après le Déluge
qu'il paroît un *Nembrod* , appelé par l'Ecriture

Obferva-
tion fur
une remar-
que, tou-
chant les
Peuples
fauvages &
les Peuples
Barbares :
Que *les
premiers
font ordi-
nairement
chaffeurs
& les au-
tres Paf-
teurs.*

Quoi qu'il
en foit de
la diftribu-
tion des
hommes ,
par rap-
port aux
différens
lieux &
aux diffé-
rens cli-
mats , ils
auront
toujours
leurs pre-
miers be-
foins.

Gen. Cap.
IV, v. 2.

L'état pro-

(1) *Efprit des Loix* , Tome II, p. 121. J'en parle auffi dans
la derniere Partie de cet ouvrage, Sect. II , Chap. II.

un *Chaffeur, & puiffant fur la terre*; le fils d'*Agar*, qui, par l'affiftance de Dieu, crût & demeura dans les déferts, & qui devint un jeune homme *adroit à tirer de l'arc*; & *Efaü*, qui eft dit *habile auffi à la chaffe*, en même-temps qu'*adonné à l'agriculture*, par comparaifon *à Jacob*, qui eft nommé un *homme fimple, & demeurant retiré à la maifon.* Mais dans ces dénominations l'on ne voit autre chofe, finon qu'une inclination plus décidée pour un exercice qui demande de la force & de l'activité, & un goût particulier fortifié par l'habitude. Ce n'eft pas un état commun, & que la généralité embraffe : ce n'eft pas même abfolument, pour celui qui l'aime, la feule & unique occupation ; puifque, fuivant ce qu'il eft dit d'*Efaü*, il s'exerçoit encore à l'*agriculture*. Et tout cela, d'ailleurs, ne fait rien pour nous, d'autant que l'expofition que je fais, je la tire de la diftribution du genre humain fur la terre, fuppofée la mieux ordonnée & la plus convenable à notre nature. Comme nous devons régler des hommes, & leur enfeigner la maniere de s'arranger la plus raifonnable, nous avons à leur préfenter le tableau, non pas d'après des erreurs & des écarts fans nombre (fruit, fi l'on veut du local & de la fituation), d'après un état, en un mot, où l'efpece humaine eft comme dégénérée ; mais d'après les meilleures pofitions, d'après les reffources & les moyens les plus heureux que les lieux & le climat peuvent fournir, ainfi que fe trouverent placés nos premiers peres, & les générations qui fuivirent pendant un grand nombre de fiecles, & tels que font encore tous les Peuples habitans les zônes tempérées & les plaines.

pre du genre humain n'eft pas d'être *chaffeur* ni *pafteur*, uniquement.
Ibid. Cap. X, v. 8 & 9.
Ibid. Cap. XXI, v. 20.
Ibid. Cap. XXV, v. 27.

Mon expofition fe tire de la meilleure diftribution des hommes fur la terre par rapport aux climats & aux lieux, ainfiqu'ont commencé d'être nos premiers Peres.

Sur ce pied, il est naturel que *l'agriculture* (1) ait d'abord été en recommandation, & qu'elle ait dû prendre dans l'esprit des hommes. Aussi la voit-on en usage dès le commencement du monde; & *Noé*, le réparateur du genre humain, en montra l'utilité & l'innocence, en s'y adonnant. Cette profession n'étoit pas un objet de commerce. L'objet propre & immédiat de toutes les professions qui se formerent insensiblement, à mesure que l'aiguillon de la nécessité se fit davantage sentir, fut de satisfaire d'abord à ses besoins, & à ceux de sa famille; & l'on fut bien long-temps, sans doute, avant qu'on pensât à se renfermer dans une seule, pour la rendre également utile aux autres, moyennant des échanges & des compensations raisonnables.

L'Agriculture dût naturellement être d'abord en recommandation; & son objet, pendant long-tems, ne fut pas un objet de commerce non plus que les autres arts ou métiers.

Il est certain, comme j'ai dit, que jusqu'au Déluge la nourriture des hommes fut bornée aux fruits de la terre, & qu'il ne leur fut pas permis de manger de ce qui étoit vivant & animé. Or, seize siecles s'écoulerent sans qu'on attentât à la vie des animaux, si ce n'est pour les holocaustes & les sacrifices: ou bien si quelques-uns oserent contrevenir à l'ordre de l'Éternel, & franchir la répugnance naturelle qui étoit en eux, ils les firent par un déréglement étonnant, & tout-à-la-fois bien criminel, ainsi que nous l'avons observé.

Ce n'étoit pas pour flater leur voracité & leur gourmandise que la profession *pastorale* fut d'abord

Le juste Abel, en choisissant la profession Pastorale, ne donnoit

(1) Voyez Chap. V, Nomb. IV, Sect. II de cette Seconde Partie, dans le présent Tome.

honorée par le choix du juste *Abel*, & qu'on la vit depuis singuliérement exercée par les Patriarches, & par ces hommes qui furent l'élite du Peuple de Dieu; puisque, dans ces premiers temps, les hommes ne pouvoient manger que des plantes & des fruits de la campagne; & qu'ensuite, suivant l'explication que j'ai donnée, la permission d'user de la viande ne fut que particuliere, & propre à ceux que Dieu avoit voulu séparer du reste des humains.

D'ailleurs, quand, pour relever la profession Pastorale, que l'on prétend être si pure & si innocente, l'on s'appuie du choix des Patriarches qui l'avoient préférée, l'on ne fait pas attention que si *Abraham*, que si *Jacob*, que si tous les maîtres de ces familles nombreuses qui étoient riches en bestiaux, se chargeoient principalement du soin de les conduire, & s'y accoutumoient de bonne heure; c'est parce qu'au fond, cette charge étoit moins pénible, & qu'il étoit naturel qu'on laissât le gros du travail aux domestiques & aux esclaves, comme labourer & semer en certains cantons, où ils revenoient ensuite pour recueillir les grains & les légumes, les transporter là où l'on alloit; enfin, faire tous les apprêts & le gros du ménage. Les Rois naturellement devoient prendre cet emploi, de garder ou conduire les troupeaux, soit comme ne les assujétissant à aucun travail marqué, capable de les trop distraire, soit comme leur présentant l'image d'un Gouvernement plus essentiel, dont ils étoient spécialement chargés envers une multitude d'hommes.

Cela étant, la profession de *Pasteur* fut, dans

point à entendre qu'elle dût être regardée comme si utile pour l'entretien de la vie.

Pourquoi les Rois dans les premiers temps furent Pasteurs.

L'Agriculture

le premier âge, par rapport aux befoins de la vie, beaucoup moins néceffaire, & pas fi importante, tant s'en faut, qu'on veut le dire; & l'on en doit inférer que le genre humain s'occupa de *l'agriculture* plus férieufement; & que les chefs de famille y tournerent non-feulement leurs bras, mais ceux de leurs enfans devenus grands, ceux de leurs domeftiques, tels que j'ai repréfenté cette condition fuivant la nature : enfin, qu'ils y appliquerent les animaux qui y furent propres, & toutes les machines ou inftrumens qu'ils inventerent pour les y aider.

l'emporta fans doute dans les recherches & l'application des hommes.

Ainfi il eft tout apparent que la même famille avoit, parmi fes biens, des terres & des troupeaux, & que les deux profeffions fe trouverent fous le même toit & fous l'autorité de chaque chef; les enfans & les domeftiques purent être, tantôt Pafteurs, tantôt Agriculteurs, felon le befoin, & la deftination de la part du maître; ou bien celui-ci les fixa fimplement à l'une ou à l'autre profeffion, fuivant les talens : toutes chofes arbitraires, & que l'on peut fuppofer comme on voudra. Mais il en réfulte que le fond de la fubfiftance étoit les revenus de la terre par le travail, & que l'on ne maintînt l'autre profeffion que fubfidiairement & comme un acceffoire, dont le feul, mais très-grand fruit, relativement à fon objet, étoit de pouvoir marquer le culte envers la Divinité par des facrifices dignes d'elles. Les autres utilités n'étoient qu'en fecond ordre, par rapport aux befoins perfonnels de l'homme : en effet, on pouvoit tirer de la laine des troupeaux, du lait, des peaux qui reftoient des bêtes immolées. On avoit toujours là un fond prêt pour les facrifices,

Toutefois, ces deux profeffions purent fe trouver enfemble, & l'on les vit fans doute dans une même famille.

& par rapport à celles qu'on avoit tournées au travail, de quoi les remplacer quand elles manquoient. L'engrais des terres s'y rencontroit encore, &c. Mais tout cela ne fut pas évidemment la grande destination, celle d'alimenter les corps humains.

La propriété desbiens se forma comme ces deux sortes de conditions , jusqu'au tems du Déluge.

D'où je veux établir que la propriété des biens se forma comme ces deux sortes d'état & de condition ; & que les vœux des premiers hommes, pour l'une ou pour l'autre , jusqu'au temps du Déluge, furent suivant la nature & le mérite de leurs occupations : Puisqu'on comprenoit, (ou qu'on y étoit porté sans y penser) qu'il étoit plus pressant de diriger ses soins vers ce qui pouvoit le mieux remplir ses besoins ; l'on se tourna vers un exercice, qui, moitié par le travail, & moitié par la vertu propre du terrain cultivé , ou des plantes qu'on y entretenoit, procuroit une subsistance abondante & assurée : la commune mére des hommes fut dès-lors reconnue pour ce qu'elle étoit & mise à profit, l'on en fit le principal sujet de ses vûes.

Gen. Cap. IV, v. 22. D'autres arts inventés en même-temps, mais tout premierement pour fairevaloir l'Agriculture. Leur usage borné d'a-

Toutefois , d'autres arts s'inventérent comme ceux qui emploient le marteau & la lime , & mettent en œuvre l'airain & le fer. Il est sensible qu'on les rapporta tout premiérement au service de l'agriculture pour la favoriser & l'accroître , & au dessein , peut-être aussi , de rendre son logement & plus solide & plus commode : comme encore à se forger des armes propres pour la défense naturelle , &c. Mais tout n'étoit, en ce temps-là, qu'une certaine habileté & une aptitude, en quelques hommes, pour ces sortes d'arts particuliers, desquels le fruit se bornoit à soi-mê-me : ainsi qu'on peut penser qu'en usa, par rap-port à la musique, *Jubal*, fils de *Lamech*, que l'Ecriture nomme *le pere de ceux qui jouent de la harpe & de l'orgue*, & qui certainement n'en fai-soit pas métier. C'est par une semblable façon de parler que l'Ecriture dit, au même endroit, de son frere *Ada*, qu'il *fut le pere de ceux qui de-meurent dans des tentes, & des Pasteurs.* Ils en faisoient usage pour eux-mêmes, & la famille seu-lement tiroit parti de ces talens particuliers.

bord à l'u-tilité parti-culiere.
Ibid.
V. 21.
Ibid.
V. 20.

Bossuet, en nous racontant qu'avec le genre humain, *Noé* conserva les arts, tant ceux, dit-il, qui servoient de fondement à la vie humaine, & que les hommes savoient dès leur origine, que ceux qu'ils avoient inventés depuis, pense que ces premiers arts que les hommes apprirent d'abord, ils les tinrent de leur Créateur ; & il les place dans cet ordre : *l'agriculture, l'art pastoral, celui de se vêtir, & peut-être*, ajoute-t-il, *celui de se loger.* Telle est effectivement la marche naturelle de nos besoins, & l'Ecriture Sainte est merveil-leuse à nous marquer les choses qui ont rapport à l'homme, dans l'état précisément & au point qui lui conviennent. *L'agriculture*, comme l'on voit, est mise la premiere ; & ce sera toujours elle qui donnera le prix aux autres professions.

Dans quel ordre *Bos-suet*, en parlant des premiers arts con-servés par *Noé*, les nomme; & d'où il les fait des-cendre ?
Hist. Un.
Tome I,
P. 9.

Dès le temps d'*Adam, Caïn* se bâtit une ville. Il fut le premier qui songea, dit-on, à se faire un pareil asyle contre la haine & l'horreur du genre humain, justement encourue par son fratricide. L'Ecriture ne nous donne pas le motif de cette résolution ; mais la conjecture est assez vraisem-

Que la ma-niere dont on nous parle de *Caïn* & de *Nembroth* comme *Premiers*

Fonda-
teurs de
Villes ,
nous don-
ne, de cette
sorte d'a-
syle , une
fausse idée.
Gen. Cap.
IV, v. 17.
Hist. Un.
Tome I,
p. 8.
Gen. Cap.
X, v. 9,
10, 11.
Hist. Un.
Tome I,
p. 10.
Mœurs des
Isr. p. 9.

blable, & la confcience du coupable, agitée de continuelles frayeurs, pouvoit bien l'y avoir déterminé. La feconde ville dont il foit parlé, fut l'ouvrage de *Nembroth,* petit-fils de *Noé,* après le Déluge, que l'Ecriture, comme nous l'avons déja remarqué, appele *Puiffant fur la terre, & violent chaffeur devant le Seigneur.* Il paffe pour le premier des conquérans, & l'on fait remonter à lui l'origine des conquêtes. *Fleury,* exaltant la vie fimple des Patriarches, qui n'avoient point de demeure fixe, & campoient fous des tentes, ne manque pas de relever auffi cette circonftance, que *les premieres Villes furent bâties par des méchans,* c'eft-à-dire, par *Caïn* & par *Nembroth.* « Ce font eux les premiers, *dit-il,* qui fe font en» fermés & fortifiés pour éviter la peine de leurs » crimes, & en faire impunément de nouveaux. » Les gens de bien, *remarque-t-il,* vivoient à » découvert, & fans rien craindre ». Je conviens de la fageffe apparente de ce raifonnement, qui, au fond, n'étoit que trop vrai à l'égard de ces deux hommes célebres par leur injuftice; mais je ne trouve pas qu'il foit bien propre à donner à l'efprit, des connoiffances juftes de l'état & de la nature des chofes; & l'on feroit porté à conclure, en partant d'un tel principe & par comparaifon, que *toutes nos Villes font des retraites de brigands & de fcélérats :* ce qui eft une fauffe idée.

Que celle
que bâtit
Caïn, n'en
avoit que
le nom.

Pour celle que bâtit *Caïn,* laquelle il appella *Hénoch,* du nom de fon fils, affurément l'on ne peut pas croire que ce fût une véritable ville. L'Ecriture lui donne ce nom générique, pour fignifier fimplement une demeure, enceinte de
murailles,

murailles, ou de foſſés, ou de haies vives, difficiles à franchir ou à pénétrer; car la terre étoit encore déſerte, & lui, *Caïn*, faiſoit à peine le troiſieme
homme, depuis qu'il avoit aſſaſſiné ſon frere
Abel; il n'avoit à craindre d'inſultes que de la
part de ſes autres freres, & de ſes neveux &
arriere - neveux qui viendroient enſuite; n'étant
point naturel qu'il ſe méfiât de ſes enfans à lui,
& des enfans de ſes enfans. Je conviens que,
comme la place ne manquoit pas, il pouvoit
s'étendre en long & en large pour donner une
grande enceinte à ſa Ville; mais quand il l'auroit fait, ce n'auroit jamais été qu'une vaſte ſoli-
tude, une place immenſe, toute nue, & ſans
maiſons, ſi ce n'eſt la ſienne, à laquelle il pouvoit faire des ſupplémens, ſuivant le beſoin &
l'accroiſſement de ſa famille. Et l'art de bâtir étoit
alors bien ſimple, & peu développé : avec des
corps robuſtes l'on a moins beſoin de ſe garantir
des injures de l'air; & de la paille, & des branches d'arbres ſuffiſoient à ces premiers hommes,
fortement conſtitués par la nature.

Ainſi, ce que l'on peut croire, & ce que dit
au vrai l'Ecriture, c'eſt qu'après avoir été vaga-
bond ſur la terre, & s'être fixé vers la région
orientale d'Eden, *Caïn* ſe trouvant pere d'un
enfant, forma une demeure ſpacieuſe, dans laquelle il pût ſe renfermer avec ſon fils, ſa femme & les enfans de ſon fils, quand il ſeroit devenu grand. Cela ne différoit guere d'une habitation à la campagne, parce qu'il ne faut pas la
ſuppoſer alors bien entourée de remparts, & de
hautes murailles ſemblables aux nôtres, tandis qu'il
n'avoit preſque point encore d'ennemis à redouter.

Idée qu'on peut en prendre par l'Ecri-ture.

La réfolution de *Caïn*, naturelle, n'a rien de mauvaisen foi.

Cependant le fouvenir de fon crime le portoit à penfer qu'un autre que lui pourroit être tout auffi méchant, puifqu'il en avoit été capable; & dans cette penfée, quand il fe vit affuré d'une poftérité, il ceffa fa vie errante pour s'établir pofitivement, en un lieu où il pût, avec tranquillité, paffer fes jours.

L'afpect des remparts & des mursd'une ville défigne plus la méchanceté deshommes en général, que celle de fes habitans.

Ce deffein n'eft point mauvais par lui-même. L'afpect des remparts & des murs qui entourent une ville, défigne plus la méchanceté des hommes en général, que celle de ceux qui l'habitent. *Caïn* jugeant de tous les autres par lui, prit des précautions contre les violences & les furprifes; mais l'habitation à la campagne n'eft pas exempte de rifques, & ne défigne pas mieux la probité & les bonnes mœurs, en ceux qui y vivent, fi ce n'eft par comparaifon dans le même temps, avec ceux qui habitent les villes. Autrement il n'y aura jamais affez de différence d'une maniere d'habitation à l'autre, pour en former des jugemens bien folides. Mais ce qu'il y a de fûr, c'eft qu'on ne peut pas induire de ce que quelqu'un fe fera bâti une ville, qu'il foit un méchant homme, & qu'il veuille pouvoir impunément commettre de nouveaux crimes : cette induction eft, au contraire, toute oppofée au fens naturel.

Principe pour bien connoître les loix de la nature, touchantla

Ainfi avant d'établir des loix pour fonder la propriété des biens, & de créer de certaines formes fous lefquelles on la puiffe faire refpecter & reconnoître, il faut confidérer quelles font les loix de la nature à cet égard, & les formes que cette fage mere elle-même y a preſcrites. Toutes les profeſſions , tous les arts ne peuvent avoir pour but que l'*utilité*, & pour cauſe que la *néceſ-fité*. Ceux qui tiennent de plus près à l'entretien & à la conſervation de la vie, méritent le plus de conſidération. La propriété eſt ſubordonnée à cet ordre, & ne peut pas avoir plus d'étendue que n'en a le diſtrict de ces mêmes arts ou pro-feſſions , par rapport à chaque individu lui-même.

Dans cette dépendance néceſſaire, la progreſ-fion de la propriété ſera comme celle des beſoins; & rien n'y ſera mauvais ou ſuperflu de ce qui ſe rapportera entiérement à l'obligation de vivre, & de ſe maintenir en joie & en ſanté : je ne parle encore que des beſoins phyſiques.

On ne pourra pas faire l'éloge de l'art paſto-ral, (au préjudice de l'agriculture) par les rai-ſons que nous avons rapportées, & qui ſont vaines. On ne pourra point prendre une mau-vaiſe opinion des cités & des villes en général, parce que deux méchans hommes, dans l'Ecri-ture, furent les premiers à en fonder. On ne pourra point penſer qu'il entre dans la deſtina-tion naturelle de l'homme d'être *Chaſſeur* ou *Paſ-teur* ſimplement; ni que ce ſoit un état, bon en lui-même, que d'être ſans ceſſe comme *voyageur*, *& ſans demeure fixe ſur la terre.* Il ne ſera pas moins contre la raiſon de regarder tout deſir de poſſéder comme dépendant de cauſe frivole, & de ne jamais donner de fondement légitime à ce penchant, que de l'abandonner entiérement à tou-tes les fantaiſies & aux caprices. On ne pourra

.K ij

propriété des biens.

Quelle progreſ-fion ſuit cette pro-priété? Il n'eſt queſ-tion enco-re que des beſ.ins phyſiques. Erreurs ou préjugés dont il faut auparavant ſe débaraſ-ſer; & vé-rités qui en doivent prendre la place.

pas mieux croire que l'homme puisse vivre seul
que trop répandu, ni douter que l'ordre des générations ne le détermine à être ordinairement deux,
mâle & *femelle* : en vertu de quoi sa possession
s'augmente au double , & croît toujours en proportion du nombre d'enfans, quand il en survient,
& des domestiques s'il est dans la nécessité d'en
prendre. L'on ne pourra pas dire que les arts &
les différentes professions se conduisent à l'aven-
ture, & nier qu'ils aient une source commune d'où
tout le système du bonheur dépend, & la vraie
propriété découle. L'on verra que l'homme n'est
jamais mieux que quand il s'est fixé quelque
part , & qu'il y cultive ce qu'il possede ; qu'il
est au centre de son repos quand il est dans
celui de sa famille. L'on sentira que l'état de *Gar-
çon*, de *Domestique*, de *Chasseur*, de *Pasteur*,
&c. ne sont que des états précaires , & comme
préparant à un plus essentiel & plus analogue à
notre condition. On ne pourra penser, cependant,
que cette inclination pour son foyer & ses lares
soit si forte , qu'elle nous éloigne de nous réunir
plusieurs familles ensemble , pour s'entre-secon-
der & se secourir dans le besoin, & en conséquence convenir de certaines loix communes ; &
l'on pensera encore moins que ces associations politiques soient un accessoire indispensable à notre
être , & qu'il faille absolument que l'homme s'engage de cette sorte, pour pouvoir remplir sa destinée , pour acquérir par-là la propriété & être
heureux. L'on ne pourra pas supposer non plus
que ces loix communes aient jamais la force d'en-
freindre les naturelles , & que pour acquérir les
avantages de l'*état civil*, une famille s'engage à
devenir esclave & sans liberté ; ni que dans l'*état*

de nature, cette même famille ait le droit aussi de tout oser & de tout entreprendre au préjudice des autres. L'on évitera avec soin tous les excès dans la maniere de penser : & la balance à la main, l'on pesera indistinctement tous les hommes à raison de leur poids spécifique, pour ainsi parler ; nous ne considérons encore que le physique, & nous nous sommes supposés en dehors des sociétés civiles (1).

Les loix de la nature, touchant la propriété des biens, pourront paroître maintenant sensibles, si nous y faisons un peu réflexion. La *nécessité* qui l'ordonne, & le *besoin* qui la dirige, en sont inséparables, dans quelque état que se trouve l'homme ; & il ne peut méconnoître cette regle, en passant dans l'état civil : elle sera même d'autant plus requise que chaque famille ayant un droit égal & des besoins toujours en raison des siens, il ne pourroit, sans rompre l'équilibre, porter son desir au-delà de son nécessaire : & d'un autre côté, cette même propriété en devient plus précieuse, par la raison que, dans une position, où forcément l'on est comme circonscrit, & astreint à ne sortir point de sa place, pour ne pas incommoder les autres, l'on ne peut avoir précisément que ce qu'il nous faut.

Les Loix de la nature, touchant la propreté maintenant sensibles, avec un peu de réflexion.

Les Loix civiles naissent là des Loix naturelles. L'homme naturel qui s'engage avec une multitude d'autres à vivre en corps de société, & à suivre certaines loix communes, qu'ils s'imposent pour leur mutuel bonheur, emporte avec soi ses facultés &

Les Loix civiles naissent là des Loix naturelles.

_____

(1) Ci-devant, vers le commencement de ce Chapitre.

K iij

fes reffources, fes prétentions & fes droits; fa femme, fes enfans, fon champ, fes outils ou inftrumens, fes uftenfiles, tout l'attirail de fon ménage; tout lui refte & le fuit. Comme je fuppofe qu'il s'eft contenu dans l'exacte précifion de fes befoins, on n'y a mis d'autre extenfion que celle d'une fage prévoyance, il eft encore ici le même : il ne doit rien perdre de fon état, & il ne peut l'aggrandir : il faut que la Loi obvie à ce qu'il ne lui arrive pas l'un, & qu'il ne puiffe faire l'autre. Auparavant, quand il étoit entiérement indépendant, & qu'il ne connoiffoit d'autre regle que fa confcience & fon amour pour tout ce qui lui appartenoit, éloigné, en quelque forte, d'autres familles, qui étoient auffi à fon égard dans la même pofition, il n'avoit pas le droit d'acquérir des biens fuperflus ; mais en le faifant, c'étoit fans inconvénient pour les autres. Aujourd'hui il a de plus à s'obferver, par rapport à fes concitoyens, & à prendre garde qu'il ne leur nuife : il a à concilier & fes devoirs pour ce qui le regarde, & les obligations qui naiffent de fon affociation, & que l'on peut appeler *extérieures*; parce que le profit immédiat n'en tombe pas fur lui : C'eft cet accord, comme je l'ai ci-devant obfervé, qui fait la perfection & le fublime de tout Gouvernement humain, quel qu'il puiffe être ; & je crois qu'ils en font tous capables, du plus au moins, autant que l'humanité peut le comporter: à l'exception toutefois, du defpotique & de l'arbitraire, qui, par la dénomination même, eft l'exclufion & la négative de tout ordre & de toute regle pofitive.

Deux points qu'ont à remplir les Loix civiles, & qui forment tout l'objet de la Légiflation.

Ce qu'a   Pour qu'un homme *ne puiffe rien perdre de fon*

état & de ses facultés naturelles & acquises, en
passant dans l'état civil, & qu'il s'y maintienne
de même ; il faut que la loi écrite défende les violences, les rapines, les fraudes, les querelles, les
voies de fait ; qu'elle termine, aussi-tôt qu'ils sont
commencés, les procès & les contestations, & ne
veuille pas même connoître les personnes ; qu'elle
empêche le luxe & toute superfluité dans les repas,
dans les habits, dans les logemens ; &c. qu'elle
bannisse les arts frivoles ou pervers ; & à l'égard
des arts simplement curieux, qu'elle ne les permette que pour les délassemens & les plaisirs honnêtes ; qu'elle condamne de même toute science spécu-
lative infructueuse, qui s'introduiroit pour être enseignée. Il faut qu'elle place les arts utiles & les honore, à raison de leur nécessité, en commençant par
l'agriculture, la garde des troupeaux, comme j'ai
dépeint cet état, l'architecture, la couture ; &c.
que la Loi même borne le nombre de ces professions utiles, & en détermine de plus la maniere
& les produits ; qu'elle veille, en un mot, à ce
que tout le monde reste dans l'égalité & dans l'uniformité, à l'égard de toutes ces diverses branches de la propriété, malgré les différences qu'y
semble apporter l'inégalité du rang, de l'âge, des
forces, & du nombre d'enfans, &c. parce qu'alors
tout doit se régler par la loi suprême de la nécessité, & en raison des consommations *forcées*, comme
(1) je l'ai dit ci-devant, & comme j'en parlerai
encore dans la Troisieme Partie.

à faire la
Loi sur le
premier
point.

---

(1) Vers les huit premieres pages du Chap. II, N°. IV, dans
le présent Tome.

Ce qu'a
à faire la
Loi civile
fur le fe-
condpoint.

A l'égard du deuxieme point, qui eſt *de ne pou-voir s'aggrandir*, la Loi naturelle, qui n'admet de propriété que par le travail, & par un travail propre & perſonnel, indique à la Loi civile la route qu'elle a à prendre, qui n'eſt autre que la ſienne. L'homme, dans ſa famille, en travaillant lui-même, & ſa femme avec lui, fait travailler ſes enfans, ſes domeſtiques, ſes animaux tournés au labourage, ou à d'autres fonctions utiles : leur travail eſt le ſien, quand il ne reſte pas oiſif ; & s'il eſt infirme ou malade, ou caſſé de vieilleſſe, il lui appartient encore. Ce qu'il amaſſe de cette ſorte, ne peut lui être conteſté : il ne fait qu'un avec toute ſa maiſon. Tel il étoit dans l'état de nature, tel il devient dans l'état civil. La propriété n'a pas d'autre ſource qui la produiſe. Mais le travail doit être évident, il doit être connu pour être conſenti. Ce qui étoit avéré & public parmi les ſiens, ne l'eſt plus de même au milieu des concitoyens : la Loi alors doit établir une fois le *titre* en vertu duquel on poſſede. Comme tout commence par la terre, elle doit fixer la quan-tité de terrain que chacun a, & en faire tenir regiſtre pour l'y trouver écrit en tout temps. Les fruits qu'il s'en recueille, ſont une dépendance de cette poſſeſſion, & n'ont pas beſoin d'autre preu-ve. Les échanges, les prêts, toute acquiſition de choſes mobilieres, ſortant d'une poſſeſſion étran-gere, n'auront beſoin que de témoins pour être autoriſés ou prouvés ; & pour les acquiſitions d'im-meubles, elles ne ſeront pas poſſibles, puiſqu'il eſt ſuppoſé que chacun poſſede aſſez de logement & de terrain pour ſon néceſſaire : ceci s'entend toujours des chefs de famille, entre lesquels la répartition des domaines s'est une fois faite, & est entretenue.

Mais la multiplication viendra interrompre cet ordre ; & enfin, des garçons devenus grands, & des filles nubiles, composeront d'autres familles, qu'il faudra pourvoir de moyens égaux de subsister, & de ressources équivalentes. Je n'entreprends point ici de marquer la maniere de parer à cet inconvénient, & de dire comment il me paroît qu'on peut néanmoins toujours conserver l'égalité des biens entre les citoyens. Je ne fais qu'exposer actuellement la marche de la nature, & le train qu'elle suit dans tous les mouvemens qui intéressent les êtres sensibles & animés. Les bêtes ont toutes quelque chose qui leur appartient, parce qu'elles l'ont recherché, & s'y sont établies : la plupart sont dans des tanieres & des endroits affectés, où elles passent partie du jour ou de la nuit, selon leur instinct, & ordinairement en compagnie, le mâle & la femelle ; & quand leurs petits sont devenus grands, ils sortent de la maison, & vont se chercher ou se faire un autre asyle. Ils se conduisent comme firent leurs peres, au moment de la nécessité de se séparer. La terre entiere est la demeure de tous les êtres qui l'habitent. Il y a apparence que les enfans du premier homme ne furent pas bien loin chercher une retraite, & s'établirent au plus près : de proche en proche la race s'étendit, & ce ne fut qu'insensiblement, & à mesure que les terres plus voisines furent occupées, qu'on vit des hommes répandus dans les contrées les plus éloignées. Ainsi, par succession de temps,

De l'inconvénient de la multiplication des hommes, par rapport à l'égalité des biens.

L'on n'expose ici que la marche de la nature dans tous les mouvemens qui intéressent les êtres sensibles.

la multiplication porta le genre humain dans toutes les parties du monde.

La distribution des hommes sur la terre, mal faite.

Toutefois cette diftribution des hommes s'eft mal faite : des hommes trop en pelotons fe font éloignés chacun de l'efpace de terrain qui devoit les faire vivre ; & ces immenfes corps placés comme des blocs fur certaines parties feulement du globe, pour mieux pourvoir, (dira-t-on) à leur défenfe commune, ou pour le plaifir de la fociété, ont perdu de vue la fource de leur fubfiftance, & rompu la proportion qui devoit être naturellement entr'eux & ces mêmes efpaces de terre deftinés à les entretenir. Quand des animaux vont en foule traverfant les airs ou parcourant certains pays fur la terre, ils fe répandent dans la campagne ; chacun y prend, pendant le peu de temps qu'ils y féjournent, ce qu'il peut trouver pour fa fubfiftance : ils y font pour eux-mêmes, & aucun d'eux ne fait l'office d'un autre. Au lieu que l'homme, naturellement fait pour avoir une habitation fixe, femble ne pouvoir fe féparer des lieux qui le doivent nourrir, fans renoncer aux lumieres de la raifon & à fon devoir, qui n'eft autre ici, au fond, que fon intérêt, fuivant la généreufe inftitution du divin Maître. Plus ces enceintes, qu'on appele *Villes*, ces amas de maifons, font immenfes & renferment d'habitans, & plus le mal eft énorme. C'eft une vérité qui n'a pas échappé à ceux qui ont un peu étudié cette matiere. De-là fe font accrus tous les défordres qui troublent l'harmonie de la fociété, & mettent tant d'irrégularité entre des êtres de même efpece, & qui defiroient encore, par l'affociation politique, d'être plus heureux.

Il eſt poſſible d'allier cette diſpoſition à s'unir pluſieurs familles pour ſa ſûreté mutuelle, & les autres avantages qui en réſultent, avec cet ordre eſſentiel de toute diſtribution des hommes ſur la terre : La confédération peut ſe faire tout de même, quand chaque poſſeſſeur ſera établi dans le canton même qu'il a dû avoir en partage ; il n'eſt pas beſoin qu'il le quitte pour former des liens, dont la force ne dépend que de la volonté & du beſoin. Dans dix lieues de pays à la ronde, comme dans cent, & un plus grand nombre, écartés à diſtance raiſonnable l'un de l'autre, des hameaux, entre leſquels encore il y aura des habitations iſolées, peuvent ſe garantir en commun, & ſe concilier de façon que de proche en proche l'on ſe donne main-forte dans les cas d'attaque, & l'on ſe ſecoure dans toutes les autres néceſſités. Il ſuffira que tous ces hommes en particulier poſſedent une étendue de terrain proportionnée à leur état & à leur famille, & qu'ils ſachent qu'ils ſont ainſi tous diſpoſés & à portée de ſe défendre, & qu'en conſervant chacun ſon bien & ſa vie, l'univerſalité encore eſt dévouée à ce ſoin. L'intérêt particulier menne alors à l'intérêt général.

Elle pouvoits'allier avec le penchant qu'on a à s'unir pluſieurs familles enſemble, pour leur mutuelle ſûreté & les autres avantages communs.

Il eſt vrai que l'intelligence pratique entre des peuples arrangés de cette ſorte, n'eſt pas ſi aiſée dans un vaſte Etat, & que le reſſort de l'enſemble & de l'action commune n'eſt ni ſi animé, ni ſi ſubit ; mais auſſi des hommes nés dans mes maximes, & dreſſés ſur le plan du *Droit naturel* que j'établis, ſeront dépouillés, ou plutôt n'au-

Des hommes nés dans mes maximes, & élevés ſuivant le plan du Droit naturel que

J'établis, regagneront amplement du côté de l'activité du ressort qui fait agir l'ensemble, ce que les distances entre les habitations particulieres sembleroient leur faire perdre.

ront jamais eu les vaines fantaisies qui nous agitent ; n'auront point connu les folles erreurs de l'ambition , & du desir de commander ; n'auront point éprouvé les fausses impressions qu'on prend de ces extrêmes inégalités de rang, de condition & de fortune que nous avons laissées s'introduire parmi nous ; enfin, ce seront d'autres hommes, pour parler ainsi, parce que le régime sera tout différent, & qu'on n'imaginera pas qu'on puisse empiéter sur les droits d'autrui , sans craindre qu'on n'empiete en même-temps sur les nôtres, ni qu'une association civile, où tous les avantages sont d'un côté, & les peines & le travail de l'autre, puisse subsister.

Quand on aura inculqué dans tous les esprits, & gravé comme sur la pierre, dans toutes les parties de cet état que j'imagine, les notions des simples attributs d'un chacun, & que le grand caractere dont on se puisse faire honneur, après la probité, c'est d'être *homme*, avantage commun à tous ceux de notre espece, il ne sera pas facile de penser à s'arroger de l'autorité au-delà de sa famille, & de se dispenser des devoirs de s'entre-feconder les uns les autres : puisque tous trouvant leur compte, & à cette égalité, & à cette obligation universelle, l'amour de la simplicité & la vigilance sur les mœurs, les entretiendront dans cette heureuse disposition ; & l'art du Gouvernement sera d'empêcher que rien d'étranger ne s'y introduise, & ne les en détourne.

Nous avons maintenu le droit de

La propriété alors n'y sera pas insolente ni dangereuse. Mais avec cent mille manieres que nous connoissons de se tirer des loix innocentes de la nature, nous autres, Nations policées, nous avons conservé l'inexorable droit d'acquérir, & l'avons nécessairement (par cela même qu'il est sacré, & qu'il doit l'être) rendu odieux & insupportable, à cause de tous les excès où nous l'avons porté. D'une chose extrêmement bonne, nous en avons fait une très-mauvaise : le Gouvernement politique, qui n'a pas d'autre fin que l'aisance & la félicité publique, devient alors le garant de tous les fruits injustes de l'ambition : il assure aux riches & aux puissans (1) leur fastueuse & impertinente prospérité, aux pauvres leur accablement & leur misere. Il ne se pouvoit que les choses ne fussent ainsi, en laissant subsister ou s'introduire une inégalité excessive; tandis qu'on s'établissoit des regles pour affermir la constitution, & qu'on ouvroit par-là, sans y penser, de nouvelles voies pour la rendre pire.

propriété, comme de raison; mais nos excès l'ont rendu insupportable.

Voilà comment ce n'étoit pas assez que la propriété s'acquît, en vertu de certaines regles établies, & sous de certaines formes ; qu'il falloit encore que le fond en fût légitimé par le droit naturel & par la raison, comme nous l'avons voulu prouver en ce Chapitre.

Conclusion.

---

(1) Il est visible qu'on n'entend ici que la puissance des biens ou de l'intrigue, & encore les abus dans les Places élevées, quand elles ne sont pas remplies par des gens dignes de la confiance du Prince ; & qu'on n'entend nullement cette puissance nécessaire, départie par le Souverain, en ceux qu'il destine à le soulager dans ses augustes fonctions.

CHAPITRE V.

*Quatrieme Proposition : Que la Qualité & le Rang,
qui font des Êtres Moraux , n'ont rien par eux-
mêmes , qui doive attirer à celui qui en eſt revêtu,
(quant à l'Uſage & à la Propriété des Biens),
plus que le phyſique, dont il eſt compoſé, ne demande.*

**Exception
à l'égard
des Souve-
rains.** JE dois avertir d'abord que cette propoſition inconteſtable à l'égard de tout homme , ſouffre
néanmoins une exception envers les Souverains,
dont la dignité & le rang ſont d'un autre ordre,
& excluent toute comparaiſon. Rien n'eſt ſi grave
& ſi important ſur la terre, en fait de choſes humaines, que les corps politiques ; & par conſéquent rien de ſi grand, de ſi majeſtueux, & de ſi
digne de charmer nos yeux par la magnificence &
l'abondance des biens, que ces perſonnages auguſtes ; revêtus de la ſouveraineté , & ayant en
main la plénitude de pouvoir. Plus l'on eſt ſenſible à l'énorme diſproportion de revenus & de richeſſes qui ſe remarque entre les diverſes claſſes des
citoyens, & plus on la deſire dans le chef, dans
le maître de la Nation , avec qui perſonne n'a
à ſe meſurer, & en qui, au contraire, chacun ſe
regarde avec plaiſir, comme ayant une part de
ſes jouiſſances ; parce qu'en effet , il repréſente
tout le monde. Mais outre cette raiſon, qu'on peut
dire perſonnelle , il y en a une autre un peu plus
éloignée , mais qui n'eſt pas moins véritable ; c'eſt
que ſi le parallele de la puiſſance humaine & de

celle de Dieu, par rapport à l'abondance des
biens (comme pour juſtifier qu'on la trouve jointe
aux places élevées, dont on la croit être une dépendance néceſſaire, de quoi je parlerai plus bas), eſt
faux & inſoutenable à l'égard des ſujets, il eſt raiſonnable au contraire & bien fondé, appliqué
aux Souverains, qui, dans toute l'étendue du terme, ſont les repréſentans de Dieu ſur la terre,
& chargés de ſes ſublimes & divines fonctions.
Leurs mains paternelles & tout leur entour, doivent
montrer l'abondance; l'éclat le plus brillant (1)
doit luire dans leurs palais & ſur leurs perſonnes,
& les accompagner dans toutes leurs actions: c'eſt
de cet éclat unique, de ce fond de grandeur &
de reſſources, qui n'eſt qu'en eux, repréſentatif
des hautes qualités de leur rang, que s'attendent
les jours de proſpérité, & les effets continuels de
leur amour; comme le cultivateur attend avec
joie la roſée du ciel & l'influence du ſoleil. C'eſt
puis à ces maîtres du monde, à ces peres d'une
infinité d'enfans, à circonſcrire leurs jouiſſances:
c'eſt à leur ſageſſe & à leur modération à y mettre des bornes : Ce ſeront alors des actes libres,
d'autant plus glorieux, qu'ils ne pourront avoir
de fondement que le bonheur de leurs Peuples.
Je paſſe à la propoſition.

Le mal que nous avons relevé, en finiſſant le
Chapitre précédent, n'auroit pas eu lieu ſi l'on

La propoſition, hors delà, générale, paroîtra encore plus un paradoxe que les précédentes.

***

(1) Ceci eſt toujours relatif aux progrès des Arts; & la diſtinction, pour les Souverains, y ſeroit encore, quand la Nation ne
feroit que de commencer à les cultiver.

avoit dit aux hommes que, même dans l'état civil, cette proposition que j'examine maintenant, devoit être respectée & suivie. Que dis-je ? Elle ne s'est peut-être jamais présentée à leur esprit ; car si les autres propositions paroissent des paradoxes, à plus forte raison celle-ci. Comment faire goûter, en effet, que ceux que la naissance ou la fortune ont, suivant nos idées, si fort élevés au-dessus des autres, se mettent au niveau des conditions communes, en renonçant à tous ces excès de biens & de richesses, qu'on regarde comme inséparables de leurs personnes ? Comment vouloir qu'ils se réduisent à la simplicité pour les repas, la parure, le logement, les domestiques, &c. ? & que toute la richesse & le faste ne soient autre chose pour eux que la nécessité même de consommer davantage, s'ils ont, véritablement, un plus grand nombre de consommateurs dans leur famille, ou à leur service, par cas forcé ou nécessité.

Rien, cependant, de plus certain. Il est pourtant certain que cela ne peut être autrement, si l'on regarde au point de rectitude en lui-même, & au juste équilibre, sans lequel il ne peut y avoir ni solidité ni justice.

Idée juste de ce que c'est au fond, que la naissance & les hautes places à cet égard. Les besoins de la nature ne seront jamais ceux de l'imagination ; & nous aurons beau nous forger des titres & des raisons, pour accumuler nos richesses ; un homme en vaudra toujours un autre, qu'il soit commandé ou qu'il commande, qu'il naisse riche ou pauvre, qu'il descende d'aïeux célebres ou obscurs, qu'il soit placé pour juger ou défendre les autres, ou bien qu'il ne

soit

foit que fimple particulier, &c. (1). L'autorité
n'eft que pour le Gouvernement, & le Gouvernement que pour procurer mieux à chacun fon
néceffaire : or la naiffance & les dignités qui font
deftinées à mener à ce but, ne font pas faites
pour agrandir ceux qui les ont; elles font établies,
au contraire, pour le profit de ceux qui ne les ont
pas; & c'eft dans les premiers une vraie charge,
un véritable poids, plutôt qu'une diftinction & un
ornement dont on veuille les décorer.

Eh ! comment s'imagineroit-on qu'on trouvât,
dans ces places, cette abondance de toutes chofes qui femble fuivre de l'idée d'adminiftration &
de puiffance : qu'on la trouvât, dis-je, en des êtres
auffi foibles que l'homme, & d'ailleurs foumis
par état; où le puiffant, le noble, l'adminiftrateur
ne font, au fond, différens en rien de tous les
autres hommes, leurs concitoyens ?

Illufion de regarder comme un acceffoire de l'élévation humaine & des dignités l'abondance des biens.

Cette idée d'adminiftration & de puiffance nous
vient de celle que nous prenons naturellement de
la toute-puiffance & de la toute-providence divine
fur fes créatures. L'Auteur de tout ce qui exifte a
gravé en nous des femences d'ordre, & nous
appercevons celui qui regne évidemment dans la
marche conftante & réguliere de l'univers. Mais
en lui eft la fource & la plénitude des biens; il
n'a befoin de rien pour lui, & il fe donne tout à
fes créatures : fa vigilance eft toute occupée ailleurs, fi on peut le dire.

Ce qui eft vrai du Créateur n'eft point applicable aux créatures.

---

(1) Je fuppofe ici au refte, la probité de côté & d'autre,
comme on la verroit régner dans tous les Ordres de l'Etat, felon
mes Maximes.

L'imitation des hommes, en ce point, très-déraisonnable & téméraire.

L'imitation des hommes en ce point, est donc infiniment téméraire & déraisonnable, quand dans cette partie du Gouvernement civil où il est besoin de gens en place pour diriger & assurer les intérêts publics, on la porte, cette imitation, jusqu'à y joindre les richesses & le faste. Cette conduite n'est raisonnable qu'à l'égard des Souverains, comme j'ai dit : Nous avons vu combien c'étoit le propre ces hommes uniques de représenter en tout la Puissance divine, & par les plus hautes vertus, & par le plus grand extérieur de magnificence ; c'est un renversement que de se tirer de cette regle. L'ambition de ceux qui sont en place, ou qui ont bien servi l'Etat, ne peut tendre qu'à imiter en ces souveraines Puissances, l'exercice glorieux des qualités propres à faire le bonheur du genre humain. De sorte que si c'est honorer, en quelque sorte, la Grandeur divine par cette maniere de concevoir la puissance, relativement aux biens, à l'égard des maîtres du monde, c'est la ravaler en un autre sens, en attribuant la même prérogative, à qui n'a rien de plus que les autres hommes.

Comment on la doit diriger pour être juste & sensée.

Bien loin donc de vouloir grossir son domaine & ses revenus, quand la naissance ou le choix du Prince nous mettent entre les mains quelque partie de la cause publique, on ne peut que rester dans les bornes de l'honnête simplicité. L'on a des besoins, il est vrai, comme le vulgaire : il est juste de posséder de quoi les remplir, & de n'être point en peine à cet égard pour son individu, tandis qu'on sera occupé de celui des autres. Mais après cela il ne reste que l'application & le défintéreffement, pour s'attirer de la confidération & l'eftime publique. Ce font auffi les feuls moyens par où tout homme en place puiffe parvenir à bien faire ; il eft obligé alors de veiller jour & nuit à la partie qui lui eft confiée , & à être en garde contre les aiguillons de l'amour propre & de l'intérêt qui fafcinent les yeux des plus fages.

C'eft en fe conduifant de la forte qu'il pourra y avoir quelque vérité dans l'élévation qu'on donne à ces places, & qu'il fera raifonnable de leur accorder une diftinction qui eft dans l'effence de la chofe : car il faut convenir, en fuivant une regle d'appréciation plus jufte, & adaptée au fujet, que fi ceux à qui elles font deftinées , ou qui y font déja établis, ne peuvent en accroître en rien leur domaine ou leur revenu, ni poffédet plus que le commun des hommes, ils jouent cependant un rôle qui les rapproche de la fouveraineté, quelle qu'elle foit, quand ils s'en acquittent bien ; & que leurs fonctions, toutes nobles & refpectables, participent en quelque forte , de celles de l'autorité fuprême , dont ils font les aides & les officiers.

Cela reconnu, l'élévation & les dignités ne feront pas des qualités vaines en ceux qui les poffé-deront.

La vénération des peuples fera donc un hommage légitime qu'on devra leur rendre , une ré-compenfe de leurs travaux, mais toute la diftinction qu'ils auront à attendre : je ne connois pas d'autre prétention raifonnable ; d'autre avantage qui puiffe fympathifer avec l'égalité; d'atttibut qui foit plus analogue à la nature de la chofe & à l'état de la perfonne ; de redevance qu'on accorde

Genre de diftinction & d'avantages qui leur conviennent.

L ij

avec plus de plaifir, & qui foit moins dangereufe à celui qui la reçoit : Enfin, je ne fais où trouver des dédommagemens & des témoignages qui rempliffent plus exactement toute l'étendue de l'objet, fans porter le moindre coup à l'équilibre & à la fortune des citoyens, toujours liés entre eux par un intérêt commun, & attachés aux loix & aux prépofés du Prince, précifément par cette raifon que l'élévation dont ils jouiffent, eft toute morale, & réfide principalement dans les cœurs.

On peut, fans rif-que, mul-tiplier ces diftinc-tions, &c.

Boffuet, Hift. Un. Tome I, p. 516.

Que les fignes de refpect & les expreffions des fentimens qu'on a pour leurs perfonnes, fe multiplient; qu'on invente des diftinctions qu'on peut faire confifter dans les moindres chofes ; qu'on leur accorde une couronne de lierre, de laurier ou de chêne, un rameau d'olivier, une fleur la plus belle de la faifon; qu'on les attende au paffage ; qu'on aille au-devant d'eux en certaines occafions, ou qu'on les accompagne dans d'autres : tout cela, & cent autres manieres de les honorer, ne peut qu'être innocent & fans inconvénient ; & c'eft ainfi, mais feulement ainfi qu'il eft permis d'améliorer, en quelque forte, le fort de ceux qui font à la tête des autres, ou qui ont bien mérité de la patrie.

Comment dédomma-ger les gens en place du temps qu'ils ne donnent point à leurs affai-res?

Il eft vrai que, s'ils font journellement occupés du foin public, ou que l'on ait un pofte ou un emploi qui empêche de veiller à fes propres affaires, il n'eft pas jufte que le champ, l'adminiftration domeftique, &c. foient abandonnés, fi l'on eft feul & fans famille ; ou bien qu'on perde l'avantage d'y mettre la main foi-même, fi l'on a des aides,

& d'infpecter la befogne (1) : mais, en ces cas,
l'Etat pourra donner pour équivalent, en fruit de
la terre ou autrement, ce que les deux bras de
moins n'auront pu faire, ou que la préfence auroit fait rapporter de plus ; & par ce dédomma-
gement raifonnable, qui eft en même-temps très-
aifé à régler, les intérêts de ces hommes en place
refteront intactes & confervés : joint que dans un
pareil Etat, il doit y avoir peu d'emplois inutiles,
peu d'affaires compliquées & d'une difficile difcuffion, & peu de fujets à en faire naître, avec
la fimplicité qui régnera dans tous les ordres de
la fociété & les befoins de la vie.

On les aimera d'autant plus, ces perfonnes élevées qu'on ne les verra point accompagnés d'un
fafte & d'une fuperfluité, qui infultent à la condition commune ; & que l'humanité dans le général,
ne fera point dégradée par cette même abondance,
pour ainfi dire, *exclufive*, dont on prétend la re-
hauffer en eux. Il n'y a rien qui faffe plus contrafte
& qui bleffe davantage l'amour de foi-même &
le fentiment naturel à tous les êtres vivans, que
de remarquer que ceux qui font placés pour notre
bien, regorgent de toutes chofes ; tandis qu'on manque fouvent foi-même du néceffaire, ou qu'on a tout
jufte ce qu'il nous faut. Des réfléxions défavantageufes
à la concorde & à la foumiffion naiffent en foule,
du parallele fubit qui fe forme, dans l'efprit, de
deux conditions fi différentes ; & pour tout dire,

marginal note: La con-
corde &
l'obéiffan-
ce, iné-
branlables
dans ce
fyftême.

(1). On peut voir Partie III, Section I, Chapitre III, vers
la fin.

l'on ne doit qu'à la longue habitude & au sentiment inné qui nous fait révérer nos maîtres & nos supérieurs, & qui est si légitime, le miracle étonnant de la persévérance ; & de nous soutenir ainsi dans une position, où des choses si incompatibles se présentent continuellement ensemble (1).

La Providence, qui veut cette soumission de la part des Peuples, a donné la plus grande force à ce sentiment inné dont je parle ; voilà qui est d'elle & son ouvrage ; mais l'inégalité des biens, cet excès de propriété ou de revenus, qui éclate dans les sociétés, est l'ouvrage des hommes : la nature ne nous parle pas ce langage, & la raison nous en démontre l'injustice.

Que si elle est évidente, à l'égard de ces personnages distingués par leurs places ou par leurs grands services ; on a tout dit contre les particuliers, contre ces personnes riches, ces favoris de la fortune, qui se couvrent d'une opulence encore plus en contradiction avec leur état ; puisqu'ils n'ont pas même pour eux, l'illusion qui se forme de l'élévation des autres ; & que sans titre & sans aucune sorte d'excuse, ils ne restent que vis-à-vis de leur qualité d'hommes & de citoyens.

Aussi, ai-je avancé, comme un principe, que j'ai dit être la source du droit qui juge des

_____

(1) Je puis renvoyer à ce qui est dit au Second Volume, pages 27 & 28.

démarches des hommes sur la recherche des biens temporels, la proposition qui va faire la matiere du Chapitre suivant, & qui sera la cinquieme & derniere de celles que j'avois à rappeler.

CHAPITRE VI.

Cinquieme Proposition : *Que tout de même que l'homme ne peut pas détourner de leur usage naturel, ses Facultés physiques ni celles de son ame, & qu'il ne doit exercer les unes & les autres qu'à propos : pareillement, ce qui est destiné à les conserver & à les entretenir, n'est sagement employé, qu'autant qu'il l'est à cette fin, & que dans les occasions nécessaires.*

Cette proposition est comme le fond & la preuve de toutes les autres.

C'EST-LA, comme la clef de toutes les vérités que j'ai dites, touchant la maniere d'arranger la propriété & de s'en servir : en cette proposition est le fond & la preuve de toutes les autres ; mais, par la raison qu'elle est plus conpliquée, elle a besoin d'avantage d'explication ; & je vais tâcher de la rendre aussi claire que je pourrai.

Devoirs de l'homme touchant ses facultés physiques & celles de son ame.

La propriété naturelle, ai-je exposé (1) ci-devant, *est de Droit, la mesure & la regle de la propriété acquise.* Où prendre cette regle dans la Nature, si ce n'est sur nos propres corps & sur les facultés de notre ame, puisque c'est pour eux seulement qu'on a besoin d'acquérir ? Nous avons des pieds,

(1) N°. IV, Chapitre II au commencement, dans ce Troisieme Tome.

des mains , &c. ; une intelligence , une mémoire , &c. ; tout autant de biens qui ont un
ufage propre, lequel nous n'avons point établi,
mais bien le Créateur qui les a difpofés de maniere qu'ils s'acquittent comme d'eux-mêmes, de
ce à quoi ils font deftinés : Ils font toujours bien,
phyfiquement & naturellement, tout ce dont ils
fe mêlent. Mais l'homme, qui eft un être libre ,
& qui, dans tous les objets de fes fens & de fa
penfée, voyant divers raports, peut fe déterminer
pour ceux qui, dans l'inftant préfent, lui plaifent
davantage au préjudice des effentiels, n'a pas le
droit de faire ce choix inconfidérément, ni de
telle forte qu'il emploie une partie de fon corps
ou une faculté de fon ame à la place d'une autre,
ni qu'il l'ufe à force de travail, ni qu'il l'exerce
à contre-temps & pour des fujets abfolument frivoles ou inutiles. Il ne peut, comme un fage
adminiftrateur, qu'entretenir & faire valoir ces
dons & ces propriétés que la libéralité du Créateur
lui à départis : pour cela, il faut qu'il foit, pour
ainfi dire, fans partialité; qu'il confidere la fin &
l'objet de toutes chofes ; qu'il n'outre jamais rien ,
& qu'il difcerne, avec juftesfe, quand & comment
il eft néceffaire que tout cela agiffe. Les regles
particulieres qui meneroient à la pratique de cette
théorie conftante & certaine, ne feroient pas bien
difficiles à donner; mais ce n'eft pas de quoi il
s'agit ici. J'expofe feulement le principe d'où je
veux tirer mes conféquences , en le préfentant
dans la clarté & le point de vue, qui me paroiffent
devoir l'emporter.

Or, la propriété acquife, je l'ai dit auffi (1) ne

La pro-
priété ac-
quife n'a

_____

(1) *Ut fuprà*, peu après le commencement du Chapitre.

peut avoir d'autre objet légitime, que la conservation & l'exercice de ces mêmes facultés, tant physiques que morales, que nous tenons de la Nature. C'est pour cela que l'Être suprême a répandu, dans la vaste étendue de cette terre, une fertilité, qui, en chaque saison & dans tous les climats, procure aux hommes ce qui leur est nécessaire pour vivre, pour s'habiller, pour se loger, &c. ; les astres mêmes roulent à cette fin. Tous les autres êtres vivans participent à cette bénéficence ; mais l'homme en jouit plus véritablement, & y joue un principal rôle. Plus il est au-dessus des animaux par sa raison, & plus il est obligé de se conduire en créature raisonnable. Son instinct est sûr comme le leur, quand la réflexion est inutile ; mais par-tout où cet instinct ne doit point aller seul, ou qu'il ne doit point commander, comme c'est le plus ordinaire, l'intelligence doit éclairer les démarches ; & nos actions doivent se ressentir de l'exellence d'un être, qui est capable de connoître les grands rapports que Dieu à établis entre la créature & lui, la fin & le principe des choses, leur bonne & leur mauvaise qualité, leur distinction absolue, enfin tout ce qui constitue l'ordre entr'elles & leur donne leur véritable prix.

En conséquence de cette obligation générale, les hommes ne peuvent se conduire au hasard, ni vouloir vivre à leur fantaisie. Il ne dépend point d'eux d'accumuler & d'entasser des richesses, qui n'ont, au fond, qu'une source illégitime, ou qui n'ont point de proportion avec leurs besoins effectifs, ni de s'en servir d'une maniere qui ne s'accorde point avec la destination des biens en eux-mêmes, ou même de s'en servir dans cette vue, quand la nécessité n'y est pas.

Se conduire au hasard, ce ne peut pas être le propre d'une créature intelligente. Le hasard entre bien dans la plupart des circonstances de la vie; mais l'homme doit toujours faire usage de sa raison, pour y accommoder ses besoins relativement au bien général, quand il n'est pas seul, ou relativement à lui ou à l'ordre en lui-même, s'il se trouvoit isolé.

I.
Ne point se conduire au hasard.

Il a ces deux points à observer, qui sont toute sa boussole; car penser qu'il pût encore vouloir *vivre à sa fantaisie*, ce ne seroit pas le reconnoître pour ce qu'il est, pour créature capable de sentir le bien & de l'aimer. Les bêtes mêmes ne vont pas de la sorte, puisqu'en les regardant comme de pures machines, nous devons conclure que tous leurs mouvemens sont exécutés en vertu d'une cause supérieure, qui n'est pas autre que *Dieu*. Et nous, qui avons, outre cet instinct, la perception & le sentiment de la vertu, & les lumieres pour comparer les rapports & démêler les illusions des sens, nous sommes astreints à conformer notre conduite sur ces idées d'ordre, de bienséance, de régularité qui nous pénetrent quand nous sommes de sang-froid & sans passion. Toutes nos démarches doivent être mesurées là-dessus, & notre bien-être toujours combiné par celui de la société la plus prochaine dont nous sommes membres. Un pere, dans sa famille, ne peut pas vouloir être plus heureux que ses enfans, sa femme, &c.; un particulier, dans sa ville, être plus accrédité, plus riche, plus puissant que ses concitoyens, &c. Les fantaisies des hommes ne sont que des apparences de bonheur; & une

II.
Ne point vivre à sa fantaisie.

Regle.
Notre bien particulier doit toujours être combiné par celui de la société la plus prochaine de nous faisons partie.

lueur fauſſe de convenance qui n'a point de réalité ; elles viennent des accidens fortuits, des rencontres inopinées, d'une vue vague & d'une imagination qu'on n'a jamais ſu régler. Ce n'eſt pas ainſi que marche la raiſon & la vérité, puiſque tout eſt fait dans la nature pour bonne cauſe ; & qu'il n'y a rien dans l'homme ſur-tout, qui ne déſigne le plus excellent ouvrier, la plus parfaite intelligence, la plus ſage ordonnance, & l'exécution la mieux remplie : telle eſt la trace que nous devons ſuivre, pour imiter celui, dont nous ne ſommes jamais plus dignes d'être dits *porter la reſſemblance*, que quand nous agiſſons par raiſon & par amour de l'ordre.

Chemin qui nous eſt tracé dans toute la nature, & ſurnousmêmes.

III. Ne point entaſſer des biens qui n'ont, au fond, qu'une ſourceillégitime.

Or, nous y manquons encore, quand nous violons les autres devoirs *négatifs :* par exemple, de *ne point entaſſer des biens qui n'ont, au fond, qu'une ſource illégitime :* non pas, que tous les biens, quels qu'ils ſoient, n'aient une ſource bonne & pure, qui eſt Dieu même ; mais on le dit, par rapport à l'homme, qui les entaſſe & ſe les attire par toutes les voies poſſibles. Parmi cent mille manieres d'en acquérir, il y en a *d'injuſtes*, comme chacun ſait ; mais le caractere propre *d'illégitimité*, en ce genre, ſe doit remarquer en ce qu'ils ne viennent à nous qu'en léſant les autres, ſoit qu'ils ſoient immédiatement le fruit de notre induſtrie ou qu'ils nous ſoient donnés, comme récompenſe, ou pour aſſortir, dit-on, des places, des charges, &c. Il ne ſe peut, en effet, que ce qui nuira au prochain directement ou indirectement, puiſſe être réputé *bon ;* & l'on lui nuit très-certainement, ſi l'on fait agir d'autres hommes ſans beſoin, & qu'on profite de leurs néceſſités, comme cela s'en enſuit, pour avoir ce ſurcroît de biens : ou

Caractere de cette illégitimité.

fi, pour raison de ces mêmes places ou tel autre motif, l'on nous donne des revenus & des pensions excessives. Ce ne sont pas seulement les fraudes cachées, les opérations fausses, au fond, & vraies uniquement dans la forme, ces finesses sourdes & imperceptibles, dont les honnêtes gens sont la dupe, qui constituent la lésion & l'injustice de la source; elle est primitivement & essentiellement dans la constitution même : celle-là est le vice propre des particuliers; dans celle - ci, le particulier en use sans croire mal faire, & néanmoins elle est foncièrement plus mauvaise, parce que c'est d'elle que s'engendrent, petit-à-petit, tous ces maux, & que l'homme est fait de maniere, en tant qu'*animal*, & animal *raisonnable*, qu'il tend aux actions préjudiciables à la société, quand elle n'est pas montée, comme il conviendroit au bonheur de tous. Il ne se soutient même dans cet état d'irrégularité politique, que par toutes les petites injustices qu'il pratique, & qui sont, pour lui, la source illégitime dont il se prévaut, contre ceux qui se trouvent si bien favorisés dans ce systême.

Ce qui donne lieu à cette derniere illégitimité, c'est, comme on doit s'en appercevoir, la violation de l'autre devoir *négatif* qui porte, de *ne point entasser des biens, qui n'ont point de proportion avec les besoins effectifs* : précepte éminent, & qui est comme la pierre fondamentale de tout l'édifice, dont j'ai déja parlé & qu'on ne sauroit trop inculquer dans tous les esprits & exposer dans le plus grand jour. Les besoins effectifs ne sont pas tous de la même nature : chacun en a selon son état de santé ou de maladie, selon l'âge & le tempérament, selon le goût & les dispositions naturelles

Il y en a de deux sortes; mais celle dont je parle, encore plus mauvaise, puisque l'autre en provient

IV.
Ne point entasser des biens qui n'ont point de proportion avec les besoins effectifs. Des besoins effectifs & maniere naturelle dont on doit se

comporter
à leur é-
gard.

ou accidentelles; mais il n'en est qu'une quantité déterminée en chaque espece, qui se réduit au boire, au manger, à se loger, à se vêtir, &c. en un mot, aux premieres nécessités de la vie. Dans cette quantité déterminée de besoins effectifs, chacun prend, parmi les biens qui y répondent, ceux qui lui sont nécessaires; & cependant il a eu soin d'en amasser, des uns & des autres, ce qu'il lui en falloit pour faire ce choix au besoin : d'autant plus, que n'étant pas seul ordinairement, il a pu compter que dans sa famille ce qui ne seroit point bon pour l'un, un autre s'en accommoderoit; étant certain que sur ces mêmes nécessités de la vie, il y a des choses qui ne conviennent pas à tout le monde. D'ailleurs, comme il peut passer lui-même en plusieurs états différens, selon qu'il est sain ou malade, &c. il est raisonnable que sa prévoyance s'étende encore aux choses, dont actuellement il peut se passer, & qui peuvent lui servir en un autre temps.

La proprié-
té des biens
roule entre
les miseres
humaines,
qui sont
nos besoins
& les res-
sources na-
turelles
que nous
avons de
les satis-
faire.

Ainsi, la propriété, pour lui, ne va qu'aux biens, strictement ainsi nommés, dont l'office est de soulager les miseres humaines. Nous appelons les besoins naturels, des *miseres*, parce que nous venons au monde avec ces témoins incontestables de notre foiblesse; mais bientôt, l'industrie de nos parens & la nôtre propre, quand nous sommes en état d'agir, aidée des tréfors de la nature qui se plaît à les déployer pour nous, apportent une compensation à notre condition, & nous donnent le moyen de satisfaire à ces mêmes besoins, tout autant de fois qu'ils reparoissent.

Bornes

Tel est l'équilibre où nous devons nous tenir;

telle eft la regle étroite qui nous eft prefcrite par l'Auteur de notre être. Chaque befoin de la nature peut être fatisfait par un grand nombre de chofes qui lui font propres : on auroit de quoi varier à l'infini ces agens fecourables de notre exiftence ; mais la capacité de notre induftrie eft bornée. Comme c'eft une regle abfolue, felon nous, que ce que nous poffédons foit le fruit de notre propre travail & non de celui d'un autre, il eft clair qu'il faut fe décider pour ce qu'il y a de plus direct en chaque néceffité & de plus analogue à fa nature. On peche ordinairement & par la grande abondance, & par le peu de choix dans l'ufage qu'on en fait. C'eft comme fi un fouverain, qui a une marine à entretenir, avoit trois fois plus d'officiers de mer qu'il n'eft néceffaire & les employoit encore fort mal. L'habileté eft de n'en avoir que le nombre fuffifant, & de favoir les mettre à leur place.

Cela obfervé, la proportion de nos biens, avec les befoins effectifs, feroit gardée. La proportion naît du rapport des quantités comme des qualités, entre les uns & les autres. Avant de faire un amas d'eau, fi l'on manque d'une fource ou qu'elle foit éloignée, l'on compte les confommateurs, l'on calcule la diftance, l'on a égard aux fêtes & aux ceffations de travail, enfin, à toutes les circonftances qui donnent lieu à plus ou moins d'étendue aux provifions qu'on doit en faire. Et affurément la raifon dit & la nature porte à ce qu'on ne penfe pas d'abord à d'autre boiffon. Ainfi, pour le manger, combien de fortes d'alimens font propres à cet effet ? Plufieurs Naturaliftes modernes tirent de l'obfervation fur la ftructure & la

précifes de la propriété

Deux points en quoi l'on peche ordinairement en elle.

De la proportion des biens avec les befoins effectifs. En quoi elle confifte ?

La multitude des moyens ne donne pas droit d'ufer de tous indiftinctement & à la fois.

conformation de notre eftomac une raifon pour nous autorifer à manger de tout, & à nous nourrir même de la chair des animaux (1). Cela fera, je le veux croire; mais cet avantage pour nous n'eft que conditionnel, c'eft-à-dire, que nous devons le réferver pour les cas extrêmes, & en en ufant même très-fobrement dans ces cas-là. L'homme eft ainfi, plus affuré que toutes les autres créatures vivantes, de trouver fa fubfiftance : c'eft un privilege que le Créateur lui accorde, comme pour défigner apparemment la fupériorité de fa condition, & faire connoître qu'il importe davantage qu'il vive. Nous aurions à nous féliciter auffi de toutes les autres reffources que nous trouvons dans le développement & l'exercice de nos facultés, foit corporelles, foit morales : rien n'égale, parmi les animaux, ce dont les hommes font capables; mais il ne s'enfuit pas delà que nous ayons le droit de mettre toutes ces reffources en œuvre, à temps & à contre-temps, & tout à la fois, s'il étoit poffible; ni d'ufer de toutes indiftinctement, pour n'avoir qu'un réfultat toujours à-peu-près le même, qui eft la confervation de l'individu, avec mille apprêts & mille mouvemens inutiles, quant à cette fin : que dis-je? qui lui font fouvent contraires; fans parler du mal infini que cela caufe aux mœurs, comme nous aurons occafion de le dire.

Comment il l'a faut regarder, par rapport à nous ?

---

(1) J. J. Rouffeau, *Difcours fur l'origine & les fondemens de l'inégalité des Conditions*, &c. aux notes, note 6, p. 203 de l'édition *in*-8?. Amfterd. 1755, dit : « Il me fuffit d'avoir » montré dans cette partie le fyftême le plus général de la » nature, fyftême qui fournit une nouvelle raifon de tirer » l'homme de la claffe des animaux *carnaciers* & de le ranger » parmi les efpeces *frugivores* ». Voyez fes Obfervations audit endroit.

C'eft

C'eſt encore un devoir *négatif* que *de ne point
ſe ſervir de ces biens d'une maniere qui ne s'accorde
pas avec leur deſtination.* L'on n'a que trop bien
ſu d'abord, ſi on peut le dire, appliquer à leur
uſage les choſes qui pouvoient calmer nos néceſſités : le vin ne fut employé, dans le principe,
que comme un remede, un échaufant capable de
ranimer dans la foibleſſe, & de donner du ton
aux fibres de l'eſtomac : l'uſage en fut modéré,
& il fit d'autant plus ſon effet qu'on fut fidele
à ne le pas prodiguer. Les épiceries, & les ſels
ont une deſtination utile : ils piquent le goût
quelquefois afadi par des alimens inſipides, & re-
donnent de l'appétit. L'on ſe logeoit, l'on ſe meu-
bloit, l'on s'habilloit par néceſſité, & l'on y cherchoit ſimplement la commodité & le beſoin. L'on
imagina ſans doute le moyen de ſe faire porter,
quand on étoit infirme, ou que la célérité avec
laquelle on devoit ſe rendre quelque part, ne
permettoit pas de marcher : l'uſage du cheval &
des autres bêtes de ſomme, ainſi que des voi-
tures, fut pour cela très-bien trouvé. Il fallut
auſſi ſe faire ſervir dans la vieilleſſe, ou quand
on fut malade ou eſtropié : l'emploi des mer-
cenaires & des domeſtiques étoit en ce cas-là raiſonnable. L'or, l'argent, les pierreries, le marbre, &c. ont une beauté réelle, tirée de leurs
qualités ſpécifiques & que les autres corps n'ont
pas : il eſt beau de les ſavoir employer pour la
majeſté des temples, & les palais des Rois; l'architecture & tous les arts doivent déployer là
toutes leurs richeſſes. L'invention des armes, celle
même de la poudre à canon, tous les inſtrumens,
qui ont une pointe ou un tranchant, ſont très-

recommandables pour le service dont ils peuvent être; on peut en user très-utilement dans la société. Ces utilités & une infinité d'autres honorent l'esprit humain & forment tout autant de *biens*, quand on les met à leur place; mais le genre humain, avec tant de belles découvertes, avec le précieux avantage de savoir trouver dans la nature, & accommoder à ses besoins, les choses qui lui sont nécessaires, passe les bornes de la destination & de la jouissance; & par gourmandise, par sensualité, par ostentation, par paresse, par colere ou par vengeance, & par toutes les autres passions, auxquelles il se laisse aller, & auxquelles aussi l'abus de ces choses-là même conduit, il ne met plus de regle dans l'usage des biens dont j'ai parlé: non-seulement il prend trop de tout, mais il le détourne du véritable objet; & des choses véritablement estimables qui feroient la gloire & le bonheur du monde, en font la honte & le supplice.

Leurs abus

Comment nous faisons si bien que les biens proprement dits ne s'accordent plus avec leur destination?

N'est-il pas honteux, par exemple, qu'on boive *du vin* sans nécessité & jusqu'à en perdre la raison? qu'on charge les mets d'assaisonnemens, & qu'on ne se contente pas même des productions qu'on trouveroit chez soi à cet effet? qu'on ne connoisse pas de modération dans les bâtimens, les ameublemens & les habits? & que l'or, le marbre, les ornemens les plus précieux éclatent tout autant dans les maisons des particuliers, que dans celles des Rois, & plus encore que dans les lieux publics consacrés au culte divin? Qu'on ait des armes *offensives*, car on en fait de telles? qu'on réserve principalement à la destruction de l'espece humaine, cette composition mêlée de salpêtre, dont l'effet est si prodigieux, & qui ne devroit être mise qu'à des emplois paisibles ? enfin, qu'on tourne, aussi par fois, contre ses semblables, des instrumens qui ne sont faits que pour aider dans le service ordinaire ? & de quels autres excès n'aurions-nous pas à parler, si nous voulions tout dire ? non contens de l'utilité propre de tant d'inventions raisonnables, nous avons cherché à en étendre l'usage ; mais il est, entre la destination naturelle & celle qu'il nous plaît d'y mettre, une opposition qui blesse évidemment la raison, l'ordre & la justice. C'est ainsi que répugneroit aux bonnes mœurs & à toute perfection, dont nous pouvons avoir l'idée, l'abus de faire servir à d'autres usages, les diverses parties de nous-mêmes, qui nous ont été données pour tel & tel emploi : & que cette comparaison aide merveilleusement à rendre sensible ce que je dis, de l'exacte & juste application, qui a été déja décrétée par l'Auteur de notre être, entre les biens véritables & les besoins effectifs.

Enfin, pour dernier devoir *négatif*, j'ai dit qu'*on ne doit pas même user de ces biens, quoique suivant leur destination, quand la nécessité ne s'y trouve pas.* Ainsi surcharger de richesses & d'embellissemens les temples même de la Divinité, encore qu'on ne les vît que là, & pour parvenir à un excès en apparence si légitime, être obligé de détériorer son état, & s'exposer à manquer du nécessaire : accorder trop, par la même raison, à l'éclat & à la majesté du trône, quand d'ailleurs les sujets se tiendroient dans l'exacte simplicité où ils doivent être : présenter de toutes sortes de vins à quel-

VI. Dernier Devoir négatif : *Ne pas même user de ces biens, quoique suivant leur destination, quand la nécessité n'y est pas.*

M ij

qu'un qui eſt tombé en défaillance, ou de tous
les mets à celui qui eſt affamé : manger des alimens fort propres à la nourriture, mais ſans appétit
ou pour le ſeul plaiſir de manger : pour relever
le goût, & aſſaiſonner les viandes déja ſavou-
reuſes , employer les ſtimulans les plus actifs :
dans une ſituation même où l'on eſt malade,
prendre des remedes, comme par habitude, tout
dégoûtans qu'ils puiſſent être : accorder à ſon individu d'être porté par des hommes, ou aller en
voiture, quand il conviendroit de marcher : en
tout cela & cent autres choſes pareilles, c'eſt ſortir de la néceſſité, c'eſt ſe permettre des jouiſſances que le beſoin abſolu ne demande pas; &
tout en uſant de ces biens comme ils doivent
être, en ne leur donnant pas d'autre façon que
celle qui leur eſt propre, on renverſe l'inſtitution,
on trouble l'ordre, qui eſt de ne les employer
qu'à propos, & que quand l'effet qu'ils doivent
produire eſt préciſément ce qui nous doit faire
ſubſiſter & entretenir dans notre état naturel.

.Cette Re-
gle s'étend
a tout.
L'obſervation de cette regle s'étend à tout : elle fait ce
qu'on appele un homme ſage & judicieux, un homme
prudent & ferme, maître de ſes paſſions, & qui voit
clair dans toutes les conjonctures où il ſe trouve : elle
préſente l'idée d'un pilote, d'un conducteur, qui
tient les rênes en main, & qui n'uſe des facultés qui lui ſont données que pour le bien
commun & dans les temps ſimplement où il le
faut. Les biens les plus réels, par-là, ne ſau-
roient ni incommoder, ni perdre de leur prix :
ils ſont tout ce qu'ils peuvent être; & le genre
humain, en jouiſſant du grand ſpectacle de l'univers, en peut retirer les doux fruits, comme ceux

de la société civile, sans crainte & sans dégoût. Le bonheur, en un mot, sur la terre, & la perfection dont nous sommes capables, au moyen d'une telle conduite, se montreront évidemment aux mortels, & nous édifieront autant qu'ils combleront notre ame de consolation & de paix.

CHAPITRE VII.

Récapitulation abrégée de tout ce que nous avons établi dans cette Seconde Partie ; & de ce que nous en avons montré comme une suite.

L'on rappele ici pourquoi & comment, à propos du *Droit des Gens*, l'on a parlé de l'*Etat civil.*

NOTRE deffein, dans cette Deuxieme Partie, a été de montrer comment le *Droit des Gens* devoit être, pour être bien & conforme aux vues de la nature : nous avons même dit qu'il n'étoit pas différent, au fond, du *Droit naturel ;* & nous avons prétendu qu'il ne s'étoit tant gâté & défiguré, parmi les Nations, que parce que l'*Etat civil*, dont il fuivoit la marche & les impreſſions, ne tenoit preſque plus en rien au Droit naturel, & l'avoit au contraire violé dans toutes ſes maximes.

Diverſes & principales branches de notre Etat civil, qu'on a parcourues & trouvées infectées d'écarts ſans nombre, &c.

Pour cela j'ai parcouru les diverſes & principales branches de cet *Etat civil*, dont j'ai trouvé les écarts ſans nombre & tous plus exceſſifs les uns que les autres. J'y ai prouvé qu'on ne peut accorder à qui que ce ſoit de notre eſpece, le *Droit de vie & de mort*, comme on n'a point non plus ce *Droit* ſur ſoi-même : qu'on ne l'a pas mieux ſur ſa femme & ſur ſes enfans : tandis que d'autre part, l'on a fort mal-à-propos affoibli l'autorité des peres & des maris, & indiſcrétement donné à l'autorité royale une autre reſſemblance que celle du pere envers ſes enfans. J'ai

repréfenté notre oubli de l'humanité, notre injuftice, dans *l'efclavage*, dans le *Droit de conquête*,
dans la maniere de traiter nos domeftiques; &
entrant encore plus avant dans le fein de nos
fociétés civiles, j'ai découvert les abus énormes &
les illufions frappantes touchant la *polygamie*, le
divorce, le *prêt à intérêt*. Je me fuis étendu fur
les *peines*, & ai mis au jour leur dureté & leur
injuftice, en même-temps que le défaut de titre
pour *faire grace*, une fois que le droit de punir
eft établi. Enfin, j'ai parlé de la *propriété*, je
l'ai difcutée dans tous fes objets & dans fes
Droits, & l'ai trouvée tout auffi déraifonnable, &
encore plus que tout le refte : c'eft d'elle que
découlent tous nos défordres; eft-il étonnant que
nous nous foyions tant égarés?

Toutes ces recherches m'ont donné lieu à amener les vrais principes du *Droit naturel*, puifque
c'eft là-deffus uniquement que j'ai pu fonder mes
jugemens & mes conclufions contre notre *Etat
Civil*. L'on a été en état, moyennant cela, de
comparer fans ceffe le langage de l'un & de l'autre,
& de remarquer lequel des deux étoit, non-feulement plus digne de la Loi Naturelle & de la
raifon, mais plus propre à procurer le bonheur
de l'humanité entiere.

Ce que ces recherches ont donné lieu de fai-re.

En tenant ce point, nous fommes fûrs d'une
premiere vérité, favoir, que la maniere dont les
Etats civils en général font arrangés intrinfeque-
ment & en eux-mêmes, eft très-mauvaife, &
ne peut fubfifter qu'en perpétuant les fâcheufes
pofitions de la plupart des hommes, & les vices
qui infectent la fociété; & la feconde vérité dont

Deux vé-rités dont on s'eftaf1uré.

nous nous fommes affurés, c'eft que le *Droit des Gens* eft mal monté auffi : étant conféquent qu'on ne traite pas mieux des hommes, avec qui l'on ne forme point corps de Nation, que ceux qui font nos concitoyens & nos compatriotes.

Influence de l'Etat civil fur le Droit des Gens, par rapport à la conduite. C'eft ainfi qu'après s'être mal arrangés, ou s'être trouvés fortuitement ou forcément, dans un tel défordre, quoiqu'en apparence tout foit paifible, l'on a porté les mêmes injuftices hors de fa Nation, & l'on n'a pas craint d'affervir les autres, d'exiger d'elles des fatisfactions, des redevances, des contributions, des conditions oné-reufes; de les attaquer par les injures ou la force des armes, de manquer à la foi donnée & à fes fermens, d'ufer de fineffe & de fupercherie, même de fraude ouverte, & d'employer toutes les voies iniques, pourvu qu'elles aient une ap-parence d'utilité, feul & grand mobile, felon les Ecrivains Politiques modernes, comme felon les anciens.

Même rai-fon de cor-riger le Droit des Gens, par celle de ré-former l'Etat ci-vil. ·Mais tout de même qu'on a vu par le détail de nos imperfections dans l'*Etat civil*, en les comparant à ce que nous prêche la nature, la maniere dont il devroit être à cet égard : pareil-lement nous pouvons reconnoître, aux corrections immenfes dont il a befoin, celle dont ne peut fe paffer le *Droit des Gens*, avec qui l'autre a une affinité fi grande & fi particuliere.

Il faut partir d'un feul point: *Le Droit naturel, &* L'on ne peut nier que plus l'*Etat civil* fera rapproché de celui de la nature, & plus une Nation fera, par rapport à l'autre, ce que font entr'eux les particuliers en chacune d'elles. Il faut tous partir de ce point unique, le *Droit naturel*; nous ne pouvons l'anéantir ni le combattre par nos usages; c'est un pouvoir qui nous est aussi peu donné que celui de nous détruire. Il faut qu'il brille & qu'il éclate dans tous les réglemens civils qu'on peut faire, & que le Citoyen ne sente point le joug de la Loi; tout doit aller par l'égalité, & se soutenir par l'intérêt commun : se souvenir que nos droits respectifs sont en petit nombre, & nos obligations mutuelles très-multipliées : qu'on s'associe bien pour soi, mais qu'on ne peut éviter de reconnoître que l'on s'est tous en même - temps promis, les uns aux autres, les plus grands secours, les plus grands soulagemens, les meilleures dispositions de cœur & d'ame, & la plus parfaite amitié : c'est l'idée la plus naturelle de toute association politique; on ne veut jamais former un Corps, quel qu'il soit, que tous les membres ne soient censés disposés à s'entendre & à se servir réciproquement, puisque sans cela, le Corps ne peut subsister, & qu'il faudra qu'on se sépare; ou bien il sera dans un état perpétuel de souffrance & de tendance à la division, qui éclatera, à coup sûr, au premier moment possible.

plus l'Etat civil y sera rendu conforme, & plus le Droit des Gens sera un droit civil pour les Nations

Le seul moyen de raffermir le nœud politique, c'est l'adoption du pur *Droit naturel*, & la pratique des enseignemens que j'en ai rapportés, comme me paroissant être sa plus fidelle expression & sa véritable image.

Seul moyen à l'un & à l'autre de parvenir à cette fin.

Le seul moyen de donner de l'amitié aux Nations, les unes pour les autres, de leur inspirer le désinteressement, la concorde, l'amour des services, c'est de redresser l'*Etat civil & politique*, c'est de le réduire à ses justes bornes & à ses vrais caracteres, c'est de faire enfin qu'il porte tellement l'empreinte du *Droit naturel*, qu'on y reconnoisse toutes ses livrées.

Sur quels points le Droit des Gens, se trouvera tout d'un coup réformé, & rendu tel qu'il doit être.

Le *Droit des Gens* sera tel qu'il doit être : du même coup dont on abattra les vices de la constitution, & par une suite nécessaire, ceux des mœurs; l'on emportera les désordres qui ont jusqu'aujourd'hui divisé les Peuples, & contre lesquels la plus solide alliance & les plus solemnels traités de paix ne peuvent tenir. Si l'on se contente du simple *nécessaire* & qu'on ne se permette tout au plus, en sus, qu'un honnête *agréable*, faisant corps essentiel avec l'*utile* (1) ; si l'on n'exige des services étrangers qu'autant que les nôtres propres nous manquent ou ne nous suffisent pas, & qu'on se persuade que nous ne pouvons rien acquérir tout premierement que par nos bras & nos facultés personnelles; si l'on se désabuse de l'erreur de croire que l'élévation & les dignités doivent nous faire posséder plus de bien, ou nous faire jouir de plus de revenus que les autres Citoyens, tandis qu'au fond, l'on n'en sauroit consommer davantage; si l'on se borne à une seule femme dans le mariage, & aux seuls cas du divorce permis, quand ces malheurs arrivent; si l'on regarde l'usage du prêt à intérêt comme une vexation & un tort insigne à la bienfaisance & au commerce mutuel des services; si l'on se frappe de cette idée, qu'on ne peut aspirer aux

.(1) Voyez ci-devant, N°. IV, Chapitre II, vers la sixieme page du commencement, dans ce Tome III.

honneurs & aux charges, & les posséder que
pour le bien commun & général ; qu'on ne doit
défendre ses possessions que par la voie de la
justice réglée, & jamais ne prétendre à avoir
action sur la personne du débiteur, les personnes
ne pouvant être contraintes en leur corps, & servir, pour ainsi dire, de gage qu'autant qu'il s'agit
de la cause publique & du salut ou de la tranquillité de toute la Nation ; enfin, si l'on sait qu'on
peut bien, hors des cas extrêmes, travailler pour
soi, mais qu'on ne le peut en nuisant à ses freres
& à ses concitoyens : il s'ensuivra qu'on ne sera
point jaloux de la propriété d'une Nation, parce
que cette propriété, elle-même, ne sera fondée
que sur la justice ; qu'on ne prendra point de
part à une division intestine d'un autre État, que
pour le mettre en paix avec lui-même & pour
son bonheur, puisqu'on saura bien qu'on n'a rien
à voir à un Gouvernement étranger, ni rien à
prétendre sur ce qui ne nous appartient pas ; l'on
observera fidélement la Loi de ne se point faire
justice soi-même, ni de porter la guerre à une
Nation quand on se croira offensé ou lésé par
elle, sans signe de satisfaction ou de réparation
de sa part, parce que l'on sentira en sa conscience, & que l'on verra, par les lumieres de
la raison, que là où la pressante nécessité de se
défendre n'existe point, il nous est enjoint, &
il est de notre intérêt, à tous tant que nous
sommes, de commettre la cause à des arbitres
& d'attendre leur décision ; l'on connoîtra le prix
des hommes, que les fautes sont personnelles,
qu'on peut aussi peu s'en prendre à un étranger,
quand quelqu'autre de sa Nation nous aura man-

qué, que vouloir chez nous tirer vengeance
sur le fils, des offenses du pere ; sur le frere,
de celles de son frere, &c. ; nous respecterons
les Ambassadeurs & les Envoyés, puisque nous
sentirons que rien n'est plus contraire à la
concorde publique, que de mal accueillir ou de
maltraiter ceux par qui l'on fait les avances nécessaires : comme si, pour nous-mêmes & dans
nos affaires particulieres, nous repoussions ou
nous insultions ceux qui nous seroient envoyés
pour nous faire des propositions, ou qui seroient
chargés de pouvoirs pour terminer tout, & tout
régler. Nous laisserons les mers libres & les rivieres navigables comme elles se trouvent ; les
grands chemins ouverts, & l'usage de toutes les
choses naturelles & indispensables permis, sans
dessein de nous nuire, puisque nous voudrions
bien que, dans les occasions qui nous regarde-
roient personnellement, l'on ne nous fît jamais de difficulté sur ces points, comme en effet, l'on n'en
auroit pas le droit, par le nouvel établissement
& la réforme. Par la même raison qu'on auroit
horreur de mettre à la torture & de faire mourir des criminels, dans nos Etats civils (outre
qu'on ne le pourroit suivant les nouvelles Loix),
l'on se sentiroit un éloignement & un rebus pour
faire périr des Prisonniers de Guerre qui nous
auroient attaqués les premiers & injustement ; &
méprisant, ou ignorant le principe exécrable sur
lequel on a appuyé l'*esclavage*, nous nous gar-
derions bien de les charger de chaînes, & plus
encore de perpétuer leur servitude. Nous n'aurions
jamais l'esprit de conquête, nous, qui regarde-
rions comme un attentat & un très-grand crime,

d'aspirer à la souveraineté de l'Etat, ou de porter l'ambition du Monarque ou de ceux qui gouverneroient, à étendre leur empire. En un mot, nous serions d'autant plus humains, généreux, compatissans & portés d'amitié envers toutes les Nations de la terre, que ces sentimens & ces dispositions régneroient parmi nous, à l'égard l'un de l'autre; & qu'en même-temps que nous aurions retranché de nos usages tout ce qui peut nous rendre mauvais, cette pratique salutaire, devenue générale, nous feroit éprouver, de la part des autres Nations, les mêmes bons effets, & nous y offriroit des hommes entiérement semblables à nous, & aussi peu portés à nous nuire & à nous manquer, que nous le serions envers eux-mêmes.

Ce n'est pas que cette pratique fût d'abord répandue par toute la terre : les choses naturelles agissent véritablement, mais lentement, & les morales vont à peu près de même; mais quand on ne verroit pas si-tôt chez les autres Peuples des fruits de l'imitation & de l'exemple, quant à notre doctrine sur le *Droit naturel*, il faudroit toujours les espérer; & indépendamment des influences imperceptibles, mais très-sûres, qu'ont les actions humaines sur d'autres actions humaines, le bon traitement que les Nations recevront de nous en toute occasion, nous feroit aimer d'elles malgré leurs méchantes coutumes; & à la longue, la justice & l'humanité, dont nous leur donnerions l'exemple, leur inspireroient le goût de nos mœurs & de nos principes, qui auroient des fruits si doux & si propres à notre bonheur.

Succès certains quoique lents.

Cependant il me faut traiter expressément de la

poſſibilité de pratiquer ces mêmes principes : je m'en acquiterai dans la Troiſieme Partie ; & c'eſt ſur cela que j'ai encore beaucoup de choſes à dire, qui acheveront de montrer & notre fauſſe civiliſation, & la néceſſité & les ſeuls moyens de la rendre véritable.

Fin de la Seconde Partie.

TABLE DES Nᵒˢ. IV ET V,

SECTION DEUXIEME,

Finiſſant cette Seconde Partie.

Nᵒ. IV.

DE la Propriété dans ſes diverſes eſpeces & dans ſes différentes Branches.

L'on explique encore ce que la Loi de Moſe avoit de particulier & d'excluſif ſur divers Points de morale & de Réglement civil.　　Pages.

Fin de la Table des Chapitres de la Seconde Partie.

DE L'ÉTAT NATUREL DES PEUPLES;

OU

ESSAI sur les Points les plus importans de la Société Civile & de la Société Générale des Nations.

TROISIEME PARTIE;

Où l'on montre la Possibilité & les Moyens de réduire en Pratique la Théorie, qui est renfermée dans cet Ouvrage.

SECTION PREMIERE.

Considération sur la nature de l'Homme & sur celle des divers Gouvernemens Civils à cet égard ; particulierement du Monarchique. Réfutation des Objections.

CHAPITRE PREMIER.

Réflexions Générales sur ce qu'on objecte à l'égard de l'Egalité des Biens. Des Moyens naturels de pratiquer tout ce que nous avons dit de la Propriété des Biens. Des diverses sortes de Gouvernement Civil, sur cet Objet.

MAIS ne me repais-je pas d'une chimere, & ce que j'ai proposé est-il donc possible ? Est-il

La possibilité, dont

N ij

je parle, est - elle bien sûre ? poffible de réduire les hommes au néceffaire & à l'égalité ; en forte que l'un, relativement à l'autre, ne poffede pas plus, & qu'ils pratiquent dans l'Etat civil, l'importante & difficile regle que j'ai apportée ci-devant, de n'avoir jamais en propriété, qu'à proportion du nombre des têtes & des confommations *forcées* en chaque famille ?

Sentiment d'un Auteur moderne, qui la combat. « Un fentiment métaphyfique, *a dit un Auteur* (1) *moderne, que j'ai déja eu occafion de citer,* a fait croire qu'un de fes devoirs (*de la Juftice publique comme commutative*) étoit d'en (*des fortunes*) ordonner l'égalité. Ce fyftême étoit le plus commun des anciens Philofophes. (*Je ne fais pas s'il ne trouveroit pas encore des partifans*). Mais, *ajoute-t-il*, un Corps politique eft un Corps moral, & rien moins que métaphyfique ; c'eft à l'expérience à le conduire, & non à la fpéculation ».

Examen de ce fentiment. Il eft néceffaire, avant tout, d'examiner ce jugement & de voir tout ce fur quoi il porte, & s'il eft lui-même entiérement fondé. L'on fe prévient fouvent, faute de fe donner la peine d'approfondir les fujets, ou de difcuter les idées : l'on voit un côté qui eft véritable ; mais l'on n'apperçoit pas que, ce qui nous décide, ce font des points que l'on peut aifément retrancher, & que la réfolution prife, fe forme d'après des ufages, que l'on croit trop facilement tenir à la nature de l'homme & à celle des fociétés.

_____

(1) *Des Corps Politiques*, Tome II, p. 105.

Le sentiment de l'égalité est un sentiment méta-
physique : cela est vrai tout comme de la probité ,
de la justice , de la complaisance , & de toutes les
vertus morales , en elles-mêmes , dont l'idée est
dans l'entendement pur , avant d'être réduite en
acte. S'ensuivra-t-il que nous ne devions tous
être également honnêtes gens , également justes ,
généreux , complaisans , &c. ? Nous devons ,
tout de même , être *égaux* , pour l'état de vie
& les ressources : c'est-à-dire , que nous ne devons point déranger l'égalité de la nature , & que
nous devons la transporter , telle qu'elle est , dans
les Etats civils. Je sais bien que , de l'exiger là ,
en les laissant tels qu'ils sont , c'est vouloir allier
les contraires , & par conséquent , l'impossible ;
mais l'on n'en doit pas raisonner , selon nos arrangemens & nos institutions , qui , comme nous
avons vu souvent , sont si mauvaises ; car , ce
sont elles précisément qui font l'impossiblité prétendue.

L'égalité , au reste , dont il s'agit , n'est que
proportionnelle , & ne tombe que sur les biens
destinés à conserver les individus. L'on ne peut
pas le dire ainsi des vertus , dont l'idée indivi-
duelle ne comporte pas , au fond , d'extension
ou de diminution , & à l'égard desquelles , pourtant , les hommes ne sont pas tous dans un degré
égal de disposition , encore qu'on les aime , ces
vertus , & qu'on les estime par un sentiment naturel : & l'on s'en écarte , ou l'on s'en approche ,
plus ou moins , selon les intérêts personnels qui
nous agitent. Le grand point de la Politique doit
être de régler & de rendre tels , ces intérêts per-

Il en est
de l'égali-
té, comme
de *la pro-*
bité, de *la*
justice, &c.

Cette *éga-*
lité n'est
que pro-
portion-
nelle.

fonnels, qu'ils ne foient point en contradiction avec la Loi.

Elle ne gît que dans les moyens naturels, qui font égaux pour tous les hommes.

Être *égal* (1) parmi les hommes, n'eft donc pas différent d'être homme. Les moyens de s'entretenir en vie & en fanté font pour tous de la même nature. On peut confommer davantage, pour des befoins abfolus & plus grands ; mais ce n'eft pas être inégal que de manger plus qu'un autre, que d'avoir plus de force qu'un autre, d'avoir plus de famille, &c. Ou du moins, ce n'eft pas de cela dont il s'agit. Il s'agit des matieres propres à conferver l'individu, de l'amas des chofes que la nature & l'art nous préparent pour la fubfiftance & les autres utilités réelles ; en un mot, de tout ce qui eft néceffaire à chacun pour vivre tranquillement & agréablement, felon fes befoins. L'Etat civil doit dont lui procurer un tel avantage, qui eft l'*égalité* que je prétends ; car, tous les hommes feront égaux en ce point, d'abord qu'on les bornera aux befoins effectifs, & qu'ils auront, en chaque famille, les moyens naturels & propres de les remplir. C'eft pourquoi j'ai mis en avant, & ai développé tantôt les cinq propofitions que j'ai nommées *principales*, parce qu'elles y conduifent, & qu'elles font tout le fecret de mon fyftême.

Dans les chofes même de pratique, la théorie en eft inféparable.

Un Corps politique eft un Corps moral, & rien moins que métaphyfique. Cela n'eft pas douteux : c'eft-à-dire, que c'eft un Corps exiftant réelle-

(1) Voyez Chap. VI, Sect. VI, de la Premiere Partie.

ment, & non pas seulement dans la pensée. Mais
avant toute existence physique ou morale, les
idées des choses nous saisissent, ou doivent nous
saisir. On ne verroit rien, on ne connoîtroit rien,
si l'on ne faisoit que regarder en dehors ce qui
se passe à la maniere des bêtes. Notre intelligence
nous fait remonter au principe ; & nous serions
à jamais incapables de juger, si nous manquions
de l'objet primordial & intérieur, qui nous sert
de mesure.

Je sais bien que tous les projets de la spéculation ne sont pas, pour cela, praticables, &
qu'il en est souvent d'eux, comme en méchanique,
où une machine, qu'on voit aller très-bien en
petit, ne va plus de même en grand. Il ne suffit
pas de concevoir un plan, il faut attendre si les
diverses parties s'arrangent, & si elles iront ensemble, pour ne former qu'un tout complet, &
pour remplir le même but. Il est incontestable que
c'est à l'expérience à le décider; mais qu'on y prenne
garde, elle ne doit pas marcher seule; la spéculation la suit ou la precede ; & en quoi que ce
puisse être, l'on reconnoîtra que ce sont deux
sœurs inséparables. L'on a donc tort de dire af-
firmativement & exclusivement de la *spéculation*,
qu'elle n'a rien à voir à la conduite d'un Corps
politique, & que cette charge regarde uniquement
l'expérience.

D'ailleurs, l'expérience a-t-elle été bien faite,
bien avérée ? A-t-on monté la machine au point
de perfection où elle doit être ? L'a-t-on réduite
à sa simplicité ? Car; plus elle sera compliquée,
& plus il y aura d'embarras & de difficultés. A-t-on
consulté les droits absolus & les obligations res-

*Et l'ex-
périence,
au sujet de
la conduite
des Etats,
a-t-elle été
aussi bien
faite ?*

pectives ? A-t-on bien, en un mot, étudié la nature ? *Un Corps politique est un Corps moral; il n'est pas métaphysique !* mais il est composé d'une multitude de Corps physiques & existans, & qui n'ont pas plus, au fond, de capacité & de prétention l'un que l'autre. S'ils s'associent, ce n'est pas pour être dans une telle inégalité, que l'un ait de trop, & l'autre de moins, & que l'excès, tant d'une part que d'autre, soit extrême.

L'on ne s'est pas uni, en Corps Politique pour tourner contre l'égalité même, les moyens qui sont faits pour la procurer.

Puisque c'est un Corps moral, composé de divers Corps physiques, mais actifs par eux-mêmes, & qui ont chacun, des besoins & des prétentions pour le maintien de leur état, en quoi ils sont déja égaux par nature; il s'ensuit que l'union, qu'ils ont contractée, n'est pas pour déranger cette égalité même, par les moyens que la nature leur offre de se la procurer; & que l'art & l'industrie peuvent, tout au plus, la perfectionner, & non pas la tirer de l'ordre que demande la nature.

L'association politique suppose l'égalité, sans laquelle il n'y a pas de nœud.

C'est précisément à cause de cette union sociale & politique, que l'égalité des fortunes est le plus requise. Ce point manqué, le but essentiel de pareille association tombe, elle ne peut pas se soutenir. Comment le pauvre, qui n'a rien à perdre, défendra-t-il la patrie attaquée au profit des riches ? Et quelle confiance mettre à un nœud de convention & à un pacte, où le foible & le malheureux restent ce qu'ils sont, pour le devenir encore davantage, & le fort & le puissant s'accroissent toujours plus par la misère des autres ?

Un intérêt si pressant, des raisons aussi déci-
sives pour l'égalité des fortunes seront-elles donc
à jamais livrées à des vœux impuissans, ou man-
queront-elles toujours de moyens humains capables, après l'avoir établie, de la maintenir ?

On prétend (1) que, « comme elle est impos-
» sible, en faire une regle, c'est établir le prin-
» cipe d'une discorde, qui n'a jamais manqué
» d'en être la suite ; . . . . *que*, lorsqu'on a voulu
» éviter un inconvénient, on s'est jeté dans des
» absurdités affreuses ; . . *que* tels moyens (2)
» qu'on proposa, ou qu'on mit en usage, n'au-
» roient pas même été suffisans ; *qu'il* falloit
» bannir l'industrie, les arts, le commerce, qui
» sont des voies d'acquérir inégales, selon les
» talens, (ce que fit Lycurgue) ; *qu'il* est sensible
» qu'en laissant les choses aller suivant leur cours
» ordinaire, l'égalité ne sauroit subsister long-
» temps, & par conséquent l'espece de Ré-
» publique dont elle est la base, est appuyée sur
» un mauvais fondement. *On cite que* les démo-
» craties, dont les loix ont établi l'égalité dans
» leur origine, & qui n'ont pas voulu, en
» même temps, ensouir les talens, ont bientôt
» vu le principe disparoître ; *qu'*elles ont cherché
» à y ramener les citoyens, & n'ont pu trou-
» ver de remede qui ne fût plus mauvais que

Bien étonnant qu'une chose si né-cessaire que l'éga-lité ; & si fondée en Droit na-turel, fût impossible.

Raisons qu'on don-ne pour soutenir ce sentiment.

Ibid.
P. 107.

Ibid.
P. 108.

Ibid.
P. 109.

---

(1) *Ibid. Des Corps Politiques*, Tom. II, page 106.
(2) La Loi qui, à *Lacédémone*, déféroit l'autorité héréditaire
à un des enfans. Etouffer, comme le vouloit *Platon*, les enfans
qui naissent au-delà du nombre marqué ; en expatrier l'excédent
quand ils étoient en âge d'en sortir.

On examinera ci-après ces objections Chap. IV.

» l'inftitution. . . . *Enfin, l'on dit que* les moyens
» mis en ufage à Rome, à Athenes & ailleurs,
» de faire un nouveau partage des terres, d'abo-
» lir les dettes, pour un quart, pour une moitié,
» quelquefois pour le tout, font violens & dan-
» gereux, contraires à l'efprit des peuples civi-
» lifés, renfermant une injuftice intolérable, &
» n'ont jamais été propofés à Rome, fans faire
» répandre des flots de fang, &c. ».

Les inconvéniens décident cet Auteur, mais c'eft qu'il laiffe fubfifter la caufe.

L'on fe trompe bien, au refte, en difant (1) que *ce n'eft que par la fédition & la fupériorité des forces que le Peuple peut parvenir à changer de fituation.* On verra ici les moyens naturels & poffibles de rendre les hommes meilleurs, & de leur faire goûter des changemens de fitua- tion qui le rendront au bonheur & à la fageffe. Les inconvéniens, qu'on allegue, prouvent pour la chofe : ils font précifément le fruit de la grande iné- galité, & par conféquent, une raifon de plus, pour qu'on empêche qu'elle ne s'établiffe ; ou, quand elle eft établie, qu'on y apporte les remedes convenables. Le point eft d'ôter la caufe du mal, ou de faire enforte qu'il ne s'introduife.

Premiere vue de la réforma- tion : *les deux fub-ftances*, dont l'homme eft compo- fé.

Mais, pour ôter cette caufe, il eft bien une telle autre route à prendre, que la violence ; on ne guérit pas les maux, en déchirant les corps malades. Les Corps politiques étant compofés, comme nous avons dit, d'êtres égaux par nature, ayant double fubftance, la *matérielle* & la *fpiri-*

(1) *Ibid. Des Corps Politiques*, pag. 109.

tuelle , qui doivent être entr'elles dans un parfait accord pour être bien : il est évident qu'il faut commencer par bien connoître les besoins de l'une & de l'autre , les droits de toutes deux , leur département ; & quand est-ce qu'elles doivent être , chacune, préférablement écoutées ou consultées , ou bien obéir respectivement , l'une à l'autre , selon les rencontres & les nécessités.

L'Auteur , que j'ai cité , après avoir comparé ridiculement un *Spartiate* , dans l'origine , à un ours , dont il ne différoit, dit-il, qu'autant qu'il vivoit en société avec ses semblables , fait pourtant cette réflexion sensée : « L'homme a-t-il » acquis un plus grand degré de bonheur, en » polissant un genre de vie aussi brut ? Il a » dédaigné l'usage simple & borné des facultés de » son ame , pour lui donner l'essor. Est-il plus » heureux, pour avoir donné un cours libre à son » imagination & à ses desirs ? Le seroit-il moins , » uniquement occupé de son existence & des » besoins auxquels la nature l'a livré, le sup- » posant d'ailleurs secouru par les loix ·d'une » bonne police ?. Je laisse , (*ajoute-t-il*), aux » Philosophes ce problême à décider ».

Ibid. Pag. 108. Réflexions de l'Auteur cité , sur ce que les *hommes ont donné tant d'essor aux facultés de leur ame,* & un si libre *cours à leur imagination* & à leurs *desirs.*

Il n'est donc pas sûr , cet Auteur , qu'on ait bien fait de se tirer de la simplicité de la nature; mais, du moins, connoît-il que l'inégalité dans les biens , & dans la plupart des choses qui mettent tant de différence entre les Citoyens d'un même état , est notre ouvrage ; qu'elle vient d'avoir voulu donner un essor inconsidéré aux facultés de notre ame , & laissé un libre cours à notre imagination & à nos desirs ; il entend

Il voit, du moins, la source de notre inégalité ; & cette vue devoit le désabuser.

qu'on auroit pu allier des loix d'une bonne police avec l'usage simple & borné de son existence, & l'unique occupation des besoins auxquels la nature nous a livrés.

En pensant de même là-dessus, nous concluons tout différemment.

C'est ce que je prétends ; mais il abandonne cette idée, parce qu'il ne la croit plus praticable; & moi, je la soutiens, parce que le mal ne me paroît pas sans remede. *Ces facultés de notre ame, ce cours libre de notre imagination & de nos desirs,* voilà sur quoi il faut frapper. Comment est-ce qu'il faut s'y prendre, pour réduire leur marche, & en modérer les transports?

Montesquieu a connu la véritable voie par où il falloit obtenir l'égalité : l'éducation. Esprit des Loix, Tome I, p. 59.

Le célebre *Montesquieu,* qui connoissoit certainement les voies de la nature, sans en pénétrer toujours l'intention, ou avoir dessein d'en établir l'empire, a cru appercevoir d'où les trois différens genres de Gouvernemens civils devoient partir, pour avoir leurs prétendus principes constitutifs, & en maintenir la durée. « Les loix » de l'éducation, *dit-il,* sont les premieres que » nous recevons ; & comme elles nous préparent » à être citoyens, chaque famille particuliere » doit être gouvernée sur le plan de la grande » famille qui les comprend toutes ».

Ibid. P. 70. Ce qu'elle doit faire.

Il observe que « tout dépend d'établir, dans » la République, l'amour de la République, & » *que* c'est à l'inspirer que l'éducation doit être » attentive ; mais, pour que les enfans puissent » l'avoir, *dit-il,* il y a un moyen sûr, c'est » que les peres l'aient eux-mêmes ».

Ibid.

Il dit « *qu'on* est ordinairement le maître de

» donner à ſes enfans ſes connoiſſances , & qu'on
» l'eſt encore plus de leur donner ſes paſſions.

« *Que* ſi cela n'arrive pas, c'eſt que ce qui
» a été fait dans la maiſon paternelle, eſt détruit
» par les impreſſions de dehors ».

Ibid.

Il releve , avec beaucoup de diſcernement ,
» qu'aujourd'hui nous recevons trois éducations
» différentes ou contraires : celle de nos peres,
» celle de nos maîtres, celle du monde ; *que* ce
» qu'on nous dit dans la derniere, renverſe toutes
» les idées des premieres, & *que* cela vient,
» en quelque partie , du contraſte qu'il y a
» parmi nous entre les engagemens de la Re-
» ligion , & ceux du monde ; choſes que les
» anciens ne connoiſſoient pas ».

Ibid.
Comment
notre édu-
cation eſt
mauvaiſe.

Il nous faut remarquer que « la plupart des
» Peuples anciens vivoient dans des Gouverne-
» mens qui ont la vertu pour principe ; & *que*,
» lorſqu'elle y étoit dans ſa force , on y faiſoit
» des choſes que nous ne voyons plus aujourd'hui,
» & qui étonnent nos petites ames.

Ibid.
P. 68.
Comment
celle de la
plupart des
Peuples an-
ciens étoit
bonne.

« *Que* leur éducation avoit un autre avantage
» ſur le nôtre ; *qu*'elle n'étoit jamais démentie ;
» *qu*'Epaminondas , la derniere année de ſa vie,
» diſoit , écoutoit , voyoit , faiſoit les mêmes
» choſes que dans l'âge où il avoit commencé
» d'être inſtruit ».

Ibid.

Il dit encore que « c'eſt dans le Gouvernement
» Républicain que l'on a beſoin de toute la puiſ-
» ſance de l'éducation ; *que* la crainte des Gou-

Ibid.
P. 69.

Sa puissance surtout nécessaire dans le Gouvernement Républicain, à cause de son fondement; la vertu, selon Montesquieu.

Ibid.
Quelle est cette *vertu?*

Ibid.
P. 70, 84.
L'amour de la Patrie & la bonté des mœurs menent de l'une à l'autre.

Ibid.
P. 84.

» vernemens despotiques naît d'elle-même parmi
» les menaces & les châtîmens ; l'honneur des
» Monarchies est favorisé par les passions, & les
» favorise à son tour : mais que la vertu (1) est
» un renoncement à soi-même (2), qui est tou-
» jours une chose très-pénible.

« *Que* l'on peut définir cette vertu l'amour des
» Loix & de la Patrie ; & *que* cet amour,
» demandant une préférence continuelle de l'in-
» térêt public au sien propre, donne toutes les
» vertus particulieres ; *qu*'elles ne sont que cette
» préférence ».

« *Que* cet amour. . . . . conduit à la bonté
» des mœurs, & la bonté des mœurs mene à
» l'amour de la Patrie. Moins nous pouvons satis-
» faire nos passions particulieres, *dit-il*, plus nous
» nous livrons aux générales ».

Il nous apprend que « l'amour de la Répu-
» blique étant un sentiment, & non une suite
» de connoissances, le dernier homme de l'Etat
» peut avoir ce sentiment comme le premier.
» *Que* quand le Peuple a une fois de bonnes
» maximes, il s'y tient plus long-temps que ce
» qu'on appele les honnêtes gens; *qu*'il est rare
» que la corruption commence par lui ; & *que*

(1) Nous verrons plus bas ce qu'il faut penser de cette division des principes de chaque espece de Gouvernement ; & si le Gouvernement Monarchique ne porte pas autant sur la *vertu* que le Républicain.

(2) Nous verrons encore ce que c'est, au vrai, que ce *renoncement.*

» fouvent il a tiré de la médiocrité de fes lu-
» mieres, un attachement plus fort pour ce qui
» eft établi ».

Le judicieux *Montefquieu* continuant, obferve
que « l'amour de l'égalité & celui de la fru-
» galité font entiérement excités par l'égalité &
» la frugalité même, quand on vit dans une
» fociété où les Loix ont établi l'une & l'autre;
» *mais il regarde comme* un préalable néceffaire,
» qu'afin que l'on aime l'égalité & la frugalité
» dans une République, il faut que les Loix les
» y aient établies ».

Ibid. P. 87. L'amour de *l'égalité* & celui de la *frugalité* s'excitent auffi l'un l'autre.

Or, il a dit que « l'amour de la République,
» dans une Démocratie, eft celui de la Démo-
» cratie ; l'amour de la Démocratie, celui de
» l'égalité (1).

Ibid. 85.

« *Que* l'amour de la Démocratie eft encore
» l'amour de la frugalité. Chacun devant y avoir
» le même bonheur & les mêmes avantages, y
» doit goûter les mêmes plaifirs, & former les
» mêmes efpérances : chofe, *dit-il*, qu'on ne
» peut attendre que de la frugalité générale.

Ibid.

« *Que* l'amour de l'égalité borne l'ambition,
» au feul defir, au feul bonheur de rendre de
» plus grands fervices à fa Patrie, que les autres

P. 85. *Ibid.* 36. Fruit de l'égalité.

---

(1) Il eft ici queftion principalement de cette *égalité*, où fon-
cierement les Citoyens ne font pas plus l'un que l'autre, dans
quelque rang qu'ils foient placés ; mais il eft clair que cela fuppofe auffi celle des biens, fans laquelle l'autre ne fauroit fubfifter.

» Citoyens ; *que* les diftinctions y naiffent du
» principe de l'égalité ».

Fruit de la frugalité.

« *Que* l'amour de la frugalité borne le defir
» d'avoir à l'attention que demande le nécef-
» faire pour fa famille , & même le fuperflu
» pour fa Patrie. Les richeffes , *dit-il* , donnant
x une puiffance, dont un Citoyen ne peut pas
» ufer pour lui ; car il ne feroit pas égal ; &
» elles procurent des délices , dont il ne doit
» pas jouir non plus , parce qu'elles choque-
» roient l'égalité tout de même ».

Le fuper-flu de la frugalité ne peut être que pour la Patrie.

Il penfe que « comme la Réligion demande
» qu'on ait les mains pures, pour faire des of-
» frandes aux Dieux , les Loix civiles doivent
» vouloir des mœurs frugales , pour que l'on
» puiffe donner à fa Patrie. Pour lors , *dit-il* ,
» la magnificence & la profufion naiffent du fond
» de la frugalité même (1) ».
Enfin, que « le bon fens & le bonheur des
» particuliers confifte beaucoup dans la médio-
» crité de leurs talens & de leur fortune ».

Ce qu'il faut penfer du fyftême de Mon-tefquieu touchant les princi-pes confti-tutifs de chaque ef-pece de Gouverne-ment.

Je ne difcuterai point , dans toutes les formes,
fon fyftême de la divifion des principes propres
à chaque efpece de Gouvernement, & d'où il
tire cette étonnante conclufion, que *la vertu eft
exclufivement l'ame des Démocraties*. Il y a , dans
ces fortes de comparaifons , tant de rapports
à examiner , & tant de délicateffe à ces rapports;

-----

(1) C'eft pour cela , (dit-il, *Ibid.* p. 86), que les bonnes Démocraties, en établiffant la frugalité domeftique, ont ouvert la
porte aux dépenfes publiques, comme on fit.

ces

& les ouvrages ou les actions des hommes en
général, ont si peu de consistance assurée &
connue sur ces points, qu'il y a témérité, à
mon avis, de prétendre ne les devoir qu'aux
étroites & absolues bornes, qui séparent, selon
cet Auteur, les trois sortes de Gouvernement,
le *Républicain*, le *Monarchique* & le *Despotique*;
mais je compte d'en dire assez pour décréditer
son système, & pour montrer que le Gouvernement monarchique, dans lequel j'ai le bonheur
de vivre, peut avoir autant de vertu que le Républicain, & n'a pas même d'autre fondement
ou principe, sans quoi il n'est point dans son
véritable état, & a besoin de réformation.

D'abord, pour le Gouvernement *Despotique*,
il est clair qu'il ne vaut absolument rien; puisqu'il ne reconnoît d'autre regle que la volonté
du Souverain & sa conscience ou ses caprices.
Il est étrange qu'on ait osé décrire la maniere
dont il s'entretient, & fournir, pour ainsi dire,
des armes aux Despotes; car il est bien certain que
cela ne va pas au bonheur de leurs sujets, qui,
au contraire, en seront toujours plus malheureux,
ou en danger de l'être, tant que ces beaux enseignemens seront mis en pratique par leurs Souverains. C'est la crainte des sujets qui fait le principe & la base de leur Gouvernement: il faut
donc entretenir cette crainte par tout ce qui est
capable de la procurer; on voit les conséquences.
Toutefois un tel Souverain peut encore être un
bon pere, aimer son peuple, aimer sa Patrie,
observer la justice naturelle, avoir, en un mot,
de la vertu; & le Peuple peut, sous un tel
Despote, être heureux, quoique la constitution

*Le Gou-
vernement
Despoti-
que ne vaut
rien du
tout, quoi-
que le Des-
pote puisse
aimer son
Peuple & le
Peuple être
heureux
sous lui.*

ſoit mauvaiſe. La crainte pourra être leur par‑
tage ; mais l'amour pourra s'y aſſocier.

Mais l'eſ‑
prit de la
Monar‑
chie peut
être auſſi
l'amour de
la Républi‑
que.

Eſpr. des
Loix, To‑
me I, p. 70.

Quant aux deux autres eſpeces de Gouvernement,
je ne vois point que l'amour de la choſe publique
ne puiſſe être auſſi l'amour de la Monarchie ;
car, l'intérêt, comme le devoir du Monarque,
eſt d'aimer ſes Sujets, c'eſt‑à‑dire, d'aimer tout
ce qui fait le bien public, le bien général, la
cauſe commune, dans laquelle il eſt compris.
Quand on avouera que « le Gouvernement eſt
» comme toutes les choſes du monde, *que*, pour
» le conſerver, il faut l'aimer, & *qu'*on n'a ja‑
» mais ouï dire que les Rois n'aimaſſent pas la
» Monarchie, & *que* les Deſpotes haïſſent le
» Deſpotiſme », cela ne dit rien au déſavantage
des Monarchies ; car il eſt permis d'aimer à
propos une bonne choſe ; ou bien, c'eſt que cet
amour, tel qu'on l'entend, eſt un vice, qu'il
n'eſt tourné qu'à ſoi. Il n'eſt bien lui‑même &
à ſa place, que quand il porte ſur la généralité,
pour qui il eſt fait ; & que, ſemblable à celui d'un
pere, avec lequel il doit ſe confondre, pour
être juſte, il ne donne au Prince de ſatisfaction
perſonnelle, qu'autant & à proportion qu'elle
s'excite par le bonheur même de ſes Sujets.

Ce que
l'on repro‑
che aux
Monar‑
chies eſt
tiré de nos
vices, &
non de la
nature de
ce Gouver‑
nement.

Il eſt vrai encore, que, dans les Monarchies,
perſonne proprement n'aſpire à l'égalité, & que
cela ne vient pas même dans l'idée ; mais c'eſt un
effet de nos mœurs qui ne ſont point bonnes,
& non de la Monarchie en elle‑même. Car,
malgré ces impreſſions étrangeres, qu'on y prenne
garde, il eſt, dans ce Gouvernement, un autre
ſentiment, qui ne differe guere du premier &

en prend la place : c'eſt de deſirer que tout
homme qui commande ou ordonne pour le Prince,
ne le faſſe pas d'une maniere à nous faire trop
ſentir ſa ſupériorité. On n'obéit jamais plus volontiers que, quand l'ordre étant juſte, & la
façon de le donner raiſonnable, il ſemble que
nous ne faſſions avec lui, que déférer à la Loi,
& qu'à cet égard nous ſoyions ſes égaux. C'eſt
encore une propriété à ce Gouvernement qu'on
y aime l'élévation & le commandement ; mais,
animé par le bon eſprit, on n'eſt tel que pour
rendre de plus grands ſervices à l'Etat, & acquérir une gloire, qui relevera d'autant plus
la perſonne, qu'elle en aura dirigé tout le fruit
vers la cauſe publique. Si cela n'eſt pas de même,
& qu'on n'aime l'autorité que pour l'autorité ;
qu'on ne cherche à ſortir des conditions infé-
rieures, que pour primer dans les autres, &
s'avantager ; ſi l'on ne tâche à ſe relever par
des diſtinctions, que donnent les richeſſes ou la
faveur, que pour en recueillir ſeul le fruit : ce
défaut n'eſt pas de l'eſſence de la Monarchie ;
on le prend de nos vices & de nos imperfections, qui, une fois portées ou multipliées à
un certain point, infectent toute eſpece de Gouvernement : il n'y en a point qui tienne contre
les excès & les introductions mauvaiſes, regardant, ſoit les arts, ſoit les plaiſirs, ſoit les
mœurs directement. La nature de la *Démocratie*
peut y oppoſer plus long-temps, ſi l'on veut,
des digues ; mais, à la fin, tout ſuccombe.
L'honneur, tel qu'on l'a défini, n'eſt que le
ſinge de la vertu ; on ne l'aime pas pour elle-
même, on l'aime pour ſoi, l'on ſe contente de
la reſſemblance. On voit bien, par-là, que c'eſt

*L'honneur
bien en-
tendu eſt
l'amour de
ſon devoir,*

& l'amour de son devoir celui du bien public, ou de la regle, quelle qu'elle soit.

un principe mauvais ; mais le véritable *honneur* est l'amour de la vertu, l'amour de la Patrie, l'amour de son devoir : toutes choses, qui se correspondent les unes aux autres, & entre lesquelles il n'y a pas de milieu.

D'où tire ses bons ou mauvais effets, la souveraineté d'un seul ou de plusieurs ?

Comment le Despotisme est mauvais de sa nature.

La souveraineté d'un seul ou de plusieurs tire ses bons ou mauvais effets, premiérement, du régime sous lequel elle a d'abord été constituée, ou volontairement, ou par hasard ; & secondement, du caractere & des passions de celui ou de ceux qui gouvernent, ou des Ministres, & autres gens en place, les uns plus, les autres moins à portée d'y influe. Le Despotisme est mauvais, parce que la volonté du Prince fait toute la Loi, & que les Peuples n'ont jamais à requérir, en leur faveur, des Loix écrites, des Loix fondamentales, quand il arrive qu'il se trompe, ou qu'il outre-passe ses droits légitimes. Il n'est lié que par sa conscience & son véritable intérêt : & il est triste de dépendre ainsi d'une cause si incertaine, & de ne pouvoir mettre son repos, ses biens, sa vie, sous la protection de quelque chose de plus grand & de plus sûr, qui est le *Droit public.* Cette espece de Gouvernement répugne au sentiment naturel & à l'essence même des sociétés politiques, laquelle est de ne s'unir, & de ne donner, en s'unissant, le commandement à un seul ou à plusieurs, que moyennant certaines obligations réciproques. C'est pourquoi l'on auroit beau nous vanter la justice de tel ou tel Despote, il sera toujours vrai que la constitution ne vaut rien du tout, & qu'on ne peut la mettre au rang des Gouvernemens hu-

mains , fans faire injure aux autres : n'étant pas
moins fûr que , fi *de fait* il en exifte quelqu'un
de bon , *en droit* , cette forte de Gouvernement
ne fauroit légitimer fon exiftence ; & qu'il manque
de fondement & de principe honnête.

Mais, pour l'Etat Monarchique & le Républicain, qui font fondés fur des Loix écrites, fur
des Loix fondamentales , il eft affez difficile de
décider d'abord lequel eft le meilleur. La légéreté, l'indécifion, l'humeur , le caprice y font
contenus par des réglemens généraux , par des
conventions fous-entendues ou écrites. C'en eft
une fuite que le Prince ou les Adminiftrateurs,
fi c'eft une République , ne donnent pas leur
volonté uniquement pour regle : ils reconnoiffent
que la Loi eft au-deffus d'eux, & qu'ils ne font
en place que pour la faire régner , puifque c'eft
elle-même qui les foutient , & fait le bonheur
de tout le corps ; & le Peuple , de fon côté,
eft dans la néceffité d'obéir aux ordonnances
particulieres , qui n'en font que les émanations
& les divers cas , à mefure qu'on les lui intime,
avec la liberté , pourtant , de faire des repréfentations conformes à fon état & à la fituation
des chofes , quand le cas l'exige.

Difficile de dire lequel vaut mieux : ou de l'Etat *Monarchique* , ou du *Républicain*.

Ces deux conftitutions font tellement convenables au bien de l'humanité, que les fentimens
fe partagent fur leur fujet, & qu'on trouve ,
pour toutes deux , des motifs de les préférer
l'une à l'autre. Comme elles ont chacune des
inconveniens, (& où eft-ce qu'il n'y en a
pas, de tout ce qui eft humain & périffable ?) l'on
penche pour ce qu'on a éprouvé foi-même,

Ils ont chacun leurs partifans.

dans la sienne, qui est bon, ou pour ce qu'on a oui dire de bien avantageux dans l'autre : il est naturel qu'à l'égard d'une chose susceptible de bien & de mal, selon qu'on en a monté les ressorts, l'on en suive les impressions. Mais cela même prouve que les deux constitutions, dont nous parlons, sont bonnes en elles-mêmes, & qu'elles peuvent être arrangées d'une maniere à faire, du Gouvernement Civil, un Etat heureux & tranquille, en quoi seulement, il peut l'emporter sur celui de nature. Le tout est, en l'une & en l'autre, de garder l'équilibre, & que les pouvoirs donnés & établis ne passent pas la mesure de l'obéissance. L'on verra qu'en remplissant cette condition, l'Etat Républicain n'est pas moins bon que le Monarchique, & que le Monarchique vaut bien tout autant que le Républicain, pour ne rien dire de plus.

Et cela même, prouve leur bonté spécifique.

D'abord, c'est une leçon que ne manquent pas de donner préalablement aux Peuples, les Sages qui ont écrit sur cette matiere : *Qu'on doit s'attacher à la forme de Gouvernement qu'on trouve établie dans son pays.* L'Ecrivain sacré (1), qui a tant parlé des choses de Dieu, a appuyé cette maxime de son suffrage ; & le divin Maître dont il interprétoit le sens, & imitoit la conduite, avoit prêché aussi la soumission aux Puissances de la terre. Ce qui n'empêche pas qu'on n'examine en philosophe, la meilleure maniere dont on auroit pu s'arranger, en Corps de Société Civile, pour se rendre beaucoup plus heureux.

Leçon préalable que donnent tous les sages Politiques. Bossuet Polit. de l'Ecriture Sainte, in-4°., p. 76.

---

(1) Saint Paul.

Entre ces deux efpeces de Gouvernement, le fameux *Boffuet* a donné la préférence au Monarchique ; mais les raifons, fur lefquelles il s'appuie, font bien foibles ; & la Sentence de *Jefus-Chrift*, prife de *Saint Matthieu*, (Chap. XII, v. 25), n'y va point, *que tout Royaume divifé en lui-même, fera défolé : toute Ville ou toute famille divifée en elle-même ne fubfiftera pas.* Il s'agit, en cet endroit, de la divifion inteftine & du partage de fentimens entre celui ou ceux qui gouvernent le Peuple, ou entre même les divers Miniftres & Officiers fur qui le Prince fe repofe. Cette vérité regarde également la Monarchie ; & aucun Gouvernement n'eft à couvert des effets de la méfintelligence, s'il ne fe monte dans toutes les bonnes regles que demande un tel édifice.

Boffuet fonde mal la préférence qu'il donne à l'Etat Monarchique.

Celui-là feul méritera nos éloges, & d'être à jamais béni de Dieu & des hommes, qui dans fes procédés & fes réglemens paroîtra fe confondre, comme j'ai dit, avec celui d'un pere de famille, dont les enfans devenus grands, continueroient à vivre fous fa dépendance.

L'Etat Monarchique & le Républicain fe réuniffent en ce point de devoir reffembler à l'Etat paternel.

L'autorité unique du fouverain Maître de l'univers préfente bien le modele du Gouvernement d'un feul ; & fans contredit, cette forme, parmi les hommes, feroit la feule bonne à fuivre, s'il n'y avoit pas, dans cette comparaifon, une difproportion infinie, qui eft trop fenfible pour qu'on foit fondé à y ramener toute l'excellence du Gouvernement Monarchique.

L'unité de Dieu, qui gouverne tout, ne prouve rien en faveur du Gouvernement Monarchique.

O iv

L'Etat paternel, sous l'idée apparente d'un seul maître, en renferme pourtant deux : le *pere* & la *mere*.

L'on trouvera même à s'appuyer de la comparaison du pere de famille ; mais quoique la langage & les mœurs des hommes ayent représenté, dans cet état familier, comme une autorité unique, la vérité est pourtant, que la mere la partage avec son époux ; qu'elle est indispensablement requise dans le conseil & les opérations concernant la communauté : de sorte que c'est proprement deux maîtres pour un qui conduisent ce petit Etat ; mais tellement engagés, par leur propre satisfaction & leur intérêt, à s'accorder entr'eux, qu'ils ne fassent qu'une même personne. Et c'est peut-être encore en ce sens qu'il faut entendre la dénomination de *Pere de famille*, comme, quand on dit, en parlant d'Adam & d'Eve : *Nos premiers peres*.

Tout Gouvernement civil, encore une fois, doit tirer ses principes & sa regle du Gouvernement paternel.

Ce qu'il y a de véritable ici, c'est que, soit que le peuple gouverne, ou bien les Nobles, ou seulement un Prince électif ou héréditaire, ces différentes sortes de Gouvernement se rapportent toutes au Gouvernement paternel, dans lequel ils peuvent puiser leurs maximes, & où seulement ils ont à les chercher.

Pol. de l'Ecriture Sainte, p. 58.
Le premier empire sur la terre, qui fut celui de Dieu est hors

Le premier empire qui fut sur la terre, est celui de Dieu, qu'il exerça visiblement & par lui-même dès le commencement du monde. Ensuite il l'exerça publiquement aussi sur son Peuple, dans le désert, &c. Il en fut le Roi, le Législateur, le Conducteur : voilà un exemple respectable, dont la supériorité est au-dessus de nos pouvoirs humains, suivant que j'ai eu occafion de le démontrer, fur bien des points, dans beaucoup d'endroits de cet Ouvrage.

d'exemple
pour nos
Gouverne-
mens civils

Pour prouver que la Monarchie eft la forme de Gouvernement la plus commune, la plus ancienne, & auffi la plus naturelle, l'on remarque que le Peuple d'Ifraël, qui, au commencement, vivoit fous une efpece de République, mais qui avoit Dieu pour Roi, fe réduifit de lui-même à la Monarchie, comme étant le Gouvernement univerfellement reçu : qu'au refte, ce Gouvernement étoit tellement le plus naturel, qu'on le voit d'abord dans tous les Peuples. Outre l'Hiftoire Sainte, l'on a recours aux Hiftoires profanes, & l'on fait voir que, ce qui a été République, a vécu premiérement fous des Rois.

Ibid.
Pag. 67.
L'on s'ap-
puie mal-
à-propos
de l'Hiftoi-
re Sainte,
des Hifto-
riens pro-
fanes,
pour prou-
ver que
l'Etat Mo-
narchique
eft le plus
naturel.

Mais, fi lon excepte cet empire temporel de Dieu fur des hommes, qui, à la fouveraine juftice, joignoit le plus abfolu pouvoir, & montroit effectivement qu'il étoit un genre de domination bien meilleure que celle des Républiques, l'on ne voyoit, dans ces premiers temps du monde, que des Rois bien foibles, pourvus de bien peu de puiffance fur les Sujets. Ils étoient petits à leur égard, comme l'étoient entr'eux les Royaumes qu'ils gouvernoient : chaque Ville, chaque petite Contrée avoit fon Roi ; & ces Rois n'étoient que les Adminiftrateurs, que des efpeces de Capitaines ou de Magiftrats particuliers, établis pour juger les différens, ou pour commander les armées : puifque l'on voit que, dans un feul & même Peuple, il y avoit quelquefois plufieurs Rois.

Ce qu'é-
toient les
Rois dans
les pre-
miers
temps?

*Burlama-
qui*, Tom,
II, p. 13.

Qu'étoient ces petits Royaumes ou ces petites souverainetés ?

Ces premiers Etats étoient donc bien différens de ceux d'aujourd'hui, & la Souveraineté sur les Sujets bien peu étendue. La Constitution ne différoit guere de la République, ou tout au moins, c'étoit un mélange des deux Gouvernemens, mais si simple & si dénué de tous les objets d'industrie & d'ambition, qui ont depuis tant grossi la Royauté, qu'il n'étoit guere possible de se prévaloir contre le Peuple même, d'une élévation que rien de sa part ne nourrissoit : tout comme il n'étoit pas aisé au Peuple d'aspirer à la Souveraineté, par le propre esprit de la chose, & par la Loi, qui avoit marqué toute son indignation contre un tel attentat.

Qu'étoient les Républiques elles-mêmes ?

Dans les Républiques même, l'Etat populaire n'étoit pas tout-à-fait tel qu'on peut se figurer aujourd'hui. La simplicité des mœurs de ce temps-là n'offroit rien qui ne fût dans la nature: la force du corps & la valeur, qui étoient, pour chaque citoyen, des qualités essentielles, en faisoient des hommes solides, contre lesquels l'inégalité n'avoit pas de prise. La liberté étoit le souverain bonheur, mais la liberté politique & patriotique. On ne vouloit de Maître que la République; l'on abhorroit l'assujétissement comme la servitude, & l'on en avoit cette horreur, parce qu'en même-temps que l'on se sentoit fort & courageux, les besoins de la vie (ce qui va ensemble) étoient facilement satisfaits par la frugalité, qui est l'état naturel de l'homme, & qui étoit alors à son plus haut point.

Burlam. Tout le monde sait que les Monarchies & les

Républiques se sont perdues par le luxe & l'in-
tempérance, fruits du trop grand développement des facultés de notre ame & de l'exercice
immodéré de nos desirs. Il n'y aura jamais
d'Etat Politique bien réglé, de Prince véritablement puissant & heureux, de Peuple bien obéissant & raisonnable, tant qu'on ne se réduira point
à la simplicité de la nature, qu'on ne bannira
point les goûts recherchés & les folles passions,
ou plutôt, tant qu'on ne leur fermera pas l'entrée.

Tom. II, pag. 278, 280.

Ce qui a perdu tou-tes les Constitu-tions Poli-tiques?

La puissance du Souverain n'est point dans la
crainte des Sujets ; autrement il n'y auroit rien
de si fort qu'un Despote, elle est essentiellement
dans l'amour. Les Magistrats d'une République
ne sont obéis que parce que les Citoyens aiment
que les Magistrats le soient, & qu'ils sont aussi,
tous ensemble, ce Corps Politique qui agit.

Ce qui fait pro-prement la puissance du Souve-rain?

Votre Majesté, Rois de la terre, Rois qui
régnez par les Loix, & dont les Etats policés,
comme dans notre Europe, présentent assurément
à l'extérieur un très - beau spectacle : votre
Majesté, dis-je, ne tire point son essence de
l'amas immense de nos superfluités ; & plus nous
croirions la relever par ces indignes objets de nos
goûts & de notre imagination, & plus nous lui
ferions injure! Vous avez à régner sur des hommes,
c'est-à-dire, sur des êtres semblables à vous, & qui
doivent, comme vous, agir par raison & par
regle. Celui-là est bien sage, qui commande à
des sages ; & un Peuple qui vivroit dans la
médiocrité, & seroit content du nécessaire, feroit
bien soupçonner, dans le Prince ou dans ceux
qui le gouverneroient, une excellente & haute
vertu!

Ce qui fait essen-tiellement la Majesté Royale?

La véritable Monarchie n'étoit pas, toutefois, celle des premiers temps. Il y faut plus de nerf & d'autorité.

Toutefois, il faut l'avouer, la véritable Monarchie n'eſt pas celle de ces premiers temps, dont je viens de parler ; elle étoit indigne d'en porter le nom. Il falloit donner à cette Conſtitution plus de nerf & d'autorité ; & l'on a trouvé, de nos jours, ſes regles eſſentielles & ſon vrai régime: avec toute la puiſſance la plus reſpectable & la plus active, l'on a montré les droits des Peuples; & en un mot, l'on a fait connoître, au doigt & à l'œil, les bornes délicates qui ſéparent la *Monarchie* du *Deſpotiſme* : bornes, que nos ſages Souverains ſe font un plaiſir de reſpecter.

Mais toutes nos richeſſes, toutes nos ſuperfluités, cette quantité d'inſtitutions vaines & pernicieuſes font des corps étrangers à cet état comme au Républicain.

Mais, encore une fois, tout l'attirail de nos établiſſemens ſuperflus, tous ces uſages multiplians nos beſoins, & en même-temps notre miſere ; toutes ces perquiſitions oiſeuſes qui occupent la plus grande partie de notre vie, & la troublent ou la rendent vaine & vitieuſe ; toutes les richeſſes & tous les objets d'ambition ou d'amuſement, après leſquels nous courons ſans ceſſe, font des corps étrangers à l'Etat monarchique, comme à l'Etat populaire ; & le retranchement en eſt indiſpenſable à l'un & à l'autre, pour les rendre parfaits.

Les Républiques, attaquées des mêmes maux, & dans le beſoin du même remede.

Les Républiques ne ſont pas plus exemptes de ces maux, & demandent le même remede. Elles ne vont pas mieux, à cet égard, que les Etats ſoumis à un ſeul : l'amour des curioſités, des commodités, des plaiſirs, l'excès d'induſtrie, l'abus des arts, & l'attachement à accroître ſon Domaine s'y ſont gliſſés. C'eſt une contagion qui a gagné toutes les Nations policées, & qu'il

eſt triſte de n'apprendre que nous ſommes ſortis
de la barbarie de nos ancêtres , qu'aux dépens
de la frugalité & de la ſageſſe ! Il eſt vrai que
la férocité alloit avec l'auſtérité des mœurs , &
qu'on les voyoit commettre des cruautés inouies,
en même-temps qu'ils étoient durs & inexorables
pour eux-mêmes : c'étoit une terrible vertu que
la leur !

Auſſi , n'étoit - ce point la véritable : la vraie
vertu eſt une qualité douce, qui s'étend ſur tout,
& qui ne conſiſte , comme j'ai dit , que dans
l'amour & la pratique de ſon devoir : or , le
devoir embraſſe tous les rapports de l'homme ,
toutes les rencontres & les ſituations de la vie ;
& ſon objet n'eſt jamais autre que le bien de
l'humanité , dont les occaſions ſe préſentent par-
tout. Il nous faut maintenant montrer plus parti-
culiérement que la *Monarchie* eſt ſuſceptible de
cette vertu , autant que la *Démocratie*.

Vraie ver-
tu politi-
que.

CHAPITRE II.

De la nature, en particulier, du Gouvernement Mo-
narchique, dont on rétablit la juste idée, & le vrai
Honneur, mal-à-propos refusé, de nos jours, à
cette forme de Gouvernement.

Pourquoi le Gouvernement Monarchique, susceptible d'autant de *vertu* que le Républicain.

JE dis que ce Gouvernement est tout aussi susceptible de vertu que le Républicain : c'est qu'il ne tient pas son existence, ni sa maniere d'être, non plus que l'autre, de tout ce que nous avons montré devoir être retranché de nos mœurs & de nos usages, pour rendre notre Etat-civil pur & régulier. Je vais entrer dans la constitution propre & nécessaire à ce Gouvernement, & rejeter tout ce qui en est indigne.

Les Monarques n'ont pas à craindre de notre entreprise, au contraire.

Ne craignez pas, Monarques, que mon entreprise vous soit funeste, que vous perdiez rien de votre autorité & de votre puissance. Nous voulons au contraire affermir votre trône, l'asseoir sur des fondemens inébranlables, & vous faire régner d'une maniere mille fois plus glorieuse ! (1)

Principes pour l'assurance du trône, & la tranquillité des sujets, que nous adoptons.

« Il faut, par la nature de ce Gouvernement, » que vous reconnoissiez des loix fixes & établies

_____

(1) J'adopte ici tous les principes de *Montesquieu*, qui me paroissent fonder solidement & légalement l'autorité royale.

» qu'on appele *fondamentales*, mais que *vous gou-*
» *verniez seuls.*

» Qu'il y ait des pouvoirs *intermédiaires* dans
» l'Etat, mais qu'ils soient *subordonnés & dépen-*
» *dans*, parce que vous êtes la source de tout
» pouvoir politique & civil.

Esprit des Loix, Tome I, p. 15. *Ibid.* Pag. 31.

» Qu'il y ait *un dépôt des Loix*, lequel ne soit
» que dans ces corps appelés *politiques*, pour an-
» noncer les Loix lorsqu'elles font faites, & les
» rappeler lorsqu'on les oublie ; mais que vous
» ayiez *un conseil à vous*, pour l'administration
» journaliere des affaires : conseil, qui est beau-
» coup plus propre pour les prendre avec une
» certaine passion & les suivre de même.

Ibid. P. 34, 35? *Ibid.* Page 167.

» Que vous ne jugiez point vous-mêmes les
» affaires contentieuses, non plus que vos Mi-
» nistres ; mais que vous en laissiez le soin à ces
» mêmes Corps politiques chargés de rendre la
» justice en votre nom.

Ibid. Pag. 163 & 167.

» Il est indispensable que vous communiquiez
» votre pouvoir, mais que vous le distribuiez de
» telle sorte que vous n'en donniez jamais une
» partie sans en retenir une plus grande.

Ibid. Page 135.

» Et d'un autre côté, que comme la mer, qui
» semble vouloir couvrir la terre, & est arrêtée
» par les herbes & les moindres graviers, qui se
» trouvent sur le rivage ; ce même pouvoir en
» vous s'arrête par les plus petits obstacles, &
» que votre fierté naturelle soit soumise à la plainte
» & à la priere ».

Ibid. P. 33, 34.

Belle conftitution, qui met le Souverain dans l'heúreufe obligation de fe laiffer contenir par les repréfentations & la regle, & qui oblige en même-temps le Peuple à lui obéir toujours quand il infifte! Belle conftitution, qui foumet les ordonnances du Prince à un enregiftrement néceffaire entre les mains des dépofitaires des Loix, fes propres fujets; & qui ne permet jamais, ni à eux, ni à aucun autre de fon empire, de fe rebeller, quand il veut abfolument qu'elles foient exécutées, & qu'il emploie même la force & les châtimens pour les y contraindre! Les Peuples n'ont que les gé-miffemens & les plaintes: tant pis pour les maîtres, pour les conducteurs des Nations, quand ils abufent de leur pouvoir; ils n'en doivent rendre compte qu'à Dieu. Mais n'eft-ce rien que d'avoir ce ter-rible compte à rendre, ainfi qu'à leur propre confcience!

Voilà des principe pour l'affurance du trône & la tranquillité des fujets. J'ai adoptés ceux du cé-lebre *Montefquieu*, qui m'ont paru effectivement de la nature de la Monarchie. J'y ai joint les der-niers que j'ai cru lui appartenir tout de même, & auffi effentiellement.

Ibid.
Page 32.
Principes de Montef-quieu que nous rejet-tons.

Ibid.
Page 50.

Mais qu'il a gâté le tableau, par tout ce qu'il y a mêlé de nos mœurs, & que ce que je vais rapporter eft indigne de ces principes! Il nous parle de *Nobleffe*; il nous dit qu'*elle eft le pouvoir intermédiaire dans cet Etat*; il rappele cette ma-xime: *Point de Monarque, point de Nobleffe; point de Nobleffe, point de Monarque, mais l'on a un defpote*; & il établit en regle que *le Gouver-nement monarchique fuppofe, avec une Nobleffe d'origine, des prééminences, des rangs*: voilà des
diftinctions

distinctions qu'il est bien difficile d'allier avec l'égalité que je prétends ; & notre embarras va s'accroître par ce qui suit.

« L'objet, *dit-il*, des Monarchies est la gloire » du Prince & celle de l'Etat, & leur esprit la » guerre & l'agrandissement. Elles vont se perdre » dans le despotisme, comme les fleuves courent » se mêler dans la mer ». De sorte que d'un côté cette espece de Gouvernement auroit le défaut, par rapport aux sujets, de tendre à l'autorité absolue, & de l'autre celui d'engager à porter sa domination sur d'autres peuples. *Ibid.* Page 315, 271, 259.

N'en soyons point surpris : il nous déclare que « la vertu n'est point le principe du Gouvernement » monarchique ; *que* la politique fait faire de gran- » des choses, avec le moins de vertu qu'elle peut, » comme dans les plus belles machines, l'art em- » ploie aussi peu de mouvemens, de forces & » de roues qu'il est possible ». *Ibid.* Page 46.

Que « les Loix y tiennent la place de toutes » les vertus dont on n'a aucun besoin, & *que* » *l'Etat vous en dispense.* *Ibid.* Page 47.

» *Qu'*il n'est pas rare qu'il y ait des Princes ver- » tueux ; mais *que* dans une Monarchie il est très- » difficile que le Peuple le soit ». *Ibid.* Page 48.

En parlant de la Cour des Monarques, & combien la vertu en est éloignée, il nous dit « qu'il » est très-mal aisé que les principaux d'un Etat » soient mal-honnêtes gens, & que les inférieurs » soient gens de bien ; que ceux-là soient trom- *Ibid.* Page 49.

» peurs, & que ceux-ci confentent à n'être que
» dupes ». Il eſt ſûr que ſi on lui paſſoit le principe, la conſéquence ſeroit vraie ».

Enfin que « dans les Monarchies bien réglées,
» tout le monde ſera à-peu-près bon citoyen, &
» l'on trouvera rarement quelqu'un qui ſoit homme
» de bien ; car, *dit-il*, pour être homme de bien,
» il faut avoir intention de l'être ». C'eſt un principe dont on ne peut diſconvenir.

Erreur de *Monteſquieu* ſur deuxpoints eſſentiels du Gouvernement Monarchique.

1°. Sur l'*eſprit* de ce Gouvernement.

Ces réflexions ne ſont donc vraies, qu'en ſuppoſant la choſe comme il la dit ; mais peut-on
convenir qu'il ſoit de la nature du Gouvernement
monarchique de nous mettre dans une telle ſituation que l'on n'y aime pas la vertu pour la vertu,
& de nous rendre incapables en faiſant le bien,
d'avoir eu préciſément la volonté de le faire ?
Le célebre *Monteſquieu* n'a-t-il pas plutôt touché
ici les écarts dans leſquels inſenſiblement l'on ſe
jette, & les abus inévitables à toutes les choſes
humaines, que marque la vraie conſiſtance & les
propres attributs de l'Etat politique dont nous
parlons ? Il nous a dépeint le vice, & l'endroit
foi   par où l'on s'échappe : il a pu nous le
faire remarquer pour mettre en défiance à cet
égard, & les maîtres des Nations, & leurs miniſtres. Mais quel ſervice à eſpérer pour le Genre
humain, de nous montrer cette forme de Gouvernement ſi belle & ſi propre, par elle-même,
à faire la félicité des Peuples, comme inſpirant
de folles diſpoſitions, & portant ſur une baſe
capable de tout renverſer ? *Son eſprit être la guerre
& l'agrandiſſement !* Quelle eſpece de ſociété d'hommes, qui ne tendent qu'à attaquer leurs ſemblables,
& à vouloir dominer ſur la terre ! *Les Lacédémo-*

niens (nous a-t-on toujours dit dès l'enfance)
n'étoient animés que de guerre : oui ; mais cette
constitution avoit pour objet la défense naturelle ;
& les esprits se portoient tous là ; ensorte que les
arts & le commerce n'étoient point en recommandation parmi eux , par cette raison, qu'on ne cherchoit qu'à se rendre habile que là où l'on trouvoit plus directement sa sûreté ; c'est une observation nécessaire à faire.

Quel objet de gloire encore pour les Monarchies , si l'on entend *celle des armes & des conquêtes* ,
comme les termes de *Montesquieu* y conduisent !
L'objet de tout Etat , c'est le repos , la sûreté
commune , les choses nécessaires à la vie , une
bonne réputation : voilà la gloire qu'il faut acquérir ; & les Monarchies peuvent y prétendre comme
les autres Gouvernemens qui ne sont pas contraires
au *Droit naturel*. Si (1) les divers Etats , qu'on
nous cite , ont, ou ont eu chacun, un objet particulier outre celui-là , il faut reconnoître qu'il en
est de bons parmi ces premiers ; & alors on étoit
en regle , il n'y avoit pas à blâmer ; mais il en
étoit aussi de mauvais qu'il falloit proscrire. L'agrandissement de Rome , autant qu'il auroit été l'effet
de la vertu & des grandes qualités sociales qui nous
attirent & nous attachent les hommes , ensorte que
les Nations , par intérêt ou par amour , eussent
voulu d'elles-mêmes se ranger sous l'empire de la
République , certes , c'eût été un très-bel objet ,
digne de toute notre admiration & de nos éloges ;
mais y arriver par le sang , par les injustices , les

2°. Sur
l'objet de
ce Gouvernement.

____

(1) Voyez *L'Esprit des Loix* , Tome I, p. 315.

cruautés, les rapines & les attentats les plus ou-
trageans pour l'humanité, c'étoit avoir un objet
pervers ; c'étoit vouloir arracher une domination
qui ne s'acquiert que par la force infinuante de la
juftice & des bons traitemens ; c'étoit prétendre
à une obéiffance qui ne s'accorde naturellement
volontiers qu'au mérite éminent & à l'autorité bien-
faifante. Ainfi l'objet eft toujours mauvais qui ne
fe rapporte qu'à nous, tandis que d'autres en
fouffrent ; & l'on ne peut, fans flétrir les Monarchies, leur attribuer un objet auffi déraifonnable
que celui de la gloire qu'elles rechercheroient par
de tels moyens. Ce n'eft point dans le déréglement & le défordre qu'il faut trouver les vraies
propriétés des chofes : toujours l'utilité générale
& le bonheur public feront le miroir dans lequel
nous devons reconnoître les regles de la fociété &
le plan de notre conduite. Comme les Gouvernemens, quels qu'ils foient, ne font que l'ouvrage
des hommes, fi en voulant les connoître pour ce
qu'ils font véritablement, & connoître leurs vues
néceffaires, l'on ne s'arrête pas à ce qui les touche
effentiellement & les intéreffe, pour en diftinguer
les vices qui font non-feulement funeftes à eux,
mais aux autres Peuples, l'on tombera dans des
méprifes capitales, & l'on établira, à la place
de la vérité, le menfonge & les erreurs les plus
dangereufes. A la faveur des réflexions que l'état
de nos fociétés déréglées rend juftes, l'on pofe
des principes faux, l'on nous repréfente ce qui
eft actuellement comme devant être ainfi par fa
nature ; toutes les conféquences qu'on tire fe reffentent de l'écart ; & nous nous voyons peu à peu
dans un tableau tout-à-fait défiguré, qui feul pourroit nous fervir d'excufe, s'il étoit fondé.

Auſſi, l'Auteur, craignant qu'on ne jugeât mal de ſes ſentimens, déclare qu'il *marche à grands pas, afin qu'on ne croye pas qu'il fait une ſatyre du Gouvernement monarchique :* « Non, *dit-il*, s'il manque » d'un reſſort, il en a un autre. L'honneur, c'eſt-» à-dire, le préjugé de chaque perſonne & de » chaque condition, prend la place de la vertu, » & la repréſente par-tout. Il y peut inſpirer les » plus belles actions ; il peut, joint à la force » des Loix, conduire au but du Gouvernement, » comme la vertu même.

Autre erreur de *Monteſquieu*, & mauvais correctif qu'il apporte : *l'honneur*, tel qu'il l'entend. *Ibid.* P. 49.

» La nature de l'honneur, *dit-il*, eſt de de-» mander des préférences & des diſtinctions : il » eſt donc, par la choſe même, placé dans ce » Gouvernement.

Ibid. P. 50.

» L'ambition a de bons effets dans la Monar-» chie ; elle donne la vie à ce Gouvernement, & » on y a cet avantage, qu'elle y peut être ſans » ceſſe réprimée ».

Il trouve « qu'il en eſt de l'honneur comme » du ſyſtême de l'univers, où il y a une force » qui éloigne ſans ceſſe du centre de tous les corps, » & une force de peſanteur qui les y ramene. » L'honneur, *ſelon lui*, fait mouvoir toutes les » parties du Corps politique ; il les lie par ſon » action même, & il a cet effet que chacun va » au bien commun, croyant d'aller à ſes intérêts » particuliers ».

Ibid. P. 50.

Tout cela n'eſt pas mal arrangé ; mais on ne peut le dire que de l'honneur véritable, & non du faux honneur, qui eſt pourtant celui dont *Mon-*

C'eſt un faux honneur, & un indigne

tefquieu parle. Ce *repréfentant* de la vertu n'eft qu'un impofteur, une ombre vaine ; il eft appelé, avec raifon, *le préjugé de chaque perfonne & de chaque condition :* c'eft qu'il eft réellement un vice. Pour expliquer ce défordre des mœurs & cette efpece d'énigme qui fait qu'une même paffion ou un même fentiment fe montre fouvent à nous fous deux afpects différens, il eft befoin d'obferver que dans les Républiques les mieux compofées, & où la vertu eft le plus en vigueur, les citoyens, en la pratiquant par un principe d'amour & de zele pour la patrie, agiffent néanmoins à la fois par le principe auffi de leur propre bien, & trouvent toujours leur intérêt mêlé avec celui de la caufe commune. *Regulus*, retournant prendre fes fers à Carthage, ou plutôt y courant à une mort certaine, n'ignoroit pas qu'après avoir diffuadé en plein Sénat, de l'échange des prifonniers, il fe couvroit d'une gloire immortelle, en même-temps que par fa' fermeté & fes fages avis fur le maintien des faines maximes, felon l'efprit de la République, il en affuroit les fondemens : il eft impoffible de s'oublier foi-même dans les plus beaux actes de vertu ; il y a tout enfemble un retour fur foi, dont l'efprit & le fentiment apperçoivent tout primitivement l'avantage particulier qu'il en revient. Le grand art, ou pour parler plus jufte, le devoir de tout citoyen eft de favoir placer, de cette façon, la véritable gloire, & de ne l'établir que fur des objets propres à faire le bonheur public. La regle, qui eft à fuivre pour connoître ce que nous avons à faire en toute occafion quelconque, c'eft que nous ne recherchions jamais d'autre bien pour nous que celui qui s'accorde avec le bien général ; alors, fi le bien général demande de fe facrifier,

---

Marginal notes:

repréfentant de la vertu.

Comment il faut entendre la vertu humaine ? Exemple, dans l'action de *Regulus*, qui diffuada le Sénat de l'échange des prifonniers,& retourna à Carthage.

Regle à fuivre, pour connoître fi nous faifons bien, quand nous agiffons.

& que l'on foit affez fermes pour prendre cette réfolution, l'on a acquis la véritable gloire, la feule qui convienne à des êtres raifonnables. Il eft beau de fe diftinguer de la forte ; & l'amour-propre, & cet honneur bien entendu (qui n'eft pas celui qu'on nous dépeint) feroient d'autant plus purs & précieux qu'ils ne fe nourriroient que d'un tel aliment. Il arriveroit de cette efpece de prodige, que plus on s'aimeroit, & plus on feroit des actes de renoncement à foi-même, capables d'étonner nos petites ames, mais dont les hiftoires nous ont confervé des exemples.

Et pour ce qui eft de nos jugemens fur les actions des autres, la regle eft de voir fi elles fe rapportent à ce bien général. Pour nous, quand nous agiffons, il eft permis de fonger à nous-mêmes pourvu que nous le faffions par la voie de l'utilité commune dont je viens de parler ; mais quand nous apprécions le mérite d'autrui, nous devons uniquement jeter les yeux fur les avantages de la généralité, & voir fi le corps fe trouve bien de la démarche ou de l'intention de l'un de fes membres.

Regle pour guider nos jugemens à l'égard des actions des autres.

Tel eft l'*honneur* que je connois, le feul qui puiffe repréfenter la *vertu*, parce qu'il eft fon véritable organe, ou plutôt, parce qu'il n'eft autre chofe qu'elle-même. Je le requiers, indiftinctement comme elle, & l'admets au maintien & à la garde des loix, à la pratique des bonnes mœurs, à fervir d'ame & de vie aux Etats policés, & à être tout auffi bien le principe du Gouvernement monarchique que du républicain.

Le vrai honneur, requis indiftinctement comme la vertu, pour les mêmes fonctions.

P iv

Ce que c'est que cette espece de vérité : que chacun va au bien commun croyant aller à ses intérêts particuliers?

Esp. des Loix, Tome I, pag. 51.

Ibid.
P. 60.

Ibid.
Combien Montesquieu la décréditeroit sans le vouloir.

Ibid.
P. 61.

Si, par l'autre honneur, que *Montesquieu* préconise, *chacun va au bien commun croyant aller à ses intérêts particuliers*, ce n'est qu'à travers une multitude de maux que cela arrive. Eh ! comment se pourroit-il que cet honneur *faux* (car il est obligé de l'appeler ainsi) fût aussi utile au public que le vrai le seroit aux particuliers qui l'auroient pour principe ? Quels fruits salutaires attendre de ces vertus qu'il qualifie de cette sorte : *Les vertus qu'on nous y montre sont toujours moins ce que l'on doit aux autres que ce que l'on se doit à soi-même ; elles ne sont pas tant ce qui nous appele vers nos concitoyens que ce qui nous en distingue* (1) ? J'ai montré ailleurs la non-existence & la séduction perpétuelle de cette troisieme classe de devoirs *envers soi-même* : j'ai dit que c'étoient nos passions & un amour-propre déréglé, qui nous avoient fait donner un corps à ce fantôme, l'éternel prétexte de tous les désordres.

Effectivement, c'est *Montesquieu* encore qui parle, « *on n'y juge pas les actions des hommes* » *comme bonnes, mais comme belles ; comme justes,* » *mais comme grandes ; comme raisonnables, mais* » *comme extraordinaires* ». De sorte qu'en ne nous servant point de la seule voie que Dieu nous a donnée en chaque chose, pour nous conduire avec sûreté, nous prenons insensiblement l'habitude de

(1) C'est en parlant du monde, *où commence*, dit-il, *dans les Monarchies, la principale éducation, & où est l'école de ce qu'on appele l'honneur, ce maître universel qui doit par-tout nous conduire.*

nous en paſſer & de l'oublier même, pour n'avoir d'autre guide qu'une vaine idée d'utilité, puiſqu'elle eſt *particuliere*, ou plutôt, que des fantaiſies ou des airs de diſtinction qui ne peuvent que troubler l'harmonie univerſelle. Ce qui eſt *beau* ne ſauroit être tel, s'il n'eſt *bon* : la bonté eſt la qualification primitive. Ce qui eſt *grand* ne l'eſt véritablement qu'autant qu'il eſt *juſte* : la juſtice eſt le ſeul fondement de la grandeur, & marche avant elle. Enfin, ce qui eſt *extraordinaire* n'a droit de nous frapper qu'à la charge d'être *raiſonnable*, & l'on ne le trouve même extraordinaire, que parce qu'on ſent bien qu'il étoit alors *néceſſaire*, en même-temps qu'il étoit *rare*. Ainſi le *raiſonnable* eſt ce qui donne le prix à l'action & décide de ſon mérite. Mais ſi l'on ſe tire de cet ordre, établi par le Créateur, & dont nous avons le ſentiment en nous qui nous avertit quand nous ne ſommes point pervertis par les mauvaiſes coutumes : ſi, dis-je, l'on ſe tire de cet ordre, & que tout premiérement l'on s'affecte de ce qui ne peut être *bien* que ſous condition ; il eſt clair qu'on s'égarera, puiſqu'on perdra de vue la condition même, & qu'on ne tiendra plus le fil de ce labyrinthe obſcur & *inextricable* (ſi j'oſe employer ce mot) de l'amour-propre. Non-ſeulement donc la marche de l'honneur, ſuivant le tableau de *Monteſquieu*, eſt très-dangereuſe & inadmiſſible, mais elle n'exiſte pas dans le droit & dans la vérité. Quand les hommes en uſent de cette ſorte, comme je l'ai dit plus haut, c'eſt par vice ou par erreur : on n'en peut pas faire une regle.

Auſſi, écoutons encore cet Auteur, comme il s'enfonce dans ſon ſyſtême erroné : « Dès que

Du beau, du bon, du grand, du juſte, de l'extraordinaire, du raiſonnable. Seule voie que Dieu nous a donnée en chaque choſe pour nous conduire avec ſûreté.

Combien ſeroit dé-

raisonnable, suivant l'explication de *Montesquieu*, la proposition regardant l'honneur: *qu'il faut mettre, dans les vertus, une certaine noblesse* (qui est la première des trois choses, dit-il, qu'on entend dire dans les Monarchies en entrant dans le monde. Tome I, pag. 61.

» l'honneur y (*dans les actions*) peut trouver » quelque chose de noble, il est ou le juge qui » les rend légitimes, ou le sophiste qui les jus- » tifie.

» Il permet la galanterie lorsqu'elle est unie à » l'idée du sentiment du cœur ou à l'idée de con- » quête ; & c'est la vraie raison pour laquelle les » mœurs ne sont jamais si pures dans les Monar- » chies que dans les Gouvernemens républicains.

» Il permet la ruse, lorsqu'elle est jointe à » l'idée de grandeur de l'esprit ou de la grandeur » des affaires, comme dans la politique dont les » finesses ne l'offensent pas.

» Il ne défend l'adulation que lorsqu'elle est » séparée de l'idée d'une grande fortune, & n'est » jointe qu'au sentiment de sa propre bassesse ».

Telles sont les explications que cet Auteur donne de celle des trois choses qu'on entend, dit-il, toujours dire dans le monde à raison de ce même honneur ; *qu'il faut mettre dans les vertus une certaine noblesse.* Mais l'on doit avouer que ce qu'il en dit n'est pas une trop bonne recommandation; & qu'une *noblesse*, en fait de vertu, qui permet la galanterie, laquelle n'est autre qu'une atteinte donnée à l'ordre civil & moral ; une noblesse qui permet la ruse, qui est tromperie étudiée, d'autant plus ennemie du Genre humain qu'elle porte ses coups dans le silence & sous les dehors de la bonne foi ; une noblesse enfin qui profane l'usage de la parole à dire ce qu'on ne pense point, & à corrompre les hommes en place par le dangereux poison de la flaterie; l'on doit avouer, dis-je, qu'une vertu fondée sur une telle noblesse, est un vrai vice, & qu'on est dans un terrible aveuglement de l'appeler du beau nom de *vertu!*

Mais c'eſt que *Monteſquieu* a mal entendu la propoſition : *Mettre dans les vertus une certaine nobleſſe*, n'eſt pas de tromper, de proſtituer le
langage, de porter ſes vœux indiſcrétement &
contre les bonnes mœurs, aux perſonnes du ſexe.
Ce qu'il dit ne convient qu'au vice, & il eſt ici
queſtion de la vertu. Oui, c'eſt une vertu, dans
la vertu même, c'eſt-à-dire, en faiſant ſon devoir, de le faire d'une maniere qui ne ſoit
point en eſclave : il faut qu'on ſe reſſente, & qu'il
y paroiſſe, qu'on eſt des êtres libres, exempts de
contrainte, & agiſſans par goût & par choix,
autant que par devoir & par obligation ; il faut
qu'on ait ſi bien caché le rafinement de l'amour-
propre, en le mettant dans les choſes uniquement
bonnes par elles-mêmes à ſervir le Public, qu'en
ſe contentant ſoi-même, & ne faiſant que ce qui
nous fait plaiſir, il y paroiſſe que nous n'avons
ſongé qu'à l'intérêt du plus grand nombre ; il faut
enfin qu'on croye que nous pouvions nous diſ-
penſer d'agir de cette ſorte, tandis qu'au vrai, nous
ne pouvions pas faire autrement pour aller à notre
but, qui eſt fonciéremens celui de l'utilité générale.
Il eſt bien noble, en effet, de ſe donner des inclinations pareilles, & de ne ſe diſtinguer que par
des pratiques & des actions ſalutaires au Genre
humain, en apparence aux dépens de notre repos
& de notre bien-être.

Comment il faut entendre cette propoſition de Monteſquieu.

Le même Auteur a dit : « Et n'eſt-ce pas beau-
» coup que d'obliger les hommes à faire toutes
» les actions difficiles & qui demandent de la force,
» ſans autre récompenſe que le bruit de ces ac-
» tions » ? Eh ! non ; quand ce n'eſt que ce faux

Réflexion peu fondée du même Auteur : que c'eſt beaucoup d'obliger les hommes à faire tou- tes les ac- tions diffi- ciles & qui demandent de la for- ce , sans autre ré- compense que le bruit de nos ac- tions.

Tome I, pag. 51.

honneur qui les dirige ; ou plutôt, tremblons de ses redoutables effets & de son héroïsme : gémis- sons de tant de maux ou généraux ou particuliers, qui en proviennent. Celui qui n'envisagera que sa propre gloire, manquera le but du bonheur pu- blic , ou le fera acheter bien cherement. Que de tracasseries & de discussions fatales à l'expédition & au succès des affaires n'apportent pas , dans tous les Ordres , les délicatesses de cet honneur mal-entendu ! Que de combats singuliers ! Que de sang versé pour des querelles passageres & de nulle considération ! Que de batailles hasardées & de siéges témérairement entrepris , ou impru- demment soutenus, pour n'avoir su se prêter à la nécessité d'une retraite , ou à une modération qui seroit plus honorable que la victoire, ou bien se faire à l'idée d'une reddition forcée ! Que de dé- penses ruineuses pour l'Etat, de veilles & de tra- vail accablant pour le ministere , n'a pas causé souvent l'entreprise d'ajouter aux terres de la Mo- narchie , une terre étrangere , & d'avoir regardé comme un point d'honneur d'étendre la domina- tion sur un autre Peuple ! Il n'est point de prix qui égale celui que l'imagination met aux choses ; & en conséquence tout est mis en œuvre pour venir à ses fins. Malheur à qui est attaché à de pareils hommes , ou qui est obligé de leur obéir ! Et quand est-ce que leur action est isolée & ne touche point à une certaine masse de particuliers ? Quand est-ce que ces *actions difficiles, & qui de- mandent de la force, sans autre récompense que le bruit de ces actions*, n'intéressent pas une multitude ?

Comment il faut re- garder l'ac- tion de Re- Quand *Regulus*, pour parler encore de cet illus- tre Romain, dont la fermeté & la résolution, dans la circonstance critique où il se trouva , sem-

blent paſſer les forces de la nature : quand , dis-je , *gulus* d'a-
il préféra d'aller mourir dans les fers à Carthage , voirdécon-
plutôt que de laiſſer faire l'échange des priſon- feillé l'é-
niers , dont l'ennemi même l'avoit chargé , n'en- change des
traîna-t-il pas dans ſa perte celle de tous ces braves priſon-
Romains qui avoient eu le malheur d'être pris niers.
avec lui à la guerre & menés à Carthage ? Cette
maxime , qu'on a tant louée , pour marquer le
régime & la bonne conſtitution de Rome , *de ne
jamais faire d'échange en pareil cas* , eſt admirable ,
ſi l'on veut ; mais eſt-elle bien propre au bonheur
du Genre humain ? Eſt-elle faite pour ramener les
hommes & les Nations à la paix , à la douceur
qui leur conviennent ? L'intention de *Regulus* étoit
bonne ; mais ſon principe étoit mauvais , & le
ſyſtême de la République ſur cela très-irrégulier &
contraire au *Droit naturel.* Si la maxime eſt admirable , ce n'eſt point qu'elle ſoit belle : c'eſt que
nous ſommes ſi étonnés d'une réſolution qui demande tant de courage , & nous en ſommes ſi
frappés que nous ne voyons plus en elle que ce
qu'elle peut avoir de bon , relativement à l'intention , & ſans prendre garde à ce qu'elle a de
mauvais en ſoi. Ainſi , l'honneur prétendu , ce prodigieux reſſort qu'on nous vante , eſt un équivoque
bienfaicteur de la patrie , un mauvais ami de l'humanité ; comme il n'agit que dans l'opinion ou
dans l'erreur de nos paſſions , il eſt impoſſible qu'il
ſoit le principe naturel d'aucun Gouvernement civil , & par conſéquent du monarchique. *Montefquieu* s'eſt donc trompé dans ſon application. Voyons
comment il traite du même honneur , par rapport
aux mœurs.

« A l'égard des mœurs, j'ai dit que l'éducation De la ſe-
conde cho-

se que l'on entend dire dans les Monar-chies, en entrant dans le monde, suivant Montef-quieu, qu'il faut mettre dans les mœurs une certaine franchise.
Ibid.
P. 61.

» des Monarchies doit y mettre une certaine *fran-*
» *chise*. On y veut donc de la vérité dans le dif-
» cours. Mais est-ce par amour pour elle ? Point
» du tout : on le veut , parce qu'un homme qui
» est accoutumé à la dire , paroît être hardi &
» libre. En effet , un tel homme semble ne dé-
» pendre que des choses, & non pas de la ma-
» niere dont un autre les reçoit.

Le même honneur qu'il en-tend, ne donnant que des mœurs mauvaises, ne peut être encore par cette raison, le *principe* des Monar-chies.

Principe qu'il faut poser.

» C'est ce qui fait (*ajoute Montesquieu*) qu'au-
» tant que l'on y recommande cette espece de
» *franchise*, autant on y méprise celle du Peuple,
» qui n'a que la vérité & la simplicité pour ob-
» jet ». L'on ne peut disconvenir que cet Auteur
ne pense en tout cela fort finement ; mais de ce
qu'il observe juste , s'ensuivra-t-il qu'il voie le
principe, & qu'il nous donne , par sa façon de
regarder la chose , le vrai tableau & l'état confti-
tutif de la chose même ? Non : l'on en doit dé-
tester l'honneur, l'on doit mépriser sa franchise,
si celle du Peuple est méprisable. Qu'est-ce donc
que, *n'avoir que la vérité & la simplicité pour ob-*
jet ? Nous le verrons bientôt. En attendant , comme
j'ai dit , l'on ne sauroit en toutes choses se perdre
de vue soi-même , quelque religieux observateur
que l'on soit de la vertu : nous nous rencontrons
sans cesse dans les meilleures intentions pour le
Genre humain ; & nous voulons toujours notre
plaisir ou notre intérêt propre, en procurant l'utilité générale.

Deux mo-biles à nos actions.

Puisqu'il est indispensable que l'amour personnel se trouve joint à l'amour public, il est conséquent qu'on remarque en nous ces deux mobiles,
& que les actions que leur ensemble produit soient

en même-temps jugées à raison de ce double rapport.

Il sera donc vrai qu'on veut de la vérité dans le discours, parce qu'un homme qui est accoutumé à la dire paroît être hardi & libre ; mais il ne peut être vrai qu'on ne veuille pas la vérité par amour pour elle. Rien n'est plus intéressant au contraire & curieux à un cœur droit, que de voir cet hommage rendu à la vérité, par goût & par inclination ; & l'intérêt qu'on y prend augmente à proportion que celui qui l'honore ainsi semble s'oublier soi-même. Il faut donc que les deux objets se trouvent réunis pour plaire, c'est-à-dire, l'amour de soi & l'amour de la vertu, & que le premier soit comme confondu dans l'autre ; parce qu'autrement le culte qu'on rend à la vertu n'ayant point lieu pour elle, aura inévitablement les dehors désobligeans & rudes, ou fiers & dédaigneux, ou vains & trompeurs : toujours il portera l'empreinte de la désunion ou de l'insulte. On méprisera quelqu'un qui ne parlera vrai que pour nous témoigner qu'il ne craint personne, ou bien qui ne songe qu'à tirer parti pour lui du rôle honorable qu'il joue : ou plutôt, l'on s'appercevra qu'il joue un faux rôle, & qu'il n'est rien intérieurement de ce qu'il paroît. Or, pour éviter cet extrême, il faut aussi aimer la vertu, l'aimer pour elle & pour soi, y rapporter toutes ses vues & ses démarches. Et ce qui est *mal* en nous, on ne le veut pas en autrui. Une telle disposition ne pouvant convenir à aucune société, elle ne peut donc entrer pour principe dans le Gouvernement monarchique, non plus que dans aucun autre ; & nous devons conclure que *Montesquieu*, en voyant

D'où il suit qu'*il n'est pas vrai qu'on ne veuille pas la vérité par amour pour elle en la désirant en autrui :* Comment ?

clair dans une partie de fa remarque, n'a rien vu dans l'autre, & a manqué le principal objet ; pour raifon de quoi fon application fe trouve fauffe : c'eft-à-dire, que ce qu'il a dit de fon prétendu honneur fur l'article de la franchife appartient à l'honneur véritable, étant du caractere de celui-ci de fe montrer avec un air de liberté & d'affurance, à mefure qu'il ne confidere que les chofes & non pas les perfonnes. Mais auffi il faut pour cela que l'on aime la vertu pour la vertu même, qui eft une condition fans laquelle il ne peut y avoir de véritable honneur.

Mais c'eft encore un défaut dene l'aimer pas pour foi. Comment cela arrive? injuftice de n'attribuer qu'au Peuple cette efpece de franchife, *qui n'a que la vérité & la fimplicité pour objet.* D'où vient ce reproche ?

Cependant, fi c'eft un vice que de n'être pas de bonne foi avec la vérité, & de ne lui rendre qu'un hommage intéreffé, & qui ne fe rapporte point à elle, c'eft encore un défaut dans la nature, je veux dire, felon la fage inftitution du Créateur, de ne la révérer qu'en tremblant ou en automate, de ne point fentir ce qu'elle a de glorieux ou d'utile pour nous, de ne point remarquer, en un mot, que fi c'eft une obligation pour tout être qui penfe d'être *franc*, c'eft en même-temps un droit & une prérogative. N'en foyons pas furpris : c'eft qu'une infenfibilité pareille marque ou l'ignorance dans les affaires, ou une ame timide, ou une indolence incapable de réflexion, ou bien des vues extrêmement courtes. Quelle confiance ou quelle eftime peut infpirer, en effet, un ufage de quelque chofe d'auffi effentiel que la parole, qui fe fait ou machinalement ou par habitude, tandis qu'il femble que celui qui fe comporte de la forte, en voit auffi peu les fuites par rapport aux autres que par rapport à lui-même ? C'eft-là cette efpece de *franchife* que l'on méprife : mais de ce que

plus

lement on la trouve parmi le Peuple,
raison pour ne la placer que là, &
par une telle comparaison les hommes
asse dans un point de vue aviliffant,
point ? Il y a dans tous les Etats, dans
es du commun comme dans celles qui
aiffance & la meilleure éducation, de
& de la hardieffe, quand il faut parler.
ur franchife a plus de grace & d'éclat,
s gens témoignent par-là être au-deffus
ou de la contrainte dans laquelle notre
oudroit les ranger. C'eft le caractere,
e d'ame que l'éducation ne donne point,
fent ces mouvemens de liberté, qui,
fcours, nous paroiffent fi fermes & g\
n les retrouve dans tous les hommes,
s ont reçu du Ciel cet avantage. Toute-
ation n'y eft pas à négliger : ou elle for-
pofition naturelle, ou elle nous foutient
çons qu'elle nous donne, en nous ap-
e qui eft bien propre en foi à nous don-
urage & à animer l'amour-propre. Voilà
s routes difficiles & délicates il eft per-
rcher, & ce que l'on peut raifonnable-
aux hommes. *N'avoir que la vérité & la*
pour objet, en difant vrai, fera donc une
ion, fi l'on entend qu'on ne prend pas
arde, en la difant, à ce qu'elle a de
l'avantageux par elle-même, & cela pour
pable d'en faire la remarque ; auquel cas
idité, infenfibilité pure, habitude fans
. &c. Mais la chofe ne fera point un dé-

N'avoir que la vé-rité & la fimplicité pour objet, a deux fens : l'un bon, l'au-tre mau-vais.

mais dont on ne peut nier pourtant l'existence. J'ai établi ma question d'après la composition naturelle de notre individu, suivant laquelle on marche toujours sûrement au bien ou à la gloire de soi-même, en se livrant aux plus beaux actes de vertu pour le Public, comme je l'ai déja dit.

Enfin, *Montesquieu* continuant de peindre l'honneur, observe que *l'éducation dans les Monarchies exige dans les manieres une certaine politesse ;* & il fait cette réflexion bien sensée, que « les hommes, » nés pour vivre ensemble, sont nés aussi pour » se plaire ; & *que* celui qui n'observeroit pas les » bienséances, choquant tous ceux avec qui il » vivroit, se décréditeroit au point qu'il devien- » droit incapable de faire aucun bien.

» Mais malheureusement, *ajoute-t-il*, ce n'est » pas d'une source si pure que la politesse a cou- » tume de tirer son origine : elle naît de l'envie » de se distinguer. C'est par orgueil que nous » sommes polis : nous nous sentons flatés d'avoir » des manieres qui prouvent que nous ne sommes » pas nés dans la bassesse, & que nous n'avons » pas vécu avec ces sortes de gens que l'on a » abandonnés dans tous les âges ». Il est bien triste que ce qui seroit une excellente qualité en soi, devienne un défaut par la maniere dont on le tourne ! & il l'est doublement si cette espece de prévarication est un effet naturel des Monarchies. Mais nous soutenons toujours qu'on leur attribue à faux un tel principe, que celui du prétendu hon-

public, & que deftiné par fa nature à l'accom- pagner & à le foutenir, il le facrifie à mefure que les paffions ont perdu leur légitime objet ou qu'elles s'enivrent des véritables ? Il falloit mon- trer que cette fauffe nobleffe dans les vertus, cette fauffe franchife dans les mœurs, cette fauffe po- liteffe dans les manieres, entrent néceffairement, & font partie de la conftitution des Monarchies. L'on nous montre bien qu'elles y font, nous l'a- vons déja dit ; mais c'eft précifément le défaut des hommes, l'imperfection de l'humanité, un vice propre à toute fociété civile, & qui fe gliffera, fi vous voulez, plus facilement dans cette forte de Gouvernement, mais qu'on ne peut prendre pour un principe à lui, fans infulter aux hommes même qui ont le bonheur d'y vivre & aux lumieres de la raifon.

toute l'ef- pece hu- maine, & non à la nature du Gouverne- ment Mo- narchique.

Montefquieu, pour établir mieux fon fyftême, monte à la fource : il prétend que la politeffe eft naturalifée à la Cour, & il a raifon. Il en ex- plique la caufe. Il définit l'air de la Cour, en marque les effets fur les manieres, fur la façon de penfer & fur le goût ; on peut dire qu'il tou- che d'une main habile ces points délicats. Le ta- bleau reffemble & n'offenfe pas : la vanité y trouve fon compte. Mais cette peinture même nous dé- cele que la vertu n'y eft point, puifqu'il y manque l'effentiel de la politeffe, qui eft la fincérité. D'où l'on voit toujours plus qu'un tel régime ne fait que des cœurs froids & fourbes ; que l'union ne tient qu'à un fil extrêmement fubtil ; que la trahi- fon fe revêtant fans ceffe du manteau de la dou- ceur & de l'honnêteté, ne porte que des coups plus dangereux ; qu'on y perd l'avantage inefti-

Monte- quieu parle bien de la politeffe de la Cour, il peint fi- nement ; mais fon portrait, tout ref- femblant qu'il eft, n'eft pas une preu- ve.

Ibid. P. 63.

Maux de cette efpe- ce de po- liteffe.

mable des fignes naturels de nos affeçtions, de nos témoignages réciproques de fervice, de zele & de cordialité, puifqu'ils ne font plus fuivis de leurs effets propres, & qu'au contraire ils n'en ont que de funeftes. Comment fe peut-il qu'un tel défordre appartienne par effence à un Gouvernement quel qu'il foit ? La crainte, dit-on, eft le principe naturel de l'Etat defpotique : oui ; parce que ce Gouvernement eft mauvais de fa nature, & qu'il faut un tel reffort pour qu'il fubfifte.

Il eft impoffible qu'elle appartienne par effence à un Gouvernement quel qu'il foit.

Mais le Gouvernement monarchique n'a point ce vice en foi. Il eft légitime, il eft fondé par la raifon & la juftice ; il fuppofe l'exercice des regles & des Loix connues, obligatoires tant pour le Prince, tout légiflateur qu'il eft, que pour le Peuple. Ces Loix ou ces regles doivent aller au bien public ; elles doivent dériver, dans tous les cas, de l'obligation effentielle & commune d'opérer le bien ; il faut donc prendre pour cela le chemin de la vertu. Eh ! quel moyen plus affuré d'y arriver, que de la faire aimer, en y rapportant l'ufage de l'autorité & l'établiffement des mêmes Loix, qui, dans ce Gouvernement, dirigent les hommes ? C'eft, au contraire, par l'obfervance exaéte & fcrupuleufe de la vertu que l'Etat en fera mieux gouverné, le Prince plus craint & plus chéri, & les fujets plus obéiffans & fideles. Or, l'amour de la vertu peut feul véritablement la faire obferver.

On ne peut pas raifonner de l'Etat Monarchique comme du Defpotique : celui-ci eft mauvais, de fa nature, l'autre eft bon.

Droits de l'honneur, felon Montefquieu, qui foumettroient à fon empire

« Là, dit *Montefquieu*, l'honneur fe mêlant » par-tout, entre dans toutes les façons de penfer » & toutes les manieres de fentir, & dirige même » les principes.

» Cet honneur bizâre fait que les vertus ne
» font que ce qu'il veut & comme il les veut; il
» met de fon chef des regles à tout ce qui nous
» eft prefcrit. Il étend ou il borne nos devoirs à
» fa fantaifie, foit qu'ils aient leur fource dans
» la Religion, dans la politique ou dans la mo-
» rale ». Voilà affurément qui eft bien *bizâre*,
comme l'appele cet Auteur, & en même-temps
bien hardi. Et qui croiroit que ce fût d'une telle
caufe que pût dépendre ce qu'il y a de plus facré
& de plus important dans le monde, *les trois
principales & feules branches de notre direction & de
notre conduite ?*

    Montefquieu vient aux exemples. « Il n'y a rien,
» *dit-il*, dans la Monarchie que les Loix, la Re-
» ligion & l'honneur prefcrivent tant que l'obéif-
» fance aux volontés du Prince; mais cet honneur
» nous dicte que le Prince ne doit jamais nous
» prefcrire une action qui nous déshonore, parce
» qu'elle nous rendroit incapables de le fervir ».
Cette raifon eft jufte; mais elle appartient au
vrai honneur, à la vertu; il n'y a point là de
bizârerie. Il eft dans la nature, nous l'avons dit,
qu'en aimant la vertu, nous nous aimions nous-
mêmes; & ce fera parce que nous nous aimerons
bien, c'eft-à-dire, comme il faut, que nous ferons
fideles obfervateurs des faines maximes, indépendamment de toute faveur & de tout commandement. Voilà pourquoi *Gruillon* refufa (1) d'affaf-
finer le *Duc de Guife*, mais qu'il offrit de fe bat-

& la *Religion*, & la *Politique*, & la *Morale*. On ne peut rien dire de plus fort.

Ibid.
P. 64.

Ses exemples (du défaut d'obéiffance aux volontés du Prince. (*Ibid.* P. 64) par principe de cet honneur, qui pourtant ne leur recommande rien tant que de leur obéir) appartiennent à l'honneur véritable, à la vertu.

_____

(1) A Henri III.

Ibid.
P. 65.

tre contre lui. Voilà pourquoi le brave & généreux Vicomte *Dorte*, après l'ordre donné à tous
les Gouverneurs de faire maſſacrer les Huguenots,
écrivit à *Charles IX* les belles paroles qu'on cite,
dignes de paſſer à la poſtérité la plus reculée. Une
lâcheté en effet eſt une choſe impoſſible à un
honnête homme , à un cœur droit & vertueux.
On ne déſobéit alors que par reſpect pour le
Prince , par amour de ſon devoir , par l'horreur
que nous cauſe une baſſeſſe incapable de plaire à
l'autorité , & d'être un lien entr'elle & nous. Si
l'honneur prétendu n'avoit pas d'autre caractere,
nous l'adopterions, il ſeroit la vertu même. L'exemple que *Monteſquieu* nous donne enſuite n'eſt
pas ſi pur.

Le ſecond cas de déſobéiſſance. (*Ibid.*) quant à l'obligation de ſervir le Prince à la Guerre , n'eſt pas ſi net : il faut diſtinguer.

» Il n'y a rien, *pourſuit-il* , que l'honneur pref
» crive plus à la nobleſſe que de ſervir le Prince
» à la guerre. *Il remarque que* c'eſt la profeſſion
» diſtinguée , parce que ſes haſards, ſes ſuccès
» & ſes malheurs même conduiſent à la grandeur.
» Mais en impoſant cette Loi, *dit-il* , l'honneur
» veut en être l'arbitre ; & s'il ſe trouve choqué,
» il exige ou permet qu'on ſe retire chez ſoi ».
Il eſt ſans doute, alors, une condition ſous-entendue , qui eſt, que le ſujet qui ſe retire, n'eſt
point néceſſaire à l'Etat, & qu'il eſt indifférent
que ce ſoit lui ou un autre qui ſerve : autrement
il violeroit ſon devoir, il manqueroit à ſa Patrie ;
ſon reſſentiment particulier l'emporteroit ſur le
bien public, & l'amour de ſoi l'écarteroit même
de ſes vrais intérêts & des bons principes.

Pouvoir indifférem-

» Il veut, *dit encore Monteſquieu*, qu'on puiſſe
» indifféremment aſpirer aux emplois, ou les re-

» fufer ; il tient cette liberté au-deſſus de la for-
» tune même »• Mauvaiſe regle. Cette diſpoſition
ne fait que des revêches & des orgueilleux. Les
emplois ne dépendent pas des hommes : ce ſont
les hommes qui dépendent des emplois, c'eſt-à-
dire , que le Gouvernement , celui ou ceux qui
dirigent les affaires ont droit de choiſir les ſujets
qu'ils en jugent dignes , & de les y appeler quand
ils le croient néceſſaire. On n'a que le droit de
repréſentation, il faut obéir quand le chef inſiſte.
Il eſt beau , ſans doute , de remercier le Prince,
quand c'eſt par modeſtie , par la peur qu'on a
de mal remplir ſa place , ou bien qu'on ne ſe
ſoucie pas des grandeurs. Il peut être permis encore de demander à ſe retirer , ſi l'on a reçu
quelque tort qui ſemble nous déprécier : La vertu
n'aime point à paroître coupable , c'eſt ſon plus
grand triomphe quand elle peut édifier ; du moins,
telle eſt & telle doit être la vertu humaine. Mais
dans tous ces cas , il faut ſuppoſer , encore une
fois , que l'Etat peut ſe paſſer de vous , & que
vous n'êtes pas dans des diſpoſitions à ſacrifier
l'intérêt public à votre reſſentiment ou à vos
craintes.

Monteſquieu , concluant que l'honneur a donc
ſes regles ſuprêmes & que l'éducation eſt obligée
de s'y conformer , nous en marque trois principales , que nous allons examiner , pour voir ſi
elles ſont bien dépendantes de ſon prétendu
honneur.

1°. « Qu'il nous eſt bien permis de faire cas
» de notre fortune, mais qu'il nous eſt ſouve-
» rainement défendu d'en faire aucun de notre

— marginal notes —

ment aſpi-
rer aux
emplois ou
les refuſer,
mauvaiſe
regle.

Examen
des trois
principales
Regles de
l'honneur
(*Ibid.*) ſe-
lon *Mon-
teſquieu* :

1°. *Qu'il
eſt permis
de faire cas
de ſa for-*

» vie ». Je crois que cette proposition tient trop à la nature de l'obéissance & du commandement, dans la nécessité de défendre l'Etat, quant aux personnes qui ont embrassé cette profession, pour qu'il ne la faille pas regarder, comme générale & commune à toute société civile, à tout corps, dont les membres ne se sont ainsi unis que pour la plus grande sûreté de tous. Il entre ici une raison de conséquence, qui est, que quand la fin est bonne & nécessaire, l'on doit à tout péril prendre le seul moyen qui y conduit. *Faire cas de sa fortune*, est de Droit naturel. La civilisation, pour me servir de ce terme, ne nous ôte rien à cet égard, mais toujours le bien public en doit être le contre-poids. C'est encore un frein, mais un frein de la raison, à cette liberté, & que la loi suppose même en celui qui en abuse, lorsqu'elle ne le punit pas. Il en est ainsi de la conservation de la vie pour ceux qui sont destinés par état à la perdre ou à l'exposer au besoin: Ils ne doivent donner aucun signe qu'ils la préferent au bien public, à l'intérêt ou à l'avantage de la Patrie dans les points commandés & inévitables. Ce seroit perdre de vue les grands objets, la fin derniere des mouvemens de guerre, être enfin en contradiction avec soi-même. La vertu est (je l'ai déja dit plusieurs fois) l'amour de son devoir, & le devoir, la pratique de ce qui est de nécessité & conforme à notre place, quand les places elles-mêmes & les fonctions qu'on y exerce sont non - seulement légales par le *Droit positif*, mais justifiées par le *Droit naturel*.

Cette regle est donc du vrai honneur, de la

Sidenotes: tune; mais souverainement défendu d'en faire aucun de sa vie. — Limitation naturelle, au droit de faire cas de sa fortune. — Raison de la défense de faire aucun cas de sa vie. — Cette premiere Re-

vertu pure ; & l'on ne peut en prendre avantage en faveur de l'honneur prétendu, pour nous le faire regarder comme une piece néceffaire aux Monarchies, fans abufer des idées & renverfer l'ordre.

gle eft du *vrai hon- neur.*

» La feconde , *dit Montefquieu ,* eft que lorf-
» que nous avons été une fois placés dans un rang,
» nous ne devons rien faire , ni fouffrir, qui faffe
» voir que nous nous tenons inférieurs à ce rang
» même ». Voilà encore une leçon de la raifon,
le parti de la vertu humaine, qui ne s'oublie jamais elle même dans les plus grands actes d'amour public. Les hommes ne voient point le fond de l'ame. La modeftie eft féparée de la baffeffe, comme la nuit du jour; mais fes bornes n'en font pas fi fenfibles. L'homme modefte fent qu'il peut, peut être, autant qu'un autre; mais il ne fe prévaut pas, il ne parle point de fa capacité, il en laiffe les autres les juges ; & néanmoins ce caractere a des fignes fi marqués par la nature & en même-temps fi aimables, qu'on le pénetre auffitôt & qu'on le devine. Mais *faire ou fouffrir quoi que ce foit, qui faffe voir que nous nous tenons inférieurs au rang même où l'on nous avoit placés,* c'eft autre chofe; dans le cas de la *modeftie,* ce n'eft pas nous qui devons parler de nous-mêmes, il n'y a pas de néceffité. Ce que nous pouvons valoir eft cenfé connu, ou n'eft pas contredit; moins même nous nous en occupons, plus les autres nous en accordent ; il n'y a pas, en un mot, d'acte de dépréciation. Mais lorfqu'après avoir été placé à un certain degré, le Prince nous en fait defcendre , pour nous ranger à un plus bas; il femble témoigner reconnoître en nous

De la deuxieme Regle de l'honneur prétendu : *Que lorfque nous avons été une fois placés dans un rang , nous ne devons rien faire , ni fouffrir qui faffe voir que nous nous tenons inférieurs à ce rang même.*

Différence de la *modeftie* à la néceffité de parler de foi.

une incapacité ou une infuffifance pour la place
où il nous avoit mis, & cette efpece de déclaration eft une méfeftime : il devient public & no-
toire qu'on n'avoit pas tout le mérite requis, ou
bien qu'on a fait quelque faute digne de nous
attirer ce traitement. On voudroit bien ne pas
parler de foi, mais l'on nous y force, puifqu'on
nous prévient, & que notre réputation eft ainfi
attaquée. Il eft de la fageffe humaine de ne laiffer
aucune ombre de foupçon fur foi : & indépendamment de l'intérêt perfonnel, l'on doit encore
l'édification publique : on la procure de diverfes
manieres ; ou en faifant des actes pofitifs de générofité & de bienfaifance au profit du particulier
ou du public, ou par des témoignages qu'on eft
fenfible à la crainte de paroître ne pas affez efti-
mer la vertu, & exiger moins de foi que l'on
ne demande des autres. Celui qui aimera véritablement fon devoir, fe fera un point effentiel,
dans les chofes qui font vifibles, comme dans
les autres, de s'en acquitter de maniere
qu'il n'y refte pas du doute ; à des actes extérieurs, de notre bonne volonté, il faut des actes
parlants, auffi de l'eftime qui nous en eft due ;
& il eft une telle correfpondance entre toutes ces
chofes, qu'il ne dépend pas de l'homme de bien,
dans les emplois même d'obligation, de fe contenter de bien faire, quand il s'agit de l'inftruction
ou de l'édification publique : il veut encore qu'on
le voie & qu'il y paroiffe, pour que fon exemple ranime les tiedes, rappele les lâches, ou
raffermiffe encore plus les bons dans leur devoir.

Comment
homme
ertueux fe
éside

Toutefois, cette jufte délicateffe, dans un homme
vraiment vertueux, de ne point paroître avoir
démérité, le cede à l'intérêt de la Patrie, à la

nécessité d'occuper le poste qu'on lui confie, tout inférieur qu'il soit à celui qu'il a déja eu : il court où la
volonté du Prince & l'ordre des destinations l'appelent;
mais il ne manque pas de s'en faire dire la raison,
pour la cacher s'il importe à l'Etat de la tenir
secrete , ou pour la publier , si cela lui est indifférent : & l'Etat lui doit cette satisfaction de
ne pas lui en faire un mystere.

pourtant , quand il voit que son obéissance est nécessaire & pressante?

Je crois donc , qu'après toutes ces conditions &
ces réserves, la liberté de se plaindre dans les
cas où l'amour propre se trouvera blessé , pour
les personnes dont la profession est de servir
la Patrie à la guerre , ne peut paroître tenir à
l'honneur bizâre, dont *Montesquieu* fait une piece
essentielle aux Monarchies; & nous devons convenir que cet honneur, jusques-là, seroit bien
raisonnable & ne nous inspireroit que ce que
comporte la vertu.

Conclu-sion de cet article.

Voici la derniere des trois principales regles
qu'on lui attribue : laquelle demande sur-tout d'être
bien examinée & développée. Nous n'y trouverons, je me flate encore , que les plus sages
dispositions , que le tempérament le plus juste,
& les vues les plus solides.

Troisieme & derniere principale Regle de l'honneur prétendu , citée par *Montes-quieu.*

» Les choses (*dit Montesquieu*) que l'honneur
» défend , sont plus rigoureusement défendues ,
» lorsque les loix ne concourent point à les pros-
» crire, & celles qu'il exige sont plus fortement
» exigées, lorsque les loix ne les demandent pas ».
Pour bien entendre la force de cette proposition
& en appercevoir tout le vrai , il faut observer ,
tout premiérement , que les *Loix humaines* sont

Ibid. Pag. 66. Enoncé de cette Re-gle.

bien éloignées de préfenter aux hommes tout ce que la *Loi naturelle* renferme, & de ne leur préfenter encore que ce qu'elle defire. Elles font venues au fecours pour fixer les points d'ordre & de convenance ou de néceffité, bannir les difputes & l'arbitraire, & rendre uniforme la conduite des particuliers entr'eux par rapport à l'intérêt com-

mun; mais la nature des objets divers qui, dans chaque forme de Gouvernement & dans chaque pays, occupent les hommes, le développement plus ou moins étendu de leurs facultés, la rencontre inopinée ou prévue des accidens & des circonftances, le plus ou moins de vues des Légiflateurs ou des chefs des Nations, relativement à l'ambition, à la gloire, à l'autorité, à l'agrandiffement, aux richeffes & à l'aifance, ont déterminé les genres de loix en chaque efpece, & fait prendre, dans cette infinité de regles poffibles du *Droit naturel*, & dans ces infpirations de la confcience, qui font plutôt fenties que reconnues & avouées, qu'une bien foible partie; gêné, modifié, ou anéanti la plupart des autres; & adopté, à la place des plus délicates & des plus flateufes pour l'homme de bien, une foule de réglemens, de loix & de coutumes, dont le moindre défaut eft d'être inutiles ou puériles.

Or, la plus grande partie de ces loix pofitives, en rendant juftes en apparence, & en mettant en repos les actions des particuliers, qui s'y rapportent, parce qu'il faut, au moins cela, pour le maintien de toute fociété, n'en rencontrent pas mieux la vraie juftice, & n'en font pas une plus fidelle expreffion du bonheur public.

Il arrive de-là que celles qui ont atteint le vrai but, c'eſt-à-dire, qui s'accordent avec la Loi naturelle, font ſur tous les eſprits, l'impreſſion qu'elles doivent, qui eſt, d'être aimées & conſenties volontairement & ſans force : l'on s'y porte avec autant de plaiſir que de néceſſité, le cœur s'épand à les reconnoître & à les ſuivre : jamais puiſſance ne fut égale à la leur.

Effet de celles qui rencontrent juſte avec la Loi naturelle.

Et pour les autres, qui violent, gênent, ou modifient trop cette Loi ſouveraine de la nature, il s'éleve un mouvement en nous involontaire, qui les combat & les condamne, même lorſque, pour des intérêts particuliers ou généraux, mais mal entendus, l'on les fait valoir. Elles ſont, à cauſe de cette inſtitution politique ou civile, plus redoutables, plus préciſément exécutées ; elles portent avec elles la menace ou la punition. Toutefois l'on y manquera (1) infailliblement, quand on le pourra ſans riſque ; & l'honnête homme ne s'en fera peut-être pas un ſcrupule, ſi, par ſon action, il ne met point ni ſa liberté, ni ſa réputation, ni ſes biens en compromis.

Effet de celles qui violent, gênent, ou modifient trop cette même Loi.

C'eſt qu'indépendamment de toute inſtitution les germes de vertu ne ſont pas éteints dans le cœur des hommes. Tandis que par l'habitude ou l'exemple, l'on ſe livre à des objets ſuperflus avoués par les loix, tandis qu'on adopte, ſans y prendre garde, toutes ces pratiques d'inſtitution que le monde recherche ; tandis, en un mot, qu'on ſuit

Germes de vertu éteints dans le cœur des hommes, nonobſtant toute inſtitution.

---

(1) Nous en avons vu des Exemples en traitant des *Peines.*

la foule, il s'éleve dans l'ame des personnes sensées, une voix qui le leur reproche : Ainsi, l'équité a plus de force que la justice ; l'honnête homme de *Moliere*, dans son *Misanthrope*, trouve une grande consolation à perdre son procès, quand il ne le perd que par la malice des hommes : ainsi, le faste & l'orgueil déplaisent dans les gens les plus élevés par leur naissance ou par leur dignité : ainsi la liberté honnête dans les procédés & la hardiesse dans le discours sont si remarquables & font un secret plaisir, en parlant des personnes du commun, & sur-tout de celles qui sont malheureuses : Ainsi, le guerrier, que la Loi condamne pour avoir attaqué sans ordre dans une circonstance essentielle, emporte néanmoins tous les suffrages, & est absous intérieurement d'un chacun, s'il a vaincu & rendu par sa contravention un très-grand service à la patrie : Ainsi, enfin, pour finir mes exemples, malgré le crime capital des deux fils de ce sévere Romain qui voulut être lui-même le vengeur de la république, & malgré le noble motif qui animoit ce pere malheureux, la nature est indignée de sa résolution, & plus encore de cette barbare fermeté avec laquelle il ose lui-même trancher leurs jours.

Quelques exemples où la nature elle-même réclame contre la regle établie, ou contre certain principe reçu.

Il est de cette maniere, une espece d'opposition, ou pour le moins, bien peu d'intelligence, entre les sentimens naturels ou les inspirations de la conscience, & la plupart des loix humaines. La vertu civile consiste à pratiquer son devoir précisément par ce qu'il est prescrit, & à ne se permettre rien qui aille à l'encontre de la loi écrite. L'honneur, qui est ce ressort puissant qui y mene, mais le vrai, le solide honneur, fait de l'ordonnance du Prince ou de l'Etat, tout son but & son

La vertu civile va au devoir prescrit.

Mais l'honneur, qui y conduit, suppose,

plus cher objet ; mais , c'est une nécessité que le
but , en lui-même , soit juste , qu'il soit bon. Il est
au fond de tous les cœurs , comme j'ai dit , une loi
victorieuse qui juge elle-même de toutes les autres,
& y met leur véritable prix.

Tandis donc que pour le malheur des hommes,
il regne si peu d'analogie entre les loix établies &
celle de la nature, il est conséquent que celle-ci, par-
tout où l'autre se sera oubliée ou n'aura dit mot,
parle encore plus haut , & nous rende encore plus
jaloux de ce qu'elle ordonne. L'homme paroît alors
dans sa plus grande liberté : Il ne sent d'asservisse-
ment légitime que par la raison & la justice. Et
voilà pourquoi *les choses que l'honneur exige font*,
comme le dit Montesquieu, *plus fortement exigées,*
lorsque les loix ne les demandent pas. Il est tout simple que ce Maître universel s'explique d'une maniere absolue. Il a bien pour objet le bien public,
mais il se regarde en même temps lui-même , c'est-
à-dire , qu'il envisage , son intérêt particulier qu'il
a su tourner du bon côté , en ne le nourrissant que
de l'avantage général. Voilà pourquoi encore les
choses que les loix ne concourent point à proscrire font plus rigoureusement défendues , suivant
la même regle. Mais il est toujours entendu que
ces choses font en elles-mêmes mauvaises & re-
préhensibles ; que si la loi écrite ne les a point
proscrites , c'est qu'elle ne s'avise que des grands
crimes , des grands manquemens, de tous ces actes,
en un mot , qui marquent la rebellion décidée à
l'ordre établi , & où c'est le dernier trait de la
volonté , sans s'embarrasser d'épurer le fond , d'aller
à la source & de prévenir les désordres mêmes

de cette volonté. J'ai montré ailleurs (1) les mauvais effets & l'injustice de cette négligence, je puis y renvoyer le lecteur. Comment se pourroit-il que les premiers élémens de la raison & de l'équité, ces premiers principes de *l'honneur* & de *l'honnéteté*, qui constituent la vertu même, restassent muets dans les circonstances où les loix positives les oublient ? C'est alors qu'il est naturel qu'ils nous gouvernent, & que les décisions de leur tribunal aient effectivement plus de force, puisqu'elles sont comme isolées & plus en évidence. C'est les montrer que de n'en pas faire mention ; accoutumés, comme nous sommes à vivre sous l'empire des loix, celles qui nous gouvernent, nous font remarquer celles qui manquent : A quoi, peut-être, l'on ne seroit pas si sensible, si l'on n'en avoit pas du tout de prescrites, & que l'on se trouvât dans l'état de nature : Notez bien cela. Heureux les hommes, dans l'Etat civil, d'avoir encore ce frein redoutable, ce moniteur fidele & sans cesse agissant, pour les ramener à la raison de la regle, quand la regle manque ; & pour leur montrer qu'on n'a pas tout fait envers le prochain, ou envers son Roi, quand on a simplement suivi ses ordonnances ! C'est-là l'esprit de l'honneur véritable. Il faut donc lui rendre, comme un bien qui lui appartient, cette même regle que nous venons d'examiner, & l'ôter au faux, au bizarre honneur, à qui *Montesquieu* l'attribue ; & par conséquent, des dispositions pareilles étant dignes de la vertu, ou plutôt, ses propres effets, en les voyant régner dans les Monarchies, malgré qu'elles soient souvent envelop-

Dans l'état de civilisation, c'est parce que les Loix ne disent rien, quand elles devroient parler, que la Loi naturelle se fait mieux entendre.

Le vrai honneur ne se contente pas d'obéir aux Loix : il va plus loin.

_____

(1) N°. I, Sect. II, Deuxieme Partie.

pées d'obſcurités , nous devons convenir que la *vertu* , qui les produit , peut tout auſſi-bien être le principe de cette eſpece de Gouvernement que des démocraties.

Nous pouvons réſumer , de tout ce que nous venons de dire , que *Monteſquieu* n'a pas mieux rencontré dans ce qu'il a prêté de bon aux Monarchies , que dans ce qu'il leur a attribué de mauvais ; puiſque le bon , qu'il croit être de la dépendance du faux honneur , eſt un bien appartenant à l'honneur véritable , & eſt un droit ou un effet de la vertu ; & que le mauvais , qu'il ſuppoſe être propre à ce Gouvernement , n'eſt que le fruit ou les prétentions déraiſonnables de ce même faux honneur , qu'il dit en être le principe.

Il ſuit que ce principe tombe , qu'il s'eſt trompé & à l'eſprit & à l'objet des Monarchies , que prenant pour néceſſité & pour nature , les abus & les vices qui s'y ſont gliſſés , & qui ſont peut-être plus faciles à naître , que dans les deux autres , il y a ſubſtitué un reſſort , à la place de la vertu , lequel eſt auſſi pernicieux que chimérique & inutile , pour n'y point admettre le véritable , le ſeul qui doit y régner , & qui eſt l'ame des actions les plus eſtimables & les plus glorieuſes.

Dans ſon erreur , il a pris les ſages regles de l'honneur véritable pour les caprices , & l'abſolu pouvoir du faux honneur ; il n'en a pas entendu les tempéramens & les diſtinctions néceſſaires ; il n'a pas bien ſenti où portoit la commune maniere de parler , que *chacun va au bien général , croyant n'aller qu'au ſien particulier* ; il infecte de l'atteinte de nos vices , & nous rend ſuſpectes &

Réſumé de tout ce qu'on vient de dire contre le ſyſtême du *faux honneur* comme *Principe* des Monarchies.

dangereuses, *les trois choses que l'on entend toujours dire*, suivant lui, *dans les Monarchies, en entrant dans le monde*, sur les *vertus*, les *mœurs*, & les *manieres* : tandis que ce font trois leçons de fageffe & de vérité, que le bon fens approuve, & que le bien général demande. Il applique mal auffi fes exemples, ou plutôt, ils prouvent contre lui ; le vrai honneur les réclame. Enfin, il en faut féparer une prérogative, qu'il lui attribue, comme tendante au défordre, & fuppofant une indépendance qui n'eft pas dans le fujet.

Il eft étonnant, je l'avoue, que ce génie rare & lumineux ait ainfi erré ; mais la prévention a d'étranges forces fur les hommes, & l'efprit fyftématique encore plus. Plaignons le fort des malheureux mortels, de rencontrer toujours, avec mille cho es utiles & vraies, une infinité d'autres chofes menfongeres, & qui font d'autant plus funeftes, qu'elles partent de bonne main. *Montefquieu* a l'œil perçant, il voit tout ; il voit finement ce qui eft des mœurs, du caractere, des inclinations des Peuples ; il peint avec une force & un tour inimitables. Mais il ne va pas à la caufe, il ne la recherche guere, il ne fe tire pas des difficultés, il ne débrouille point le chaos de nos imperfections *factices* ou *acquifes* : c'eft qu'en effet, ce n'étoit pas fon but ; il ne vouloit que nous montrer l'*efprit* de toutes nos loix humaines, les rapports entre tous décrets pofitifs & toute conftitution politique ; & non les rapports de néceffité & de convenance, déja exiftans entre les chofes naturelles & nous, fur lefquels auroit dû porter l'édifice de nos Gouvernemens civils.

Il ne doit donc pas en être cru, quand il dit *que la vertu n'est point le principe du Gouvernement Monarchique*; il a beau parler, d'après toutes les histoires, & supplier qu'on ne s'offense pas de ce qu'il a dit. *L'histoire* est le recueil de nos vices & de nos vertus; la science est d'y peindre les hommes comme ils ont été; l'on ne va pas plus avant, pour démêler si même une telle vertu est une vertu, ou si un tel vice est un vice: le Rédacteur des actions civiles, politiques, ou morales, reçoit tout sur le pied qu'il le trouve établi, & que le monde le considere. C'est ainsi que les Historiens de tous les temps, les conversations des hommes de tous les pays ont fait des tristes peintures de la Cour des Monarques & du caractere des Courtisans. *Montesquieu* lui-même en trace un tableau fidele. Mais, outre qu'on n'a pu prendre les originaux que dans les Nations connues & civilisées à notre maniere, & que les mots *de tous les temps & de tous les pays* ne doivent être pris que pour une bien foible partie de ce qu'ils expriment, cette fidélité du tableau & cette uniformité dans les discours ne portent que sur ce qui est arrivé le plus souvent: c'est qu'il est vrai que la puissance d'un seul est plus exposée à la séduction & à la méprise, à toutes les atteintes des mal-intentionnés; mais cela n'est pas lié inévitablement avec ce Gouvernement: c'en sont les dangers & les inconvéniens. *Montesquieu* sait très-bien *qu'il n'est pas rare qu'il y ait des Princes vertueux*. Et dans ces Etats, & sous de tels Princes, la Cour des Monarques est mieux réglée, il n'y a pas tous les vices qu'on décrit, ils n'y sont pas en si grand nombre.

Il a beau s'appuyer sur l'Histoire & sur le langage commun des conversations Tome I, P. 46, 47.

Ibid. P. 48.

Aveu de Montesquieu, qu'il n'est pas rare qu'il y ait des Princes vertueux.

Ibid.
c. 47.
Page 48.

L'Europe pourroit nous fournir des exemples de ce que je dis ; & *s'il est difficile que le Peuple soit vertueux*, c'est quand, en effet, les Principaux d'un Etat sont mal-honnêtes gens, & que le Prince, trop adonné à ses plaisirs ou à la paresse, ne prend point la peine, ni de donner l'exemple, ni de corriger les abus.

Paroles du Cardinal de *Riche-lieu*, mal entendues.

Le Cardinal de *Richelieu*, dans son Testament Politique, insinue, dit *Montesquieu*, que, *si dans le Peuple il se trouve quelque malheureux honnête homme, un Monarque doit se garder de s'en servir.* Mais, ou le Cardinal avoit malheureusement prévu & parlé le langage moderne, *qu'il ne faut point de vertu dans ce Gouvernement,* ou bien, l'on a mal pris sa pensée : je ne peux pas croire le premier, la proposition est trop dure à entendre, blesse trop l'humanité, en même-temps qu'elle déshonore celui qui l'avance. J'aime mieux m'arrêter au second:

Ibid.

Voici les paroles du Cardinal que *Montesquieu* lui-même nous rapporte au bas de la page : *Il ne faut pas se servir de gens de bas lieu, ils sont trop austeres & trop difficiles.* Ne pourroit-on pas donner un sens raisonnable à ces paroles, un sens de paix & de bonne administration, dont l'intérêt public n'ait rien à souffrir ? Oui, cela ne me paroît pas impossible.

Ci-devant, p.
Différence des gens vertueux de bas lieu, à ceux qui ont de la naissance.

Qu'on se souvienne que le Peuple a bien tout autant de droit à la vertu, & en est tout aussi capable, que les Grands & la Noblesse ; mais que l'éducation chez lui n'étant pas si cultivée, ou y étant négligée, sur-tout dans les plus basses conditions, la nature est presque toute delaissée à elle-même, & elle est obligée de combattre

les fots préjugés & les fâcheux exemples. Ainfi,
l'on y voit plus fouvent, comme nous l'avons
expliqué, cette efpece de franchife qu'on lui
reproche, qui *n'a que la vérité & la fimplicité
pour objet* dans le fens défavantageux que j'ai
dit. Faute d'inftruction, l'on ne connoîtra pas
tout le mérite des actions vertueufes, & non-
feulement tout le bien qu'elles procurent à autrui,
mais à celui qui les fait. D'autre part, cet homme
du Peuple ne verra que le moment préfent, ne
connoîtra ni le degré, ni l'étendue des chofes;
il prendra fouvent à la lettre ce dont il ne faut
que l'efprit. Il fera foupçonneux & méfiant,
faute d'approfondir les caractéres, &c. Voilà des
motifs pour craindre fon jugement & fes réfolutions, malgré fa droiture. Il eft vrai qu'il peut
avoir cela de commun avec des perfonnes élevées
par leur dignité ou par leur naiffance, dont le
génie eft court, & l'efprit borné; mais ce qui
eft de plus particulier, dans l'efpece dont nous
parlons, c'eft que les gens du commun, qui ont
de la vertu, font quelquefois, par leurs manieres,
peu dignes de figurer avec elle-même, qui n'en
a que de douces & de paifibles, de modérées
& d'attrayantes, de faciles & d'amies de l'humanité. Le bien, quand il le faut faire, n'a jamais
qu'un feul côté : il faut qu'une telle chofe foit
ou ne foit pas, il n'y a pas de milieu. Les
hommes, diftingués par leur haut rang ou par
la nobleffe de leur extraction, ont reçu, en général, dans leur éducation, des principes plus
généraux, des vues plus étendues; on leur a
préfenté plus fouvent le tableau du genre humain,
& la néceffité de regarder à la maffe entiere :
comme auffi, à bien pefer les intérêts particu-

par rapport
aux pre-
mieres pla-
ces dans
une Mo-
narchie.

Ci-devant.

liers, & à ne les pas regarder toujours comme contraires aux généraux ; on leur a appris qu'il est des égards, qui sont de la vertu même, & que tous les tempéramens, qu'on peut prendre, ne sont pas criminels ; que la prudence est la directrice de toutes les vertus, qu'elle les accompagne sans cesse, pour arrêter, comme pour exciter le zele, pour échauffer ou attiédir l'intention, toute louable qu'elle paroisse. Enfin, la multiplicité des affaires & des accidens, dans ce tourbillon où nagent les hommes, les besoins publics & l'existence nécessaire de leurs Sociétés politiques en chacune d'elles, telles surtout qu'elles se trouvent montées, demandent une tranquillité d'ame & une modération à toute épreuve, en ceux qui les administrent, ou qui sont en sous - ordre pour les aider. Les gens de *bas lieu*, pour me servir des termes du Cardinal, élevés sur-le-champ à la faveur, & tirés de la foule, sans avoir eu le temps de prendre les idées convenables à leur nouvel état, en les supposant honnêtes gens, pourront avoir une vertu rude & austere ; ils pourront paroître difficiles & à eux - mêmes & aux autres. Comme le bien & le mal se touchent par des limites bien précises, mais qu'en la plupart des choses, qui sont de notre institution politique ou civile, les objets de comparaison s'étendent ou se resserrent selon les principes que nous nous sommes faits aussi, & qui dépendent fort de l'arbitraire de convention, il arrive, en ces personnes de *bas lieu*, que, parvenues dans les premieres places, elles y apportent cette inflexibilité qui part d'un point isolé, ces petites idées qui n'ont qu'une justice apparente, sans proportion avec la généralité des sujets, parce qu'on ne voit jamais qu'une partie de l'ensemble, ou qu'on ne voit pas assez dans le particulier : d'où naissent des difficultés, des résolutions & des entreprises inquiétantes dans le détail, comme dans le général, & qui sont très-souvent en contradiction avec les meilleures vues & avec le bonheur des Peuples.

Telles sont les réflexions que ce passage m'a fait faire, & d'où l'on peut appercevoir qu'il n'est pas si propre à appuyer le sentiment de *Montesquieu* qu'il a pû le croire. L'austérité dans la vertu sera toujours un défaut, puisqu'elle suppose des difficultés mal placées, ou un excès de précision, de laquelle nous ne sommes pas capables ; & l'on sait que la rigueur du droit est une injustice : *Summum jus*, *&c.*

L'austérité dans la vertu, toujours un défaut.

Que, si j'ai détruit, par le *Droit*, les raisonnemens d'un Auteur moderne, sur l'impossibilité prétendue d'établir l'égalité des fortunes dans les Sociétés civiles, & indiqué, d'après lui, la porte, par où l'inégalité s'est introduite : si j'ai fait toucher au doigt ce point essentiel & unique, où il faut s'arrêter pour entreprendre le grand ouvrage de la réformation ; & si j'ai montré en même-temps, suivant la remarque d'un grand homme, quel en est le moyen naturel, l'*éducation.*

Que si, enfin, j'ai découvert, ce me semble, assez clairement, que l'*esprit* & l'*objet* des Monarchies ne sont pas naturellement ceux que *Montesquieu* leur attribue ; & qu'elles n'ont pas, non plus, pour *principe*, cet honneur prétendu

Conclusion : Voyez ci-devant, Chap. I, p. 200. La machine se trouvera, pour ainsi dire, toute montée par la seule conséquence de nos principes.

& bizârre dont il parle, mais bien l'honneur véritable, qui n'est autre que la *vertu*, celle qu'il entendoit donner exclusivement aux Démocraties: que
nous reste-il, pour être persuadés que les hommes,
dans le Gouvernement monarchique, peuvent
être réduits à l'égalité des biens & au pur nécessaire (1), que de nous représenter la chose
même, comme allant son train, & la machine
toute montée, par la seule conséquence de nos
principes & le retranchement, qui s'en ensuit,
de toutes nos superfluités & de nos établissemens mal-entendus? Il est prouvé que la vertu
est un principe commun à tous les Gouvernemens civils, quels qu'ils soient, pourvu que la
raison & la justice les avouent.

Montesquieu a mis cette note au bas de la
page 48 du premier tome: « Je parle ici de la
» vertu politique, qui est la vertu morale, dans
» le sens qu'elle se dirige au bien général; fort
» peu des vertus morales particulieres, & point
» du tout de cette vertu qui a rapport aux vé-
» rités révélées ».

La *vertu* en général, je l'ai déja dit, est une
disposition de cœur & d'esprit, qui nous fait
vouloir & pratiquer tout ce qui est juste, tout ce
qui nous est prescrit, ou naturellement, ou par
institution pour le bien public & l'avantage de
tous les hommes.

Qu'on veuille appeler cette disposition *vertu*,
quand c'est le Peuple même qui gouverne, ou

Il est égal au fond, qu'on nomme la disposition au bien gé-néral, *ver-tu politi-*

_____

(1) Cette *égalité* & ce *nécessaire* doivent être tels que je m'en suis déja expliqué, & que j'en parlerai encore.

bien *honneur*, quand c'eft un homme feul, cela eft indifférent. Il ne faut pas moins de vertu politique pour bien obéir, que pour bien commander; de même que l'honneur fe fera tout auffi-bien fentir aux cœurs droits, dans une République, que peut le faire la vertu. Celui-là, à coup fûr, étoit déshonoré à Rome & à Athenes que la crainte ou une autre paffion funefte à la caufe commune empêchoit de faire fon devoir.

que, ou bien *honneur*, felon que le Gouvernement eft Républicain ou Monarchique.

Dans un Etat populaire, tout le monde ne peut agir enfemble, & avoir part au Gouvernement. Il faut de néceffité qu'il y ait des gens & plus remuants & plus habiles pour agir, & que d'autres les laiffent faire; il ne s'en trouve même que trop qui prennent infenfiblement le deffus, donnent le ton & emportent les fuffrages. Le Peuple ainfi fe fait, fans y penfer, un maître ou des maîtres dans fon propre fein; il arrive alors que ceux qui ne menent pas les affaires, ou qui ne donnent que paffivement leurs voix dans les affemblées, font, à cet égard, par rapport à ceux qui agiffent de fait & avec connoiffance, dans cette difpofition qu'on appele *honneur* à l'égard des Sujets dans une Monarchie.

Les réfultats, par rapport à ce qui affecte ou ce qui anime les fujets de l'un & de l'autre Gouvernement, font

Je ne vois pas quelle diftinction ont pourroit y faire les Citoyens dans une Démocratie, qui ne font, pour ainfi dire, qu'être de l'avis des autres, parce qu'ils n'agiffent point par eux-mêmes, favent, il eft vrai, en fe laiffant aller aux opinions ou décifions de leurs compatriotes, qu'ils font néanmoins cenfés y avoir pris part, & faire corps avec eux; ils peuvent croire de régner ou de gouverner en effet avec le refte

les mêmes: les termes font différens.

du Peuple. Mais tout cela n'est pourtant qu'une idée : on peut bien se figurer de part & d'autre, si l'on a bien dans l'ame la vertu politique, le vrai honneur, qu'on commande, lorsqu'on ne fait qu'obéir. Qu'importe que je conduise, ou que je sois conduit, si le conducteur & moi n'avons que les mêmes intentions, les mêmes vues, qui font de faire le bien de l'Etat, le bien de la généralité & de l'ensemble ?

La vertu, jamais éteinte dans les Monarchies, même comme nous les voyons.

Si le Monarque n'a pas des Sujets animés de cet esprit, que la vertu politique leur manque, il n'opérera jamais le bien, comme il faut ; mais il l'opere néanmoins souvent, parce que la vertu existe, qu'elle n'est point éteinte, & qu'elle se démêle à travers une infinité d'abus & de méchantes coutumes, sous le nom adopté d'*honneur*. Je sais que celui-ci se regarde tout premiérement soi-même, qu'il a directement son intérêt en vue ; mais qu'il ne peut l'obtenir qu'au préalable il ne ne le fonde sur le bien public ; & c'est un point, sur lequel il ne peut plus y avoir de doute.

Explication d'une espece d'objection tirée de ce que *Montesquieu* observe qu'un *courtisan se croiroit ridicule d'alléguer au Prince*

Cependant, il me reste, dans ce Chapitre, à répondre à une espece d'objection. « Dans les » Etats monarchiques & modérés, *dit le grand Ecri-* » *vain dont j'ai cité si souvent les paroles*, on n'ira » point lui (au Prince) alléguer les Loix de la » Religion ; un Courtisan se croiroit ridicule. » On lui allegue sans cesse celles de l'honneur ». Je le crois bien, cela doit se passer de même. La Religion n'est pas là nécessaire pour avertir le Prince de ce qui se peut ou ne se peut pas. Elle seroit ridiculement rappelée dans de telles circonftances , où il fuffit , de refte , de fentir & d'avoir de la raifon. C'eft une regle du bon fens & une pratique générale qu'on n'a jamais apprife, de n'avoir recours à un plus puiffant Agent, qu'après avoir ufé d'un moindre , & d'employer toujours, pour la défenfe ou la juftification, &c. les armes qui y font le plutôt, & y font, pour ainfi dire , plus voifines. Ce feroit dégrader, en quelque forte , celui dont on dépend, que de ne point lui alléguer des autorités ou des principes, qui font naturellement plus à portée : ce feroit fuppofer qu'ils lui font étrangers , & qu'on ne peut rien obtenir de lui, qu'en l'intimidant par les menaces de la Religion, ou le flatant par fes promeffes. Un Courtifan court tout droit au fentimens d'*honneur*, c'eft-à-dire, à cette regle univerfelle & intérieure, qui veut qu'on fe refpecte foi-même, en ne fe permettant rien de contraire au bien public , ou à la perfonne de fon Souverain , quand même celui-ci le commanderoit. Il repréfente qu'il ne peut alors obéir , fans fe rendre indigne , ni le Prince lui-même agir & vouloir , (là où il a un mauvais confeil ou qu'il fe trompe) fans bleffer fa dignité & fe faire tort. La confidération du bien, felon les circonftances, a diverfes faces , & l'on y arrive par divers chemins. Le Concitoyen, dans une République, cite la Patrie, l'intérêt général ; il a perpétuellement devant les yeux l'enfemble des Citoyens, qu'il regarde comme une idole qu'il faut ménager & conferver, & envers qui les hommages ne font que le foin que l'on prend de la chofe publique : ce particulier, en tenant ce langage, fait fon propre bien & celui des autres. Dans une Monarchie , le Sujet ne perd pas de vue

les Loix de la Religion : qu'il lui allegue fans ceffe celles de l'honneur.

Tome I, p. 57.

Cela n'eft pas plus particulier aux Monarchies qu'aux Républiques.

l'intérêt général , car il s'en appuie souvent dans
ses démarches particulieres ; mais il commence
par exposer celui de sa personne , c'est-à-dire,
celui qui est tacitement établi sur le général;
car il seroit étrange que l'*honneur* permît quelque
contrariété entre l'un & l'autre , l'accord n'y
seroit plus ; & néanmoins les Sociétés politiques
ne se sont formées que pour composer un tout
complet & entiérement uni. Tout cela va , comme
l'on voit , au même but.

CHAPITRE III.

Comme il est possible de pratiquer, dans un Etat Monarchique, la Théorie qu'on a exposée jusqu'ici. Idée générale des principaux Objets qui doivent occuper tout Législateur, soit qu'il crée un Etat, ou qu'il le réforme.

RETRANCHONS donc toutes nos inutilités. Réduisons la Monarchie dans son état de simplicité, comme toutes les unions politiques doivent être. Reconnoissons pour des vérités incontestables & bien trouvées, celles de *Montesquieu*, que j'ai déja rapportées, & qui servent parfaitement à mon sujet : Que « (1) le bon sens & le bonheur des particuliers, consiste beaucoup dans la médiocrité de leurs talens & de leurs fortunes. *Que* l'amour de la Patrie conduit à la bonté des mœurs, & la bonté des mœurs mene à l'amour de la Patrie : Cela fondé sur ce que moins nous pouvons satisfaire nos passions particulieres, plus nous nous livrons aux générales. *Que* cet amour de la Patrie étant un sentiment & non une suite de connoissances, le dernier homme de l'Etat peut avoir ce sentiment comme le premier. *Que* quand le peuple a une fois de bonnes maximes, il s'y tient plus long-temps que ce qu'on appele les honnêtes

Vérités de Montesquieu déja citées, que l'on rappele ici, comme devenant communes également aux Etats Monarchiques & servant de preuve sensible, à la possibilité de réduire en pratique ma Théorie.

(1) Chap. I de cette Sect., vers la septieme page & en suivant.

Deux points à remplir pour la réforme: que l'éducation travaille à inspirer l'amour de la chose publique ; & que les peres ayent eux-mêmes cet amour.

» gens ; *qu'il* est rare que la corruption commence » par lui. Reconnoissons encore après-cela, avec » ce même Auteur, qu'on est ordinairement le » maître de donner à ses enfans ses connoissances, » & *qu'on* l'est encore plus de leur donner ses pas- » sions ; *que* c'est donc à inspirer l'amour de la » chose publique que l'éducation doit être atten- » tive ; & qu'un moyen sûr, c'est que les peres » l'aient eux-mêmes ». *L'honneur* nous guidera ; si l'on veut ; mais un honneur fondé sur le bien pu- blic , sur l'avantage de la généralité dont on sera membre. L'on n'embrassera même d'autres maximes, chacun dans son état civil, que celles qui seront propres & salutaires à tout le genre humain.

Deux moyens pour ce dernier point : *le penchant naturel des Peuples à imiter leur Souverain & l'autorité toujours suffisante du Souverain à faire des changemens utiles aux mœurs dont il donne le premier l'exemple.*

Or, pour que les peres aient eux-mêmes cet amour de la chose publique, ou bien cet honneur, qui le suppose, voici comme je raisonne : L'on sait que la passion la plus chere aux sujets d'une Monarchie, dans toute l'étendue du terme, est de plaire à leur Souverain, de se conformer à lui, de prendre ses goûts, ses penchans, ses manieres, d'étudier, en un mot, ce en quoi l'on peut lui ressembler. C'est un effet naturel & fondé en raison: le Souverain est le pere de son peuple, je n'y ai jamais mis de différence ; il doit conduire sa famille toujours pour le mieux ; & l'obéissance des enfans, quand ils sont grands , n'est point servile. Il est d'un autre côté, l'œil, la tête, la partie la plus noble ; il faut donc qu'il gouverne, qu'il dirige, que l'intendance de tout l'essentiel le regarde ; mais il faut aussi qu'il se mette en état de bien commander.

Sur ce pied, c'est à lui seul qu'il appartient de faire du changement : il en a toute l'autorité &

la fuffifance. Le peuple ne demande qu'à être *heureux*, non à fe jeter indifcrétement dans toutes fortes de goûts, & à fe donner au luxe & à la molleffe, tandis qu'il fera chargé d'un autre cÂté d'impôts, & qu'il verra la difproportion, entre les pauvres & les riches, s'accroître toujours davantage. Il ne lui faut que des exemples de modération, & des Loix fomptuaires, dont perfonne dans l'état n'ait le droit de fe difpenfer.

Il eft bien clair que fi, fous ce nom *d'honneur*, nous trouvons la *vertu*, nous avons dès-lors ce précieux principe, qui lie toutes les parties de l'Etat, qui a fait, de certaines Républiques, des corps formidables ou merveilleux, pour la bonté de leur tempérament; & de la plupart de leurs concitoyens, des ames fortes & généreufes, qui font fans exemple.

A mefure que nous avons vu tomber les fondemens du fyftême que j'ai attaqué, il s'eft établi naturellement, à la place, les mêmes vérités qui ont fait pour les corps républicains : il en faut venir pour les Monarchies à la même bafe, *La bonté des mœurs & l'amour de la patrie* : il en faut venir *à une efpece d'égalité & à la frugalité pofitive*, puifque celle-ci feule procure l'autre, & qu'elles s'excitent toutes deux mutuellement par la pratique. Il eft tout décidé que l'*égalité* (1), dans cet état, fans anéantir les rangs & les diftinctions d'emplois, *bornera l'ambition au feul defir*,

(1) Ci-devant, Chap. I de cette Sect. vers la feptieme page & en fuivant.

qu'ils font dans les Républiques.

au feul bonheur de rendre de plus grands fervices à fa patrie, que les autres citoyens: les diftinctions y naîtront, comme dans la Démocratie, du principe de l'égalité; que la frugalité bornera le defir d'avoir à l'attention que demande le néceffaire pour fa famille, & même le fuperflu (1) pour fa patrie, ainfi qu'il eft indifpenfable. Nous ne ferons plus tant étonnés ou alarmés, d'une entreprife comme celle dont je parle, puifque chacun effaiera les mêmes retranchemens, & qu'on ne fera même plus tenté d'y contrevenir, outre qu'on ne le pourroit pas même.

L'uniformité fera difparoître ce qu'ont de dur les retranchemens.

L'amourpropre fe fatisfera tout de même, mais d'une maniere qui tournera toujours à l'avantage public.

Enfin, l'on fe fouviendra qu'en définiffans, comme cet Auteur (2), la vertu, l'amour des Loix & de la Patrie, & convenant que cet amour demande une préférence continuelle de l'intérêt public au fien propre, j'ai (3) pourtant entendu & fait remarquer, que ce renoncement à fon intérêt propre n'étoit jamais dégagé de nous-mêmes, & renfermoit bien plutôt un plus vif amour de fon intérêt, mais dirigé & placé dans le bien général: en quoi confifte le fublime de la conduite: cette vérité ne fauroit être trop répétée.

Plus de lieu par conféquent aux imputations contre les cours des Monarques & les principaux d'un Etat.

Ainfi, il ne fera pas vrai qu'il *foit bien difficile que le peuple* (4) *foit vertueux dans une Monarchie*:

---

(1) Voyez ci-après, art. 7, & 11 à 12 pages plus bas que ce même article.

(2) Ci-devant, *ut fuprà*.

(3) *Ibid.* Avant le milieu du Chap. II, aux mots en marge: *Principe qu'il faut pofer*, &c.

(4) Ci-devant, Chap. I, vers la feptieme page & en fuivant.

propofition qui eft infultante, malgré le correctif Tome pag. 48. dont on l'accompagne; & il fera très-vrai qu'*il eft très-mal-*(1) *aifé que les principaux d'un Etat foient mal-honnêtes gens, & que les inférieurs foient gens de bien; que ceux-là foient trompeurs, & que ceux-ci confentent à n'être que dupes*: cela eft confé-quent; mais il ne l'eft pas de même qu'*il ne foit pas bien aifé que les principaux d'un état foient honnêtes gens.* Nous avons combattu & anéanti cette fuppofition, par tout ce que nous venons de dire. Je répéterai que le fait ne détruit pas le droit; & que (2) de ce que les Cours des Monarques ont toujours paffé dans l'Hiftoire, & dans le langage commun des hommes, pour être le fiége de l'in-fidélité, de la fourberie, & de toutes les paffions oppofées à la vertu, il ne s'enfuit pas qu'on ne puiffe les monter autrement, & y faire germer les plus faines & les meilleures maximes pour l'hu-manité.

Note auffi au bas de la même page.

Quand je lis les merveilles du Gouvernement de l'Egypte, dans les temps anciens, tout étonné que j'en puiffe être, & quelque différence immenfe que j'y remarque d'avec nos Gouvernemens mo-dernes, je ne puis me refufer à penfer que, puif-que c'étoient-là des hommes, que c'étoient-là un peuple & des Rois: un peuple extrêmement fa-vant & éclairé, & des Rois extrêmement puif-fans fur ce peuple même, comme la conduite du pere du fameux *Sefoftris* le démontre, lorfqu'il eut formé le deffein de faire de fon fils un conquérant:

Le beau Gouverne-ment de l'ancienne Egypte: preuve qu'on peut être enco-re de mê-me.

Boffuet *Hift. Un.* Tome I, pag. 461.

---

(1) *Ibid.*

(2) *Ibid.* Chap. II, environ 9 pages avant la fin, aux mots en marge: *il a beau s'appuyer fur l'Hiftoire, &c.*

je ne puis, dis-je, me refuser à penser que le même régime, ou du moins la même sagesse, avec laquelle tout avoit été réglé & combiné chez les Égyptiens, peut encore avoir lieu dans nos Monarchies. Il faut bien distinguer entre ce qui fait la forme particuliere d'un Etat, & ses objets communs à tous les autres : la nature du terrain, le climat, le plus ou moins de ressources, soit par rapport à lui-même, soit par rapport à ses voisins, le degré de développement & le genre des connoissances humaines, la force ou la foiblesse des causes naturelles ou morales de la population, & les influences dominantes de l'opinion dans tous les âges, déterminent le nombre, la qualité, la mesure, l'assemblage des ressorts en chaque Gouvernement. Ces variétés sont indifférentes au bonheur des peuples, pourvu que le fond soit rempli ; or le fond est naturellement par-tout le même : c'est-à-dire, l'amour de sa liberté, de son corps, de sa sûreté, de son bien-être, qui ne se trouve que dans l'établissement des sages Loix & dans leur maintien : lorsque les Loix seront sages, les peuples le seront. Il ne s'agit que de bien composer la Monarchie la premiere fois qu'on la monte, si l'on a affaire à un peuple neuf, & sortant, pour ainsi dire, de l'état de nature ; & pour cela, faire ensorte que ses différens ressorts se rapportent à ces communs objets de tous les corps politiques. Quant aux Etats déja formés, là où il faudroit porter la coignée jusques dans les racines pour en faire des corps nouveaux ; comme l'opération est délicate, l'on y procede avec ménagement & peu à peu. Je n'entreprendrai point de présenter comme aux yeux le corps parfait d'un Etat Monarchique selon mes idées, & d'en donner le plan en forme : cela passe mes

Les différences dans les ressorts, produites par la diversité du terrain, du climat, &c. ne sont pas un obstacle.

Tout dépend des sages Loix & de leur maintien.

Regle, à l'égard d'un Etat nouveau, la premiere fois qu'on le monte.

Regle pour les Etats déja formés.

forces, & n'eſt pas abſolument de mon ſujet. J'ai déja dit qu'il n'appartient qu'aux Souverains, aidés de leurs Miniſtres, de faire de tels changemens ; & j'ajoute que perſonne n'eſt mieux en état qu'eux de toucher les vrais points de réforme, & de ſaiſir ceux qu'il convient davantage de laiſſer ſubſiſter ou d'établir, ſelon la poſition & les autres cir-conſtances propres à chaque Monarchie. D'ailleurs, j'ai indiqué les ſources, j'ai préſenté les grands ob-jets ; j'ai découvert, dans les principes, les champs qu'il faut parcourir : l'on a vu les excès & les abus, & l'on a pu remarquer que toujours où eſt le mal, ſe trouve auſſi le rémede. Il eſt, dit-on, des *obſ-tacles inſurmontables*, j'en ai déja informé mes Lec-teurs (1) ; mais j'y répondrai bientôt (2). En atten-dant, qu'il nous ſuffiſe d'expoſer ici (3) les articles fondamentaux & eſſentiels à tout Gouvernement civil, deſquels non-ſeulement le Légiſlateur ne peut s'écarter, mais qu'il doit établir & favoriſer avec la plus grande force.

Articles fondamen-taux & eſ-ſentiels à tout Gou-vernement civil.

I. *La Religion & ſes Miniſtres.* L'on ſent qu'un préalable néceſſaire à remplir, c'eſt le culte divin & le reſpect dû à ceux qui s'y conſacrent ; c'eſt d'empêcher qu'il entre jamais dans les eſprits cette façon de penſer, qui eſt toute du ſiecle, & ſem-bleroit exclure la certitude d'une fin encore plus eſſentielle ; que *la Religion eſt du moins bonne dans tout Etat civil, comme un reſſort de politique.* Tout

La Reli-gion & ſes Miniſtres.

---

(1) Ci-devant, vers la cinquieme page du Chap. I.

(2) Ci-après, Chap. IV.

(3) On peut joindre à ceci les réflexions qui ſont au Chap. IV du Nº. V de la deuxieme & derniere Section de la Seconde partie, dans le préſent Volume.

eft perdu quand cette principale & premiere branche de nos affections eft affoiblie : & c'eft n'en avoir bientôt plus, de Religion, que de ne la favoir confidérer que par fes effets purement civils, & de perdre de vue l'obligation antérieure & primitive dans laquelle nous fommes tous envers l'Être fuprême. C'eft ici la pierre fondamentale de toute la morale.

L'adminiſ-
tration de
la juſtice.
II. *L'Adminiſtration de la juſtice.* Elle tient néceffairement le fecond rang. Il eft fenfible qu'il faut rendre aux fujets ce qui leur eft dû, & le leur faire rendre auffi des uns aux autres : ce qui fuppofe que ce doit être *promptement, gratuitement & fans acception de perfonne.* J'entends au refte une Juftice douce & paternelle, qui, en intimidant les mal-intentionnés, raffure les citoyens & leur perfuade qu'ils font aimés.

La garde
desmœurs.
III. Après, vient *la garde des mœurs,* & le foin d'écarter tout ce qui peut les corrompre. Cet article étant négligé, il eft impoffible que les deux premiers aillent bien ; & il n'y a point d'homme pieux, s'il n'eft fonciérement honnête homme. Mais quand je dis qu'il faut écarter tout ce qui peut corrompre les mœurs, je ne veux parler que des grandes caufes, de celles qui, par effence, font pernicieufes, & qui, infailliblement, ameneront les vices & les excès ; de quoi j'ai donné affez de notions dans prefque toutes les pages de cet Ouvrage. Pour être homme de probité, (c'eft-à-dire le devenir), il fuffit d'avoir fon *néceffaire* ; il fuffit qu'on ne voie pas du fuperflu entre les mains d'autrui, & qu'engagé comme malgré foi à fe comparer, l'on n'ait jamais à penfer qu'on peut donc être plus

heureux ou plus puiſſant, en poſſédant davantage.
Il eſt beſoin que toute l'eſtime porte ſur la vertu,
que la conſidération humaine ne ſoit que pour les
talens utiles & les qualités eſſentielles à la patrie :
c'eſt à cela que les Loix doivent être tournées ;
& c'eſt par cela ſeul que les protecteurs des Loix
ont à ſe diriger. Rien n'eſt plus honorable aux anciens Romains que d'avoir ſu établir parmi eux
une Magiſtrature, qui n'avoit à s'occuper que du
ſoin de réprimer les vices, & de rendre les citoyens plus honnêtes gens. Les Egyptiens ſe ſigna-
lerent ſur-tout par les ſoins particuliers qu'ils prirent
d'établir les bonnes mœurs dans leur empire ; puiſque chacun ſait avec quelle rigueur ils faiſoient
le procès aux morts ; & qu'ils ne craignoient pas
de punir ou de récompenſer, en des êtres inſenſibles, des vices ou des vertus, dont l'éloignement
ou la pratique, en ceux qui vivoient, étoit d'une
ſi grande importance pour l'Etat. On eſt encore
jaloux de ſa réputation après la mort, & l'on veut
vivre en honneur dans la mémoire des hommes.
C'étoit bien mettre à profit un ſentiment que la
nature ne nous ſemble avoir donné que pour nous
tenir en bride contre tout ce qui peut attaquer le
bien public.

IV. *Les occupations & l'induſtrie.* Après que tout
eſt réglé pour le ſervice divin, l'adminiſtration de
la juſtice & la garde des mœurs, il ſe préſente
naturellement les occupations des hommes & la
maniere dont ils pourvoient à leurs beſoins. Il eſt,
en chacun de nous, un penchant & une adreſſe
merveilleuſe à chercher ſa ſubſiſtance & à trouver
de quoi fournir à ſes néceſſités : ainſi, ce n'eſt pas
à y exciter que les Loix doivent travailler, mais

à contenir au contraire ce zele indifcret & à le régler. Dans l'état de nature, un homme n'aura guere devant fes yeux que fes premiers befoins, il ne fongera qu'à amaffer journellement de quoi vivre, ou à fe ménager, tout au plus, des provifions pour un certain temps ou les temps fâcheux; mais dans l'Etat civil & fe trouvant en corps de peuple, il fe mefure dès l'inftant avec fes compatriotes, il devient fenfible aux inégalités; l'induftrie fe réveille alors d'une terrible force; mais elle devient dangereufe, par cela même qu'elle ne connoît point de bornes, & que tous les moyens, par une fatalité qui lui eft propre, font ordinairement bons pour elle, quand ils n'attaquent pas ouvertement le falut public.

L'on ne fauroit donc trop arrêter les fougues de ce terrible reffort; ou plutôt, l'on ne fauroit trop empêcher qu'il fe développe.

L'Agriculture, l'art paftoral, tous les *arts néceffaires* à la vie doivent, fans doute, être entretenus & encouragés. C'eft entre leur étendue refpective & bien ordonnée que les occupations de la vie civile font renfermées. Tout ce qui eft au-delà, dans ces mêmes arts, eft excès ou vice; tout ce qui fort de leur territoire eft futilité, amufement ou curiofité, dont l'invention ou le cours ne doit fe permettre qu'en raifon des fervices qu'en peuvent retirer les arts néceffaires: & c'eft à bien marquer ces points délicats que le Prince ou le Légiflateur a à donner toute fon application. En réglant ces chofes, c'eft l'efprit & la façon de penfer qu'il doit en même-temps infinuer. On ne fait guere cas que de ce qu'on voit que d'autres eftiment; & l'empire de l'opinion ne s'étend, malheureufement, que trop,

fur ce qui eſt pernicieux ou inutile. L'exemple
& la pratique rectifieront ſans doute les idées,
& établiront cette bonne façon de penſer, qui
doit précéder les deſirs & toutes nos démarches.

Le *Commerce* eſt-il véritablement utile ? Eſt-il
néceſſaire ? La queſtion n'eſt pas douteuſe : il
eſt l'un & l'autre ; mais le mot eſt trop générique, il admet une extenſion ſans borne, comme
il peut être reſſerré ; nous ſommes parvenus
à cette première extrémité contraire : il ſe porte
à tout ; ſes objets & ſes moyens ſont comme
infinis, les quatre parties du monde ſont les
vaſtes champs où il s'exerce ; il y a long-temps
qu'on a rompu la meſure des proportions, &
que les particuliers, qui le font, ont oublié à
quelle fin il eſt permis ; ou plutôt ils ne l'ont
jamais ſu.

Le Légiſlateur peut permettre le *Commerce in-*
térieur, celui qui ſe fait de proche en proche
& entre Citoyens ; mais ſeulement celui que
la néceſſité des lieux & du terrain demande.
D'abord, ce ſera le Commerce d'échange : en
ſuppoſant que chacun ait un coin de terre, chacun
ne recueillera peut-être pas les mêmes fruits ;
mais, s'il arrive, par des accidens inévitables,
qu'il n'y ait pas des terres pour tout le monde,
il eſt encore indiſpenſable que celui qui n'en a
point, trouve, dans d'autres métiers néceſſaires,
& par le moyen de l'échange, de quoi ſe procurer ce qui lui manque. La regle doit fixer
& déterminer ces divers points juſques à la
préciſion.

Mais, le Commerce demande-t-il l'établiſſement de la *Monnoie ?* Cette queſtion n'eſt pas
d'abord ſi claire que la première. L'invention de

la monnoie eft belle, curieufe, utile : par cette mefure commune de toutes chofes, l'on fait toutes les fupputations & compenfations poffibles ; & l'on s'égalife jufqu'aux plus petites parcelles. L'on joint même, à la fois, une multitude d'objets différens, dont le réfultat eft toujours une liquidation fûre & facile : il n'eft befoin que de convenir du prix & de la valeur de chaque chofe.

Mais la Monnoie fort de fa deftination naturelle & raifonnable, quand on la porte au-delà de ce but ; quand on ne vife qu'à en amaffer, ou à en faire commerce ; & que la *richeffe*, qui eft un terme que l'avarice & la cupidité ont gâté, en fe l'appropriant, en eft le fruit.

L'on s'étonne que les Prédicateurs & les Moraliftes fe déchaînent contre l'or & l'argent, qu'ils en faffent des peintures odieufes : cet étonnement eft fondé. Que voulez-vous de plus admirable & de plus commode, que de pouvoir, par ce moyen, acquérir les plus grands domaines, les meubles les plus précieux, que de pouvoir, en un mot, attirer à foi tout ce qu'on fouhaite ? Les hommes ont raifon fans doute, vu l'établiffement comme il eft fait, de mettre, à ces inftrumens merveilleux de notre induftrie, un prix fans fin, & de les rechercher avec la plus grande ardeur: ils ont, en eux, leur vie, leurs plaifirs, leurs commodités, leurs adorateurs, &c. Ils auroient la fanté même, fi la fanté pouvoit s'acheter ; mais, ils ont du moins la certitude d'être toujours comme fous la fauve-garde d'un art qui fe vante de la procurer, s'il faut regarder cela comme un avantage, & de ne manquer d'aucun fecours humain pour la confervation de leur exiftence.

Or , c'eft pourtant ce merveilleux ufage de la monnoie qui fuppofe ou qui produit la difproportion des fortunes , le renverfement de la fage & modefte égalité ; qui donne tout aux uns , & rien aux autres , & qui , par cette bizârerie injufte , enflamme les defirs & la cupidité des premiers , laiffe les feconds dans l'accablement & le défefpoir. C'eft à amaffer conféquemment de ces divers métaux , qu'il eft naturel que les hommes fe portent ; mais il n'eft pas donné à tous d'y parvenir : les routes , qui y conduifent , dépendent des talens , de l'habileté , de l'application ; mais le plus fouvent , du hafard , de la protection , du peu de délicateffe , du crime même.

Si c'eft une bonne chofe d'en poffeder beaucoup , il faut que chacun , fans exception , vife à une acquifition fi utile ; mais , par la nature même de la chofe , il eft impoffible que ce droit commun à tous ait fon effet : il n'eft qu'une quantité quelconque d'efpeces en chaque Etat. C'eft anéantir les diftinctions que l'on en attend , fi tout le monde fait , à cet égard , les mêmes progrès ; & fi cela n'arrive point, la plus grande partie de ces agens puiffans fera donc entre les mains du plus petit nombre , qui , par la fucceffion des tems , & par un effet reproductif de la chofe même , doit s'emparer de toutes les richeffes , & réduire les autres à une privation de ces métaux.

Les mariages , les donations , les teftamens , le nombre d'enfans dans les familles , les renverfemens de fortunes , les banqueroutes , & d'au-

tres caufes, font de foibles palliatifs contre un
fi grand mal. L'on fait combien l'intérêt fait
rechercher, à un homme qui a déja du bien,
un fille riche ; & combien un pere, par la même
raifon, qui a une certaine dot à donner, defire
un gendre qui ait de quoi lui en répondre. L'on
donne ; mais l'on donne le plus fouvent à celui
qui peut s'en paffer. Les teftamens font, pour
la plupart, l'ouvrage du caprice, de la vaine
gloire : on veut avoir un héritier qui perpétue
notre nom, & tout tombe fur lui, tandis qu'on
pourroit faire plus d'un heureux dans la même
famille. Le nombre d'enfans divife les héritages;
mais il augmente auffi la mifere de ceux qui
n'ont pas du bien ; & ce ne font pas les plus
riches, comme chacun fait, qui donnent le plus
de Sujets à l'Etat. Pour les défaftres ou les vices
qui ruinent les meilleures maifons, ces étonnantes
chûtes, qui, dans le commerce ou les finances,
font paffer, en d'autres mains, les biens qui
étoient dans une feule, il eft clair que tout défordre ne fauroit produire aucun bien ; & que
l'Etat ne peut jamais retirer de l'avantage de ce
qui trouble la confiance publique, & arrête la
circulation générale ; en un mot, on ne va
point, par une telle route, au bonheur public
ou particulier. C'eft à prévenir les malheurs que
la fageffe confifte ; c'eft à mettre les Peuples
dans une conftitution d'Etat civil, qui les empêche
de mal faire, que les Loix pofitives font naturellement deftinées.

Immédiatement après les arts néceffaires &
les métiers indifpenfables au foutien de la vie,
le commerce intérieur, l'établiffement de la
monnoie doivent donc être entretenus en tout

État civil , comme n'étant point mauvais par eux-mêmes ; mais , par la raison auffi qu'ils font fufceptibles des plus grands abus, il en faut marquer l'étendue , l'ufage , placer des bornes , au-delà defquelles il ne foit point permis d'aller ; & déterminer , pour ainfi dire , à cet égard, toutes les démarches des particuliers.

Les voies , pour en faciliter les regles , font de marquer les proffefions , en commençant par les plus utiles ; & de prefcrire , en chacune d'elles , le nombre de ceux qui les doivent exercer : de donner de la confidération à toutes & également , & ne réferver les témoignages d'une plus grande eftime , qu'aux qualités qui font l'honnête homme & le bon Citoyen : d'établir , pour cela , des Loix *fomptuaires*, qui foient uniformes, & n'accordent indiftinctement à tous que ce qu'il leur faut , pour paffer la vie avec fûreté & agrément. L'on peut voir ce que j'ai dit (1), en fon lieu , que demandent , à cet égard , *l'utile & l'agréable* : lefquels j'ai fait confidérer au fond , comme ne faifant qu'un feul objet, fous la dénomination du *néceffaire*.

V. *La Défenfe de l'Etat.* En vain auroit-on donné à la Patrie la conftitution civile , propre à faire le bonheur des Citoyens entre eux , fi l'on avoit négligé de les prémunir contre les entreprifes du dehors , fi l'on ne les avoit pas mis en état de repouffer les offenfes extérieures qui intéreffent le falut public : c'eft donc là un article des plus importants , & qui forme ce que

La défenfe de l'Etat.

_____

(1) Seconde Partie , Deuxieme Section , Nº. IV , Chap. II , vers le milieu, dans le préfent Volume.

j'ai entendu jufqu'ici, fous le nom de *Guerre défenfive*. Il faut néceffairement des Peuples guerriers, mais qui ne fachent ce que c'eft de fe livrer à une Guerre offenfive, & que leur courage ne fe déploie qu'à défendre & à maintenir les avantages effentiels de la Patrie. L'on doit donc commencer par bien établir & déterminer quels font ces avantages ; & que la Loi pofitive, en s'y rapportant, ne laiffe, à cet égard, aucun doute. Pour peu que des caracteres, qu'il importe tant de rendre décififs, ne fuffent pas bien reconnoiffables, l'on fe permettroit toujours, & fans s'en douter, des entreprifes *offenfives* ; & l'excès ou l'abus d'une bonne chofe s'introduiroit.

Après, fe préfente la queftion : S'il vaut mieux que tous les Citoyens foient foldats : *Omnis homo miles ;* ou bien qu'il y en ait feulement une partie de deftinée à cette profeffion. Il femble d'abord naturel que tout le monde ait également part à une chofe, où chacun fe trouve également intéreffé ; & que, tandis que les uns prennent pour eux les dangers & les fatigues de la guerre, les autres ne foient pas dans le repos & dans l'éloignement des mêmes rifques. Quand tous les particuliers feroient deftinés à faire le fervice des armes, il n'eft pas dit cependant qu'ils y fuffent tous employés à la fois ; cela dépend des circonftances & de telles fuppofitions qu'on fera. D'un autre côté, la diftinction d'un état militaire à part, n'exempte pas les autres conditions de l'obligation de prendre les armes, quand le Prince ou la République l'ordonne ; mais il y a toujours, du moins, cette grande différence de la condition des premiers à celle des autres, que ceux-là font indiftincte-

ment & généralement foumis à marcher à l'ennemi, au premier moment que l'occafion s'en
préfente, & que ceux-ci n'y vont ou ne s'y
préfentent qu'à la derniere extrémité, quand les
Militaires de profeffion n'y fuffifent pas.

Cela change confidérablement, non-feulement
le fort des hommes, mais encore l'efpece des
arrangemens & des loix qu'il faut établir dans
l'Etat, relativement à cette différence de condition & de fortune.

tous les Citoyens font foldats, il faut re-
doubler de foin pour infpirer les *vertus pacifiques*,
& empêcher que l'ardeur guerriere, dans laquelle
ils doivent être élevés, ne nuife aux profeffions
utiles, qui s'exercent à l'ombre & avec moins
d'éclat, mais avec un plus folide bonheur pour
les Citoyens. *Lycurgue* n'avoit donné à fa République qu'un efprit de combat, qu'une paffion
pour les armes, qui faifoit, pour ainfi dire,
oublier tout le refte ; & pour avoir des hommes
toujours guerriers & toujours en garde, il in-
troduifoit des maximes funeftes, des exemples
dangereux. Toujours, à coup fûr, formoit-il des
caracteres durs & féroces, redoutables à l'humanité, & également ennemis d'eux-mêmes.

Que fi le métier des armes n'eft le partage,
au contraire, que d'une partie des Citoyens, confacrée à la défenfe de la Patrie,
l'attention du Légiflateur doit toute porter, à ce
que cet état, ainfi féparé, & tendant à la fupériorité de fa nature, ne prenne infenfiblement le
deffus, ou ne contracte envers les autres des airs
& des manieres infultantes.

Dans le premier défaut, la République ou la

*Boffuet
Hift. Un.
Tome I,
p. 87, 488,
490.*

Nation eſt privée des douceurs de la Société & des
profeſſions paiſibles : elle n'a pas toutes celles qui
peuvent faire le bonheur des citoyens, & pour la
conſervation deſquelles la profeſſion des armes eſt
établie. Et dans le ſecond défaut, ces mêmes profeſſions paiſibles, dont on a toujours beſoin, ſont
ſouvent inſultées ou contrariées par l'autre, & à
coup ſûr meſurées, toujours par elle à leur déſavantage. A ce dédain de corps, & à cette diſpoſition à eſtimer moins que ſoi, le fondateur doit
bien ſe garder de donner entrée.

Voilà pour ce qui regarde le *moral* : le conten-
tement, la concorde commune, la réciprocité des
ſentimens, l'union intime des membres de la
patrie.

Mais il eſt une autre ſorte de conſidération qui
touche au politique, à l'aſſemblage & à la ſolidité des reſſorts pour le parfait mouvement de
l'Etat civil : j'entends la formation des emplois &
des profeſſions, leur diſtribution proportionnelle :
que le beſoin de remplir le nombre des militaires
ne ſoit pas une occaſion de dépeupler les autres
conditions : que la claſſe des laboureurs ſoit toujours intacte, quand elle ne ſera pas plus forte
que ce qu'elle doit être ; qu'on prenne par préférence dans les profeſſions moins néceſſaires, &
dont on peut abſolument ſe paſſer ; & que l'enſemble des divers corps faſſe un tout ſi juſte & ſi
accompli, qu'on ne ſe doute pas qu'il puiſſe y
avoir de l'irrégularité : de maniere que chacun trouve
dans le ſien, comme dans celui des autres, de
quoi parvenir à ſes vues, que je ſuppoſe légitimes, & au but général de la ſociété, qui n'en
admet pas d'autres.

VI. *Les Fêtes & les Plaisirs.* L'homme ne peut Les fêtes & les plai- firs. pas toujours travailler, ni occuper son esprit à des choses sérieuses : il lui faut du délassement & quelque dissipation ; & ce relâche même qu'il donne à ses peines est un moyen assuré de pouvoir y revenir, & de s'y livrer avec le même succès. Ainsi l'art de tout Instituteur est de tempérer si bien la nécessité du travail, par des intervalles bien ménagés de jeux & de divertissemens, que l'on ne soit guere plus porté à ceux-ci qu'à l'autre, & que ces deux situations indispensables de la vie humaine, en fassent réciproquement le bonheur & celui de la société.

Le point est donc de veiller, autant à ce que les citoyens se délassent de leurs fatigues, qu'à les tenir en haleine pour leurs occupations. Mais voici ce qu'il me paroît important de remarquer & de distinguer.

Les objets du Gouvernement ne font jamais que ceux qui intéressent le public, la généralité, l'ensemble : il ne doit régler & connoître que ce qui touche le corps entier. Il faut s'en rapporter à l'intérêt personnel, aux besoins de chaque individu dans sa famille, pour le travail & le délassement. Quand les regles générales sont établies, l'on peut laisser aller tout seul cet instinct naturel, ce penchant mis en tous les hommes de pourvoir à leurs nécessités, de quelle espece qu'elles puissent être. L'homme travaillera ou se reposera, selon qu'il s'en sentira la force ou le besoin. Il prendra des amusemens analogues à ses connoissances, & relatifs à ses situations ; mais toujours, soit qu'il s'occupe ou qu'il se réjouisse, il sera bridé dans l'état civil, par les loix qu'il aura devant ſes yeux, qui auront pour but l'utilité générale.

Or, en laiſſant le particulier libre à ces deux égards, le Légiſlateur eſt tenu de le fixer, de le diriger ſur tout ce qui regarde l'enſemble ; & quand j'ai dit qu'il doit prendre ſoin de ſes plaiſirs, comme de ſes travaux, j'entends les plaiſirs publics, les fêtes & les réjouiſſances communes que l'Etat lui-même établit.

Il n'y a point de corps politique ſans tributs, ſans impoſitions. Toute aſſociation eſt ſujette à des dépenſes, auxquelles tous les membres doivent contribuer ; c'eſt la raiſon pourquoi il importe aux chefs, & il eſt de leur devoir de faire que tout le monde travaille, d'empêcher qu'il y ait des fainéans & des gens obérés, incapables de ſupporter leur part des charges.

C'eſt par une raiſon ſemblable que les jeux & les divertiſſemens publics ſont un objet de devoir pour les fondateurs, les Inſtituteurs de Royaume ou de République, à quelle ſorte de Gouvernement civil que l'on veuille s'arrêter, pourvu qu'il aille au bonheur des citoyens.

Comme la force du corps eſt un avantage réel, il eſt ſenſible que les divertiſſemens qui ſerviront à l'accroître ou à l'entretenir, ſont à préférer, & qu'on ne ſauroit trop les mettre en vigueur & en eſtime. Tous les peuples anciens, qui nous ſont une image de la ſimplicité des premiers temps, & qu'on peut prendre pour la vraie ordonnance de la nature, n'avoient pas négligé, comme l'on ſait, cette partie eſſentielle de l'économie politique : l'on voit parmi eux tous les exercices en honneur, qui demandent de la force jointe avec

l'adreſſe

l'adreſſe & le courage toujours modéré par une
juſte circonſpection & les égards dûs à l'huma•
nité.

Mais plus cet avantage eſt à conſidérer, & plus
l'on en doit contenir les effets, qui ne ſe rappor-
teroient point à l'utilité générale : c'eſt une bonne
choſe dont l'abus eſt très-dangereux ; & par le ſort
de la conſtitution humaine, l'on doit être en garde
contre ce qui même, en faiſant notre ſûreté au
dehors ou notre défenſe au dedans, peut être
une occaſion de troubles domeſtiques ou de diſſen-
tion publique. La dureté de caractere a preſque
toujours été le partage des Nations aguerries & ſans
ceſſe en action par l'uſage de la force ; & il n'y
pas eu plus de peuples à craindre que ceux qui,
à l'indifférence des biens & à la frugalité joi-
gnoient des corps vigoureux, & qui trouvoient
juſques dans leurs plaiſ... à déployer & à faire valoir
un avantage qui ſe fortifioit tous les jours. A meſure que des jeux plus paiſibles & tout-à-fait ſé-
dentaires ont ſuccédé à ces jeux de force, &
qui avoient tout l'air d'un véritable combat, les
Nations qui les ont adoptés, ont changé d'eſprit &
de mœurs, en ſe civiliſant & s'humaniſant davantage ; mais ce changement qui a répandu plus de
douceur dans le commerce de la vie & plus d'honnêteté & de communication entre les mêmes Nations, a diminué le courage, & affoibli la force
naturelle : enforte que les corps ne ſont, ni autant capables de porter de lourds fardeaux, ou
de ſe livrer à des marches ou à des fatigues extrêmement pénibles, comme faiſoient les anciens
peuples ; ni ils ne ſe ſentent dans l'ame cette
haute diſpoſition qui nous fait franchir les périls
& les conſidérations craintives. Aujourd'hui l'amour

des aifes & des commodités de la vie a amoli les cœurs; & en nous rendant plus aimables, fans nous rendre pourtant meilleurs, il nous a faits comme des demi-hommes hors d'état de luter contre une certaine réfiftance, ou de perfévérer dans des réfolutions fermes & hardies qui n'auroient pour objet que le bien public.

Les plaifirs de la table, des femmes, & telles autres inclinations funeftes, quand elles ne font pas réglées, épuifent confidérablement la confti-tution humaine; & des enfans, qui proviennent de corps ainfi affoiblis, ne peuvent qu'être, à leur tour, de mauvais principes, pour donner des ci-toyens vigoureux à la République: auffi les loix, à cet égard, doivent-elles fixer les plaifirs permis, & ceux qui doivent être défendus, & prefcrire même dans les premiers, des regles pour les modé-rer ou les fufpendre, felon la néceffité & la con-venance générale.

Mais, pour ne parler que des plaifirs publics, (car pour les autres, ils regardent plus fpéciale-ment l'article des mœurs) par la raifon qu'ils tien-nent du Gouvernement, ils fe reffentent de fa na-ture, comme, à leur tour, ils la fortifient; & puif-qu'on peut les regarder comme des enfeignemens publics, qui doivent déterminer les inclinations des citoyens; le choix, en cela, de la patrie ou du Sou-verain ne peut être négligé, fans porter une très-grande atteinte au but de l'affociation politique.

Il faut donc, fur cet article, obferver deux points également effentiels: Le premier, de fe prémunir contre les abus ou les avantages même du grand exercice des forces du corps, par le moyen des divertiffemens & des jeux publics; & le fecond, de profcrire & d'éloigner, avec le plus grand foin,

ceux dont le caractere eft d'être naturellement
cruels & fanguinaires.

En fuivant cette regle, nous trouverions d'abord
la condamnation des Romains & des autres Peuples, qui avoient établi des fpectacles, où des
hommes devoient abattre & mettre en piéces,
non-feulement des bêtes féroces ou affamées, qui
le plus fouvent auffi avoient l'avantage fur eux,
mais d'autres hommes. La Nation prévenue de
ces terribles effets, y venoit prendre place comme
à un triomphe, & voyoit arriver ce moment d'ef-
fufion de fang & de deftruction avec une fecrete
émotion que l'incertitude du fuccès prépare, &
qui devient, par fa cruauté même, un très-grand
plaifir, à des cœurs corrompus par les méchantes
coutumes. Il eft encore dans une Nation de nos jours
(1), & où la Religion chrétienne a pourtant un
grand empire : Il eft, dis-je, un de ces divertiffemens publics, auffi indigne de cette même
Religion, que de la prétention où nous fommes
en général, d'être plus humains & civils que les
anciens Peuples. Nous n'avons plus de ces jeux
barbares & redoutables à l'humanité ; mais nous
avons confervé, fur nos théâtres, le fouvenir &
l'image de certaines cruautés tout auffi funeftes ;
& pour ne nous en repaître qu'en idée & par repréfentation, nous n'en aimons pas moins l'émotion qui les fuit, & nous ne la nourriffons pas
moins : en forte que nous avons perdu l'avantage
ineftimable d'exercer nos forces, & qu'il nous
refte le goût infenfé & pervers de nous amufer à
des actions cruelles & fanguinaires.

_____

(1) En Efpagne, le combat du Taureau.

T ij

Je fais qu'il eft dans notre nature, de trouver un fecret plaifir à être attendri ; & que la douleur, quand le mal fe paffe hors de nous, a fes charmes ; c'eft la raifon qu'on donne de cette puiffante inclination que nous avons à voir les chofes les plus effrayantes, pourvu qu'actuellement elles ne puiffent nous nuire. Nous nous regardons comme fenfibles, & nous plaignons le fort des malheureux avec qui nous pourrions avoir quelque reffemblance ; ce n'eft pas cette difpofition que je condamne : elle eft un ferme lien pour la concorde & les fecours mutuels, fur-tout dans les preffantes occafions.

Le mal eft, de ne pas attendre que le temps n'amene que trop de ces événemens fâcheux qui troublent la paix des particuliers & le bonheur de la fociété ; & que l'on s'en faffe d'imaginaires, mais fi bien repréfentés, qu'ils aient tous l'air des véritables. Il faut pour cela ranimer des vices & les perpétuer, pour ainfi dire, fur la terre, comme fi l'on craignoit qu'ils ne fuffent pas affez renouvelés, ou qu'on ne perdît de la mémoire ceux qui ont déja affligé l'humanité.

C'eft ainfi qu'il eft important de ne pas faire un jeu d'une chofe auffi férieufe en elle-même, & de laiffer les mouvemens du cœur dans la feule dépendance des événemens, fans les exciter par des occafions controuvées ; où le bien, que l'on peut faire, eft mille fois démenti par les rôles odieux que l'on reproduit fur la fcene : Exemples toujours dangereux à être retracés ; & qui, à la longue, intéreffent peut-être autant le fpectateur pour ces illuftres vicieux, par la maniere dont on les repréfente, que les exemples des plus vertueux ci-

toyens & des plus grands hommes font propres à
nous émouvoir en leur faveur.

Or, pour revenir à mon principe, je dis donc qu'il
faut faire un fage choix des jeux & des divertiffemens publics ; puifqu'ils peuvent tant influer fur les
mœurs & fur le caractere : & ce choix étant fait,
on doit obvier à ce que l'objet de ces mêmes jeux,
qui eft la force & une certaine confiance en fa
valeur, ne prenne pas trop fur les vertus pacifiques, & ne les étouffe infenfiblement, ou ne
les empêche de germer.

VII. *Les revenus publics.* Si c'eft une fuite néceffaire de toute affociation politique, qu'il y ait
des befoins communs & genéraux, c'en eft une autre indifpenfable de recueillir, non-feulement pour
foi, mais pour l'Etat, dont on eft membre ; &
conféquemment d'avoir des fonds productifs au-
delà de fes propres confommations.

Mais, le premier point, c'eft de conftater &
de connoître ces befoins publics & généraux ; &
le fecond, de trouver la jufte maniere de former ces revenus, & comment la contribution doit
en être faite.

Nous avons dit que les jeux & les divertiffemens, dont l'effet eft de récréer le Peuple, &
d'exercer fa force & fon courage, doivent être
conftitués & donnés par la patrie; ainfi voilà un
premier objet de dépenfes publiques, qui peut
être confidérable, felon l'étendue qu'on donne à
ces jeux & la grandeur de l'Etat ; puifque chaque
ville doit jouir des mêmes plaifirs, & qu'il eft de
la nature de la chofe qu'ils foient répétés, pour
être utiles.

Les re-
venus pu-
blics.

T iij

Ils doivent donc être simples en eux-mêmes; ainsi que le prix dont on couronne le vainqueur. L'émulation ne s'excite dignement que par la gloire de remplir , en cela , le but de la Patrie, & non par l'avidité & l'avarice : tout autre zele est dangereux & indiscret. La Nation assemblée, les Magistrats, pour la représenter , ou le Prince qui la gouverne , doivent , en décernant ces récompenses , supposer toujours ce noble motif , & paroître n'en admettre pas d'autres. Il faut , dans ces occasions, apporter la plus grande forme, le plus de cérémonial ; & que par l'air, le ton , & la maniere dont on s'acquittera de ces jugemens, l'on fasse mieux connoître l'importance de la chose, que par toute la richesse dont on l'accompagneroit : & cela même naîtra naturellement de mes principes & des premieres institutions que je propose.

Suite de cet objet : les *places*, les *amphithéâtres*, les *bâtimens*, &c.

Pour la représentation de ces jeux & de ces fêtes , il faut des places, des amphithéâtres, des bâtimens vastes & commodes pour contenir les spectateurs : il suit que l'Etat en doit faire la dépense ; & c'est une seconde partie de ce même objet de la nécessité des revenus publics. Ici la grandeur & la beauté des édifices , la perfection de l'art sont requises. En réduisant le particulier chez lui à l'indispensable, en lui refusant tout luxe, en le bornant aux simples appartemens , mais propres & commodes , qui le doivent mettre à couvert , lui , sa femme , ses enfans , ses domestiques , ses animaux , ses provisions , il doit trouver dans les ouvrages de la communauté , de la grandeur , de la beauté , de la richesse , des monumens enfin, capables de paſſer à la poſtérité, & de faire connoître que les Peuples qui les ont bâtis, n'avoient de paſſion que pour la Patrie, & ne s'eſtimoient véritablement quelque choſe, qu'autant qu'ils ſe regardoient tous en corps, & comme ne faiſant, pour ainſi dire, qu'un tout.

Il entre naturellement dans ce ſecond objet des dépenſes publiques (& j'aurois dû, peut - être, le placer le premier) l'édification des temples, où la Divinité doit être honorée : ces lieux reſpectables, où l'on rend en commun des actions de graces, & où enfin, la Religion s'annonce par tout l'éclat néceſſaire au Peuple, & digne, autant qu'il eſt poſſible, du Créateur : j'aurois dû, dis-je, parler d'abord de cet objet ; mais l'ordre des matieres s'y eſt refuſé. C'eſt dans cet important objet de dépenſe publique, que la Nation doit ſur-tout ſe piquer de la plus grande magnificence (relative, au reſte, aux richeſſes de l'Etat). Tout ce que les particuliers ſe ſont accordés de trop, eu égard à mon ſyſtême, pour leurs propres habitations, ils doivent le répandre en commun, à l'embéliſſement & à la grandeur de la maiſon de Dieu : qui, quoique réellement par-tout, eſt cenſé vouloir qu'on y reconnoiſſe plus ſpécialement ſa préſence, & qu'on l'y honore en conſéquence par l'enſemble des citoyens.

Deuxieme objet : Les temples, & toutes les occaſions où la Divinité doit être honorée.

Je dois dire la même choſe des palais des Souverains & de tout ce qui eſt l'apanage du Trône. On y doit remarquer l'empreinte de la Majeſté & de la puiſſance. J'ai déja obſervé dans ce Volume (Chap. V, N° V, Sect. 2, II Partie) que ces auguſtes Chefs ſont hors de toute comparaiſon,

Troiſieme objet : Les Palais des Souverains & tout ce qui eſt l'apanage du Trône.

T iv

& qu'ils font les repréfentans de Dieu fur la terre.
Ainfi cet objet des dépenfes publiques fuit immédiatement celui des temples de la Divinité & de
la magnificence du culte , & fera le troifieme dans
l'ordre de mon expofition.

Quatrie-me objet : Chemins, fontaines, rivieres, ponts, canaux, &c. Les chemins, les fontaines, les canaux, les rivieres , ponts, &c. forment une quatrieme claffe
pour l'emploi des revenus publics : & c'eft en
tout cela auffi que la richeffe & la commodité,
foit pour l'utile foit pour l'agréable, doivent être
admifes comme fans ménagement, mais avec goût
& intelligence. (Je fuppofe toujours la proportion
gardée avec les facultés de l'Etat). Le particulier aura tout jufte, chez lui, ce qu'il lui faut :
Il fera *pauvre* , fi l'on peut fe fervir encore de
ce nom dans mon fyftême ; mais il fera riche &
fplendide en fortant de fa maifon ; tout annoncera qu'il eft membre d'un corps refpectable &
puiffant : & en effet, quelle plus grande idée que
celle qui l'annoncera par des témoignages pareils
de fa noble façon de penfer ? De fa *force* , puifqu'elle portera fur fon union à la maffe entiere ?
De *fon défintéreffement*, puifqu'il ne fe croira riche que par l'enfemble & la concorde publique ?

Cinquieme objet : Ga-ges, ap-pointe-mens, fa-laires, &c. Les gages, les appointemens, la folde, les fa-
laires, enfin tout ce que l'Etat paye par an, par
mois ou par jour , à ceux qu'il emploie à fon
fervice, comme magiftrats, officiers, foldats, ma-
telots, &c. font un cinquieme objet de dépenfes
publiques, & un objet bien intéreffant ; puifqu'un
corps ne peut fe mouvoir , fans des membres
actifs & fpécialement prépofés aux diverfes fonctions
où chacun eft propre , quelque forte de Gou-

vernement que l'on suppose; tous les sujets ne peuvent pas être mis à tout, ni tous agir pour les mêmes choses, ou agir tous à la fois: la confusion & le désordre naîtroient d'un zele & d'une volonté si indiscrete. Il faut nécessairement que le le plus grand nombre laisse le petit régir, & s'en rapporte à lui & y défere.

Mais il est juste aussi, que si ceux qui s'occuperont du Gouvernement ou des affaires des particuliers, en quel degré qu'ils soient placés, doivent être dédommagés de leur peine & de leur temps perdu, par un salaire raisonnable: ce même motif, qu'on détourne des hommes de leurs affaires pour les occuper tout entiers de celles de la communauté ou de bien des particuliers, ne soit pas un prétexte pour les enrichir, & une occasion perpétuelle d'affoiblir les revenus publics, où, ce qui s'en ensuit, de multiplier les charges.

Suivant ce que j'ai déja dit, en traitant de la *propriété*, il résulte qu'on doit mettre ces utiles coopérateurs du bien public dans une position à ne regretter point la vie privée, ou à tirer trop d'avantage de leurs places: il suit qu'on doit leur accorder, en fait de *revenu*, l'honnête nécessaire; & en fait d'*honneurs*, que ceux qui naissent des égards, & que l'on témoignera encore plus par l'estime publique, que par des dons simples de la nature, qui en sont l'expression. Il faut, en un mot, que ces hommes ne soient point onéreux à l'Etat, & que l'Etat ne leur soit point à charge.

Un autre objet de dépenses publiques, & qui tient à celui de l'édification des temples, est l'entretien des Ministres de la Religion, & de cette partie des citoyens, qui, en renonçant au monde,

Sixieme objet : *L'entretien des Ministres de la Religion.*

ne font pas affranchis des befoins de l'humanité. L'excellence de cet état, la pureté des mœurs qu'il
exige, & le détachement des biens fenfibles qu'il
preſcrit & qu'il prêche, pour n'aſpirer qu'aux
ſpirituels, en quoi il doit donner le premier l'exemple, demandent qu'on y ſoit foulagé des embarras du monde & des ſoins pénibles de travailler
a ſa ſubfiſtance. Pour cela, il faut leur affigner
des revenus ; qu'ils ne vivent que de contribution
à lever ſur la totalité du Peuple, dans une proportion raiſonnable : s'il convient que cette portion
des citoyens ne poſſede aucun fonds, qu'elle
n'exerce aucun art, aucune profeſſion lucrative, il
eſt bien juſte que toutes les autres contribuent à
la faire ſubſiſter.

Trois points pour les revenus publics : Formation, établiſſement, perception.

Tels ſont les principaux objets de la deſtination
des revenus publics, par leſquels on peut juger
de ceux qui ſont moindres. Comment eſt-ce qu'on
doit les former, ces revenus ? les établir ? & enfin
les percevoir ? c'eſt ce qu'il me reſte à dire.

Premier Point : La formation, quatre principaux défauts à éviter en la forma-tion.

Toute levée de deniers ſur le Peuple eſt une
charge, un fardeau, qui aggrave la condition des
hommes, & dont on ne s'acquitte qu'avec une
ſorte de peine, ſur-tout ſi elle eſt *exceſſive*, ou *iné-
gale*, ou *non générale*, ou enfin *tyrannique dans
la perception* : Quatre principaux défauts, où l'on
peut tomber à cet égard, & où l'on ne tombe que
trop ; de quoi nous allons parler ſéparément.

Premier Défaut : taxe exceſ-ſive.

Si les particuliers ne doivent recueillir qu'à proportion de leur conſommation, & borner cette conſommation au ſimple néceſſaire, de la maniere &
ſuivant les bornes que nous avons ci-devant po-

fées, l'Etat lui-même est aftreint à cette regle :
regle fouveraine & commune, foit que l'on confidere l'homme en fon particulier & dans l'état
de nature, foit comme membre d'un corps politique.

Pour qu'une taxe ne foit pas *exceffive*, il faut
qu'elle fe rapporte & à nos facultés & aux befoins
indifpenfables du corps de la Nation : Deux points
entre lefquels il doit y avoir une analogie néceffaire pour être jufte & raifonnable.

En effet, comment l'Etat exigeroit-il une ré-
tribution annuelle ou momentanée des fujets, fi
les fujets n'ont pas de quoi la payer, ou qu'ils
n'y puiffent fatisfaire qu'aux dépens de leurs
propres befoins ?

Et fi annuellement & conftamment les rétri-
butions font trop foibles ; fi on n'a levé que de légers
impôts, incapables de fournir à tout, la plupart
des différens objets des dépenfes publiques ne feront pas remplis, ou le feront mal ; & les particuliers chargés de beaucoup plus de bien qu'il
ne leur en faudra pour vivre, fe trouveront en
main un excédent & une abondance capable de
les pervertir & de les mener droit à la diffipation
& au vice.

Ces vues font affez délicates, & il eft difficile
de faifir le point où les levées fur le Peuple ont
ce double rapport dont je parle. Toute Nation qui
commence, commence fimplement ; & fa maniere
de vivre, conforme au goût de la nature, carac-
térife de même les befoins publics, qui ne s'accroif-
fent, c'eft-à-dire, ne deviennent plus grands en
eux-mêmes, qu'en raifon des mêmes facultés,
quand elles s'étendent par l'induftrie & le travail.

Cela dit que, foit que l'Etat fe trouve dans fon plus grand luftre, ou qu'il ne faffe que de naître, fes befoins à lui ne doivent point changer en nombre & en quantité, mais en étendue fpécifique; fi je puis m'énoncer de même : c'eft-à-dire, que la perfection d'une Nation, & les progrès qu'elle peut faire dans ce qu'on appele la *civilifation* (je n'entends pas ici les manieres & ce qui eft purement *moral*, à l'égard des autres hommes) ne font pas d'acquérir de nouveaux befoins, d'inventer des néceffités, & de trouver, pour ainfi parler, des objets inconnus aux convoitifes des hommes, comme fi l'on vouloit trouver un fixieme, un feptieme fens, &c. Nous avons beau vouloir groffir notre être, il eft marqué à des bornes, au-delà defquelles on ne peut aller fans folie. Nous ne pouvons que boire, manger, nous vêtir, nous mettre à couvert, nous promener, & les autres néceffités urgentes de la nature. En toutes ces chofes, il peut y avoir du plus ou du moins dans l'efpece : On peut, à mefure qu'on développe fon génie, les rendre plus agréables & plus commodes. On peut perfectionner les objets des fens, comme les fens mêmes, par l'habitude & la réflexion ; mais nous ne nous donnerons pas un fixieme, un feptieme fens, &c.

Tout ce qui n'aura donc pas actuellement une deftination effentielle, tout ce qui paffera les regles de la proportion & de l'ordre, fera vifiblement mauvais & condamnable. Or, les befoins publics, qui doivent conftamment fuivre la marche des facultés particulieres, font atteints des mêmes vices, fi, comme ces facultés, ou au contraire d'elles,

ils font portés en des points ou à des degrés ex-
travagants & fans mefure. Il eft un pas où tout
doit fe défunir, où la machine doit crouler, pour
y avoir des oppofitions &. des contraftes, d'elle
à fes parties. Mais les moindres écarts en ce genre
y conduifent ; & c'eft fouvent le commencement
d'une grande maladie & de la mort que les plus
légeres indifpofitions dans le principe. *Principiis
obfta*..... maxime des plus fages philofophes. Il
ne peut y avoir de durée, ici-bas, dans les ouvrages des hommes, que par fa conftante & fidelle
obfervation.

Nous avons dit, en deuxieme lieu, que les
impofitions publiques doivent être *uniformes* ; c'eft-
à-dire qu'elles ne doivent pas être levées inéga-
lement fur les fujets, & que les uns ne payent
pas moins que les autres ; on le fent affez de
foi-même ; il feroit affreux qu'on ofât, fur le même
point, traiter différemment deux citoyens, & qu'on
étendît ou qu'on refferrât une perception à fa
fantaifie. Tous les membres d'un Corps politique
font *mefurables* fur la même regle.

Deuxieme Défaut : impofitions non uniformes.

Mais il eft une autre forte d'*inégalité*, qui n'eft
pas fi vifible, & qui accable pourtant le pauvre :
C'eft quand l'impofition eft fur le comeftible,
où l'abondance des enfans eft une furcharge ; où
cette bénédiction du Ciel que l'on doit défirer
dans le mariage, & qui eft la ferme efpérance
des Etats, devient un véritable malheur pour le
citoyen, parce qu'il paye davantage que les autres,
indépendamment des foins plus grands & des fou-
cis auxquels une famille le livre.

La feule maniere de lever des tributs, ou d'im-
pofer des taxes fur les fujets, qui foit jufte, c'eft

de les proportionner aux facultés d'un chacun, afin que celui qui a plus, contribue pour davantage : Le droit ou l'impofition fera la même ; l'Etat ne fauroit varier à cet égard ; mais la contribution fera plus forte, quoiqu'au fond, cela revienne au même pour le citoyen. Celui qui, avec cent écus de revenu, paye un écu, n'eft pas moins chargé que celui qui, avec fix cens livres, paye deux écus. C'eft qu'alors tout eft dans l'équilibre & l'égalité ; & le plus riche en apparence (car dans mon fyftême il ne peut avoir plus de bien qu'à proportion du nombre d'enfans, ou des gens qui font à fon fervice) fe trouvera dans la même claffe que celui qui n'aura abfolument de bien que pour lui.

Mais, dira-t-on, comment connoître, au jufte, les revenus d'un chacun ? Comment arrêter ou fuivre les variations continuelles que la mort, les mariages, les donations & tant d'autres accidens de la vie civile apportent dans la confiftance des biens de la famille ? Il eft impoffible que les poffeffions reftent égales & foient toujours les mêmes.

J'avoue que cela préfente d'abord une objection infurmontable. Mais, en nous réformant fur les établiffemens qui nous dominent, en faifant ceffer cette grande raifon, qu'on iroit creufer dans le fecret des familles, pour y connoître les reffources de l'induftrie & les moyens, fouvent fufpects, qu'on met en œuvre, pour fe préferver de l'indigence ou fortir de la médiocrité, cette objection s'évanouiroit : car, quelles voies naturelles pourroit-on avoir pour vivre & s'entretenir, que celles de fervir, ou de fe faire fervir ? D'exercer des métiers, ou de cultiver les fciences

de faire valoir ſes terres & ſes troupeaux ? &c.
Parmi ces arts & ces ſciences, quels peuvent être
les objets de nos deſirs, que ceux qui vont directement à nos beſoins néceſſaires ? Chacun, ſans
exception, eſt obligé de travailler, & l'oiſiveté
doit être bannie, comme un très-grand crime.
Le travail même doit être dirigé par l'eſprit général & le gouvernement : en ſorte qu'il ne dépende
pas des particuliers de ſe livrer à des occupations
inutiles ou dangereuſes. On connoîtra exactement
le nombre des citoyens, celui des poſſeſſeurs de
terres, de beſtiaux, de maiſons, celui des gens
qui ont des métiers, ou qui ſervent les autres, la
quantité d'enfans en chaque famille. Enfin, au
moyen d'un recenſement exact, chaque mois, de
toutes ces particularités, les Peres de la patrie,
ou le Souverain, ſeront en état d'apréoier les revenus de tout le monde ; & n'y ayant plus de
motif de craindre de mettre au jour ces ſortes
de connoiſſances, l'impoſition pourra être levée
toujours en raiſon des facultés particulieres, &
ſera par conſéquent toujours égale ; pourvu qu'on
s'abſtienne d'impoſer ſur le comeſtible.

Une troiſieme regle pour les impoſitions publiques, c'eſt qu'elles ſoient *générales* ; c'eſt-à-dire,
communes à tout le monde, & que perſonne n'en
ſoit exempt. Autrement, quel moyen de reſter
unis à des gens qui porteroient tout le poids des
contributions, & où une partie des citoyens, en
profitant des avantages de la communauté, n'en
ſupporteroit pas les charges ? La partie chargée
paieroit pour elle & pour les autres : il eſt inutile d'inſiſter ſur cette injuſtice. Cependant, les
exemptions, les franchiſes, ſont les voies ordi-

Troiſieme
Défaut aux
impoſi-
tions publi-
ques : *de
n'être pas
générales.*

naires par où elle ſe gliſſe dans les Etats les mieux policés ; & l'on croit devoir à certaines places, ou à l'émulation de quelques particuliers, ou de quelques Corps , de déroger à une regle ſi générale. Mais on ne doit jamais récompenſer le mérite perſonnel, & le luſtre que donnent les belles actions & les dignités que par des hommages & des marques publiques & toutes ſimples de l'eſtime & de l'affection qu'on leur porte. J'en ai dit quelque choſe , en examinant la propoſition touchant la *qualité* & le *rang* , &c. (1).

Quatrieme Défaut aux impoſitions publiques : *d'être levées tyraniquement.*

Enfin , en quatrieme lieu , c'eſt un défaut encore bien inſupportable , que la perception ſoit *tyrannique ;* c'eſt-à-dire, que la maniere , don on leve les impôts , ſoit dure , barbare , & pire que les impôts mêmes , par les frais , les ſaiſies , les empriſonnemens , les impatiences , ou les mauvaiſes interprétations toujours tournées contre les ſujets. Chacun ſait combien la façon en toutes choſes , nous affecte. S'il eſt fâcheux , en fait d'impoſitions , de payer plus qu'on ne doit , d'eſſuier des inégalités & des exemptions ; c'eſt le comble de l'infortune de ſe voir encore en butte aux mauvais procédés des exacteurs , & aux illuſions fréquentes de l'attachement à leur emploi. Il ſera donc de la plus grande importance , non ſeulement de ne commettre ces ſoins qu'aux plus gens de bien & aux plus éclairés , mais d'écarter d'eux toutes les occaſions de mépriſes , ſoit en rendant la perception bien ſimple , ſoit en ne la portant qu'à des objets bien connus & déterminés.

(1) Chap. V , N°. V, Sect. II de la Seconde Partie dans le préſent Volume.

Parlons

Parlons maintenant du fecond point, pour les impofitions publiques, qui eft *l'établiſſement des revenus publics.* J'entends par-là, leur confiſtance, leur corps de valeur, pour ainſi dire, leur notoriété, leur force inhérente, & qui entraîne, comme malgré nous, notre réſolution & notre acquieſcement, à meſure que nous les connoiſſons.

Deuxieme Point pour les revenus publiques : *Leur établiſſement.*

Pour fournir aux befoins de l'Etat, doit-on n'impoſer qu'en une ſeule fois, ou bien, faire diverſes impofitions, qui, toutes enſemble, reviennent à la même choſe ? Il n'eſt pas douteux qu'une ſeule perception ſeroit plus nette & moins embarraſſante ; qu'elle tireroit plutôt le citoyen de cette obligation de donner une partie de ſon revenu toujours capable de mettre l'eſprit en ſouci, quelque juſte qu'elle ſoit : outre qu'il ſauroit au moins qu'il n'auroit plus rien à donner. Mais l'Etat, indépendamment de ſes befoins connus & accoutumés, peut en avoir de caſuels & d'extraordinaires, aſſez grands pour ne les pouvoir remplir du produit de la perception générale & unique. Il faudroit donc, à mon avis, impoſer d'abord pour une ſeule fois, à proportion des néceſſités annuelles & connues de la Nation ; & ſe réſerver d'impoſer encore, quand les befoins inattendus & urgens l'exigeroient.

Impoſer d'abord en une ſeule fois pour tous les befoins connus de l'Etat.

Et puis dans les occaſions extraordinaires, où les fonds publics ne ſuffiroient point.

Quelle confiſtance donner à cette levée unique, relative aux befoins annuels & connus ? Quels corps convenables à cette impoſition unique ? Et ſous quelle dénomination la faire entendre ?

Il eſt viſible que dans un Etat où il n'y auroit point l'uſage de la monnoie, les contributions

Les impofitions publiques

supposent naturellement l'usage de la monnoie.

qui ne pourroient être faites qu'en nature & en productions de la terre ou de l'industrie, seroient comme inutiles ; puisque dans la supposition même & par mes principes, l'*égalité* & la *frugalité* régnant dans cet état, lesquelles en banniroient les fainéans & les pauvres, ce qui reviendroit à la masse commune, de ces perceptions en fruits, ne trouveroit ni de consommation ni d'emploi, tout le monde y ayant à peu près suffisamment de quoi passer toute l'année. De sorte que nous devons bien entendre une *frugalité positive*, mais une *égalité de proportion* qui ne répugne point avec le plus ou le moins de ressources réelles des particuliers, soit à l'égard des biens-fonds, que pour les talens & l'industrie. Et cela posé, l'usage de la monnoie s'introduit : & nous devons raisonner ici d'après la présupposition qu'elle existe.

Deux choses qu'il faut préalablement connoître pour régler la quotité de l'imposition.

1º. La valeur des terres, des maisons.

Ainsi, la levée des deniers publics sera en especes établies par le Prince, & qui auront cours dans la Nation. Il ne s'agit plus que de savoir à quelle *quotité* porter l'impôt : Si ce sera, par exemple, à une dixieme partie du revenu de chaque particulier, ou bien à une plus forte, ou à une moindre. Quelle regle suivre ? Il nous semble qu'on doit commencer par connoître la masse générale des biens, & à quoi se monte l'ensemble des richesses des particuliers. Les terres, les maisons ont une valeur réelle, une production connue ; il n'y a pas même d'autre bien positif, proprement dit de tout ce qui est inanimé ; celui qu'on tire de l'industrie par les arts & les sciences, n'est fondé principalement que là-dessus. Ainsi, en connoissant bien la valeur des terres, on a acquis le premier dégré de lumiere nécessaire pour arriver au but que nous cherchons.

Mais le second, qui est de savoir le nombre des individus humains qui composent le corps de la Nation, il est très-facile d'y parvenir par des récensemens exacts & commis à gens désintéressés & integres. Je desirerois, par exemple, que des Magistrats d'une province fissent cette opération dans une autre province que la leur, afin que réciproquement l'on s'observât au juste & sans déguisement, en marquant le nombre des personnes de l'un & de l'autre sexe, celui des gens matiés & des garçons & filles, celui des enfans, &c.

2⁸. Le nombre des citoyens de l'un & de l'autre sexe.

Avec ces deux tableaux, en comparant l'un à l'autre, il est tout simple qu'on voie en quelle proportion ils se trouvent entr'eux ; & premiérement, si l'étendue des terres est capable de les tous nourrir; secondement, ce qu'ils peuvent avoir de superflu L'on se souviendra que les besoins, étant réduits aux nécessités de la vie, & nous rapprochant le plus qu'il seroit possible de la nature, il y auroit certainement de reste ; car nous supposons que la masse entiere des hommes, qui composeroient cet Etat, se fût assez étendue, comme il est naturel de le penser.

Comparaison de ces deux articles : ce qu'elle produit.

Alors, il faut nécessairement que le cultivateur, comme j'ai dit (1) en un autre endroit, travaille non-seulement pour lui, mais pour l'Etat dont il est membre. Pour peu même qu'il ait d'activité,

Le cultivateur doit nécessairement être dans le cas d'avoir de reste.

_____

(1) Ci-devant Chap. III, vers la troisieme page du commencement, ensuite art. 7, du même Chapitre.

il aura encore des jours de repos, malgré les fêtes, & il se nourrira & paiera l'imposition.

Observation : *Les Ministres des Autels, & les gens au service de l'Etat,* ont droit, comme l'Etat même, aux impositions publiques.

Comme il y aura nne partie de la Nation, qui sera consacrée au culte divin, & une autre au service de l'Etat, & qu'il ne convient pas ou qu'il n'est pas possible qu'elles se livrent aux occupations urgentes de la vie, il faut, par force, les mettre à l'instar du corps de la République, & les regarder comme une seconde & une troisieme classe, ayant droit aux contributions publiques.

On les déduit donc d'abord du nombre des contribuables.

Leur nombre, en chacune, étant connu, on le soustrait du nombre général composant la Nation ; & ce qui reste doit supporter la somme des impositions ordonnées.

Mais puis ils doivent supporter la même quotité, sur ce que l'Etat leur donne pour leur subsistance.

Mais tout le monde, cependant, devant contribuer aux besoins de l'Etat, les ministres des autels & tous les gens employés au service public, supporteront aussi les mêmes *quotités* sur leur revenu respectif ; & il ne pourroit y avoir d'exempts, en tout état, que ceux qui seroient absolument sans revenus ou sans terre, si l'un ou l'autre pouvoit jamais arriver dans mon systême.

Raison de régler leur nombre, en l'une & l'autre classe.

Et parce que les gens consacrés à la Religion & ceux qui servent le public dans les fonctions civiles, ne peuvent qu'être utiles à ce même public, & non lui être à charge, de quelle maniere que cela arrivât, il suit qu'ils doivent être bornés, en chaque classe, au plus petit nombre possible, & que ce nombre étant une fois trouvé, l'on s'y tienne invariablement. Les vues que je présente font, abstraction faite, de toute question , touchant l'étendue de la puissance temporelle & de la puissance spirituelle : Je suppose que chacune d'elles se tient renfermée dans son district. Il n'appartient qu'aux Evêques de faire des Prêtres , & de connoître , à cet égard , le besoin des Eglises ; mais ils sont obligés de respecter les Loix politiques ; & ils sont sûrs , en se conduisant suivant l'esprit de l'Evangile, de rencontrer toujours bien , sur cet objet , avec l'ordre & les besoins de l'Etat.

De la puissance spirituelle à l'égard du nombre des Prêtres.

Enfin , je ne jete que des idées générales. Je ne prends point sur moi , de rien déterminer , ni sur la quantité la plus convenable des Ecclésiastiques , ni sur celle des gens du monde employés par le Prince ou l'Etat, ni sur les revenus qu'on doit assigner aux uns & aux autres , ni sur la *quotité* de l'imposition générale , destinée à remplir les besoins du corps entier de la Nation (1). Il me suffit de faire appercevoir les piéges & les dangers ; on aura atteint le but, si on les évite.

Il ne reste plus qu'à dire un mot du troisieme point, pour les revenus publics, qui est la *perception*. Faut-il les donner à ferme, ou les tenir en régie ? Je me déciderois incontestablement pour le dernier parti , comme le plus simple, le plus court, le moins à charge, le moins sujet à abus : Il est bien *simple*, puisque l'on n'a besoin, d'un côté, que de lever la somme totale , résultant

Troisieme Point, pour les revenus publics : La perception. Ne jamais les donner à ferme.

(1) Ces différens points dépendent des circonstances qui varient selon les Etats ; mais il y auroit pourtant une regle de proportion qui pourroit en toutes choses convenir à tous, & que des gens éclairés & formés à ces spéculations découvriroient.

de la quotité de l'imposition , & de l'autre , que
de la faire compter par les propres administra-
teurs de chaque ville ou bourgade , qui seront
chargés d'en faire la levée sur leurs concitoyens:
Il est bien *court*, puisqu'il n'y aura point de cir-
cuit , & que les deniers levés immédiatement &
tout de suite par les pères de la Patrie , pourront
parvenir tout de même sans détour dans la caisse
générale de la Nation. Il ne sera *point à charge*,
puisque la levée se fera gratis , & qu'on ne devra
point enfler la somme totale de la perception ,
pour fournir , non-seulement aux gages d'une infinité de commis & d'employés , mais aux profits immenses que des fermiers veulent y faire : il
ne sera *point*, enfin, *sujet à abus*, puisque les contribuables eux-mêmes seront , pour ainsi dire ,
leurs propres exacteurs , & qu'ils seront intéressés
à ce que l'impôt ne soit pas porté au - delà du
juste besoin de l'Etat. L'on sait combien l'avidité
& l'esprit particulier sont fertiles à présenter des
projets de contribution nouvelle , & à flater ,
dans celui ou ceux qui gouvernent , par des ressources ingénieuses , cet amour si naturel de l'a-
bondance & de la libéralité , de la puissance , de la protection , des arts & des sciences , des amusemens & des curiosités ; le tout
à proportion de la Majesté du trône : Sujets infinis
d'abus & de dépenses , dont on ne peut se garantir , ce semble , que par miracle.

En quel temps la *perception*, & quelle est sa du-rée?

La *perception* , au reste , doit se faire dans le
temps de l'année le plus propre à la contribution ,
qui est celui où l'on a recueilli les fruits de la
terre & les revenus des arts qui s'y rapportent.
Ainsi l'hiver sera la saison où l'on procédera à

une opération qui suppose qu'on est tranquille & qu'on possede. Il faut aussi un espace de temps pour payer l'impôt, qui ne soit ni trop long ni trop court : les trois mois de l'hiver paroissent bien suffisans à cela.

CHAPITRE IV.

Réfutation des Objections contre le Syſtême de l'Égalité, ſoit des Rerſonnes, ſoit des Biens, même dans une Monarchie; & comment on entend ici l'une & l'autre Égalité.

AYANT préſenté les principaux objets, qui doivent occuper tout légiſlateur, ſoit qu'il crée un Etat, ou qu'il le réforme; & n'ayant point rencontré dans ma marche, de quoi arrêter le raiſonnement, ni rien qui, bien examiné, puiſſe paſſer pour impoſſible; je ne dois plus que revenir ſur mes pas pour répondre aux objections qu'on a faites (1) contre le ſyſtème de *l'égalité*, & faire voir qu'elles n'ont qu'une ſpécieuſe apparence, ſans force & ſans ſolidité.

De l'égalité des biens, & de l'égalité des perſonnes. Cette égalité, au reſte, comme on le comprend, n'eſt que celle des *biens*: car pour l'autre, au ſujet du rang & de la qualité des perſonnes, qui eſt toute morale, il eſt ſenſible qu'elle ne compâtit point avec la différence néceſſaire des conditions, & avec ce ſentiment inné dans tous les hommes, que celui qui commande, eſt, par ſon emploi, avant celui qui obéit, & joue en apparence un plus beau rôle.

(1) Ci-devant, vers la ſixieme page du Chap. I de cette Section.

Nos Auteurs se sont servis du mot d'*égalité*, tantôt dans un sens & tantôt dans l'autre; & en parlant de la nature des Républiques, ils l'ont toujours employée pour signifier l'indifférence des
rangs & des distinctions, que ceux qui étoient en
place déposoient au bout de leur terme, en ren-
trant dans l'état de particulier; ou dont ils n'é-
toient censés n'avoir recueilli d'autre avantage
pour eux que celui de pouvoir se dire, en sortant, qu'ils avoient travaillé utilement, & dans de
bonnes vues pour la Patrie, quand cela étoit vrai.

*De l'éga-
lité des per-
sonnes, re-
lativement
à la natu-
re des Ré-
publiques,
suivant
tous les
Auteurs.*

C'est pour cela que j'ai appelé tantôt,
toute place d'institution où l'on est au-dessus des
autres, *jouer un rôle*. L'élévation, la noblesse,
le sublime de la chose, sont réelles : Rien n'étoit
plus véritable que le pouvoir immense du *dictateur*
romain, & le respect qu'inspiroient sa présence
& ses ordres ; mais le peuple ne s'y méprenoit
pas : il savoit que le même homme alloit reprendre sa charrue & se confondre dans les conditions
communes, quand il n'étoit plus nécessaire. Ce
peuple n'avoit pas passé encore comme nous &
comme il fut depuis lui-même, dans cet état de
foiblesse & de préjugé, où l'on n'est plus sensible
au sujet des places élevées, qu'à un éclat extérieur
& aux avantages personnels qu'on y attache. C'est
qu'après tout, l'homme est toujours là tout entier. Le masque levé, on n'y reconnoît qu'une
égalité parfaite ; ce qui décele qu'on ne sauroit,
dans ces places, se croire un meilleur être, sans
prévarication & sans injustice.

*Juste idée
de la puis-
sance avec
cette éga-
lité.*

Voilà donc, comme j'entends, qu'on peut établir

*Applica-
tion aux*

Monarchies.

les rangs & les distinctions dans tout Gouvernement monarchique, ainsi qu'on faisoit dans la Démocratie ; & comme on doit les considérer, avec les seules différences qui constituent cet Etat, & qui font qu'il n'est pas une république.

De *la no-blesse d'o-rigine es-sentielle selon Monte-squieu, aux Monar-chies.*
Ci-devant, Chap. II, 2 ou 3 pag. du com-mence-ment.

Disons, à propos de cela, que la *noblesse d'origine*, dont a parlé *Montesquieu*, essentielle, selon lui & selon la maxime qu'il cite, aux Monarchies, ne me paroît pas une piece si nécessaire : qu'au contraire, elle ne doit être qu'en sous-ordre, & venir après celle des actions & du mérite personnel. Celle-ci, en concurrence avec l'autre, doit toujours l'emporter ; & jointe avec elle, l'emportera aussi sur le mérite tout seul. Si l'on prétend qu'il n'est pas si aisé de connoître & d'apprécier le mérite, au lieu que la noblesse d'origine peut se remarquer à des signes certains, je répondrai que, dans mon état, constitué comme il sera, les belles actions & la vertu propre seront tout aussi évidentes ; & que, par le moyen de l'article seul, bien observé, de *la garde des mœurs*, l'on aura toutes les ressources suffisantes.

De la ma-xime, que *s'il n'y a point de noblesse, il y aura un Despote.*
Comment traiter la noblesse d'origine, au regard de celle des actions & du mérite personnel ?

Mais, *s'il n'y a point de noblesse*, nous dit-on, *il y aura un Despote.* Je le veux croire de nos royaumes, tels qu'ils sont composés, mais il en sera différemment de celui que j'envisage. Un pere, au fond, n'est pas plus noble que ses enfans ; & les enfans sont nobles autant l'un que l'autre. Je regarde la royauté, toujours comme une famille, qu'un chef, intéressé à sa conservation, dirige pour le bien de tous. Un particulier qui, avec ses belles actions, pourra produire celles de ses ancêtres, aura, à coup sûr, un avantage plus solide, & paroîtra, aux yeux de la République ou de l'Etat, revêtu d'une noblesse plus étendue & bien véritable : ce ne sera pas une chimere. Il est convenable de tenir compte de la naissance, quand elle est soutenue par des services personnels, & qui semblent se perpétuer de race en race, comme un bien héréditaire. C'est même favoriser la noblesse personnelle que d'en faire recueillir le fruit aux descendans ; & rien n'est plus propre à exciter l'émulation. Mais aussi ce noble qui démentiroit son origine, ou n'auroit rien à montrer de son chef, seroit ou puni ou confondu dans la foule.

Reprenons l'article de l'*égalité des biens*, qui donne lieu aux objections qu'il me reste à réfuter ; on l'a regardée, comme un être de raison, un songe digne d'occuper un cerveau malade, ou un rêveur de profession. On nous bat beaucoup par l'expérience, par ce qu'ont éprouvé les divers Etats anciens qui avoient voulu ramener les peuples à une mesure commune de richesses, en réparant les irrégularités causées par les accidens inévitables de la vie, ou en leur prescrivant d'abord des loix, pour que l'un des citoyens n'eût pas plus que l'autre.

Prévention avec laquelle nos Auteurs combattent le systême de l'égalité des biens.

Ce sentiment de l'*égalité*, quoi qu'on en dise, est fondé dans la nature : il suffit d'être homme pour en recevoir l'impression ; & c'est pour cela, comme on l'a remarqué, que ce systême étoit le plus commun des anciens Philosophes, & qu'il n'est pas même encore sans partisans. Je puis dire qu'il en aura toujours.

Ce sentiment de l'égalité des biens, quoi qu'on en dise, percera toujours au travers.

Mais ceux qui le combattent, l'appellent *méta-*

Ci-devant, Chap. I de

cette Sect. au commencement.

Distinction du mot *métaphysique* dont abusent les Auteurs, pour la décréditer.

Première idée de possibilité.

Seconde idée de possibilité à l'égard de *l'égalité des biens.*

physique, c'est-à-dire, impossible à pratiquer & à maintenir.

Si l'on entend, par *égalité* (à l'égard des biens) une quantité égale, à chacun de terrain, de logement, de subsistance, de toutes les choses, en un mot, qui servent à la vie, nous en convenons. Cette précision mathématique est impossible & n'est pas nécessaire ; mais l'on conçoit, premiérement, qu'en bornant les consommations aux nécessités de la vie, de la maniere que je l'ai expliqué (1), & cimentant cet ordre par de bonnes loix somptuaires, que des Magistrats créés à cette fin, seroient chargés de faire exécuter, la propriété, ou la distribution des terres qui doit procurer cette subsistance, se réglera naturellement, comme ces loix, ou ce même ordre.

L'on conçoit, en second lieu, que, par rapport aux *inégalités* inévitables qu'apporteront les différences dans la force, le génie, les talens particuculiers, la population en chaque famille, les morts, les mariages, les dispositions des biens, &c. il est possible aussi d'en arrêter les progrès, en déterminant jusqu'à quel point l'augmentation des fortunes pourra être portée. L'Etat aura toujours devant les yeux le tableau général des biens, & l'on empêchera qu'une famille devienne trop puissante, & l'autre trop foible. A mesure qu'on veillera à ce qu'il n'y ait point de fainéant & de pauvre, l'on n'aura point d'abus à craindre, en donnant à ceux qui auront eu leur bien diminué ou perdu pour

(1) Dans le Chap. II, Nº. IV *de la propriété*, Sect. II, Part. II.

des accidens au-deſſus de la prudence humaine,
de quoi ſe remettre au premier état. Les cauſes
de nos infortunes & le dépériſſement de nos biens,
qn'on ne peut attribuer qu'à notre faute, ſont ordinairement notoires & à la connoiſſance du public ; comme celles qui viennent des cas fortuits.

L'on prétend qu'il *falloit*, pour établir l'égalité,
bannir l'induſtrie, les *arts*, le *commerce*, qui *ſont
des voies d'acquérir inégales ſelon les talens*. A quoi
appliquer cette propoſition ? Et voyons ſi elle détruit effectivement notre ſyſtême. J'admets dans l'Etat
monarchique & dans la Démocratie indifféremment,
l'induſtrie, les arts, le commerce : Je les crois allia-
bles avec l'égalité des biens. Il faut donc que nous
n'ayons pas, ſur les mêmes mots, les mêmes idées ?
L'*induſtrie*, ſelon moi, eſt ce ſoin, cette adreſſe
qu'on porte à ſe procurer toutes les choſes néceſſaires à la vie : A mettre en œuvre par
le travail, les reſſources que la Providence nous
fournit ; mais qui ne nous ſont bonnes, qu'autant que nous les découvrons ou que nous les em-
ployons à propos ; à avoir enfin, le talent de
ſavoir vaincre les obſtacles, ou de les éviter, à
meſure que nous travaillons à ſatisfaire ces beſoins.
L'*induſtrie*, au contraire, ſelon nos Auteurs éco-
nomiques ou publiciſtes, eſt l'art d'amaſſer du bien,
d'augmenter ſa fortune, de porter ſes vues bien au-
delà du moment préſent, de ſe preſcrire toutes
les routes, pouvu qu'elles n'aillent point directement
choquer les loix établies, d'en prendre même d'extraordinaires & de rares, en quoi l'on remarque
l'homme de génie ou l'homme fin : & il en eſt
mille, de ces routes, que la cupidité & l'ambition
ſe ſont ouvertes, leſquelles ne s'accordent du tout

*Si l'éga-
lité des
biens ban-
nit l'induf-
trie, les
arts, le
commer-
ce ?*

*Comment
je définis
l'induf-
trie ?*

*Comment
l'enten-
dent nos
Auteurs ?*

point, ni avec une conscience délicate, ni avec le bonheur commun.

Ce que j'entends sous le mot d'arts.

J'entends par les *arts*, comme je m'en suis souvent expliqué, les professions & les métiers indispensables: où l'on fait rechercher les matieres, leur donner la forme, la façon, les goûts, l'arrangement, l'efficacité, en un mot toutes les qualités propres & réelles pour l'usage & l'agrément de la vie. Nos Auteurs entendent, de leur côté, par ce mot d'*arts*,

Ce que les Auteurs entendent par ce mot.

non-seulement ceux qui sont effectivement utiles & dans le degré qu'il est requis, mais encore les arts inutiles, les curieux, les dangereux, & même ils étendent la portée des premiers fort au-delà de leur but ou de leur objet.

Idée du commerce, selon moi.

Par le *commerce*, j'ai l'idée d'un échange, & pour ainsi dire, d'un troc de denrées ou de marchandises, ou bien simplement, d'un côté, l'équivalant représenté par la monnoie qu'on donneroit en place d'une marchandise quelconque, ou soit d'une denrée. Les achats & les ventes ne sont pas autre chose, au fond: c'est toujours une espece de *permutation*; l'argent donné pour la valeur de ce que l'on achete, tient lieu de ce qu'on ne donne pas en nature. Le commerce n'est qu'une communication réciproque des biens particuliers, guidée par l'intérêt & la nécessité; ensorte que, sans avoir intention de rendre service, l'on procure à autrui ce qu'il n'a point pour se défaire de son superflu, ou avoir ce qui nous manque ou qui nous convient mieux. Il est, pour peu comme pour beaucoup, tout ce qu'il peut être; & l'on ne sauroit en grossir l'essence, comme on fait son étendue.

Il n'importe au bonheur des hommes de compli-
quer ou de multiplier à l'infini ses divers objets :
au contraire, l'on n'en augmente que plus sa misere, en se faisant des besoins que la nature ne
demande pas. J'ai donc une idée du *commerce* qui
peut s'accorder avec la *frugalité* & l'*égalité*. Nos
Auteurs, au contraire, ne trouvent plus de commerce là où il est restreint aux seuls besoins,
aux seules nécessités de la vie. Il faut qu'il soit
tout ou rien : c'est pourquoi l'on voit tant de
branches superflues, tant de ressources forcées &
hors de la nature ; que l'on ne se met pas en
peine de recueillir chez soi dans les divers pays,
tout ce qu'ils seroient capables de produire pour
les besoins de leurs habitans ; & que, par une culture des terres mal entendue & une aveugle économie, l'on se met à la discrétion des sols étrangers, & en risque ou de manquer de ces mêmes
choses nécessaires, ou de les payer bien cher.

Ce que le commerce est, selon nos Auteurs.

Les trois voies d'acquérir, dont nous venons de
parler, seront donc, si l'on veut, *inégales*, selon
les talens ; mais leur *inégalité* ne pourra jamais
être portée loin ; & il a été déja dit d'ailleurs que
les Loix y mettroient des bornes & y veille-
roient.

Conclusion de ces diverses définitions.

On ajoute que *les Démocraties dont les Loix ont
établi l'égalité dans leur origine, & qui n'ont pas
voulu en même-temps enfouir les talens, ont bientôt
vu le principe disparoître* ; fondé sur ce que rien
n'arrêteroit tant les progrès du génie & de l'ambition que le court espace où l'on les renfermeroit,
& que ce seroit suspendre les esprits autant par
le défaut de vues, que par la crainte d'être dé-

Ci-devant, vers la sixieme page du Chap. I de cette Sect.

Si l'égalité des biens enfouit les

talens, comme on le dit?

pouillés de ce qu'on pourroit avoir de trop. Je conviens que l'ambition & le génie ne feroient pas ceux de nos Gouvernemens civils, qu'ils ne brilleroient point tant par des acquifitions ou des productions fimplement curieufes & agréables ; mais ce qu'ils feroient feroit bon, feroit utile, feroit néceffaire : ils iroient à fatisfaire les befoins indifpenfables des citoyens, leur objet feroit rempli.

On oppofe encore les maux du partage des terres de l'abolition des dettes &c. tous moyens qui feroient inconnus chez nous.

Enfin, l'on dit que *les moyens mis en ufage à Rome, à Athenes & ailleurs, de faire un nouveau partage des terres, d'abolir les dettes pour un quart, pour une moitié, quelquefois pour le tout, font violens & dangereux, contraires à l'efprit des Peuples civilifés, & renfermant une injuftice intolérable : qu'ils n'ont jamais été propofés à Rome, fans faire répandre des flots de fang.* Ces excès font effectivement vrais & connus ; mais ils ne feroient point à appréhender pour nous ; l'on ne feroit pas à même de les reffentir. D'abord, il feroit permis d'emprunter, mais jamais de payer des intérêts : le *prêt* feroit purement gratuit ; ainfi l'abolition des dettes n'auroit jamais lieu, ou fi quelque cas extraordinaire pouvoit le demander, l'Etat paieroit pour les débiteurs. C'eft pour s'être écarté de ce fage régime que les Républiques d'Athenes & de Rome commettoient une grande injuftice, en voulant faire perdre les dettes aux créanciers ; elles étoient conduites peut-être par le motif, ou que ceux-ci avoient augmenté trop leur bien, ou qu'ils avoient retiré affez d'intérêts pour rendre cette efpece de compenfation jufte : mais c'eft vouloir guérir un mal par un autre. La fcience eft d'empêcher le premier mal de naître. Ce n'eft point parce que ces moyens violens & dangereux font

Les Républiques d'Athenes, & de Rome fe conduifirent mal à cet effet.

contraires

contraires à l'esprit des Peuples civilisés qu'il faut les proscrire : ils sont mauvais en eux-mêmes, & ils le seroient tout autant à des Peuples qui vivroient encore dans l'état de nature.

Ensuite, je punirois un citoyen qui auroit refusé de prêter dans un cas de nécessité, quand il le pouvoit ; il est clair que cette obligation ne regarde que les choses que l'on entend sous le nom de *meubles*, seuls propres à ce genre d'office. Je fixerois, au reste, un terme à l'emprunteur, & un terme assez étendu, pour qu'il pût ramasser ou recueillir de quoi rendre. Les diverses récoltes, en chaque année, sont les époques naturelles & les plus propres à ces restitutions.

Continuation des premiers Réglemens indispensables au soutien de l'égalité.

Mais le défaut de reconnoissance ou d'exactitude, causé par sa faute, seroit puni dans le débiteur. Tout acte d'engagement & tout traité réciproque seroit public & passé devant le Magistrat. On ne pourroit réclamer ou faire valoir ce qui se seroit passé à l'insu des personnes préposées pour en connoître. Il seroit seulement permis de dérober à la vue ce que l'on feroit, pour ainsi dire, avec soi-même : on n'auroit point à rendre compte de ses soins, de son activité, de ses moyens, de son adresse à cultiver son champ, à tirer parti d'un art ou d'une science, à disposer des fruits recueillis ou des ouvrages faits de ses mains. Tout seroit porté dans la plus grande évidence, de ce qui seroit obligation positive envers le prochain ; & tout pourroit être mystérieux & caché, de ce qui seroit seulement propre & borné à nous.

Il nous semble que déja nous avons fort applani la route : les objections sont répondues ; ce dont l'homme est capable, par rapport à l'édifice de la

fociabilité , a été juftement apprécié. La nature
des Gouvernemens civils , en général , & en particulier du monarchique , a été mife dans fon vrai
jour , & dans la feule expofition qui leur convient;
enfin nous avons touché les principaux points de
toute conftitution civile ou politique , relatifs à ces
mêmes idées de poffibilité & de rectitude qui nous
occupent. Nous efpérons d'achever la conviction,
dans les deux Sections fuivantes.

SECTION DEUXIEME.

Confidération fur les Sources Primitives & les Caufes fubféquentes des Défordres Civils & Politiques, qu'on avoit à réparer ou à prévenir.

CHAPITRE PREMIER.

Comment les mauvaifes Inftitutions Civiles & Politiques, & les mauvais ufages font nés avec les Sociétés.

C'EST un terrible afpect pour l'humanité, & une réflexion bien trifte pour un homme fage, que les coutumes & les établiffemens les moins propres à faire la félicité dans le monde, s'affermiffent, pour ainfi dire, davantage que les bons, & qu'ils nous féduifent à ce point de nous en rendre les efclaves! L'hiftoire des maux qu'ont caufés à notre efpece, dans tous les temps & chez tous les peuples, les erreurs, les préjugés nationaux feroit déplorable, & il le feroit bien plus, s'il falloit s'en entretenir. Nous penchons naturellement à la paix, à notre bien-être, à defirer dans l'ufage de la vie, une fûreté, une douceur, que les feules bonnes inftitutions peuvent donner ; à vouloir enfin une fociété

Réflexions.

X ij

civile, dont les loix & les prétentions, tant pour le dedans que pour le dehors, ne nuisent point à l'intérêt particulier; & nous nous trouvons entourés de goûts & de modes, de coutumes & d'arrangemens qui choquent sans cesse la liberté raisonnable, l'habitude même du corps, le tempérament, les manieres, la nourriture, l'habillement, la possession légitime, la concorde, l'amour fraternel, &c. Tout est instrument ou matiere de peines; & jusques dans les plaisirs, l'on sent tout le poids de la servitude.

Contraste étonnant dansl'homme.

D'où vient ce contraste, que ce qui nous seroit le plus utile ou le plus agréable ne soit pourtant pas ce que l'on suit; & que ce que l'on suit, qui nous est donc ou si contraire ou si incommode, soit susceptible d'extension & de force?

Plus étonnant en Corps de Nation.

Nous n'avons point à considérer cette question, relativement à l'homme en particulier. A son égard, c'est qu'il se livre à une satisfaction passagere ou à un nouvel objet, sans choix & sans discernement, & sans prendre garde que les apparences sont presqu' toujours trompeuses. L'embarras est de comprendre comment une Nation entiere peut s'y tromper; comment elle ne fait pas choix, en fait de loix, d'usages ou de modes, de ce qu'il y a de meilleur pour tous en général, & pour chacun en

Et plus encore des Nations entr'elles.

particulier. Et l'étonnement est plus grand encore, quand on voit que les Nations entr'elles s'asservissent par des coutumes impérieuses, & se lient tacitement par des conventions ou injustes, ou imprudentes, ou barbares.

Exemples

Comment se figurer, par exemple, qu'il soit

poffible que des femmes, à la mort de leurs maris, s'enfeveliffent toutes vivantes avec eux ? qu'on ait ofé facrifier des hommes pour appaifer la Divinité, &c. ? Qui pourroit jamais deviner qu'un peuple ait arrêté, comme une loi irrévocable, de ne jamais racheter, ou échanger fes prifonniers perdus à la guerre ; & voulu que cette portion de citoyens, retranchée de la maffe, comme des membres gâtés ou indignes d'elle, ne fît plus nombre dans la république, &c. ? Comment trouver naturel de fe permettre réciproquement de s'attaquer & de fe battre, non-feulement pour avoir des biens qu'on n'a pas acquis, mais pour difpofer, comme on voudra, de la vie & de la perfonne de ceux, fur qui l'on n'a d'autre titre que celui de la force ou du hafard ?

de quelques erreurs incompréhenfibles.

Que cela fe foit établi, en vertu d'une convention en forme, d'une réfolution publique & de confeil ; que les Nations enfin, l'aient volontairement & expreffément décidé de même, c'eft ce qui n'eft pas à fuppofer. Diverfes caufes ont produit ces étonnantes bizâreries de l'efprit & du cœur humain. L'homme, la plus excellente créature, dans ce bas univers, qui foit fortie de la main de Dieu, quand les lumieres de la raifon n'ont pas encore éclairé fon ame, ou que les paffions non réglées ou non contenues, la troublent & l'obfcurciffent, eft ou conduit par le hafard, ou dominé par l'intérêt, ou entraîné par la crainte, ou féduit par l'efpérance, ou livré à un faux bonheur : il eft tantôt arrogant, tantôt timide, tantôt pareffeux, tantôt avide & plein d'ambition : il eft tout ce qu'on peut être, felon les temps, les lieux & les conjonctures.

Brieve peinture de l'homme.

L'état d'association ne le change pas, au contraire. S'il eſt tel en particulier & dans ſa famille, il ne change pas dans la ſociété ; & en devenant membre actif d'un corps politique, ſes diſpoſitions & ſes foibleſſes le ſuivent : & comme alors de plus grands motifs l'agitent, elles le gouvernent encore plus.

Ce qu'il en arrive. Ainſi, dans cette multitude d'hommes réunis pour former un corps de Nation, le génie, les talens, le courage, l'ambition, le défaut de délicateſſe même joint à une haute capacité, doivent influer aux réſolutions & emporter les ſuffrages : ſur-tout ſi tous ces prétendus avantages, ou le plus grand nombre ſe trouvoient réunis dans la même perſonne, & en un degré éminent. Il eſt tout ſimple que les foibles, les indolens, les ignorans, les lâches, tous ceux, en un mot, qui n'ont rien à oppoſer à des cauſes auſſi agiſſantes, s'en remettent aux autres, & ſouſcrivent à leurs volontés, qui d'abord paroiſſent aller au bien général.

Combien les ſuites peuvent en être fâcheuſes pour le Peuple. Bonne remarque que cela a fait faire. On ſent combien de cette ſorte, le peuple peut être bleſſé, à la longue, dans ſes plus chers intérêts : combien d'erreurs volontaires de la part des chefs, & d'erreurs innocentes même, ainſi que la ſuite de ces erreurs, peuvent porter de préjudice à la félicité réelle des particuliers. Auſſi a-t-on remarqué, il y a bien long-temps (1), qu'*il faudroit pour le bonheur du monde, ou que les Philoſophes fuſſent Rois, ou que les Rois fuſſent Philoſophes.*

_____

(1) C'eſt une ancienne Maxime de *Platon.*

C'eſt pourquoi , en général , nous ne trouvons rien de mieux dans l'hiſtoire , en fait d'inſtitution politique ou civile , ou pour parler plus juſte , de moins défectueux , que ce qu'en ont dreſſé & di- géré les *Solon* , les *Lycurgue* , les *Platon* , (1) tous ces eſprits amateurs de l'ordre & de la juſtice qui avoient en vue le bien de l'humanité , encore qu'ils l'aient manqué très-ſouvent.

Trois ſortes d'engagemens généraux , offerts ou contractés en chaque Nation , ſont les *loix* , les *cou- tumes* & les *modes* : en elles réſident tout le bien & tout le mal , d'inſtitution politique , que des citoyens puiſſent éprouver.

On a vu des loix cruelles & barbares : celles d'étouffer les enfans difformes , ou qui excédoient le nombre preſcrit dans la république , &c. ; on a vu des coutumes qui l'étoient tout autant : de ſa- crifier ou expoſer ſes propres enfans ; de ſe dévouer à la mort pour une prétendue ſatisfaction publique envers la Divinité , ou de ſe la donner à ſoi-même pour être las de la vie , ou ne pouvoir ſupporter ſes maux , &c. ; on a vu encore , & l'on voit tous les jours , des uſages & des modes inſenſées , ren- verſant le fond pour faire prévaloir la forme , tra- vaillant non-ſeulement ſur les manieres & les mœurs , mais ſur les arts , la parure , les ameuble- mens , le logement , le langage même ; en un mot,

Où eſt-ce qu'on trou- ve ce qu'il y a de mieux en fait d'inſtitu- tion Poli- tique , ou de moins défec- tueux ?

Trois ſor- tes d'enga- gemens gé- néraux ,en toute ſo- ciété civi- le : Source du bien & du mal qu'on y éprouve.

Exempl s pour le mal.

---

(1) L'on ne parle point ici de *Moyſe* , parce qu'il eſt d'un rang ſupérieur , & que ſon Ouvrage n'étoit pas celui d'un homme , comme nous l'avons vu en ſon lieu.

X iv

sur tout ce qui eſt de néceſſité, comme ſur le pur agrément ; & tout en avouant que rien n'eſt plus gênant que la mode, chacun pourtant eſt bien aiſe de la ſuivre, & ſe croiroit ridicule à ne la ſuivre pas.

Avec des diſpoſitions pareilles, avec la maniere dont les établiſſemens humains s'arrangent, comme nous venons de dire, ſerons nous encore étonnés que les Nations aient produit un *Droit des Gens* naturellement ſi funeſte, & qu'il ait fait tant de progrès ?

La force & la violence ont produit auſſi des Gouvernemens civils.

Il faut convenir encore que la force & la violence ſe ſont ſouvent emparées du trône, & que des hommes, ſans le vouloir, ni le pouvoir empêcher, ſe ſont vus contraints de ſubir la domination d'un ſeul, leur concitoyen ou leur voiſin, ou bien même qui étoit venu de loin pour les ſoumettre.

Effet de ces révolutions, par rapport aux Peuples conquis ou ſubjugués.

Dans cette triſte poſition, ils ont cédé aux caprices, à la volonté du vainqueur. Un Souverain que l'injuſtice & la force ont placé à ce rang, nourrit dans ſon cœur & entretient au dehors les mêmes maximes par leſquelles il s'eſt guidé. Il ne reſpecte pas davantage les autres Nations que celle qu'il a ſubjuguée : il ſubjugueroit toute la terre s'il le pouvoit.

Le *tyran*, le *conquérant*, grands partiſans du Droit des Gens dont nous parlons.

De ſorte qu'on peut le regarder comme un des plus fiers partiſans du Droit des Gens dont nous parlons ; puiſque, ſelon l'expoſition que j'en ai faite, il y trouve toute ſa doctrine : c'eſt-à-dire, de quoi raffermir ſes injuſtices, & un aliment éternel à ſon ambition.

On nous cite un *Alexandre*, un *Auguste*, comme des personnages qui ont racheté par de grandes vertus, au profit des Peuples vaincus, leurs propres crimes. *Baillet* dit (1) que le premier, *à la honte des pédans de l'antiquité, civilisa des Nations barbares, & fit plus que* Pythagore *&* Socrate, *qui faisoient profession d'instruire le monde, & qui se vantoient avec tant de faste de leur qualité de* Philosophes. On voit bien que cet Auteur, d'ailleurs judicieux, parloit en Historien plutôt que selon sa pensée, cherchant seulement à donner du lustre à ses exemples. D'autres ont donné les plus belles épithetes à cet ambitieux Romain qui envahit sa patrie : le nom d'*Auguste* est devenu un éloge, & l'on peut aux mêmes conditions commettre les plus grands forfaits. Mais *Rousseau* (2) ne s'y trompe pas ; il a marqué à des traits éclatans (3) les odieuses prospérités de ces ravageurs du Monde ; il les a couverts d'un opprobre éternel. Le beau moyen de polir les Nations, de donner de sages Loix, d'établir & faire respecter la Justice dans son pays & dans les provinces conquises, que de commencer par mettre tout à feu & à sang, de faire périr par les armes & l'usage horrible des proscriptions, la meilleure partie des citoyens & des Peuples conquis ! Ces impitoyables conquérans se reposeront peut-être après leurs fatigans exploits ; ils paroîtront prendre une humeur tranquille, & se contenter de jouir de leur

Vains éloges donnés à un Alexandre, *à un* Auguste, *sur leur conduite après leurs victoires.*

Que le bien qu'ils ont pu faire, après tant d'injustices, est peu propre à les excuser !

---

(1) *Basnage*, Histoire des Savans, Tome III, p. 217.

(2) *Jean-Baptiste.*

(3) Dans son *Ode sur les Conquérans*, ou *à la Fortune.*

Ces êtres extraordinaires, retourneroient à leur premier penchant, s'ils avoient assez de vie pour cela.

usurpation en Princes équitables! Mais ils ne sont tels que par l'impuissance d'être pires ; & toujours, au fond de leur cœur, réside ce détestable poison qui fut le fléau de l'humanité, & qui se raninneroit dans les mêmes circonstances ; faut-il que tout finisse : les choses humaines sont telles ; mais puis elles recommencent ; & l'homme qui a une fois franchi les barrieres de l'honneur & de la modération, & qui est revenu à lui, reprendroit ses anciens erremens, s'il avoit assez de vie pour attendre la révolution d'années nécessaire à cet effet.

Ainsi les fausses & dangereuses maximes, les principes odieux sur la liberté des Peuples, sur les droits respectifs des Nations, sur leurs prétendus intérêts mal-entendus, seront toujours soutenus par les tyrans, par les Princes livrés à l'insatiable soif de régner ou d'étendre leur empire, sous quel aspect qu'on l'envisage. *Périandre* disoit

Réponse de *Périandre*. Vie des Philosophes par *Fénélon*, p. 165.

que le Gouvernement populaire étoit meilleur que d'être soumis à une seule personne ; & quand on lui demandoit pourquoi il se maintenoit toujours dans la tyrannie de Corinthe qu'il avoit usurpée ; *c'est parce*, disoit-il, *que quand on s'en est emparé une fois, il y a autant de danger à la quitter volontairement que par force.* Il voyoit le mal & le laissoit subsister! Il ne redonnoit point à sa patrie la liberté qu'il savoit bien qu'il n'avoit pu lui ravir sans crime !

Vérité à conclure, toujours au désavantage & pour le malheur

On voit par ce court exposé que, soit que le Gouvernement se forme paisiblement & d'un commun accord, soit qu'un maître étranger s'en empare, le Corps des citoyens est exposé à recevoir des Loix, des Coutumes & des modes onéreuses

au Genre humain ; & que les mêmes écarts sur
la justice & le bonheur public , sont également
le partage des Nations entr'elles , & regnent là
encore plus fortement que jamais.

des Peu-
ples en eux-
mêmes , &
des Na-
tions en-
tr'elles,

CHAPITRE II.

Comment les Loix *, les* Coutumes *& les* Modes *different entr'elles, & ont pourtant un esprit commun. Conséquences par rapport aux trois sortes de Nations :* les Sauvages *, les* Barbares *& les* Policées.

Des *Loix*, des *Coutumes* & des *modes*. POUR donner du jour à cette idée, des mauvaises qualités qu'a pris le *Droit des Gens*, à mesure qu'il s'est établi dans le monde, & des imperfections qu'a de même contracté auparavant le *Droit civil* de toutes les Nations policées, il suffit de montrer la liaison qui est naturellement entre les *Loix*, les *Coutumes* & les *modes*, qui font les trois points, comme nous avons vu (1), qui gouvernent les hommes ; mais avant de montrer cette liaison, il faut en dire les différences.

Esprit des *Loix*, Tome II, p. 175. « Il y a cette différence, dit *Montesquieu*, » entre les Loix & les mœurs, que les Loix re- » glent plus les actions de l'homme. Il y a cette » différence entre les mœurs & les manieres, que » les premieres regardent plus la conduite inté- » rieure, les autres l'extérieure ».

Différence entre les *Loix* & les *Coutumes*. Je dirai, à son imitation, qu'il y a cette dif-

(1) Chap. I, vers le milieu.

férence entre les *Loix* & les *Coutumes*, qu'encore
que les unes & les autres regardent les actions
de l'homme, les premieres cependant les prescrivent d'une maniere expresse & positive, c'est-à-
dire, souverainement dans l'extérieur : elles sont
dictées & manifestées par le Prince ou par ceux
qui gouvernent quand c'est une république ; & il
y a des peines ordinairement attachées à leur
inexécution. Il n'en est pas de même des Coutumes ; elles agissent plus dans l'esprit, & déterminent la volonté sans la forcer. On craint les Loix,
on auroit honte de ne pas suivre les Coutumes :
celles-ci ont un empire d'autant plus doux, en
même-temps qu'il est fort, qu'elles nous mettent,
pour ainsi dire, vis-à-vis de nous-mêmes, & nous
laissent juges de ce que nous devons faire. Elles
sont établies sur l'exemple ; & l'habitude de les voir
pratiquer est une raison de devoir qui surmonte
tout.

Il y a cette différence entre les *Coutumes* & les
modes, que les unes & les autres sont également
assises sur la liberté en général, & sont simplement
inspirées : mais que les modes ne portent que sur
quelque chose d'extérieur à notre personne, &
n'importent pas au fond de notre être : il est fort
égal qu'un chapeau soit grand ou petit ; qu'on
soit vêtu d'une couleur ou d'une autre, &c. au
lieu que les Coutumes intéressent directement les
mœurs & la condition des hommes ; qu'elles regardent proprement leur état, leur vie, leurs biens,
leur fortune, leurs enfans, toute la propriété en
général, de quelle maniere qu'on l'envisage.

Différence entre les Coutumes & les modes.

« L'envie de plaire plus que les autres, a dit

Tome II, p. 164.

» *Montesquieu*, établit les parures, & l'envie de
» plaire plus que soi-même établit les modes ».

Les *modes* sont donc plus spécialement notre
ouvrage, nous les suivons ; mais quelqu'un leur
a donné naissance : c'est la production momentanée du temps & du caprice, d'un ou de quelques
particuliers ; elles n'ont pas une consistance à pouvoir durer. Les *Coutumes* au contraire sont comme
une institution de la nature brute ou policée en général : c'est son esprit qui les a produites & les
entretient. Elles ne sont pas établies comme les
Loix ; mais elles sont, pour ainsi dire, consen-
ties avant que de naître, & disposent de tous les

Tom. IV, pag. 173.

vœux en paroissant : de sorte qu'il n'est pas sur-
prenant qu'elles durent. *Montesquieu* a eu raison
d'observer que les Peuples sont très-attachés à leurs
coutumes.

Les *Loix*, les *Coutu-mes*, & les *Modes*, unies & conduites par le mê-me esprit.

Or, si les *Loix*, les *Coutumes* & les *Modes* ont
des différences réelles, elles sont pourtant unies
& conduites par le même esprit. Il est aisé de remarquer, par l'étude de l'histoire & la connoissance
de l'esprit humain, dans les diverses Nations qui
ont existé, que ces trois sortes d'engagemens généraux en toute société, ont été empreintes de la
même teinte, & je vais tâcher de représenter
comment.

Trois sor-tes de Na-tions : Pre-miérement des *Sauva-ges*.

On distingue, comme chacun sait, trois sortes
de Nations ; les *sauvages*, les *barbares* & les *policées*. Les Nations sauvages ne sont telles que par
un défaut de culture & d'éducation ; elles sont
encore, pour ainsi dire, à former. La nature fait
tout en elles, mais aveuglément (1) & comme au

_____

(1) On rapporte ceci à l'individu même du Sauvage, con-

hafard ; & la rencontre feule des accidens de la vie
décide de leurs réfolutions & de leur conduite. Ces
Peuples fentent les mouvemens de la juftice ; mais
ils fe livrent à ceux du befoin , & ils ne connoiffent guere d'autres regles que celles de la néceffité
& de la convenance. Affurément les fauvages ne
s'égorgent pas les uns les autres ; ils ne fe volent
point , ils ne fe raviffent point leurs femmes ; ils
fe fecourent mutuellement , ils s'affiftent ; mais leurs
diverfes troupes fe prennent de noifes & d'inimitiés
les unes contre les autres : des apparences de griefs
légitimes les engagent à fe battre en Corps , à fe
déchirer ; leur vengeance eft terrible. Plus ils font
pauvres , & méconnoiffant les fenfualités & les
commodités de la vie , plus ils font redoutables,
ardens à fe commettre & à punir. Du refte, dans
la paix, & lorfque rien n'attente à leur état préfent, ils font doux, fimples, bienfaifans, finceres,
charitables, généreux, toutes les vertus naturelles
fe déploient en eux , fans art & fans fineffe ; leur
fenfibilité moins exercée entretient même plus aifément la fubordination, comme elle empêche auffi
les fupérieurs & les chefs de famille à porter au-
delà des bornes une autorité qui n'eft faite, ou
qui n'eft donnée que pour le bien de tous.

Les Loix *pofitives* y feront donc comme incon-
nues ; les coutumes & les modes régleront prefque
tout ; mais les coutumes y feront fimples & naïves
en général & en petit nombre ; & les modes,
comme elles font ordinairement le fruit de l'empire & de la légéreté des femmes à qui l'on veut

---

fidéle comme devant agir en être raifonnable , & non à la
nature proprement dite, qui n'eft jamais en défaut.

plaire; & que chez les Sauvages, ce sexe est contenu dans les bornes naturelles de son état ; les modes, dis-je, y seront restreintes & réduites à peu de chose, elles y seront presque fixes : ce sera, par exemple, de se teindre les sourcils ou le visage d'une certaine couleur, de s'attacher au nez, aux oreilles, au front, &c. des morceaux de corail, des coquilles ou des pieces de monnoie, &c. ce seront plutôt des usages que des modes : une pareille Nation n'est pas capable d'en avoir.

Deuxiéme-
ment : *Les*
Barbares.

Mais les Nations *barbares* font bien d'une autre sorte : elles sont à redouter & pour elles-mêmes & pour les autres. Elles sont telles pour avoir acquis quelques degrés de connoissance & d'activité, mais fondés sur de faux principes & de fausses maximes, relativement à l'intérêt général du Genre humain. Ce n'est pas un grand malheur que de ne pas savoir; mais c'en est un d'être mal instruit, & d'avoir gâté les lumieres naturelles & les dispositions droites de la conscience par des leçons erronées & des exemples contagieux. Ces Nations barbares ont commencé de développer leurs talens, leurs facultés; elles ont contracté des goûts; elles ont cherché à jouir, non pas plus délicieusement, mais plus abondamment & plus sûrement de la vie : elles ont senti qu'on pouvoit avancer dans cette carriere immense des complaisances pour soi-même, & des moyens presque infinis d'y parvenir.

Tom. II,
pag. 121.

Montesquieu nous a dit que « les Peuples sauvages sont ordinairement des Peuples chasseurs, » & les Peuples barbares, des Peuples pasteurs :
» que

„ *que* les premiers font de petites Nations difper-
„ fées , qui, par quelques raifons particulieres, ne
„ peuvent pas fe réuuir ; au lieu que les Barbares
„ font ordinairement des petites Nations qui peu-
„ vent fe réunir ». Sans entrer dans cette diftinction précife , & qui peut être vraie dans le général (1) ; car il eft poffible auffi que des Sauvages
cultivent un peu de la terre qu'ils habitent, qu'ils
aient quelques bétails , qu'ils ne fondent pas uniquement leur fubfiftance fur la chaffe : comme il
eft poffible encore que des Nations *barbares* ne
foient pas fimplement bornées à leurs troupeaux,
& qu'elles s'affurent , dans les divers cantons
qu'elles parcourent , ou par des plantations ou
par des femences , de quoi recueillir au retour, en
fuppofant qu'elles n'aient jamais d'habitation fixe :
fans entrer , dis-je , dans cette diftinction précife
des Nations fauvages & des Nations barbares ; il
me paroît que l'idée même que cet Auteur en
donne , autorife ces fentimens ou les difpofitions
que je leur prête , & qu'elles font à ce point que
j'ai décrit , qui les différencie l'une de l'autre.

Il réfultera donc que les Peuples barbares pourront avoir quelques *Loix pofitives* , mais courtes &
invariables , portant uniquement fur la propriété
en général & l'ordre des marches. Mais ces Loix
ne feront que publiées fans être écrites. Les *Coutumes* y feront plus d'ufage , & régleront tout le
refte ; elles rappeleront même les Loix ; on y fera
tous les jours ce qu'on a vu faire , & le commandement comme l'obéiffance dépendront d'un figne

---

(1) J'en ai dit un mot dans la Deuxieme Partie, N?. **V**,
Chapitre III, dans le préfent Volume.

& d'un mouvement. L'intérêt y fera un peu plus étendu, puisqu'ils posséderont davantage que les Sauvages. Le *tien* & le *mien* y causeront de petits démêlés entre les familles, que la nécessité d'aller & de se séparer bien souvent fera juger & terminer aussi-tôt. Les *modes* y feront peu connues : elles ne sympatisent point avec des déplacemens continuels, avec des transmigrations fréquentes ; & ce qui est si mouvant & si inconstant de sa nature, demande une habitation fixe, & qu'on soit sûr de se retrouver le lendemain avec les mêmes personnes, & aux mêmes lieux. Il n'y auroit point de modes, s'il n'y avoit qu'une seule famille : c'est l'assemblage de plusieurs familles qui donne envie de se distinguer par cet extérieur qu'on abandonne à mesure qu'il devient trop commun, pour le remplacer par un autre. Et les femmes, comme nous avons dit, qui y donnent lieu dans les pays où elles font plus libres, n'ont pas chez les Barbares de quoi exercer cette espece d'empire : elles n'y sont point dans les mêmes circonstances.

Troisiémement : Les Nations *Policées.* Chez les Nations policées, les progrès de l'esprit, du goût, des manieres ; le développement des talens & des passions humaines auront des effets proportionnés à leur déploiement & à leur étendue ; & les Loix, les Coutumes & les modes y feront en raison de ces mêmes progrès. Le Gouvernement y prendra une confistance plus marquée ; il y aura plus de Loix positives, à proportion qu'on y jouira de plus de liberté civile ou politique. La propriété se groffissant par l'ambition des desirs & les délicatesses du goût ; & les déplacemens & les transmigrations y étant ou y devenant impossibles, il faudra que la Nation soit sédentaire &

fixe. Dès-lors , tout est l'objet des vues du Législateur ou de la volonté du Despote. Mais à mesure que les Loix positives s'y multiplient , les
Coutumes y disparoissent : c'est-à-dire, ce que nous
avons entendu jusqu'ici par ce mot ; car il n'est
pas question des *Coutumes locales & écrites* , qui ,
en certaines Provinces , servent de Droit. Les *usages* y seront reçens à la place des Coutumes ; ils
portent plus sur les manieres , & leur empire n'est
pas tant à redouter. Mais les *modes* , de leur côté ,
y prendront de l'accroissement & des forces : elles
seront douces , si , souvent , elles sont ridicules &
déraisonnables. Dans une Nation , qui jouira sûrement & librement de toutes les commodités de
la vie , où l'on trouvera son bonheur à se communiquer le plus qu'on pourra , les modes y varieront sans cesse , & décideront même le plus
souvent du sort de la plupart des choses , excepté
de l'objet des Loix & des constitutions de l'Etat.
On verra cet empire des modes se prendre à tout :
aux sciences, aux arts, aux manieres, aux ha-
billemens, au logement, à la nourriture, au parler, à la démarche, au train de la personne, &c.

Ainsi l'on apperçoit que le même esprit , qui
fait multiplier les Loix positives dans un Etat , en
étend les modes ; parce que les unes & les autres
supposent une grande liberté de goûts & d'inclinations dans les sujets , & que par cette même
raison , les coutumes , dont l'office devient inutile
alors , tombent d'elles-mêmes , ou ne s'y établis-
sent point. On s'apperçoit que les Loix & les modes
y peuvent être gênantes , mais qu'on suit pourtant celles-ci comme des amoureux se livrent aux
peines qui les rapprochent de leur objet chéri : il

Comment,
dans les
Nations
Policées, le
même es-
prit dirige
les Loix &
les modes.

Y ij

n'eſt rien en elles, au vrai, de dangereux pour la vie, pour la conſervation du corps, pour la propriété, pour tout l'apanage de notre individu. Plus il y aura de regle & d'invariabilité dans les choſes eſſentielles, & plus l'on ſe permettra de caprice & de changement dans ce qui eſt volontaire comme dans les modes. Les Loix ſeront ou paroîtront juſtes & raiſonnables, préciſes, fermes, aſſorties en nombre & en eſpeces à tous les cas différens & de néceſſité, à raiſon des vues & des occupations des hommes; elles varieront beaucoup. Les modes ſuivront une route à-peu-près égale : elles ſe multiplieront, elles changeront, elles ſeront impérieuſes, elles paroîtront même avoir un air de juſtice & de raiſon, parce que l'on ne ſera pas contraint par la force à les ſuivre ; & qu'indépendamment de l'idée de liberté qu'elles laiſſent, elles ſemblent relever notre perſonne, ou nous rendre plus au gré de nos concitoyens, par cette raiſon que nous nous mettons comme les autres.

Epoques où le mal & les erreurs, en fait d'établiſſement Politique, commencent à être redoutables.

Cela poſé, les progrès du mal, en fait d'établiſſement politique, les erreurs qui ſe glifferont dans les principes & les maximes qui régiront les ſociétés, commenceront à être redoutables, du moment que la Nation aura fait un pas hors de l'état de nature, & le ſeront d'autant plus qu'elle voudra goûter des douceurs & des plaiſirs factices, acquérir des biens au-delà du néceſſaire, remplir l'imagination d'idées frivoles, ſe livrer à des paſſions tumultueuſes, comme l'ambition, la ſoif des richeſſes, l'amour, la haine, la vengeance, &c.

Il faut entendre,

Tout ceci doit s'entendre au regard des autres Nations. Car il faut conſidérer que tout Peuple a deux fortes de Loix , *écrites* ou *non écrites* ; les d'une Nation à l'é-unes pour le Gouvernement intérieur , & les au-gard d'une tres qui réglent la façon de penfer & les difpofi-autre. tions dans lefquelles on doit être en Corps ou en particulier envers les autres Nations.

Tel un

Or, la maniere de fe conduire envers foi-Peuple en-même décidera beaucoup de celle dont on fe com-vers lui-portera envers les autres Peuples , ou de tout même : tel homme qui ne fera pas de notre Nation. Les Na-envers les tions fauvages , par exemple , fe gouvernent par autres.
des impreffions aveugles de la Loi naturelle , qui Les *Sau-* leur fait adopter pour elles-mêmes les qualités & *vages.* les vertus fans lefquelles elles ne fauroient fubfif-ter. Comme elle les borne aux premiers befoins de la vie , & que leurs defirs ne s'étendent guere au-delà , les membres qui les compofent n'ont pas beaucoup d'intérêt à n'être point fideles amis , bons peres , enfans foumis , tendres époux , loyaux citoyens : ils ne connoiffent pas les trois quarts des vices qui font honte aux Nations policées. Il eft vrai que , par cette raifon , les manquemens où ils tombent font grièvement punis , & qu'il n'y a point chez eux de peine légere ; la mort y fera le moindre des malheurs Elle les touche fi peu , que quelques-uns , par une efpece de phifolofo-phie , fe réjouiffent à la mort de leurs parens & de leurs amis.

Il eft vrai encore qu'il n'y a point de Peuple fauvage qui foit précifément dans cet état de na-ture dont je parle (1) : les Nations policées d'Eu-rope ont pénétré prefque par-tout , & nous leur

(1) On entend dans les Pays connus.

avons communiqué de nos vices sans leur avoir donné des vertus. Avec cela, la nature toute seule tombe dans des erreurs & des méprises d'action & de pensée, qui étonneroient les plus éclairés, si l'on ne savoit que les mouvemens de la conscience & la Loi naturelle, dans des Peuples non instruits, ne parlent haut que contre les vices décidés & les injustices criantes, ce qui se réduit à peu de cas absolus : d'où vient que les Sauvages ont des Coutumes, ou si indécentes, ou si déraisonnables à nos yeux, ou même si cruelles.

Les Nations *Barbares*, bien plus féroces que les *Sauvages*.

Mais les Nations barbares sont encore plus féroces que les sauvages; en sortant de la modération de la nature, en devenant & plus injustes & moins discretes, tandis qu'elles changent si souvent de lieu, d'habitation, & qu'il semble que toute la terre leur appartienne, elles portent sur les autres Nations cet esprit d'avidité qui les anime, sans songer à prendre la peine de gagner par le travail ce qu'elles desirent ; elles livrent à leurs desirs aveugles & à un goût naissant qui ne connoît point de bornes, tout ce qui se présente à leur passage ; elles adoptent facilement tous les moyens qui leur viennent dans l'esprit, ou qui se présentent d'eux-mêmes, pourvu qu'ils soient efficaces : elles sont donc toujours décidées au pillage ; & comment ne seroit-on point sanguinaires & barbares, comme le mot le porte, quand on est perpétuellement dans une telle disposition ? Aussi voit-on que pour elles-mêmes elles sont dans des usages ou des coutumes qui nous paroissent inhumaines. Dans une pareille Nation, l'autorité de pere, de mari & de maître est excessive : il n'est donc pas étrange que la femme & l'esclave se dévouent à perdre la vie, quand celui de qui ils tenoient, pour ainſi dire, leur être, n'eſt plus : il eſt conſéquent, à leur ſens erroné, que tout ceſſe à la fin du Maître, & qu'on s'honore d'un ſacrifice qui tend ſans doute à marquer ſa fidélité, en même temps qu'il intéreſſe à conſerver les jours de la perſonne, dont la fin doit cauſer la nôtre : voilà les coutumes. Les Barbares exercent l'hoſpitalité, mais c'eſt juſtement qu'accoutumés à prendre, & à vivre de pillage quand ils le peuvent, ils ne voient rien, en un Etranger qui ſe préſente, de quoi les mettre en crainte ; & qu'au contraire ils le voient dépourvu de tout. Ce mouvement de compaſſion change bien vîte, à meſure que ces mêmes Nations barbares augmentent leur propriété, & qu'elles rendent leur habitation plus fixe.

Tandis que les mœurs ſe ſont adoucies par toutes les cauſes qui y donnent lieu, cette férocité & ces méchantes coutumes ſe ſont éclipſées. Pour pouvoir poſſéder ſolidement, l'on a ſenti qu'on ne pouvoit plus autoriſer le brigandage : & l'amour des aiſes & la volupté ont appris à être doux & honnête dans l'extérieur. Mais auſſi le beſoin ou l'envie d'acquérir, qui a introduit & ſi fort groſſi le commerce, n'a fait retenir ou prendre de la probité que les dehors ; & l'on s'eſt permis intérieurement tous les petits maneges ſecrets qui peuvent groſſir notre avantage ſur celui avec qui nous traitons.

Les Nations Policées. Elles n'en ſont pas devenues plus portées au bien des autres : au contraire.

Chacun, de ſon côté, a ſuivi cette maxime : l'on n'a regardé comme *mal* que ce qui feroit crouler viſiblement la ſociété. Les manieres ont été plus agréables, les jeux plus paiſibles & honnêtes, les loix plus douces en général & plus humaines, les moyens d'acquérir plus nombreux &

plus favans, les arts mieux connus & plus cultivés, les fciences mieux développées, &c. Mais le
fuprême empire du *tien* & du *mien*, qui a fait refroidir la charité, inventer des reffources de toutes
les efpeces pour tâcher de vivre aux dépens d'autrui, fans rompre les liens vifibles de la concorde
publique, & enfin qui entretient dans les Etats les
plus policés une forte d'efprit de conquête fur les
concitoyens entr'eux ou fur toute autre perfonne avec
qui l'on a affaire : ce fuprême empire, dis-je, du
tien & du *mien* agit à l'égard des autres Nations ;
& fous l'apparence de fe rechercher & de fe vouloir faire du bien, ou de ne fe point nuire, il
nous porte à nous prévaloir fur elles le plus que
nous pouvons, tant pour l'accroiffement des fortunes, que pour la gloire & la puiffance de
l'Etat.

Les mau-
vaifes ma-
ximes & les
faux prin-
cipes fe
font dé-
guifés fous
les appa-
rences du
devoir &
de la *jufti-
ce.*

Comment
on a reçu
chez foi,
par cette
illufion,
des établif-
femens &
des Loix
qui, au
fond, font

Les mauvaifes maximes à des Peuples éclairés,
& qui ont d'ailleurs devant les yeux la doctrine
pure de la Loi chrétienne, ont pris des détours
captieux pour fe revêtir des couleurs aimables de
la juftice, ou pour s'appuyer de prétextes honnêtes : elles fe font fondées fur l'obligation même
où l'on eft naturellement de fe conferver, de conferver fes biens, fon honneur, fa gloire, &c. des
introductions civiles, qui bleffent au fond les bonnes mœurs, fous cette apparence d'utilité & de
juftice, ont pris pied dans les Etats les plus fages :
la même illufion nous guide à l'égard des autres
Nations ; nous fommes devenus plus doux, plus
fociables ; mais ce n'eft, pour ainfi dire, qu'un art
concerté de ne fe point épouvanter les uns les
autres, & de s'en tenir uniquement aux grands
articles défendus, & qui font comme le pivot fur

quoi roule tout l'édifice ; après cela , de fe permettre toutes les habiletés , en fait de fineffes ;
tous les maneges , en fait d'induftrie , qui ne
portent que d'un particulier à l'autre , fans éclat,
& fans appréhenfion publique : ainfi nous fommes
envers les Peuples avec qui nous avons quelque
commerce. J'ai montré , dans la Premiere Partie
de cet Ouvrage , tout ce qu'a de dangereux & de
funefte pour le Genre humain le fyftême de nos
Politiques modernes fur le *Droit des Gens* , &
combien il infulte aux droits facrés de la nature &
de la religion ; je crois que cela n'a pas befoin
d'autres preuves ; mais j'ai voulu expofer ici de
quelle maniere dans le principe , le mal , en fait
d'inftitution politique & civile , a pû fe gliffer &
faire de fi grands progrès dans le monde , &
qu'il a dû être encore plus invétéré & plus à
craindre dans les Nations policées, les unes à l'égard
des autres.

contraires aux bonnes mœurs ; on en a adopté de même à l'égard des Nations étrangeres.

Telle fera donc la fource primordiale, & la marche d'un défordre fi étonnant ; telle fera l'explication qu'on peut donner d'un phénomene qui,
autrement , paffe la conception commune , &
femble fe tirer du vraifemblable. Car comment
allier avec la douceur des mœurs , avec la fcience ,
avec le goût de fe communiquer, avec l'efprit de
commerce (je ne parle pas de l'efprit de l'Evangile qui étoit capable de remédier à tout); comment , dis-je , allier avec toutes ces difpofitions ,
en apparence , fi humaines, avec un air ouvert &
des manieres fi engageantes , tout le venin de la
haine , toute la fureur de la vengeance , toute
l'injuftice de l'ambition , toute l'âpreté pour le
gain , toutes ces paffions enfin , ou particulieres

ou nationales, qui non-seulement infectent & troublent dans l'intérieur les sociétés civiles, mais qui les arment les unes contre les autres, & ont fait de la plupart des parties de la terre des théâtres de sang & de carnage ?

CHAPITRE III.

De quelques-unes des principales caûfes qui ont en-
tretenu & augmenté le mal, en fait d'Inftitution
Politique.

LE mal, peut-être, n'auroit pas tant pris racine,
& fes progrès euffent été moins dangereux ; mais
une foule de caufes effentielles font venues, acci-
dentellement, & puis, conftamment, entretenir
ces mêmes erreurs de corps & les particulieres, &
les porter au point où nous les voyons. Or, c'eft
de ces mêmes caufes, dont j'ai maintenant à
parler, en me bornant néanmoins à quelques-
unes des principales : le tableau n'en fauroit être
trop préfenté aux hommes.

Le champ où je les découvre eft l'immenfité
même des progrès de l'efprit dans les arts, dans
les fciences, dans les talens, dans les manieres,
dans tout ce qui a paffé, en un mot, pour être
la marque la plus affurée de la civilifation d'un
Peuple.

Où eft-ce qu'on les découvre ?

J'en trouve de plufieurs genres : les unes font
venues de certaines idées de mérite & de capacité pour le commandement ou les emplois, fondées fur la force du corps & le courage, ou fur
l'efprit & le génie (felon qu'on a été frappé de
l'un ou de l'autre de ces avantages) & qui ont
ont encore perfuadé, quant à la force & au courage, qu'on devoit les employer à la défenfe de

Il en eft deplufieurs fortes.

la veuve, de l'orphelin & de l'opprimé. Les autres partent de certaines idées fausses de justice ou de religion, par lesquelles on s'est figuré qu'il y avoit de la grandeur ou du devoir à embrasser des entreprises hasardeuses, que nous regardons aujourd'hui comme folles, cruelles & sans fondement ; d'autres qui sont le fruit d'idées mal conçues, d'ordre, de bonheur & de gloire, autant pour les Peuples que pour les Particuliers ; d'autres qui se tirent de l'usage même que nous faisons des arts & des sciences, & d'autres de leur abus : enfin, il n'est pas jusqu'à la douceur des mœurs & à la politesse des manieres qui ne soient du nombre. Parcourons ces diverses causes aussi succinctement que nous pourrons.

CHAPITRE IV.

Premiere Cause qui a entretenu & augmenté le mal, en fait d'Institution Politique : avoir regardé l'Esprit & le Génie, ou bien la Force du Corps & le Courage, comme plus dignes du Commandement.

RIEN n'a été naturellement plus capable de faire illusion aux hommes, quand il a été question de prendre ou de donner de l'autorité, que la vue ou la persuasion des talens supérieurs de l'esprit & du génie ; ou bien la considération d'une force de corps & d'un courage extraordinaires. Ces deux manieres d'apprécier ont dépendu des circonstances ; & selon qu'elles ont agi sur l'esprit humain, les Nations ont pris goût pour l'une ou pour l'autre.

De ces deux sortes de détermination.

A l'égard des Peuples encore grossiers & barbares, les avantages du corps (1), les dons de la nature purement sensibles seront les motifs dominans & uniques : une Nation qui sera sans cesse en armes, en mouvement, exposée à toutes les rigueurs du temps & des saisons, dont la nourriture, l'habillement, le coucher, les biens seront tout simples & peu de chose, ne sera guere frappée que de ces signes extérieurs de supériorité, dont

Les Peuples grossiers & barbares ont donné la préférence, ou plutôt, n'ont connu que la force & le courage.

---

(1) Les Ethiopiens, dans *Hérodote*. Voyez *Bossuet*, Hist. Univ. Tome I, page 440.

nous parlons. Il faut avoir connu le prix inestimable du savoir & de l'intelligence ; il faut les avoir cultivés l'un & l'autre, & que l'esprit s'en soit répandu dans la République, pour penser qu'ils sont bien plus propres, au fond, que la force du corps, au maintien du Gouvernement & à la conduite des affaires : outre qu'il est aisé de s'appercevoir qu'ils ne sont pas incompatibles avec elle & avec le courage, lequel en devient même alors plus réglé & plus redoutable.

Les Rois & les Héros ont vuidé seuls les différens entre les Peuples, ou ont cessé de le faire, selon que l'un ou l'autre sentiment a prévalu.

Ainsi, selon que l'un ou l'autre sentiment a prévalu, les Rois & les Héros ont vuidé seuls, en personne, les querelles nationales, à la tête de leurs armées ou de leur parti, & fait dépendre ainsi le jugement ou le sort commun, de la victoire ; ou bien on n'a pas voulu les commettre de cette sorte. La raison, de conserver la tête qui en tout corps dirige, a fait établir que les armées elles-mêmes se combattent, & que la supérieure donne la loi.

Comment les anciens Grecs regardoient les Peuples, avec qui ils n'avoient pas de commerce ?

Les anciens Grecs, qui prétendoient qu'il y a des hommes naturellement esclaves, & qui regardoient comme barbares, tous les Peuples avec qui ils n'avoient pas de commerce, avoient pris cette opinion de la même source. A proportion qu'ils s'étoient rendus plus polis, & qu'ils cultivoient toutes les parties du savoir qui tiennent plus à l'ame qu'au corps, encore qu'ils ne négligeassent pas celui-ci, ils estimoient moins les Nations, à qui, en cela, ils ne ressembloient point ; & une pensée (1) d'*Aristote*, qui, bien

Paroles d'*Aristote*, (dans *Puff*. Tome II.

(1) Voyez Partie II, Section II, Nº. II, Chapitre III.

entendue, où qui, felon qu'on l'interprête, eft très-raifonnable, eft bien propre à jeter dans l'erreur fur ce fujet. « La confervation mutuelle, *dit-il*, des hommes, demande que les uns foient naturellement faits pour commander, & les autres pour obéir. Car, ceux que la pénétration de leur efprit rend capables de prévoir de loin les chofes, font naturellement deftinés à commander; & ceux qui, par les forces de leurs corps, peuvent exécuter les ordres des premiers, font naturellement deftinés à obéir & à être efclaves. De forte que le maître & l'efclave trouvent également leur compte à cette difpofition des chofes ». On a prétendu qu'*Ariftote* ne veut point parler de la condition naturelle de ceux qu'il qualifie d'*Efclaves par nature*, mais de leur naturel, fervile. Quoiqu'on le prenne encore dans ce dernier fens, le paffage, à mon avis, eft toujours! très-propre à maintenir l'erreur qui fe forme de la comparaifon des talens de l'efprit & du génie, par rapport au commandement, avec ces fimples avantages du corps. Nos Ecrivains politiques modernes ont tous combattu ces méchantes applications d'une vérité d'ailleurs très-conftante : « Qu'il y a des gens d'un naturel fi heureux, qu'il les rend capables non-feulement de fe conduire eux-mêmes, mais encore de conduire les autres : au lieu que d'autres ont naturellement l'efprit fi bouché & fi ftupide, qu'ils font incapables de fe gouverner eux-mêmes, & qu'ils ne peuvent même rien faire, du moins paffablement bien, s'il ne font pouffés & dirigés par quelqu'un. Mais il feroit très-abfurde, *nous difent-ils*, de s'imaginer que la

page 31); qui donnent lieu à cette premiere caufe d'erreur, ou la favorifent, au fujet du *plus d'aptitude* au commandement.

Puffendorf ut fuprà, note 1, p. 31.

Nos Ecrivains Politiques l'ont tous combattue. *Ibidem.*

» nature elle-même donne d'abord actuellement
» aux plus éclairés & aux plus sages, la conduite
» des autres, ou du moins le droit de les obliger,
» malgré eux, à s'y soumettre. Car, outre que
» l'établissement de toute autorité parmi les
» hommes suppose quelque acte humain, la
» *capacité naturelle* du commandement ne suffit
» pas pour donner droit de l'exercer sur ceux
» qui, par leur nature, sont propres à obéir.
» De ce qu'une chose, (*continue-t-on*), est
» avantangeuse à quelqu'un, il ne s'enfuit pas
» non plus qu'on puisse la lui faire accepter par
» force. *On établit fort clairement que l'aptitude*
» *naturelle*, ou la possession [des qualités nécef-
» faires à un certain état, ne suffit pas pour
» mettre actuellement dans cet état-là ; & *con-*
» *féquemment l'on réfout que*, par cela seul,
» qu'on est capable de gouverner un Royaume,
» ou de commander une armée, on n'est pas
» d'abord Roi ou Général, & *qu'*on ne peut l'être
» qu'après un consentement exprès ou tacite,
» de la part de ceux qui sont intéressés à la
» chose ».

Ibid.
P. 32.

Mais l'a-
mour-pro-
pre, au
fein de nos
Sociétés ci-
viles, &
tant de ma-
ximes d'ail-
leurs enne-
mies du
genre hu-
main, qui
s'y font
établies,
prennent

Ce langage est fort beau ; mais l'amour-propre
que tant de choses fomentent dans le sein de nos
sociétés civiles, tant de maximes ou de préceptes,
que nous trouvons dans les livres de nos maîtres,
en fait de doctrine politique, qui ne sont point
amis du Genre humain, comme je l'ai fait voir
dans tout le cours de cet Ouvrage, renversent
bien vîte de pareils aveux. On est toujours porté,
selon qu'on a les avantages de l'esprit ou du
corps en partage, à attribuer aux uns ou aux
autres, l'aptitude du commandement, ou bien la
préférence

préférence des emplois. Il est de regle qu'on juge bien vîte le dessus. ordinairement un peu par soi du mérite d'autrui, & que, quand nous refusons intérieurement notre suffrage à quelqu'un, qui est digne pourtant d'être mis en place, c'est parce que nous nous croyons lésés par son choix, & qu'il nous semble qu'on nous fait tort de nous le préférer. Cette disposition, qui est fort bonne pour entretenir & rehausser l'émulation, a cependant de méchans effets : puisqu'entre les particuliers, elle forme des cabales & des jalousies, elle renverse les ouvrages de la sagesse & de l'ordre ; elle excite des inimitiés & des haines : & qu'entre les Nations, elle enfle le cœur des Héros, elle leur persuade qu'ils sont faits pour étendre leur empire ou celui du maître ; qu'ils ont droit du moins à être consultés des Nations étrangeres, & pour leurs démêlés & pour leurs affaires, & à en prendre connoissance, quand il leur plaît. *Pelopidas* conserva le commandement de l'armée, plus long-temps que les Loix ne le permettoient ; de peur, disent les Historiens, que ses successeurs ne gâtassent toutes les affaires. Le mérite de ce grand homme le met à couvert du reproche d'avoir voulu, sous ce prétexte, jouir plus long-temps de sa place ; & l'on appele avec raison cet exemple *extraordinaire*, qui ne tire point à conséquence. Mais, outre qu'il auroit bien pu se faire illusion, & se croire nécessaire, lorsqu'on auroit pu se passer de lui, combien d'indignes *Pelopidas* ont pu en faire autant ! Dans des Sociétés moins étendues, dans des Corps d'habitans moins nombreux, on peut s'être laissé guider par de tels principes : la raison d'utilité & de nécessité peut faire violer les réglemens ; & pour parler des Nations, entre elles, il s'en

Puff. Tome II, p. 32.

Combien de faux *Pelopidas* ont pu abuser de l'exemple du véritable !

trouvera toujours qui voudront prendre le deſſus ſur les autres , & garder , plus long-temps qu'il ne faudra , telle médiation , telle autorité , tel miniſtere , en un mot , qu'on leur aura confié ou laiſſé prendre : les hiſtoires nous en fourni- roient un bon nombre d'exemples à citer.

CHAPITRE V.

Deuxieme Cause qui a entretenu & augmenté le mal, en fait d'Institution Politique : *s'être persuadé que le Courage & les Talens obligeoient ou autorisoient à faire Profession publique de défendre la Veuve, l'Orphelin & l'Opprimé.*

LA même confiance en sa valeur & en sa capacité, a jeté dans un autre écueil non moins dangereux, en fait d'actions généreuses & éclatantes, qui semblent aller au profit du Genre humain, ou d'une Nation seulement, ou bien de quelques particuliers : les *Hercule*, les *Thésée* ont montré autrefois à la terre ce que peuvent le courage & la force, au soutien de la veuve, de l'orphelin & de l'opprimé. L'on nous dit « qu'en » punissant par-tout les méchans, les Princes » insolens, aussi-bien que les particuliers, en » chassant ou détruisant de cruels tyrans, *ils* » *rendirent les Etats heureux, & firent de très-* » *grands biens à tous les hommes,* (suivant l'ex- » pression de quelques anciens) »; mais l'illusion est d'autant plus subtile ici, qu'on trouve avec raison « plus honnête de venger les injures faites » à autrui, que celles qu'on a reçues soi-même ; » parce qu'à l'égard des dernieres, il est plus » à craindre qu'un excès de ressentiment ne nous » fasse passer les bornes d'une juste punition,

Grotius Tom. XII, P. 103 & notes.

Ibid. au texte.

Combien cette illusion est forte.

» ou du moins n'aigrisse trop notre esprit ». Or, la situation où l'on se met de ne s'exposer à des fatigues & à des risques que pour l'utilité d'autrui, est si flateuse pour l'amour-propre, qu'on ne balancera point à user de ses forces, de quelle espece qu'elles soient, contre tout ce qui aura l'apparence du vice. Cet esprit de vengeance ou de punition, pour des causes étrangeres, a passé & peut passer dans tous les États. Il embrase les cœurs, & il est redoutable par ses abus, à proportion de l'élévation ou des facultés de la personne qui s'y abandonne. Chacun sait à quels excès la fureur de se distinguer par des services pareils fut portée : c'étoit un honneur, dont les plus capables & les plus présomptueux vouloient jouir, que de parcourir le monde, pour exercer une valeur qui paroissoit utile ; & chacun de ces ridicules Héros se faisoit un objet d'attachement & de choix dans quelque personne du sexe (1), (espece d'idolatrie) à laquelle il rapportoit tout le fruit de ses exploits, comme pour s'en rendre plus digne. Il a fallu un *Michel de Cervantes* (2), pour représenter au naturel cette folie, & la faire tomber entiérement.

Mais, qui pourra persuader aux Princes, qu'ils entreprennent au-delà de leur pouvoir, en voulant venger des actions qui ne les regardent, ni

Propre à tous les États.

Excès où la chose avoit été portée, quand Michel de Cervantes travailla à la faire tomber.

Extrême défaut des Auteurs Politiques d'accorder encore ce droit aux Princes.

Ut suprà.

(1) *Hist. des Duels*, &c.

(2) Auteur Espagnol, qui a fait l'inimitable Roman de *Dom Quichotte*.

eux , ni leurs fujets , lorfque les Auteurs politiques eux-mêmes les y engagent ? « Il faut fa-
» voir , *dit Grotius* , que les Rois , & en général,
» tous les Souverains ont droit de punir, non-
» feulement les injures faites à eux ou à leurs
» Sujets , mais encore celles qui ne les regar-
» dent point en particulier , lorfqu'elles renferment
» une violation énorme du droit de la na-
» ture , ou de celui des gens, envers qui que
» ce foit. Je dis , *continue cet Auteur* , envers qui
» que ce foit , & non pas feulement envers leurs
» Sujets : car , fi , depuis l'établiffement des So-
» ciétés civiles & des Tribunaux de Juftices , les
» Souverains ont feuls le pouvoir de procurer
» l'avantage de la Société humaine , par l'inflic-
» tion des peines ; au lieu que chacun (1)
» avoit naturellement ce droit , comme nous l'a-
» vons dit ci-deffus ; ce n'eft pas proprement
» en tant que revêtus du pouvoir de comman-
» der à ceux qui dépendent d'eux , mais comme
» ne dépendans de perfonne ; au lieu que les Sujets
» font dépouillés , au contraire , de cette partie
» de la liberté naturelle , par un effet de leur
» dépendance ».

J'ai rapporté au long ce paffage , pour juger
de fon raifonnement ; il eft aifé de le faire crouler , en attaquant ce fur quoi il s'appuie : *Que
chacun , avant l'établiffement des Sociétés civiles &
des Tribunaux de Juftice , avoit naturellement le*

*Grotius
bien mal
fondé fur
cet article.*

---

(1) Cette Propofition examinée au long , & réfutée ci-devant , Chapitre II , Nº. I , Section II de la Deuxieme
Partie.

droit de procurer l'avantage de la Société humaine, par l'infliction des peines. Je crois d'avoir, en son lieu, détruit (1) cette dangereuse proposition, ou du moins, de l'avoir expliquée d'une façon à la faire regarder ici comme inutile, quant au pouvoir dont il s'agit, & toujours très-certainement fort périlleuse entre les mains des hommes; on conviendra que, quand on sera à portée du lieu, où le mal aura été commis, & qu'on pourra le corriger, ou empêcher qu'on ne le commette encore; l'humanité seule oblige à s'en formaliser & à faire tout ce qu'on pourra dans cette vue; mais, si l'on n'est point appelé, & qu'on ne soit ni voisin, ni témoin d'une action contraire au *Droit naturel*, il est hors de la nécessité de s'en mêler, & de s'ériger en réparateur des torts & en vengeur public. On ne peut prêter les offices de l'humanité que selon la prudence & les occasions analogues à notre être, à notre état, à notre condition présente. La *Charité* doit nous faire oublier nous-mêmes; mais c'est en marchant toujours dans des sentiers qui sont près de nous, & qui, par cette raison, nous invitent & nous forcent à les suivre. L'éloignement & la grande distance des lieux ne seroient pas un obstacle, en ce cas où les malheureux & les opprimés nous appeleroient à leurs secours. Et ce que je dis, d'autres n'auroient pas été éloignés de le penser : car *Grotius* observe que, si jusques-là il a suivi l'opinion du Cardinal *Innocent*, & d'autres qui soutiennent qu'on peut déclarer la guerre

En quoi consiste ce Droit pour tout homme, avant l'établissement des Sociétés civiles & des Tribunaux de justice ?

Ce que demande la charité humaine en pareil cas ?

Tome II, pag. 105.

_____

(1) *Ut suprà.*

à ceux qui pêchent contre le Droit de nature , par cette feule raifon : *Victoria* , *Vafquez* , *Azor* , *Molina* , & d'autres femblent demander , outre cela , pour rendre une telle guerre jufte , que celui qui l'entreprend , ou ait été offenfé lui-même , foit en la perfonne de l'Etat dont il eft le chef , ou ait quelque jurifdiction fur celui contre qui il prend les armes. L'on a fenti qu'il falloit avoir un motif fuprême , celui d'être immédiatement intéreffé à la chofe : comme de punir ceux qui nous font fubordonnés , quand ils le méritent ; ou de nous défendre , quand on nous attaque ; mais encore ces mêmes Auteurs ont-ils mal rendu la vérité en ce point ; & ils feroient toujours des guides peu fûrs à fuivre dans une matiere fi importante , fi l'on fe fouvient des principes que j'ai établis en fon lieu.

Que fert , après tout , que *Grotius* nous dife les précautions qu'il y a à obferver , pour ne pas abufer de ce droit de punir ? Il n'embarraffe que davantage celui qui auroit à fe décider là-deffus ; & la difcuffion des cas où on peut, felon lui , ufer légitimement de ce droit , & de ceux où cela eft défendu , eft fi difficile , qu'elle feule le décrédite. Ils ne faut pas aux hommes, dans des chofes auffi intéreffantes pour le repos public , des circonftances & des fituations où il y a tant de rifque à fe tromper , & où il y a à parier qu'on fe trompera toujours ; car , quand même le titre , en vertu duquel on voudroit punir, feroit fondé , une infinité d'indignes caufes peuvent y conduire; & l'effet d'une paffion particuliere ou de quelque préjugé , porter beaucoup plus avant

Voyez dans la Deuxieme Part., l'endroit déja cité.

Tome II, P. 106.

Les précautions auxquelles *Grotius* foumet le Droit de punir, font bien inutiles par leur difficulté & décréditent le Droit même.

Z iv

qu'il ne faudroit. Nous aurons occasion de dire (1) quel parti il y a à prendre, à l'égard de ce qui est naturellement bon en soi, & nécessaire en toute Société civile, & qui pourtant est très-dangereux par l'abus qu'on en peut faire.

---

(1) Voyez ci-après, Chapitre X, vers la cinquieme page, au sujet des *Arts*, des *Sciences*, &c.

CHAPITRE VI.

Troifieme Caufe, qui a entretenu & augmenté le mal , en fait d'Inftitution Politique : *Certaines Idées fauffes de Juftice & de Religion.*

UNE autre caufe des plus agiffantes , & qui a fort avancé le mal en ce genre , eft celle dont il eft ici queftion : laquelle a perfuadé généralement qu'on eft obligé , pour l'avancement & la gloire de la juftice & de la religion, à des actes de rigueur & à des entreprifes cruelles & inconfidérées , qui, regardées depuis de fang-froid , ont fait honte à l'humanité , & démenti la qualité de *Nations policées* que l'on s'eft donnée. Que de troubles , que de défolations & de miferes cette déteftable erreur n'à-t-elle pas caufées au monde? En général, les écarts de la raifon humaine font d'autant plus mauvais , qu'ils font revêtus de l'apparence des bonnes actions & des deffeins louables : ils produifent alors & tout le mal qui vient de leur nature , & celui de leur propre reffemblance. Dieu nous préferve d'un homme qui croit remplir un devoir , en commettant une injuftice ! Dieu nous garantiffe d'une Nation qui s'imagine rendre les plus grands fervices au genre humain, que de le déchirer pour lui faire embraffer un parti louable , & le plus grand honneur au culte divin , que d'y atirer par les maffacres & les gibets ! Depuis le plus petit Citoyen ,

Terrible erreur que celle-ci!

Mauvaife par effence.

jufqu'aux plus grands Peuples, cet efprit défor-
donné de réparation, de correction des mœurs,
de fanctification des ames, ou d'agrandiffement
de la religion, eft la rage la plus envenimée &
la plus indomptable, dont notre efpece ait à fe

Les mé-
chans ef-
fetsdécrits.

méfier. C'eft à lui que nous devons attribuer toutes
les profcriptions ou confpirations, qui fe font exercées
contre les Peuples ; ces attentats horribles commis
fur la perfonne des Rois ; ces punitions de mort
prononcées contre de certains hommes recommandables par leurs·talens ou par leurs vertus,
victimes du fanatifme ou de l'odieufe raifon de
favoir perdre un Sujet, pour donner l'exemple ;
ces guerres civiles qui ont tant déchiré la France
comme d'autres Etats ; celles qu'on a entreprifes
au-dehors & dans des pays lointains, pour la
propagation de la foi & de l'Evangile, fous le
nom de *Croifades* : fources de défolations & de
vices ; ces hoftilités criantes, ces barbaries com-
mifes envers des Peuples qui ne nous devoient
rien, & chez qui il nous devoit fuffire d'être
arrivés heureufement, & d'en avoir été bien reçus;
ces établiffemens d'ordres de Chevalerie, ayant
pour unique objet de détruire une Nation infi-
delle, & qui étoit, fi l'on veut, ennemie de
toutes les Nations chrétiennes ; mais qu'on ne pouvoit raifonnablement prétendre de convertir, qu'en
pratiquant, à fon égard, les mêmes maximes de
douceur & de bonté envers les hommes, dont le
Légiflateur divin a donné l'exemple, en même-
temps que les leçons : c'eft cet efprit qui a fait
prendre fouvent auffi indifcrétement la caufe du
Prince ou de l'Etat, que celle de Dieu ; qui a
inventé les regles du faux honneur, & établi la

folle néceffité des *Duels* ; qui fait exiger, de particulier à particulier, le droit à la rigueur & jufqu'aux minuties ; qui rend le commerce de la vie
dur, & donne à tout un air de contrainte & de
fymmétrie que la générofité & l'innocence rejetent :
c'eft lui enfin qui, animant les Peuples d'un
defir apparent de fe communiquer & de fe connoître, ne refpire pourtant que l'intérêt, la gloire,
la domination, le gain fordide, & qui a produit
toutes les grandes révolutions, & les torts infignes
des Nations entre elles. Les Chefs, les Adminiftrateurs, les Citoyens ont agi entre eux conformé-
ment à ces notions. Les Gens de lettres, les Savans
les ont confacrées dans des livres, & les ont données pour regle à tous les hommes. Chacun d'eux
y a contribué felon fon genre ; & il n'y a peut-
être pas d'ouvrages d'efprit, d'arts ou de fciences,
où l'on n'en reconnoiffe (1) des traces. Quand on
voit à quel point la fureur des duels (2) avoit été
pouffée dans les treizieme & quatorzieme fiecles,
& avec quel férieux l'on traitoit cet art deftructeur
de venger perfonnellement des querelles particulieres, le fens commun s'irrite contre des hommes
capables d'enfanter & d'entretenir de tels monftres,
Balde & *Bartole*, (dit un Auteur fenfé, qui avoit
bien étudié cette matiere), « non - feulement fou-
» tinrent l'équité des duels, mais ils en firent des
» Loix, ils en drefferent les regles, ils fe don-
» nerent la peine d'examiner cent queftions fur

*Extrême
préjugé,
par exem-
ple, à l'é-
gard des
Duels.*

*Ibid.
Ibid.* 99.

Il gagne
jufqu'à des
Jurifcon-
fultes fa-
meux.

---

(1) On le verra mieux ci-après, en traitant de la huitieme
caufe, Chap. VIII.

(2) Voyez une *Differtation Hiftorique fur les Duels*, &c.

» cette matiere, & d'y faire de décisions
» propres à gâter l'esprit de la jeunesse, s'il ne
» l'avoit pas été. En effet, lorsqu'on remar-
» qua que les duels devenoient une matiere
» juridique, & que les plus grands hommes pe-
» soient, dans leur cabinet, sérieusement les ques-
» tions qui faisoient la matiere des combats, non-
» seulement on se dépouilla de toute l'horreur
» qu'on pouvoit avoir pour eux, mais on se persuada
» qu'ils étoient innocens, justes & fondés sur des Loix
» authentiques ».

Des Prê-
tres, mê-
me des Re-
ligieux,
des Evê-
ques.
Ibid.
P. 100.
Maffei.

On fait l'apologie de ces Auteurs si fameux, en
disant que la nécessité du temps & la pratique
générale des siecles où ils ont vécu, les obligè-
rent à écrire sur ces matieres; & que, s'ils avoient
vécu dans un âge plus heureux, ils auroient proscrit le sentiment qu'ils ont appuyé. *Mais cette apologie*, (remarque l'Auteur que j'ai cité), *quoique
sortie de la main d'un grand homme, est foible ; car
un bon Jurisconsulte ne doit pas plier sous la corruption du siecle, où il vit ; il doit, au contraire, le
corriger par ses sages avis.* Cependant cela prouve
la force du préjugé & de l'illusion ; & combien,
par des raisons que Dieu seul peut connoître, il
égare souvent les plus sages, & les laisse tomber

Ibid.
P. 105.

dans leurs sens pervers. *La corruption gagna jusqu'à des Prêtres, à des Religieux, à des Evêques
qui se donnoient la liberté de se battre eux-mêmes,
ou de permettre aux autres de le faire.*

Ibid.
P. 101.
La *Che-
valerie* de-

Enfin, (c'est encore le même Auteur qui parle),
« comme la Chevalerie devint la science à la mode,
» il s'éleva un nouvel ordre d'Ecrivains qui en rele-

» verent l'antiquité, la nobleſſe, l'excellence, &
» en donnerent les regles, en entrant dans un
» détail infini des cas, où l'on étoit obligé de
» défendre ſon honneur, & défendu de pardonner
» à ſon ennemi ; c'eſt ce que les Italiens appelerent
» *Scienza cavalleresca* ».

Les Rois eux-mêmes, (pour ne citer plus que ce
paſſage), « étoient bien aiſes d'avoir dans leurs
» Etats un certain nombre de Chevaliers capa-
» bles de leur faire honneur & de ſervir l'Etat ;
» & par ce principe, ils toléroient les excès, dans
» leſquels les Chevaliers & leurs ſemblables tom-
» boient » ; mais il faut bien plutôt attribuer cette
tolérance à leur propre illuſion, qui étoit celle de
tout le monde : ils ne voyoient point, dans ces
coutumes ennemies du genre humain, ce qu'ils y
auroient vu aujourd'hui avec horreur, & qu'ils
commencerent à défendre, quand l'eſprit de la
Nation connut davantage les regles du véritable
honneur, ſans cependant acquérir des mœurs plus
pures, ou des diſpoſitions plus équitables envers
les autres. Ces Loix barbares ſont tombées ; mais
le *Droit des Gens* les a conſervées : c'eſt-à-dire,
qu'il ouvre aux Nations, comme je l'ai amplement expoſé par-tout, dans cet Ouvrage, &
ſur-tout dans la premiere Partie, le plus vaſte
champ pour le reſſentiment & la vengeance,
la gloire & l'ambition, toutes les paſſions les plus
inflammables.

venue à la mode. Des Ecrivains en relevent l'antiquité, la nobleſſe, l'excellence, en donnent les regles, &c.
Ibid.
Page 108.
Les Rois eux-mê-mes toléroient ces égaremens ou plutôt, ils y étoient entraînés par l'eſprit général.

Ces Loix barbares, abolies en-ſuite ; mais le *Droit des Gens* a ſubſiſté tel, ou en a conſervé des reſtes.

CHAPITRE VII.

Quatrieme Cause qui a entretenu & augmenté le mal, en fait d'Institution Politique : *Certaines Idées mal conçues d'Ordre, de Bonheur & de Gloire*, pour les Peuples comme pour les Particuliers.

Nous avons vu ce que pouvoient fur l'esprit humain & fur les têtes les mieux organisées, le préjugé & l'illusion générale à l'égard des *duels* & du faux *honneur*, fruit de certaines idées fausses de justice : comme nous avons vu les terribles effets de certaines idées fausses de religion. Nous en trouverons pareillement, qui, fans causer ces ravages, en se montrant fous des dehors amis de l'humanité, & dans des ouvrages faits pour fon instruction ou fon édification, ne laissent pas que d'entretenir dans l'esprit des Peuples des pensées & une maniere de juger, qui portent insensiblement aux mêmes choses dont on veut les éloigner : ce font des idées mal conçues d'*ordre*, de *bonheur*, & de *gloire*.

Exemple dans Fleury : que l'Italie est moins heureuse aujourd'hui, que fous les

Quand je lis dans *Fleury* (1) (à propos des révolutions qui, arrivées dans les pays qui ont été habités successivement par diverses Nations, y

(1) *Mœurs des Israélites*, p. 5.

ont, dit-il, caufé de temps en temps la mifere & l'ignorance, après la profpérité & la politeffe); quand je lis, dis-je, ces paroles : " Ainfi l'Italie » eft en bien meilleur état qu'elle n'étoit, il y a » huit cens ans : mais huit cens auparavant, fous les » premiers Céfars, elle étoit plus heureufe & plus ma- » gnifique qu'aujourd'hui » ; je ne fais que penfer ou de l'aveuglement & de la préoccupation de l'Hif- torien, ou de mon imbécillité à moi, s'il a rai- fon, laquelle me feroit avoir une idée toute con- traire à la fienne : je fuis d'abord dans un étonne- ment qui me paffe ; mais bientôt j'apperçois qu'il n'eft pas le feul à donner dans de telles erreurs, & je comprends qu'infenfiblement le tour d'efprit, la maniere de regarder les chofes en tout ce qui n'eft pas évidemment mauvais & criminel, fe forme fur notre genre de civilifation & fur nos mœurs. Ce même homme loue la fimplicité des premiers âges : " On ne voyoit point, *dit-il*, chez les If- » raélites, ni ces titres de nobleffe, ni cette mul- » titude d'offices, ni cette diverfité de conditions » qui fe trouve parmi nous : ce ne font que des » laboureurs & des bergers, tous travaillans de » leurs mains, tous mariés, & comptans pour un » grand bien la multitude des enfans..... Ce n'eft » pas le Chriftianifme, *dit-il plus bas*, qui a in- » troduit cette grande inégalité de conditions, ce » mépris du travail, cet amour du jeu, cette » autorité des femmes & des jeunes gens, cette » averfion de la vie fimple & frugale qui nous » rend fi différens des Anciens. De ces pafteurs » & de ces laboureurs, *dit-il encore*, que nous » voyons dans leurs hiftoires, chez qui l'argent » étoit de fi peu d'ufage, & les grandes fortunes » fi rares, on en eût fait plus aifément de bons

premiers
Céfars.

Ibid.
P. 71.
Ce qu'il
penfoit de
la *fimpli-*
éité des
premiers
hommes,
par com-
paraifon à
nos mœurs
qu'il défap-
prouve,
fait une
inconfé-
quence
avec lui-
même, au
fujet de
cette opi-
nion citée,
P. 3.

» Chrétiens, que de nos courtifans, de nos pra-
» ticiens, de nos financiers, & de tant de gens
» qui paffent leur vie dans une pauvreté oifive &
» inquiette ». Il trouve bon cette fimplicité, cette
privation de tant d'états & de chofes, qui chez
nous font un étalage immenfe, où l'on n'apperçoit plus la condition de la nature, lequel nous
pervertit : & il penfe que l'*Italie étoit plus heureufe
fous les premiers Céfars qu'aujourd'hui.* Pour *plus
magnifique*, je le lui abandonnnerois ; encore, en
prenant bien ce mot dans fon fens raifonnable,
peut-être n'auroit-il pas raifon ; mais je ne puis
lui paffer qu'il trouve *plus de bonheur* dans ce Peuple, au temps dont il parle, qui, à la vérité,
jouiffoit d'une grande gloire, felon la manière commune de l'envifager, mais qui étoit en proie à tous
les excès de la liberté politique & civile, à tous
les complots de la brigue & de l'ambition, à tous
les effets redoutables de la jaloufie entre les divers
Ordres de l'Etat ou entre les Magiftrats, & à ceux
encore plus terribles de l'efprit de conquête & de
domination, dont quelques-uns des particuliers
étoient enivrés. Je dirois prefque comme un (1) célebre Ecrivain de nos jours : « C'eft pourtant dans
» le fiecle de *Ciceron*, de *Pollion*, d'*Atticus*, de
» *Varius*, de *Tibulle*, de *Virgile*, d'*Horace* qu'*Au-
» gufte* fit fes profcriptions ». En effet, quel contrafte entre toutes les guerres civiles d'alors, tous
les défordres dont le peuple Romain avoit à fouffrir, & cette félicité qu'on lui attribue ! & que

Si l'on
peut traiter
d'*heureux*
les Ro-
mains dans
le temps
dont parle
Fleury?

_____

(1) Voltaire, *Nouveaux Mélanges Philofophiques, Hifto-
riques, Critiques*, &c. Quatrieme Partie, p. 206. Ceci a été
écrit bien long-temps avant fa mort.

le tableau de ses anciens malheurs est peu propre
à faire goûter le jugement de *Fleury*, indépendamment de toute inconséquence avec lui-même !

Quel est donc encore son but, quand, dans le
même endroit, observant que les Nations ont leur
âge à proportion comme les hommes, & remar-
quant que *l'Etat le plus florissant des Grecs est sous*
Alexandre ; des Romains, sous Auguste ; des Is-
raëlites, sous Salomon, il dit, au sujet de ces
mêmes Romains « qu'en remontant encore huit
» cens ans, vers le temps de la fondation de
» Rome, on trouveroit la même Italie beaucoup
» moins riche & moins polie, quoique dès-lors
» fort peuplée, & que plus on iroit au-delà ; plus
» on la verroit pauvre & sauvage » ? N'est-ce pas
(qu'on veuille bien l'avouer) me donner à penser
qu'il regarde cet accroissement de biens, de prospérités à la guerre, & de politesse, comme une
chose importante, utile, bonne en soi, & qu'une
Nation parvenue à ce degré qu'on appele par cette
raison *le plus florissant*, est dans le meilleur état
possible, & par conséquent préférable ? Que signi-
fient ces mots de *pauvre & sauvage*, après l'idée
élevée de grandeur qu'il nous donne ? N'est-ce pas
dire *qu'il n'est pas bon d'être pauvre comme étoient*
les premiers Romains, & laisser à ce mot de *sau-*
vage tout ce que nos mœurs altieres & volup-
tueuses y ont attaché de rude & de rebutant (1) ?

Mœurs des
Isr. p. 5.
Autre lan-
gage de
Fleury qui
tient a nos
mœurs :
1°. *Sur l'é-*
tat le plus
florissant
des Ro-
mains :
2°. *Sur ce-*
lui où on le
voyoit
pauvre &
sauvage.

---

(1) Voyez *Bossuet*, Histoire Universelle, page 441 : Il y a
une réflexion sur les Nations Sauvages, bien vague & peu ins-
tructive, après la belle action qu'il raconte, d'après *Hérodote*.

Tome III. A a

370 DE L'ÉTAT NATUREL DES PEUPLES.

Je sais bien que l'Auteur, dont je parle, n'avoit pas intention de nous inspirer un goût défavorable aux mœurs, & de me donner des idées peu justes ; mais c'est précisément à cause de cela que je m'arrête à cet endroit, pour faire remarquer combien nos idées se peignent souvent, malgré nous, des couleurs du siecle, & que sans le vouloir, ni nous en être doutés, nous faisons naître en autrui des sentimens que nous voudrions combattre. Je trouverois mille exemples de cette sorte, si j'en voulois prendre la peine, & je les trouverois dans tous les genres, & dans les meilleurs Auteurs ; j'en citerai quelques-uns.

Bossuet tombe dans ce même défaut : Hist. Un. p. 34. 1°. En parlant de la belle discipline des Romains.

Bossuet, sur le même sujet de la gloire de l'ancienne Rome, s'exprime ainsi : « Rome, en étendant ses conquêtes, régloit sa milice ; & ce fut » sous Tullius Hostilius qu'elle commença à apprendre cette belle discipline qui la rendit la » maîtresse de l'univers ». La chose est vraie ; mais l'effet en est-il louable ? Et en le présentant ainsi en beau, pourra-t-on s'empêcher d'admirer des brigands & des ambitieux qui ont affligé si longtemps le genre humain par un système concerté de domination universelle ? Il est beau sans doute de voir une belle discipline ; mais ce n'est qu'autant qu'on l'emploie ou qu'on la destine à la défense de la patrie, qui est son seul objet. Le même

d'un Roi des Ethiopiens, quand *Cambyse* leur envoya, pour les surprendre, des Ambassadeurs & des présens, tels que les Perses les donnoient ; de la pourpre, des bracelets d'or & des compositions de parfums.

Bossuet, en parlant de la lettre que *Themistocle*, proscrit par ses concitoyens, écrivit à *Artaxercès à la longue main*, pour lui offrir ses services contre les Grecs, fait cette réflexion : « Que celui-ci » sut estimer autant qu'il devoit un capitaine si » renommé, & lui fit un grand établissement malgré la jalousie des Satrapes ». Il est vrai que *Themistocle* étoit un grand homme de guerre, un homme de mérite, que ses concitoyens avoient eu tort de proscrire ; mais la brigue de quelques particuliers qui donnent le ton, n'est pas la voix de tout un peuple ; & dans cette multitude de têtes qui composent une République, on doit distinguer les innocens des coupables. *Themistocle* ne pouvoit point aller offrir ses armes contre sa patrie : c'est un enfant qui se jeteroit dans le parti des ennemis de sa mere. Quelqu'injustice, quelque dureté qu'ait éprouvé un sujet offensé ou banni, il n'a que le droit de se plaindre. Malheur à quiconque imitera un *Coriolan*, un *Themistocle*, &c. La patrie a fait une assez grande perte en perdant un bon citoyen, elle est assez punie par elle-même. Or, si le capitaine Athénien commettoit une action lâche & honteuse, le Roi *Artaxercès* en commettoit une autre en acceptant son offre ; & l'Evêque de Meaux, que je cite, ne pouvoit pas, en racontant ce fait, donner une espece de louange à l'un & à l'autre : au premier, en le présentant comme un homme recommandable, qui, en cette occasion, n'auroit rien fait de mauvais ; à l'autre, en relevant son discernement & sa politique d'avoir fait même des avantages à cet Etranger. La sagesse des mœurs s'oppose à une maniere de nous dire les choses, qui nous fait agréer &

Ibid.
P. 55.
2°. Sur *l'offre de Themistocle, proscrit par sa Patrie, à Artaxercès, Roi de Perse, & l'acceptation de celui-ci,* &c.

A a ij

trouver bon des actions injustes, dont nous aurions certainement horreur, & que nous prendrions toujours du moins pour ce qu'elles sont, si on ne les enveloppoit d'une certaine célébrité, à laquelle nos mauvais usages & nos vices ont donné lieu.

Ibid.
P. 63.
3°. Sur *le mérite ou les fausses prétentions respectives d'Alexandre & de Darius, quand ils commencerent à régner.*

Bossuet donne encore dans ces façons de parler du siecle, à propos d'*Alexandre*, fils de *Philippe*, & de *Darius*, fils d'*Arsame.* « Ainsi, *dit-il,* » deux Rois courageux commencerent ensemble » leur regne. Ils se regardoient d'un œil jaloux, » & sembloient nés pour disputer l'empire du monde ». L'on me dira que c'est une figure dans le discours, & une nécessité de porter jusques-là l'expression, pour mieux peindre leur caractere, & de quoi ils étoient capables, sans pourtant approuver la chose au fond ; mais quand on ne croit pas, comme *Bossuet*, qu'il fût bon, qu'il fût légitime de prétendre à l'empire du monde, l'on doit ajouter quelque chose qui le donne à entendre, & qui en soit comme le correctif. Le mot de *sembloient* fait voir seulement qu'on pensoit qu'ils n'avoient pas tous les talens & les avantages naturels qui peuvent mener à cette conquête universelle : il ne dit rien du défaut de titre, ni de l'extravagance qui auroit accompagné une telle prétention, s'ils l'avoient eue.

4°. Sur *la conduite d'Alexandre, avant d'entreprendre son rival.*

Voici encore quelques réflexions sur cet endroit. *Bossuet* continue : « Mais Alexandre vou-» lut s'affermir avant que d'entreprendre son ri-» val. Il vengea la mort de son pere ; il dompta » les Peuples rebelles qui méprisoient sa jeunesse ;

» il battit les Grecs qui tenterent vainement de fe-
» couer le joug, & ruina Thebes, où *il n'épar-*
» *gna que la maison & les descendans de Pindare,*
» dont la Grece admiroit les odes ». Voilà fans
doute un portrait de fa prudence avant celui de
fa valeur : on ne le donne pas pour qu'on le méprife ; & le Lecteur croit, au contraire, reconnoître qu'on le peint ainfi pour qu'il ait des imi-
tateurs dans une fituation femblable : cela n'eft
pas dit, mais on l'induira. Bien plus, la remarque, qu'en ruinant Thebes, il épargna la maifon
& les defcendans de *Pindare*, en me faifant fentir
qu'il fut très-louable d'avoir eu cet égard pour une
famille recommandable par fon auteur, & qu'on
doit refpecter en pareil cas les beaux-arts & les
gens à talent: cette remarque, dis-je, dans la même
phrafe où il eft dit qu'il fit main-baffe fur tout
le refte, induit à penfer que puifqu'on n'ajoute
rien pour défapprouver cet excès, c'eft comme fi
l'on y paffoit l'éponge deffus, comme fi les conquérans ne faifoient rien en cela que d'ordinaire
& de conforme au Droit. Ceci eft un peu rigo-
rifte, j'en conviens; le difcours deviendra gênant,
& il faudra toujours, me dira-t-on, faire acte
de fes fentimens dans tout ce qu'on avancera. Oui;
cela deviendra gênant d'abord ; & il n'y auroit
pas du mal qu'on fe gênât un peu pour l'inftruction & l'édification de fes Lecteurs. Comme la
parole eft le figne, non-feulement des penfées &
des fentimens que l'on veut donner, mais encore
de ceux que l'on a réellement, & qu'elle doit être
le miroir fidele de notre ame, l'Hiftorien eft
obligé de ne rien laiffer à deviner en lui de fes
jugemens & de fes principes fur les blâmables ac-

tions qu'il raconte ; & s'il n'a pas la précaution (1) de tourner sa phrase de maniere qu'on le découvre, il pourra me faire prendre le change, & me donner de mauvaises impreffions de lui, ou bien me confirmer dans celles où je ferai déja fur fon compte.

6°. Enfin, fur les derniers exploits de ce conquérant qui le rendirent maître de Darius & de l'Afie. C'eft apres ces charges & ces couleurs féduifantes, fur e mérite d'*Alexandre*, que *Boffuet* le fait mouvoir contre fon rival. « Puiffant & » victorieux, *dit-il*, il marche avec tant d'exploits à la tête des Grecs contre *Darius*, qu'il » le défait en trois batailles rangées, entre triomphant dans Babylone & dans Suze, détruit Perfépolis, ancien fiége des Rois de Perfe, pouffe » fes conquêtes jufqu'aux Indes, & vient mourir » à Babylone, âgé de 33 ans ». L'on fe fent entraîné à ce récit, à admirer un homme fi extraordinaire. Cet exemple eft bien propre, je l'avoue, à montrer le néant du monde, & à apprendre à compter peu fur la vie : mais il l'eft encore plus à enflammer le courage d'un jeune guerrier : tous ne meurent pas à cet âge ; & l'hiftorien a ici le plus de part à la fenfation que j'éprouve. Ces mêmes grands exploits, s'ils étoient expofés fous leurs véritables motifs, & accompagnés à nos

_____

(1) *Rollin* (dans fon *Hift. Anc.* Tom. VI, *in*-4°.) parlant du même fait d'*Alexandre*, ne tombe pas dans ce défaut. « Alexandre-le-Grand, *dit-il*, lorfqu'il ruina la Ville » de Thebes, Patrie de notre illuftre Poëte, rendit, longtemps après fa mort, un jufte & glorieux hommage à fon » mérite dans la perfonne de fes defcendans, qu'il difcerna » du refte des citoyens de *cette Ville malheureufe*, & dont » il ordonna qu'on prit un foin particulier ».

yeux des circonstances réelles où ils se passoient, ne nous présenteroient plus que brigandage & horreur : la nature humaine en seroit indignée, on se souleveroit contre de tels monstres.

L'éloge que *Bossuet* fait de *Sesostris*, ce conquérant qui pénétra dans les Indes plus loin qu'*Hercule* ni que *Bacchus*, & plus loin que ne fit *Alexandre*, est trop magnifique encore pour qu'on se sente porté à le blâmer sur le dessein qu'il conçut de la conquête du monde, & pour ne pas être disposé au contraire, à envier la gloire qu'il eut de l'exécuter. *Bossuet* l'appele *ce sage Prince*. Il le loue de ce que, pour épargner ses sujets, il n'employa que les captifs aux grands ouvrages qu'il fit faire pour marques de ses victoires. Il ne trouve à redire à autre chose, sinon que *la vanité lui fit traîner son char par les Rois vaincus*. Enfin il nous avertit qu'*il semble qu'il ait dédaigné de mourir comme les autres hommes, parce que devenu aveugle dans sa vieillesse, il se donna la mort à lui-même, après un regne de* 33 *ans*. Je ne sais ; mais toutes ces paroles, ces images que cela me présente, cette façon de m'instruire, sont bien peu, suivant moi, dans le goût du *vrai* & de *l'utile*. Rien ne sent davantage les erreurs reçues dans le monde ; & l'on diroit que l'on peut suivre de tels modeles, pourvu que l'on soit heureux & sage, de la sagesse de *Sesostris ;* laquelle allie avec l'ambition la plus injuste & la vanité la plus cruelle, source de maux pour l'espece humaine, un prétendu goût d'ordre & de justice dans ses Etats, un prétendu amour pour ses Peuples, &c. Il n'est pas possible que ces choses-là aillent en-

Ibid. Page 463. *Bossuet* donne encore dans ce vice du discours en parlant de *Sésostris.*

Pag. 464.

A a iv

semble ; & de pareils hommes ne peuvent pas faire des heureux. Je m'arrête ici, en fait d'exemples pareils. Si les deux Auteurs, que j'ai trouvés en défaut de ce côté-là, n'ont pas été exempts de l'illusion commune, l'on peut bien croire qu'aucun autre ne s'en est préservé, & nous pouvons passer à une autre cause de celles que nous examinons.

CHAPITRE VIII.

Cinquieme Cause qui a entretenu & augmenté le
mal, en fait d'inftitution Politique : *La maniere*
de traiter les arts & les fciences, & celle de s'en
fervir.

CETTE caufe eft bien analogue aux autres. Il
eft conféquent que tout fe reffente de la contagion fecrete qui a gagné par-tout; mais elle a
auffi des effets plus généraux & plus à craindre.
D'une part, elle eft fans ceffe exiftante & fans
ceffe diverfifiée. On la voit, on la multiplie, on
en orne, pour ainfi dire, fes cabinets & fes jardins, les palais & les temples; on l'emploie à fes
plaifirs & à fes amufemens; elle fert, en un mot,
dans tous les objets des fens & de l'efprit; & c'eft
ainfi que je la trouve encore plus dangereufe,
puifqu'elle confacre par la repréfentation & les
fignes extérieurs, toutes les erreurs des autres
caufes : telle elle eft dans la *pratique*. D'autre
part, avec des yeux prévenus, elle traite fes fujets relativement à cette difpofition ; la facilité
qu'on lui prête, & la protection qu'on lui accorde l'enhardiffent toujours davantage ; & infenfiblement nous nous familiarifons nous-mêmes avec
fes propres écarts : telle elle eft dans la *théorie*.
Commençons par celle-ci.

Comment cette caufe eft plus dangereu-fe? Ses caracteres.

On l'exa-mine dans la Théorie & dans la Pratique.

I. On peut confidérer la *théorie* de deux ma-

I.
Dans la

Théorie.

nieres : ou quand elle difcourt fimplement des arts & des fciences, en général, ou bien quand elle en traite dogmatiquement & en particulier.

On convient généralement que l'objet des arts & des fciences eft l'utile & l'agréable & le commode.

Il eft convenu affez univerfellement que les arts & les fciences ont pour objet & pour territoire unique, fi l'on peut parler de la forte, l'*agréable* & l'*utile* ; qu'ils font deftinés à plaire ou à inftruire, ou à rendre la vie plus commode. C'eft felon qu'on a fait, ce qu'on appele, *des progrès dans la civilifation & la prétendue culture des mœurs,* qu'on met plus ou moins de prix à toutes ces méthodes & à toutes ces induftrieufes inventions, par lefquelles nous croyons trouver plus de bonheur ou de foulagement à nos befoins. Mais il eft une forte de point de vue pour les arts & les fciences, qui dépend abfolument des inclinations les plus générales des Peuples, & qui les montre ou les fait enfeigner fous cette forte d'air qui les accommode juftement au goût général ; de forte qu'on manque leur deftination, & qu'on la pervertit au contraire, fi l'on s'eft malheureufement écarté de la fage route de la nature. Non - feulement, on eftimera par préférence, ou l'on n'aimera à connoître que certains arts, felon qu'ils auront plus de rapport aux mœurs régnantes, mais on les affujétira à ces mêmes mœurs ; & il fera bien difficile de trouver la regle de vérité, une fois qu'on l'aura perdue ; c'eft précifément ce qui nous eft arrivé : à mefure que les Nations d'Europe fe font davantage connues entr'elles, & familiarifées par l'extenfion du commerce & la communication réciproque des fruits de la terre & de l'induftrie, & que le luxe & l'amour des commodités ont pris pied par-tout ; les arts, en général, ont paru

Mais les inclinations les plus générales des Peuples décident du point de vue, & de la façon de les montrer ou de les enfeigner.

s'embellir, & les sciences devenir plus raisonnables; mais on nous les a fait considérer à proportion du rapport qu'ils avoient avec nos besoins; &
les maîtres qui en ont écrit ou parlé, les ont exal-
tés à raison de cette convenance, & les ont traités par le côté qui leur a paru revenir mieux à
leur but. C'est ainsi que tout est devenu *art* ou
science, qu'il n'est rien dont on n'ait parlé grave-
ment, depuis la suprême condition de gouverner
les hommes, jusqu'à celle de faire bouillir leur
pot & de flater leur gourmandise; & qu'en même-
temps qu'ils se sont amollis en se civilisant, l'on
a vu les esprits se tourner dans l'art d'écrire vers
tout ce qui favorisoit les penchans reçus : l'on a
donné à chaque genre de talent, non l'air & le
mérite qui leur étoient propres; mais ceux par qui
il étoit convenu de les estimer; & les arts & les
sciences, qui ont paru faire dans les Etats une
partie inséparable de leur existence, ont comme
plié devant nos vains amusemens, nos folles en-
vies, notre dangereuse ambition, notre sotte vanité, nos arrogantes prétentions nationales, tous
ces prétendus droits respectifs, qui, des particuliers, se font remarquer encore d'un Peuple à
l'autre, & forment des agitations & des guerres
qui ne sont jamais éteintes, quoique pour un temps
assoupies. On ne feroit aucun cas des talens de
l'esprit & des productions du génie, ou plutôt, de
toutes les doctrines qui y conduisent par l'exposition des regles & des principes, soit dans les
arts, soit dans les sciences, si on ne les voyoit
capables de s'accommoder au goût général de la
Nation, & avec les *foiblesses de l'humanité* qu'une
raison commode & fort indulgente a fait appeler

On les exalte à raison de leur con-venance avec nos prétendus besoins, & l'on les traite par le côté qui y revient le mieux.

On ne fe-roit aucun cas des Doctrines, soit dans les arts, soit dans les scien-ces, si el-les ne pa-roissoient s'allier avec nos foibles & nos travers.

ainsi, comme pour y servir d'excuse, ou pour pouvoir s'y livrer sans scrupule. En vain se produiroit-on dans le monde sous les noms de *Professeurs*, d'*Hommes de Lettres*, de *Philosophes*, d'*Orateurs*, de *Poëtes*, d'*Artistes*, d'*Artisans*, si l'on devoit choquer les opinions régnantes sur tout ce qui attache tant les hommes, à l'égard de la propriété & des autres points importans, dont j'ai ci-devant montré le faux : on ne seroit, ni lu, ni écouté, ni peut-être entendu ; on passeroit pour des extravagans & des ennemis de la société.

De quelques Moralistes chrétiens en général, & de leur maniere d'effrayer les ames.

Quelques Moralistes chrétiens (1), retraçant dans des livres les regles séveres de l'*Evangile*, ont effrayé les ames, mais ne les ont pas gagnées : ils ont dit de grandes vérités, mais ne les ont pas éclairées : ils ont supposé ce que n'entendoit pas leur divin Maître, que la plupart des institutions humaines étoient, & légitimes en soi, & portées à leur juste point : ils ont dit, qu'on devoit rompre avec le monde, mortifier ses sens, & se détacher de tout ce que l'on pourroit, au fond, garder sans crime ; non-seulement parce que les biens & les honneurs sont par eux-mêmes dangereux, mais parce qu'il convient de pouvoir faire des sacrifices volontaires. D'autres, paroissant plus raisonnables, ont entendu le détachement du cœur & de l'esprit seulement, & en ont recommandé la pratique ; mais ils ont pensé, comme les premiers, que toutes les occupations des hommes, autorisées par la Loi, étoient bonnes en elles-mêmes ; que toutes les regles de leurs pré-

_____

(1) On peut citer ici, sur-tout, *Pascal*, *Nicole*.

tentions civiles & particulieres , & les grands mouvemens des Nations , entr'elles , étoient juftes ; que
le Monde enfin ne pouvoit fubfifter que dans cet
état , vicieux à la vérité , mais néceffaire.

Telle eft l'influence de la naiffance & de l'éducation. Dans la partie la plus intéreffante pour le
maintien de la fociété , l'on s'eft laiffé aller à l'illufion générale ; & l'on n'a jamais appris aux
hommes & aux Nations , que fur la plupart des
chofes que ces grands Corps & les particuliers fe
permettent , ils font fans titre & fans fondement.
Que dis-je ? On les y a précipités davantage , en
ne les en avertiffant point.

Ainfi , du même coup-d'œil , l'on a confidéré
les autres fciences & tous les arts qu'on a inventés
ou perfectionnés. La *Philofophie* , cette étude ou
cette profeffion , dont l'orgueilleufe dénomination
gâte les cœurs autant qu'elle enivre les efprits ,
n'a le plus fouvent rien vu à l'égarement dans lequel les hommes font depuis tant de fiecles. Comment fe pourroit-il qu'on eût été plus clair-voyant
& plus avifé dans tout le refte ?

Quand on commence avec le préjugé général ,
qu'on a jeté une vue également trompeufe fur
tout ce qui fait la matiere des defirs & des occupations des hommes , il n'eft pas étrange que celui
qui fe met à écrire fur quelque partie qu'il aura
choifie , la traite felon fa prévention , & donne
même aux plus grandes vérités un tour & une
application qui fe rapporte à l'erreur commune.

En groû-
dant , con-
tre le mon-
de en gé-
néral , &
les vices
particu-
liers , ils
n'ont ja-
mais ap-
pris aux
hommes &
aux Na-
tions , les
erreurs ci-
viles & cel-
les du
*Droit des
Gens.*

Avec des
yeux éga-
lement faf-
cinés , l'on
a regardé
les autres
fciences &
tous les
arts.

Confé-
quemment
en traitant
un art ou
une fcien-
ce , on le
fera fui-
vant fa pré-
vention.

Que font
les *Ora-
teurs*, les
Historiens
les *Poëtes*,
les *Pein-
tres*, les
Musiciens,
&c?

Aussi tout se ressent, dans les ouvrages de l'art
& de l'esprit, de la malheureuse disposition que
je décris : ils portent tous l'empreinte de l'espece
d'enivrement dans lequel toutes les Nations policées se trouvent. Que font les Orateurs, les Poëtes,
les Peintres, les Musiciens, les Statuaires, les
Historiens, les Auteurs dramatiques & autres ? Ils
peignent la vie humaine, ils représentent la société avec tous ses vices, & ils ne donnent guere
de l'indignation que pour les grands crimes & les
crimes particuliers. Encore, les *illustres criminels*,
comme on les nomme, paroissent-ils le plus souvent plus dignes de pitié que de haine, à cause
des rares qualités qu'on leur attribue, ou des circonstances controuvées & tenant à nos mœurs,
dans lesquelles on les place. Mais ce n'est pas
assez : toutes les erreurs régnantes, soit sur les
regles selon lesquelles les citoyens ont des droits
entr'eux, soit sur la maniere dont les Nations se
dirigent parmi elles, sont établies avec la plus
grande force ; elles sont représentées avec confiance, & offertes sans cesse à la curiosité ou à
l'instruction des Peuples ou des particuliers : l'on
diroit que tous ces beaux-arts & la plupart des
sciences ne peuvent briller que par nos travers,
en prenant dans nos mauvais usages & nos institutions politiques vicieuses, les sujets sur lesquels
ils s'exercent.

La *Fable*,
source
éternelle &
ridicule de
matériaux

La *Fable*, par exemple, fournit la plus grande
matiere des travaux de nos plus célebres Artistes,
& il n'est pas jusqu'à des ouvrages d'un caractere
entierement opposé à ces rêveries ou à ces folies,

où on ne la découvre. Bien d'autres se sont élevés
contre un goût si déraisonnable ; mais ces sortes
de condamnations sont toujours sans effet, tant
qu'on ne proscrit pas la chose en elle-même , &
qu'on n'en blâme que l'abus : outre que tel (1) ,
qui apperçoit en cela un défaut de jugement , &
tâche d'en garantir les autres , n'est pas lui-même
exempt de certaines inclinations ou de certaines
manieres dans l'art d'écrire , qui précipitent ou
entretiennent du moins , sans qu'il y pense , les
Lecteurs dans de fausses ou dangereuses idées : en
v..ci un exemple. Quelle sorte d'instruction pour
le cœur humain , en voulant le remplir de reconnoissance envers son Dieu , pour les grands bienfaits qu'il en reçoit chaque jour , que de lui exposer sans cesse *qu'il est le Souverain du Monde ?*
C'est le vertueux *Pluche* qui tombe dans ce défaut ,
& il ajoute encore ces mots emphatiques : « Aussi-
» tôt que le retour du printemps permet à l'homme
» de sortir , la terre se hâte de se revêtir de sa
» verdure : c'est la robe dont elle se pare pour
» se présenter devant son Seigneur avec la bien-
» séance & le respect qu'elle lui doit ». Peut-on
entretenir mieux l'orgueil dans le cœur de l'homme ;
ou plutôt n'est-ce pas l'y plonger ? Et quel accord
mal combiné que celui de vouloir associer ensemble des qualités ou des sentimens qui se contra-
rient ! La modestie n'est-elle pas inséparable de la
reconnoissance ? Et qu'est-ce qu'on doit attendre
de bon d'un cœur orgueilleux ? L'homme paroît
bien être la *créature la plus excellente* , elle paroît

[marginal note:] pour les sçavans, les gens de lettres & les artistes. Tel qui crie contre ce défaut de jugement, use de manieres de parler, qui nuisent aussi, à leur façon , au cœur humain.

---

(1) *Pluche, Hist. du Ciel,* Tom. II , pag. 412.

seule régner dans l'univers ; mais ces expressions, qui marquent la misere & l'imperfection de tout langage humain , ont besoin d'être corrigées & adoucies. Il ne faut pas les laisser toutes dans ce *beau* apparent , qui n'est tel , par rapport à nous, que par une espece de mensonge, fruit de notre vanité ou de notre foiblesse. La terre , au printemps , reprend ses premieres livrées ; elle recommence à produire pour nos besoins ; mais ses richesses ne sont pas plus pour nous que pour tous les autres êtres qu'elle fait vivre ; & cette prétendue *robe dont elle se pare* est une figure de rhétorique , qui blesse autant la vérité en elle-même , & la dignité du discours, que la *seigneurie* qu'on nous accorde , & le *respect* qu'on prétend que *la terre nous doit*, sont ridicules ; il faut toujours laisser l'homme dans les vraies circonstances où la nature l'a mis, c'est-à-dire, dans cet état de sujétion & borné où Dieu l'a voulu , & ne lui rien accorder au-delà de ses propres attributs. La vérité est au-dessus de tout , elle est l'aliment de l'homme , & l'homme sent qu'il s'offense lui-même en la trahissant. Mais sans en faire le projet, sans y penser, l'on veut plaire, l'on prend le ton, les manieres du monde , l'on habille un peu à la mode (si on peut le dire) les plus belles leçons de morale , on seroit fâché de paroître étranger parmi les siens.

Ce mal n'est pourtant pas si sensible , quoiqu'aussi réel & bien dangereux, que celui que causent tous les arts d'imitation , en nous représentant ou en nous peignant les actions les plus terribles & les plus odieuses qui se soient commises, & les plus grandes catastrophes qui aient agité ou

bouleversé

Rien n'éleve tant le cœur de l'homme , que la vérité.

Mais le desir de plaire, nous porte, sans nous en appercevoir, à habiller un peu à la mode, les plus belles leçons de morale.

bouleversé les Etats. Je m'en rapporte à vous, au sujet des spectacles, délicat & judicieux *Rousseau*, qui avez si adroitement dévoilé (1) combien l'art lui-même est subordonné à nos mœurs mauvaises & à nos folles institutions. Vous avez aussi fort bien touché le danger des sciences (2), & il n'appartient qu'à un mortel dégagé comme vous de toute ambition, & sans attachement aux biens de la terre, d'appercevoir la vérité sans nuages sur des points où les sages mêmes, & des gens pieux ne voient pas mieux que le vulgaire! *Les dangers des spectacles bien démontrés par une main habile, comme ceux des sciences & des arts.*

Que dirons-nous de l'*Historien*? Nous en avons vu quelques traits dans *Bossuet*, dans *Fleury*. Qu'on les parcoure tous : on y verra les infidélités, les trahisons, les meurtres, tous les actes attaquant le salut public ou particulier condamnés; mais il est de la nature de cette fonction de raconter les faits humains, suivant le ton dont on les entend dans le monde; & faut-il bien qu'il prenne dans la société & dans le commerce des Nations entr'elles, les matériaux tels que les Peuples les lui fournissent. Or, ce n'est pas chez l'Historien que l'on se rectifiera le jugement sur la plûpart des Institutions politiques ou civiles, que le *Droit naturel* & le bon sens réprouvent; puisqu'au contraire, ces mêmes choses y sont relevées comme *Les Historiens, dangereux aussi à leur maniere.*

---

(1) Lettre à d'*Alembert*.

(2) Son *Discours sur les Sciences ou la renaissance des Lettres*. Cependant *Rousseau* n'entendoit pas de mettre les arts & les sciences dans la même cathégorie avec les spectacles. Voyez ce que nous avons dit nous-mêmes des sciences & des arts, vers la fin du Chapitre IV, N°. II, Section II de la Deuxieme Partie. Nous en parlons encore ci-après, Chapitre X, vers la septieme page.

naturelles, & y font le plus intéreſſant & le plus brillant de l'hiſtoire.

II. Si les maîtres, ſi ceux qui exercent ou profeſſent les arts & les ſciences, nous plongent, ſans le vouloir, dans les mêmes erreurs pour la conduite, qui troublent l'harmonie du monde, que devons-nous attendre de la pratique générale des Peuples & des particuliers, entr'eux, qui voient toujours les mêmes inſtitutions ſe perpétuer, & de plus être en honneur & en recommandation parmi les hommes? L'on ſe perſuade bien plutôt que toutes les regles & les productions de l'eſprit & du génie ſont faites pour favoriſer notre molleſſe, notre cupidité, notre ambition; en un mot, tout ce qui prend un air honnête, du moment qu'il réuſſit avec éclat dans le monde ou qu'il flate le penchant au plaiſir qui ne trouble point l'ordre public.

Auſſi ne manque-t-on d'agir conſéquemment à cette idée : toute la ſociété ne brille que par l'amas prodigieux des fruits des beaux arts, que l'on emploie avec une profuſion & une délicateſſe, que l'impuiſſance ſeule d'y ſuffire peut borner. Les ſciences ſont venues même au ſecours des arts, & ont achevé de donner le plus de brillant & de force à leurs pernicieux effets ſur les mœurs. Avec quelle avidité n'orne-t-on pas les maiſons, les palais, les jardins, les tombeaux mêmes de la repréſentation de toutes ces prétendues actions héroïques ou de ces terribles exploits guerriers, plus propres à déconcerter la ſageſſe humaine, qu'à l'édifier? C'eſt-là que tout le monde y apprend ſans déguiſement & ſans contrainte que l'amour, l'ambition, la haine, la gloire, le defir de régner, la vengeance, l'aveugle point d'honneur, font des points importans & utiles, bons à entretenir & à être donnés en exemple. C'est-là qu'on nous enfeigne que la poffeffion des biens & des grandeurs eft mille fois préférable à la fimple médiocrité & à la vertu toute nue; à jouir de tous les plaifirs qui ne dérangent ni le fervice de Dieu, ni celui de l'Etat; à afpirer à toutes les richeffes, pourvu qu'évidemment l'on ne dépouille perfonne; à mettre, enfin, tout fon bonheur dans les aifes & les commodités de la vie. De ces principes, il ne naît que des actions infectées de l'efprit général. Il en fort une morale & des maximes qui font bien plus de fortune que les grandes leçons de l'école, démenties à chaque inftant par ce que voient les enfans dans leurs familles & dans tous les endroits où leur curiofité les porte. Ils eftiment bientôt chaque chofe, comme ils voient faire : dans le monde, par *honnêtes gens*, l'on entend les gens riches, tous ceux qui font accommodés des biens de la fortune, qui font cenfés avoir reçu une certaine éducation. Que voulez-vous qu'ils penfent, que penferont toutes les perfonnes du Peuple, la plupart même des gens bien élevés & qui ont eu des principes? Ceux qui font pauvres ou qui poffedent tout jufte leur néceffaire, ne feront donc pas dans la claffe des honnêtes gens? C'eft-à-dire, qu'accoutumés à joindre à l'idée de *richeffe*, l'idée de *probité*, quand nous parlons d'un homme riche ou qui eft à fon aife, bien que la premiere ne fuppofe pas l'autre, il arrivera, fans y prendre garde, qu'en défignant un homme pauvre, nous lui refuferons cette eftime

Marginalia: digieux des fruits des beaux arts, auxquels même les fciences font venues aider.

Marginalia: Conféquences des principes qu'il s'en forme pour la conduite.

Marginalia: Ufage déraifonnable du mot *honnêtes gens* pour défigner ceux qui ont du bien

qui n'eft que le fruit de la vertu, & que le bien cependant lui enleve.

Cette erreur nous gagne fur toutes les qualifications provenant de la *force*, de la *valeur*, de la *nobleffe*, &c.

C'eft ainfi que nous nous conduifons à l'égard de toutes les qualifications provenant de la force, de la valeur, de la gloire, de la nobleffe, de l'ambition & de tous ces prétendus avantages, fi mal eftimés en eux - mêmes, & fi mal réglés; on n'en veut qu'aux vertus d'éclat; nous nous jetons dans l'admiration pour tout ce qui frappe & étonne; & ce qui frappe & étonne, eft malheureufement toujours, ou inutile au bonheur public, ou pernicieux : c'eft même un hafard, *quand il n'eft qu'inutile.*

CHAPITRE IX.

Quatrieme & derniere Cause, qui a entretenu &
augmenté le Mal, en fait d'Institution Politique :
*La douceur même des Mœurs, & la politesse
des Manieres, dont les Nations Policées se vantent.*

NOUS voici arrivés à la sixieme cause, par
laquelle nous terminerons ces recherches. J'ai déja
observé (1) combien il étoit étonnant qu'une qualité si aimable que la douceur des mœurs & la
politesse des manieres se trouvât jointe avéc tous
les vices d'institution politique. Que sera-ce, si je
montre qu'elle les entretient & les augmente ? Cela
paroît un paradoxe, & à la premiere vue, impossible. Néanmoins cette cause existe, elle s'allie
avec toutes les autres ; un peu d'attention va le faire
reconnoître.

Cette cau-
se paroît
d'abord ê-
tre un pa-
radoxe.

C'est un principe d'expérience que, plus les
Peuples se communiquent, & plus les mœurs & les
manieres s'adoucissent : nous l'avons déja remarqué (2). Mais c'en est un autre, non moins certain, que, quand ils se communiquent tant, c'est
parce que leurs possessions respectives sont assu-
rées, qu'ils ont tous, à part eux, une masse de

La source
n'en est pas
pure, & ne
suppose
pas des dis-
positions
favorables
entre les
Nations.

---

(1) Ci-devant, Chapitre II, vers la fin.

(2) Ci-devant, Chapitre II, vers les sixieme & dixieme pages.

biens & de richeſſes quelconques , qu'ils tiennent comme excluſivement à tous les autres. Ainſi, d'une part, la douceur des mœurs & des manieres vient de la *néceſſité*, ſi l'on veut ſe voir & ſe fréquenter ; car, comment pourroit - on autre-ment, ou oſeroit-on entretenir un commerce qui demande de la confiance & de la facilité ? Et de l'autre, en ſe rapprochant, les Peuples ont renforcé en eux l'eſprit d'intérêt qui les anime : ils ont pris d'autant plus de confiance à cette mutuelle communication, qu'ils ont bien ſu que la propriété étoit ſacrée, & que chacun devoit garder ce qu'il avoit, ou bien ne le change. que pour autre choſe. Il eſt clair, dans ces diſpoſitions réciproques, que l'on ſe recherche ſans s'aimer ; qu'on ne ſe voit que par intérêt ou par curioſité : en l'un & l'autre cas, les cœurs ne s'ouvrent que pour eux - mêmes ; tous les individus marchent avec leurs maximes, avec leur réſolution de ne rabattre pas d'une obole de leurs droits & de leurs prétentions. Les *honnêtetés*, ces manieres qui

Ce que ſont au fond les honnêtetés & ces manieres ſi douces, qui caractériſent les Nations policées.

nous ſemblent applanir la route, ſur laquelle nous marchons, ou nous faciliter les accès, ſont ſeulement comme des ſauve-gardes, à la faveur deſquelles nous nous enfonçons ; bien perſuadés, au fond, les uns les autres, que ce n'eſt qu'une monnoie de cours qui n'a lieu que le moment préſent, & n'oblige pas plus celui qui reçoit, que celui qui donne. La charité n'en eſt pas plus fer-

La charité, toutes les vertus bienfai-ſantes, é-teintes comme de droit, par cette rai-

vente : que dis-je ? elle en eſt éteinte & hors d'état de ſe relever, par la raiſon même que les Peuples ſont cenſés avoir leur néceſſaire, & obli-gés de le conſerver. Il ne ſera donc pas queſtion d'être généreux, déſintéreſſé, de s'oublier, pour ainſi dire, ſoi - même, pour le ſervice d'autrui.

Bien loin de-là : les Nations cherchent chacune
à groſſir leurs avantages ; elles ſe dépriment tant
qu'elles peuvent pour ſe relever elles-mêmes , ſoit
dans les biens , ſoit dans la puiſſance & la force.
Cette ſatyre , que vous faites là , me dira-t-on ,
s'appliqueroit tout de même aux Sujets de chaque
Etat, les uns à l'égard des autres : je le ſais , &
c'eſt où j'en veux venir.

La *civiliſation*, en effet, plus elle a fait de progrès , c'eſt-à-dire , plus il y a de politeſſe dans
les mœurs, & de douceur dans les manieres,
& plus cette même civiliſation , telle qu'elle ſe
trouve , fortifie l'amour perſonnel, & enracine la
propriété particuliere (1). Or , il ne ſe peut faire
qu'on prenne plus d'attachement pour ce que l'on
a , qu'on tienne plus fortement à ſes idées, à ſes
opinions, à ſes goûts , à tout ce qui eſt , en un
mot, de nous ou en nous, ſans qu'on s'éloigne
à proportion des mêmes choſes qui ſont aux autres ;
ou ſi nous ſentions de la chaleur pour celles-ci ,
ce ne ſeroit pas par amour pour leurs poſſeſſeurs;
(cela eſt dit pour le général) mais, au contraire,
on y ſeroit porté par cupidité ou par toute
autre vue d'intérêt.

De-là, plus les objets de nos deſirs & de notre
attachement ſe multiplient, & plus toute les vertus bienfaictrices & généreuſes ſe reſſerrent ou diſ-
paroiſſent.

Nous avons remarqué que tant de poſſeſſions,
tant de richeſſes acquiſes , factices ou naturelles,
tant de ſortes d'embelliſſemens & de faſtes , ſuite

Marginal notes:

ſon que les Peuples ſont cenſés avoir leur néceſſaire, & obligés de le con-ſerver.

Effet de la civiliſa-tion : de ſe réfroidir pour les autres à proportion qu'on s'en aime da-vantage, par l'amas de la pro-priété.

Remarque faite, qu'un grand luxe amolit le courage en

_____

(1) Voyez dans la Premiere Partie , Section I.

B b iv

paroiſſant rendre plus humain.

inévitable d'un grand luxe, en poliſſant les mœurs, adouciſſant les manieres, & paroiſſant rendre les hommes plus humains, ont amolli le courage, & mis des entraves à la valeur. (1). C'eſt tenir trop à la terre que d'y être attaché par tant de liens; & il n'eſt pas naturel qu'on ſoit prodigue d'une vie, pour laquelle on a fait tant de travaux.

Mais au défaut de ce courage il en eſt un autre, peut être plus dangereux ſe faire une Guerre ſourde ou déclarée entre citoyens, par le moyen des armes que la ſociété elle même fournit, ſi elle n'eſt pas bien montée.

Mais, en même-temps, ſi le courage baiſſe, ſi les forces de l'ame ſont abattues, le cœur, eſclave des préjugés du monde, & abâtardi par cette infinité de prétendus biens que l'on recherche, & dont la plupart ſont devenus comme une eſpece de néceſſité, nourrit en lui une ſorte d'audace qui ne vient point du ſentiment de ſa propre ſuffiſance, mais de celui que la civiliſation nous donne : c'eſt-à-dire, de pouvoir uſer de la force des Loix & du fruit des Inſtitutions civiles; ce qui eſt au vrai, combattre à l'ombre & ſans danger de la vie, avec les armes ſouvent très-meurtrieres de la parole, de l'intrigue, de la chicane, de la mauvaiſe foi, de l'impoſture, de la trahiſon, de la fineſſe & de la ruſe ; car toutes ces belles choſes s'accordent avec la douceur des mœurs & la politeſſe des manieres, chez les Peuples qui ont une fois abuſé des arts & des ſciences, & les ont regardés non comme des ſoutiens, des adouciſſemens, & des amis officieux & ſages du genre humain, mais comme des agens & des reſſorts puiſſans & commodes, pour groſſir & favoriſer tous nos appétits & toutes nos ſenſualités déréglées.

(1) Voyez dans la Premiere Section, Chapitre III, à l'Article VI, *des Fêtes & des Plaiſirs.*

Platon banniſſoit le commerce de la République, regardant cette profeſſion comme corrom-
pant les mœurs ; mais il entendoit les mœurs
pures. Ce mouvement perpétuel d'agiotage, d'é-
change, de vente & d'achat, engage inſenſiblement à mal faire. Chacun loue ce qu'il veut vendre,
& décrédite ce qu'il veut acheter. L'on tourne,
comme l'on dit, le dos où l'on veut aller, pour
dégoûter les autres de prendre la même route.
On farde ſa marchandiſe, & c'eſt beaucoup ſi
on ne l'altere, ou on ne la fraude. L'on eſt enfin
dans toutes les diſpoſitions d'acquérir ; l'objet eſt de
gagner ſans ceſſe. Le mal n'eſt pas dans la choſe
même : c'eſt-à-dire, qu'il n'eſt pas mauvais en
ſoi de vendre & d'acheter ; mais il le devient par
un eſprit général de commerce, établi ; & du moment qu'on eſt infecté de cet eſprit, ceux mêmes
qui ne ſont pas de cette profeſſion, en prennent
les tours & le langage, quand ils traitent avec
les autres, ou bien entre eux : c'eſt l'effet du ton
qui regne par-tout.

Montesquieu obſerve que *le commerce adoucit les
mœurs barbares* ; mais, en les adouciſſant, il ne
les rend point *pures* ; puiſqu'au contraire, il cor-
rompt celles qui le ſont. Donc cette douceur des
Nations policées renferme les vices conſtitutifs,
(qui véritablement ne détruiſent pas les Etats,
mais qui mettent ſans ceſſe ces hommes en op-
poſition entre eux) & ſuppoſe des équivalens,
par-là d'autant plus funeſtes, à cette première
barbarie qu'on n'a plus.

Je ne parle point de toutes ces imperfections
particulieres, & de ces ridicules perſonnels,

Ce que Platon diſoit du commerce. Eſprit des Loix, Tome II, page 211.

La douceur des mœurs ſuppoſe les vices conſtitutifs des Nations. Ut suprà.

Qu'eſt-ce qu'indiquent les

que le *Théophraste* françois a si bien relevés dans les *Caracteres & les Mœurs de son siecle*. Quoiqu'on voie aisément, en lisant cet Ouvrage de *la Bruyere*, que telles doivent être des Nations douces & polies, qui ont embrassé avidement tous les objets de luxe, & les regardent non-seulement comme la félicité & la fortune nécessaire des particuliers, mais comme le soutien de l'Etat, ce n'est pas là où je m'arrête ; mais l'on peut y remarquer, en passant, que la cause premiere de tous ces écarts est dans la plupart de nos Institutions nationales ; & î l'on doit m'avouer que, sur une infinité de points & de situations, le cœur a pu, dans des hommes extrêmement polis & maniérés, être dur, hautain, fourbe, menteur, traître, cruel même, par principe: il est évident tout de même que la douceur prétendue n'est qu'un voile qui sert à mieux cacher ses mauvais desseins, ou plutôt un piége pour mieux réussir.

Je dis bien plus : à force de vouloir paroître poli, honnête, prévenant, quand le langage se charge de mille expressions qui semblent tout accorder, & rendre celui qui en use le serviteur de tout le monde, il doit arriver, par une conséquence juste, ou bien cela est déja fait, qu'on prenne des sentimens tout contraires ; & l'on sera, au fond, d'autant plus éloigné de ces belles démonstrations, qu'on les rendra plus vives & plus ardentes.

Il est dans la nature une mesure déterminée à chaque chose : tout a sa quantité & son poids; les mœurs & les manieres y sont subordonnées, comme tout ce qui existe. Il faut nécessairement que l'équilibre demeure. La conſervation des êtres requiert ce balancement : ſi, en apparence, un corps quelconque ſort, pour ainſi dire, de ſes droits, une force intérieure l'y ramene auſſi-tôt. L'homme, à l'égard de ſon pareil, n'a que les grands devoirs de l'humanité à remplir, & ils ne ſont pas en petit nombre ; mais, pour les remplir, il n'a pas beſoin de ſe dégrader, de ſe dire moins que ce qu'il eſt, de faire des offres ſurabondantes, d'employer l'exagération & l'hyperbole. Honnête ſimplicité des premiers âges, on pouvoit ſe confier à vous ! Vous étiez la fidelle interprete des ſentimens ; & la parole & les manieres étoient le langage du cœur !

Regle pour la conduite de l'homme à l'égard de ſon pareil.

Alors les mœurs étoient ſimples. L'on ſe contentoit de peu pour les beſoins de la vie ; & plus rapprochés des profeſſions qui tiennent davantage à la culture de la terre, la nourriciere du genre humain, l'on n'eſtimoit pas qu'il fût poſſible d'acquérir de la conſidération autrement que par un travail vraiment néceſſaire, ni de ſubſiſter par tant de profeſſions & de reſſources, fondées uniquement ſur un mérite que nous leur avons donné, par un abus énorme ou un uſage inutile de toutes choſes.

La frugalité & la modération des premiers hommes, leſquelles faiſoient la ſimplicité des mœurs, gage aſſuré de leur ſincérité.

En ſortant de l'état réglé, où le *Droit naturel* & la raiſon nous demandoient, comme nous ne l'avons pu faire qu'aux dépens de nos mœurs & de la probité, nous nous ſommes couverts, tant que nous avons pu, des apparences de l'honnête homme. Ainſi, les extrémités ſe ſuppoſent réciproquement : Sommes-nous devenus plus avides, plus ambitieux, plus mauvais au fond ? Nous avons pris les dehors les plus flateurs, les plus enga-

Ce que l'on a fait, en ſortant de cette ſimplicité. Les extrémités ſe ſuppoſent réciproquement.

geans ; nous nous fommes jetés dans l'excès des démonftrations honnêtes. Les Nations barbares ou les fauvages ne fe déguifent pas , elles fe démontrent mauvaifes , quand elles le font. L'extérieur eft comme le fond ; elles ne s'avifent pas qu'il faille être autrement que ce que l'on eft. C'eft l'avantage de la nue nature ; au moins fait - on à quoi s'en tenir ; car c'eft un trifte état pour l'homme que de ne pouvoir compter fur ce qu'il voit ou ce qu'il entend, aftreint, comme il eft, à écouter fes fens , & ne pénétrant pas dans les cœurs. Les Nations policées fe font-elles piquées d'avoir l'air, les manieres, le langage les plus complaifans, les plus affables, les plus humains, les plus agréables ? Elles ont gardé, dans l'intérieur, tout ce qu'elles paroiffoient perdre par tant de prévenances & de douceur, c'eft-à-dire, qu'elles fe font abandonnées avec plus de force & avec moins de fcrupule, à toutes ces affections de l'ame & du cœur, qui tendent fans ceffe à nous faire prendre le deffus fur les autres, & à nous avantager de toutes les manieres: difpofitions qui font des vices , parce que nous avons tout outré, & que nous fommes fortis du jufte milieu où la nature nous demandoit.

Les *arts* & les *fciences* , en trouvant les hommes tout défectueux les ont rendus encore plus mauvais,

Cependant , avec ces mœurs fi douces & ces manieres fi polies, nous fommes venus à cultiver les arts & les fciences, qui , à leur tour, ont contribué à les rendre telles (1) : nous avons

(1) On doit pourtant fe fouvenir de ce que nous avons obfervé dans cet Ouvrage, en faveur des fciences & des arts ; à quoi la note du précédent Chapitre renvoie. Voyez le Chapitre fuivant, vers la fin, regardant le Difcours de *Jean - Jacques Rouffeau.*

mis en œuvre tous les talens, exercé les divers génies & essayé de tous les goûts : il s'est même fait les plus grands progrès en tout genre. Mais le cœur humain, en est-il devenu meilleur? Non. La société entiere, qui lui a donné chaque jour des exemples très-sensibles des services particuliers que l'on pouvoit retirer de toutes ces recherches étudiées, pour les plaisirs & les grandes passions, a enivré l'homme de mille biens imaginaires, l'a rendu comme incurable sur la plupart des préventions où il est, & l'a fortifié encore plus dans les dispositions cachées & désavantageuses qu'il a nourries contre ses semblables. Les arts & les sciences ont été comme des armes entre ses mains, d'autant plus fatales, qu'il a fallu regarder l'homme en cet état comme un fou & un insensé. L'intelligence employée au vice, est la plus mauvaise chose qu'il puisse y avoir au monde.

C'est donc dans cet état en apparence si beau, si doux, si démonstratif & par l'air & par les manieres, que résident le plus de malice & les plus fortes dispositions à mal faire, du moment qu'il est question d'intérêt, d'amour-propre, de gloire, d'ambition, de concurrence, de vanité. Je ne parle pas, encore un coup, des vices qui ne font tort qu'à celui qui les a, ou qui en est principalement lésé. Je parle des vices dont les autres ont à souffrir, & qui, par-là, attaquent sourdement la société civile : à quoi les mauvaises institutions sociales conduisent ; lesquelles, à leur tour, raffermissent encore plus ces mêmes vices.

On doit donc regarder la *douceur des mœurs & la politesse des manieres*, comme s'accordant avec la plus grande corruption, si elles n'en sont pas un signe propre.

Quand on a rempli les premiers égards de la Exposition

politesse, qu'on s'est montré, comme on dit, *avoir eu de l'éducation, & connoître le monde*; l'on se permet tout ce que les loix & les usages n'ont pas défendu, ou ce qu'elles autorisent ; l'on poursuit ses droits avec une opiniâtreté invincible ; l'on passe des contrats usuraires ; l'on en fait d'autres où la mort de l'un des contractans est directement l'objet des desirs de l'autre ; l'on détient un homme en prison pour dettes civiles ; l'on le réduit à la plus mince nourriture, ou bien l'on remet un coupable entre les mains de la justice, pour le faire pendre ; le peuple accourt au spectacle, & le voit exécuter. D'autres fois le Magistrat ordonne la question, & voit torturer peut-être un innocent (1), dont les souffrances attendriroient un barbare ; car un barbare demande des preuves avant de punir, il n'est barbare que dans le choix ou l'excès de la punition. Par une suite des mêmes préjugés, l'homme civilisé, l'homme instruit, l'homme maniéré laisse toujours à ceux qu'il croit au-dessous de lui, le soin des grosses actions de charité, comme de relever un pauvre qui tombe, d'aider de même à remettre sur pied une bête de somme affaissée sous le poids ; ou bien l'égard naturel de regarder en face, & d'écouter attentivement celui qui nous parle, qui est d'une condition fort inférieure à la nôtre. Il abandonne aux *Gens*, qu'on appele *du commun*, cette facilité à vivre avec tout

(marginal note, left column): comme après avoir rempli les égards de la *politesse*, & s'être montrés *gens qui ont reçu de l'éducation*, l'on est capable de dureté, de barbarie, de toutes les dispositions, en un mot, les plus inhumaines envers le prochain.

_____

(1) Depuis que ceci est écrit, la plupart des Gouvernemens ont comme aboli cet affreux usage : l'on ne donne plus la question qu'à des gens condamnés à mort, & en certains cas, pour avoir connoissance de leurs complices, ou de tels autres malfaicteurs avec qui on les croit liés.

le monde ; cette difpofition à ne rougir point d'une compagnie, qui, felon nos idées, ne nous affortit pas ; ce courage d'avouer un pere pauvre, ou qui eft d'une baffe naiffance. Il ne croit digne que de ceux qu'il traite de groffiers & gens non-inftruits, de regarder tous les hommes, au fond, comme égaux ; de n'honorer véritablement que la vertu ; de fe livrer fans contrainte aux larmes, aux attendriffemens que l'amour ou la vue d'une grande mifere nous infpire ; d'être finceres, re-connoiffans, officieux, charitables ; de n'entendre rien aux maneges de l'intrigue & aux rufes de la chicane ; de n'avoir aucune ambition, & de ne connoître point les belles délicateffes de l'honneur prétendu ; enfin, de s'acquitter exactement & pu-bliquement des devoirs de la religion, & d'en pratiquer réguliérement les exercices.

Que devons - nous conclure en faveur de la douceur des mœurs & de la politeffe des manieres, par rapport à l'avantage de la Société générale, quand nous lifons & que nous voyons qu'au centre de cette même politeffe & de cette douceur tant vantée, c'eft-à-dire, à la Cour des Rois, les plus fauffes & les plus redoutables difpofitions du cœur y font établies ; qu'elles y regnent fouverainement ; & que, fous les dehors de l'honnêteté & d'une paix parfaite, s'ourdit fans ceffe une guerre de parti-culier à particulier, dont le but prefque général eft de fe renverfer & de fe détruire ? Ecoutons le portrait qu'en fait *Montefquieu* ; j'en ai déja parlé une fois ; on ne peut rien de plus fort, ni qui faffe mieux juger de la chofe. « L'ambition, *dit-il,* » dans l'oifiveté, la baffeffe dans l'orgueil, le » defir de s'enrichir fans travail, l'averfion pour

La Cour des Mo-narques, qui eft le fiége de la plus gran-de politef-fe, centre des plus grandes méchance-tés. *Efprit des Loix,* Tome I, p. 48.

1. ans la précédente Section I, Chap. III,

à plus des deux tiers, au sujet de Montesquieu.

Esprit des Loix, Tome I, p. 48.

« la vérité, la flaterie, la trahison, la perfidie, » l'abandon de tous ses engagemens, le mépris » des devoirs du Citoyen, la crainte de la vertu » du Prince, l'espérance de ses foiblesses, & » plus que tout cela, le ridicule perpétuel jeté » sur la vertu, sont, je crois, le caractere de » la plupart des Courtisans, marqué dans tous » les lieux & dans tous les temps ». Voilà pourtant des hommes qui, pour l'ordinaire, ne sont point nés dans la bassesse, des hommes fort éloignés de *cette sorte de gens que l'on a abandonnés dans tous les âges*, comme parle *Montesquieu* lui-même : Eh bien ! ils sont encore plus mauvais, plus redoutables, plus portés au mal ; s'ils sont tels entre eux, de quoi ne seront-ils pas capables en Corps de Nation ? Et dans des cœurs endurcis & pervertis de la sorte, attendra-t-on des sentimens humains, des vertus pacifiques & ennemies de toute simulation & de toute supercherie ?

Dernier trait où l'on voit de grandes preuves de l'extrême barbarie des Nations savantes, éclairées, polies, &c.

Finissons ce Chapitre, par rapporter en entier le passage dont j'ai déja cité quelques paroles (1), d'un Auteur célebre, sur l'extrême barbarie des Nations savantes, éclairées, polies, &c. Après avoir raconté les principales époques des cruautés humaines, il s'écrie ainsi : « Est-ce l'histoire des » serpens & des tigres que je viens de faire ? » Non, c'est celle des hommes ; les tigres & les » serpens ne traitent pas ainsi leur espece. C'est » pourtant dans le siecle de *Ciceron*, de *Pollion*, » d'*Atticus*, de *Varius*, de *Tibulle*, de *Virgile*,

_____

(1) Ci-devant, Chap. VII, vers la quatrieme page.

» d'*Horace*,

» d'*Horace*, qu'*Auguste* fit fes profcriptions. Les
» Philofophes *de Thou* & *Montaigne*, le Chan-
» celier *de l'Hôpital* vivoient du temps de la
» Saint - Barthelemy, & les maffacres des Ce-
» vennes font du fiecle le plus floriffant de la
» Monarchie Françoife. *Jamais les efprits ne furent*
» *plus cultivés*, *les talens en plus grand nombre*,
» *la politeffe plus générale.* Quel contrafte, quel
» chaos, quelles horribles inconféquences com-
» pofent ce malheureux monde ! On parle des
» peftes, des tremblemens de terre, des embra-
» femens, des déluges, qui ont défolé le Globe;
» heureux, dit-on, ceux qui n'ont pas vécu dans
» le temps de ces bouleverfemens ! Difons plutôt :
» heureux, qui n'ont pas vu les crimes que je
» retrace ! Comment s'eft-il trouvé des Barbares
» pour les ordonner, & tant d'autres Barbares
» pour les exécuter » ?

C'eft ainfi que, chez les Peuples que nous nommons *policés*, nous trouvons des caufes vivement agiffantes, quoique pour la plupart ignorées, de la durée & de l'accroiffement du mal, en fait d'Inftitution Politique. Ses progrès continueront jufqu'à ce que la mefure-comble amene le terme marqué pour la vie des Etats : & n'efpérons point de changement à des fituations fi affligeantes, tant qu'on n'y apportera pas les feuls remedes convenables. Je les ai indiqués très-fouvent dans cet Ouvrage ; mais il me refte à les rappeler dans ma conclufion, après toutefois avoir retracé l'état d'imperfection des Peuples fur les points les plus importans du *Droit naturel.*

À quoi aboutiront tous ces maux, fi on n'y remédie ?

CHAPITRE X.

Où l'on retrace le Tableau des Désordres Civils &
Politiques, par rapport au Droit Naturel; *& les*
Points essentiels où il faut appliquer les Remedes.

Désordres
civils &po-
litiques par
rapport *au*
Droit na-
turel.

OUI, les Nations ne peuvent pas rester dans
l'état où elles sont, si elles veulent se rapprocher
du chemin de la justice, & de l'ordre qui leur
convient. En sortant de l'*état de nature*, elles ont
eu raison de travailler à se rendre plus heureuses
& plus éclairées; mais elles n'y ont pas réussi.
Pour éviter un excès, elles sont tombées dans un
autre; leurs progrès dans la civilisation les ont
perdues : elles ont passé mille fois les bornes où
elles auroient dû s'arrêter. Quels maux n'a pas
produit cette étrange ambition ou cette ignorance ? Quel système que celui que les Nations
se sont formé, de disputer leurs droits, par la
voie des armes & la force! Quelle doctrine que
celle que tous les Auteurs politiques ont enseignée
& établie : *Que les Nations étant des Corps indé-*
pendans, elles ont le pouvoir de vuider elles - mêmes
leurs différens, & de s'attaquer quand elles veulent!
Et que de faux principes & d'horribles maximes
ont coulé de ces idées monstrueuses & barbares!
La vie humaine a paru appartenir au mari sur sa
femme & sur ses enfans, au Souverain ou à l'Etat
sur les Sujets. Un droit de conquête s'est formé,

qui a établi celui de disposer de la vie & de la
liberté des Peuples conquis ou des prisonniers
faits à la guerre : l'on s'est cru encore raisonnable
& compâtissant à ne les charger que de chaînes !
Quels abus n'a-t-on pas fait des loix & des coutumes prescrites au Peuple Juif, & qui lui étoient
particulieres ! L'on s'est enhardi, ou l'on s'est confirmé dans l'usage de faire les mêmes choses que
l'on savoit, ou que l'on voyoit que pratiquoit un
Peuple qui ne pouvoit avoir de pareil dans le
monde, & pour cela appelé *le Peuple de Dieu.*
L'on s'est nourri de la chair des animaux, l'on a
prêté à intérêt, l'on a usé contre les débiteurs des
plus violentes exécutions, l'on s'est vengé à toute
outrance. Jugeant mal des choses, l'on s'est permis
le divorce, la répudiation, la polygamie. Enfin,
pour cultiver les qualités de l'esprit, & faire valoir
le génie ; pour mieux tirer parti de l'adresse des
mains, & des ressources de l'intelligence, au soutien & pour l'agrément des particuliers ou de la
Société entiere, l'on a favorisé toutes les passions,
l'on a du moins fomenté les plus dangereuses.
De-là la propriété s'est accrue sans mesure ; les
richesses & l'amas des biens temporels ont fait
toute la félicité humaine, & par conséquent ont
été l'objet constant & perpétuel des plus grandes
recherches. De-là les désordres aussi se sont mul-
tipliés d'une terrible force, les maux sont devenus
comme incurables.

Qu'en devoit-il arriver pour les malheureux
mortels ? Que la moitié des hommes n'auroit
rien ; le quart à peine auroit son nécessaire, &
le quart restant posséderoit presque tout, & na-
geroit dans l'abondance. Il a dû arriver que, dans
le commerce, on ne songeât qu'à faire fortune,

fans s'avifer de la juftice des moyens, comme
dans la finance : ça même dû être l'objet général en toutes conditions. La faveur accordée aux
talens & aux artiftes dans la vue des commodités,
des embelliffemens, & de l'ufage rafiné des plaifirs qu'ils procurent, a excité le génie, pouffé
l'émulation ; ça été les gens les plus riches qui
ont pu davantage contribuer à ces progrès. Cependant la mifere, qui habite inféparablement
dans une même Ville, dans un même Royaume,
avec l'opulence ; (car un excès fuppofe toujours
l'autre) la mifere, dis - je, frappant les yeux
d'une maniere trop fenfible, il n'a pu fe faire
qu'on ne cherchât quelque moyen de la foulager;
mais on n'a pas pris le feul qui convenoit, de
diminuer l'inégalité des fortunes & des conditions:
l'on a fondé des hôpitaux, des maifons de charité de toutes les fortes, des colleges, des écoles
publiques, pour l'inftruction gratuite des jeunes
gens. Les perfonnes riches du monde ont pris
même plaifir à penfer que les grands biens de
l'Eglife étoient deftinés à fecourir les pauvres, après
que le bénéficier avoit pris fon néceffaire, & fe font
mollement endormis dans cette penfée. L'on n'a pas
ceffé de recommander, & d'ordonner même l'aumône, & dans les chaires, & dans les inftructions particulieres ; le zele des moniteurs a été
d'autant plus ardent & de bonne foi que la claffe
des indigens a paru grande, & les biens comme
entaffés prefque tout d'un côté : l'aumône pourtant fi néceffaire, dans ces circonftances, n'eft
pas bien dans fon centre & fon élément : elle
demande ou elle fuppofe l'ordre réglé de la
Société, & l'équilibre maintenu : état ou l'on ne
donne qu'au véritable befoin, parce que tout le

monde eſt obligé de travailler , excepté ceux qui ,
comme on dit , ont des empêchemens *dirimans* ,
c'eſt - à - dire , inſurmontables. C'eſt préciſément
avec tant de miſeres , que les voies d'acquérir ſe
ſont multipliées à l'infini , & que tout eſt devenu
objet de gain ou de luxe dans la Société. Juſques
dans les contrats les plus ſolemnels , l'on a vu
des traces d'avarice, & des preuves qu'on deſiroit
la mort de ſon ſemblable.

Pour parvenir à cet excès de diſproportion ,
& dans un état ſi vicieux , il étoit infaillible
qu'on n'adoucît ſes mœurs , & qu'on ne polît ſes
manieres : les pauvres ont beſoin des riches , &
les riches entre eux ſe ſoutiennent & veulent
jouir ; mais l'affabilité & les complaiſances ne ſont
qu'extérieures. Il n'eſt pas poſſible que des cœurs
ulcérés par l'extrême inégalité des conditions , &
des cœurs enflés d'orgueil , ou bien affectés de
crainte , à la vue de l'outrageante diſproportion
dont je parle , ſe lient de bonne foi , & ſoient
diſpoſés à s'unir pour ne faire enſemble qu'un
ſeul Corps. C'eſt de-là que partent tous les vices
que l'on regarde comme l'apanage de l'eſpece
humaine , & qui dérangent ſans ceſſe cette con-
concorde ſecrete entre les Sujets , ſi néceſſaire pour
la félicité du Prince & de la Nation entiere. Les
arts & les ſciences n'ont plus été employés qu'à
faire briller les talens dangereux , qu'à exercer
les divers génies aux dépens des bonnes mœurs,
qu'à donner plus d'empire aux paſſions tumultueuſes & aux deſirs téméraires. A meſure qu'on
s'eſt apperçu du danger de ne pas contenir les
forfaits & les grandes infractions au Droit civil :
ou plutôt , parce que les inégalités de condition
ont été ſi grandes, & les degrés de bonheur ſi

différens, la puiſſance, qui s'eſt trouvée du côté des riches & des gens en place, a fait renforcer la ſévérité des peines : elle a inventé même des tourmens, auprès de qui la mort paroît douce, & qui ne ſemblent pouvoir venir que d'une race de tigres & de barbares. Mais, comme on l'a fort bien remarqué, en parlant du Gouvernement, (ce qui nous convient tout de même) *c'eſt vouloir faire faire aux ſupplices, ce qui n'eſt pas dans leur pouvoir, qui eſt de donner des mœurs* (1). Et par une ſuite de ces excès, l'on a cru auſſi pouvoir établir la faculté de faire grace, qu'on a regardée comme un des plus beaux attributs de la Souveraineté, dont nous avons pourtant vu le défaut de fondement. Enfin, tout ce qu'on a vu pratiquer d'injuſte, de vicieux ou de redoutable parmi les hommes ; les Nations entre elles ſe le ſont permis, & encore avec plus d'alarmes & de troubles pour le genre humain, puiſqu'elles y ont joint la guerre effective & l'uſage étudié de ſe détruire par tous les inſtrumens de la force & de l'invention, & toutes les ruſes de la mauvaiſe foi & de la perfidie, ſous les dehors pourtant de la probité & des manieres honnêtes, comme ſavent fort bien faire entre eux les prétendus gens bien nés, dans tous les Etats civiliſés : Politique qui décele la plus grande corruption du cœur, puiſque, comme nous l'avons remarqué, les extrémités

Eſpr. des Loix, Tome II, page 179.

_____

(1) Les ſupplices (dit *Monteſquieu* en ce même endroit) retrancheront bien de la Société un Citoyen, qui ayant perdu ſes mœurs, viole les Loix ; mais ſi tout le monde a perdu ſes mœurs, les rétabliront-ils ? Les ſupplices arrêteront bien pluſieurs conſéquences du mal général, mais ils ne corrigeront pas ce mal.

se suppofent réciproquement ; & que le vice
n'eft jamais plus redoutable que quand il emprunte
les dehors & le langage de la vertu.

Ainfi , ce qui nous a perdus , c'eft fonciérement l'excès de la propriété des biens , toute
cette prodigieufe inégalité des fortunes , qui met
tant de différence entre des êtres de même efpece : c'eft de n'avoir pas , d'une part, pofé des
bornes très-fenfibles à la faculté d'acquérir ; &
de l'autre , banni la fainéantife & tous les goûts
& les moyens qui vont à diffiper, qui font les deux
fources ordinaires de l'appauvriffement des familles ; & encore ce n'eft pas dans des exemples
tirés de nos mœurs que nous devons en juger :
Pour bien connoître les vices , comme les vertus
de notre efpece , il faudroit les appercevoir dans
une Société civile bien réglée , & où il n'y auroit
qu'à fuivre des routes toutes tracées , pour marcher fûrement au but : car , dans le défordre moral
ou politique , où nous remarquons le genre humain , même dans les meilleurs Gouvernemens ,
il eft des inclinations défectueufes , il eft des vices
qui font comme infpirés ou prêchés à haute voix ,
non par l'inftruction publique , qui eft , au contraire , très-fage & très-édifiante ; mais par la
pratique & l'ufage que l'on voit continuellement
oppofés à ces leçons , à mefure que l'on avance
dans le monde , & qu'on acquiert de l'expérience.
L'on s'eft plaint qu'à la honte des fciences & des
beaux-arts, les rares dons de l'efprit , & les grandes
connoiffances ne fuppofoient pas toujours l'homme
vertueux ; & d'autres ont été plus loin : ils ont
dit que plus on avoit de fcience , & moins l'on
avoit de vertu ; que plus on avoit creufé dans

Points essentiels où il faut appliquer les reme- des.

C c iv

toutes les fources du favoir & les profondeurs du raifonnement, & moins l'on étoit certain de rien, tant en morale que dans tout le refte. Enfin, l'on s'eft plu à chanter l'ignorance des premiers temps, qu'on a regardée comme l'âge de l'innocence : doux langage, qui préfente à l'imagination le tableau d'un *bonheur* & d'un *plaifir* que nous cherchons en vain dans nos fiecles, les feuls véritablement dignes de porter ces noms ; mais qu'on pefe bien toutes ces obfervations dans des momens tranquilles, & l'on verra qu'on n'attribue aux arts & aux fciences tant de dépravation, qu'on ne regrette tant l'âge d'or & cette belle fimplicité de nos premiers peres, que parce que nous nous fommes défigurés, en portant fi loin l'ufage de toutes chofes, & en voulant ufer de tout. Les hommes, dans leur égarement, tourneront toujours à leur préjudice, les utiles & agréables inventions des arts & les plus belles découvertes de la Théorie, tant qu'on ne leur fera pas regarder comme des crimes, toute énorme difproportion de fortune, toute recherche d'un fuperflu exorbitant, toute délicateffe mal‑entendue, & tout excès dans les tables, les bâtimens, les ameublemens, la parure, les plaifirs, &c. vices auxquels la Société elle‑même conduit, quand elle eft mal montée. *Montefquieu*, craignant qu'on ne lui imputât d'avoir voulu confondre les vices & les vertus : « A Dieu ne » plaife, *s'écrie‑t‑il* ; j'ai feulement voulu faire » connoître que tous les vices politiques ne font » pas des vices moraux, & que tous les vices » moraux ne font pas des vices politiques ; & » c'eft ce que ne doivent pas ignorer, *ajoute‑t‑il*, » ceux qui font des loix qui choquent l'efprit gé- » néral ». Mais eft‑ce que les vices politiques ne tiennent pas aux vices moraux, & ceux‑ci réci-

proquement aux autres ? Que les premiers ne
menent pas aux seconds, & qu'on pourroit trop
corriger ceux-là, ou empêcher qu'ils ne se forment?
Ceux qui font des loix qui choquent l'esprit général, ne doivent pas ignorer, que les uns ne sont
pas les autres ; mais, si l'esprit général est mauvais, devra-t-on le laisser subsister ? devra-t-on
maintenir les vices publics? C'est une nécessité de
plus que, pour étouffer les vices moraux, l'on mette
des entraves à la liberté indiscrete, par l'établissement
de bonnes loix *somptuaires*. Qu'on se rappele
toutes mes regles, les idées générales que j'ai
données, & les détails mêmes où je suis entré,
pour présenter comme l'esquisse d'un Gouvernement civil vraiment heureux. L'observance seule de
ces divers points peut étouffer les grands crimes,
diminuer ou affoiblir les vices ordinaires, modérer
l'ambition & la jouissance, donner ou entretenir
l'amour du travail, anéantir ou éloigner la vaine
gloire, inspirer le goût du bien public, & avec lui le
digne attachement pour son Prince & sa patrie. L'on
se souviendra que la vertu, le vrai honneur appartiennent de droit à tous les Corps politiques
bien constitués, & nommément au Gouvernement
Monarchique, autant qu'au Républicain ; qu'on
n'a tant imputé à ce premier d'être d'une nature
à n'avoir que les dehors & le simulacre de
la vertu, que parce qu'on n'a pas imaginé qu'il
fût possible à la Politique, de porter des hommes
unis en société, sous l'autorité d'un seul, à
se contenter du nécessaire ; & au Souverain lui-
même de modérer ses desirs & de régler ses volontés sur le bien général, de maniere qu'il ne
pense pas pouvoir légitimement grossir les avantages, qu'il est juste d'accorder à son rang & à
sa dignité, au préjudice de ses Sujets.

Cette vérité est dévoilée dans tout ce que j'en ai dit en son lieu ; mais qu'on n'oublie point que l'éducation doit jeter les principes, former le fond, & n'être jamais contredite par les coutumes & la pratique du monde. Que cette éducation s'applique à inculquer dans les esprits les saines & véritables idées des choses, à faire connoître le *Droit naturel*, non par nos institutions & nos maximes, mais par le tableau, que j'ai exposé (1) dans cet Ouvrage, de nos droits & de nos obligations ; par l'explication que j'y ai donnée de ce qu'elles font en elles-mêmes ; & par la maniere dont on y voit qu'elles se forment & se contractent. Nous aurons tout dit, quand j'aurai analysé la civilisation actuelle des Peuples, en montrant combien en soi elle est fausse, & en exposant ce qu'il y avoit préalablement à observer pour arriver à la véritable.

_____

(1) Premiere Partie, Section VI.

SECTION TROISIEME.

Confidération fur la fauſſe Civiliſation des Peuples, & fur ce qu'il y avoit préala-blement à obſerver pour la rendre véri-table.

CHAPITRE PREMIER.

De l'eſpece d'Humaniſation des Nations Policées ; & des diverſes ſortes d'Eſprit Général, dont on nous parle.

Rᴉᴇɴ ne ſera plus doux, plus honnête, plus poli que des hommes conſtitués comme nous ve-nons de dire. Cependant nous avons vu tantôt que la douceur des mœurs & la politeſſe des manieres étoient une des principales cauſes qui avoient le plus contribué à étendre & à maintenir le mal, en fait d'Inſtitution Politique ; comment ſeroit-il vrai maintenant que la même cauſe n'eût pas cet effet, & qu'elle ſe trouvât dans une conſti-tution civile bien ordonnée, ſans la gâter, ou ſans être un indice qu'elle l'eſt déja ?

Tout dépend des idées que l'on attache aux mots : & ſouvent l'on ne paroît éloigné de l'opi-nion commune, que parce que l'on n'eſt pas bien

Objection qu'on ſe fait ici, & réponſe.

entendu : car, au fond, nous aimons tous le bien, l'ordre, la regle. Si l'on a pris garde, je n'ai fait le procès qu'à la vaine douceur des mœurs, & à la fausse politesse des manieres. Il est une façon de s'humaniser, qui n'est qu'une *trahison* ou une *foiblesse*, ou bien une *frivolité* qui ne va qu'à la superficie, prenant l'image pour la chose, & simplement occupée d'un extérieur qui, par le trop grand abus qu'on en fait, devient un faux signe de nos dispositions. Ce dernier vice est celui où tombent insensiblement les Nations policées, quand elles se sont égarées de leur route, comme nous avons fait ; il n'est pas d'abord criminel : On peut bien encore n'avoir pas intention d'être fourbe ou traître, mais il y mene ; & rien n'apprend plus le méchant usage qu'on peut faire des démonstrations, soit du langage, de l'air ou des manieres, que de voir que tout le monde s'en contente, & qu'elles ne sont même qu'un moyen plus sûr de parvenir à ses fins. Et quant à la *foiblesse*, qui est le second vice renfermé dans cette façon de s'humaniser, dont nous parlons, une si mauvaise qualité de l'ame peut être regardée comme subsistant toujours, & bien digne de subsister, & avec la *trahison* & avec la *frivolité* : Quoi de plus foible qu'un traître ? C'est le propre des esprits généreux, francs & sinceres, d'agir conséquemment à leurs principes, de se montrer à découvert pour ce qu'ils sont : or, l'on ne peut être tel que dans le bien, dans le solide, dans ce qui, en un mot, peut seul faire le bonheur des hommes; car, le déréglement & le désordre sont incapables de rien produire de salutaire. La vertu, l'amour de la justice, de la suprême Loi, sont l'aliment unique des plus grandes qualités & des plus grands efforts.

Façon de s'humaniser, qui n'est, au fond, que trois sortes de vice : & c'est où les Nations policées ont fait tant de progrès.

Quoi de plus foible encore que la *frivolité?* C'eſt une autre propriété des eſprits généreux, francs & finceres de ne s'amuſer point de minuties, de tendre directement au but, de viſer aux devoirs eſſentiels & aux égards indiſpenſables parmi les hommes, pour la concorde publique ou le bonheur des particuliers, ſans s'arrêter à des fimagrées qui ne fignifient abſolument rien, ou plutôt qui vous rendent toujours plus froids ſur le reſte.

La connoiſſance des mœurs & du Gouvernement des Chinois, peut juſtifier ce que j'avance. Il n'y a pas de Peuple plus amateur & plus obſervateur du cérémonial de l'art, des manieres & de toutes ces expreſſions qui indiquent les intentions, & qui font chez eux, comme un même code avec leurs Loix. L'on aſſure que les gens du dernier ordre y ſont auſſi attentifs à les obſerver que ceux du premier, & que le commerce ainſi, de la vie civile dans cette Nation, paroît, au premier coup-d'œil, femé de ce qu'il y a de plus attrayant & de plus aimable. Et toutefois, l'on dit auſſi qu'*il n'y a pas de Peuple plus fourbe, plus trompeur*, j'ajouterai, *plus ſervile & plus lâche.* Avec cela, ils ſont extrêmement laborieux. L'aſpect de leurs terres & de tout l'Empire n'offre qu'une culture générale & les ſoins les plus aſſidus de l'art, pour vaincre ou fortifier la nature. Chacun ſait avec quelle facilité ils ont été ſubjugués depuis que leurs mœurs ſe ſont gâtées, & qu'ils ſont devenus la proie des *Tartares.* Leur Empereur regne deſpotiquement, quoique ſouvent, par des maximes très-juſtes, & une conduite qui ne rend pas plus malheureux ceux qu'il gouverne ; mais telle eſt la fituation de ce Peuple fingulier, qu'il vit dans l'eſ-

Exemple dans les mœurs & le Gouvernement des *Chinois.*

Eſprit des Loix, Tome II, page 176.

Ibid. Tome II, p. 168, 183.

clavage , & que sa morale pratique y est sans cesse en contradiction avec celle des Livres. Ils réunissent ainsi les trois especes de vice que j'ai décrites, & qui se trouvent ou toutes ensemble, ou séparément, avec cette maniere de s'humaniser qui est si particuliere aux Nations les plus policées. Ce n'est donc pas de celle-là dont nous devons conseiller la culture. Nous devons au contraire travailler de toutes nos forces à la bannir ou à la corriger. Elle est comme le dernier terme de l'excès de civilisation des Peuples : ils n'ont pu devenir plus méchans, à moins de ne retomber dans la barbarie. Ils n'ont pas connu ce qu'il falloit garder ou rejeter de tout cet amas immense de progrès possibles dans l'art de se civiliser & de se policer.

De l'esprit général d'une Nation. S'il ne faut pas le changer comme on dit ?
Esprit des Loix, Tome II, page 161, 160.

L'on nous dit : Qu'*il ne faut point changer l'esprit général d'une Nation* , & l'on nous explique ce que c'est que cet esprit : « Il se forme, *dit-on,* » d'une des causes qui, dans chaque Nation, agit » avec plus de force, ou du climat, ou de la Religion, ou des Loix, ou des maximes du Gouvernement, ou des exemples des choses passées, » ou des mœurs, ou des manieres : que la nature & le climat dominent presque seuls sur les » Sauvages : les manieres gouvernent les Chinois; » les Loix tyrannisent le Japon ; les mœurs donnoient autrefois le ton dans Lacédémone ; les » maximes du Gouvernement & les mœurs anciennes le donnoient dans Rome ». Mais n'estil point un corps entier à la vertu, un objet complet & fixe ? Les regles de conduite seront-elles différentes en Politique , de ce qu'elles sont en Morale ? Et *l'esprit général* ne pourra-t-il jamais être un & universel, celui de la vertu & de l'amour de l'ordre ?

Ces exemples, qu'on nous cite, en font, peut-être, comme les diverses branches : c'étoit un défaut à ces Peuples de ne connoître l'exiſtence du bien civil ou politique qu'à une ſimple partie, & de n'avoir pas d'autre renſeignement ou d'autre maniere, pour ainſi dire, de ſe rallier ſous les drapeaux de la vertu, que ces ſignes particuliers que chacun s'étoit faits. Mais éton-ce avoir de la vertu, c'eſt-à-dire, cette vertu politique, qui n'a pas de racine ailleurs que dans la morale, ſans laquelle la Société humaine ne peut que rendre malheureux ſes membres; étoit-ce avoir de la vertu que de n'en pas embraſſer toute l'étendue, relativement à cette réunion des divers points dont je parle? Il eſt évident que ces Peuples étoient en deſſus ou en deſſous du juſte milieu où il falloit être. La *nature* (1) & le *climat*, tout ſeuls ne feront effectivement jamais que des Sauvages. Se laiſſer gouverner uniquement par les *manieres*, c'eſt être eſclave de la forme, c'eſt déja, comme avoir oublié le fond & méconnoître l'eſſentiel. Des *Loix trop dures* ne ſont pas propres pour les humains; la douceur & la ſévérité paternelles ſont les ſeules directrices qui conviennent à des êtres raiſonnables; & l'on ne peut oublier qu'une ſociété n'eſt pas faite pour le malheur de ceux qui la compoſent. C'eſt une très-

Les Nations n'ont pas atteint le véritable ſi chacun a eu le ſien particulier.

Défaut de chaque eſprit général en ces Nations qu'on nous cite.

---

(1) On entend ici ſimplement, par *nature*, le matériel & la conſtitution phyſique de l'homme, avant que les lumieres de la raiſon ſe ſoient déployées, & qu'une ſage inſtruction ait dirigé à propos les mouvemens de la conſcience : car d'ordinaire, le vrai ſens de *nature*, & comme je l'ai toujours entendu dans cet Ouvrage, eſt pris en bonne part, & ſuppoſe l'ordre lui-même, qui veut qu'un être tel que l'homme, qui a eſprit & corps, ſe gouverne convenablement à ces deux ſubſtances. J'ai peut-être déja fait cette remarque; mais il n'eſt pas mal de la répéter.

bonne chofe que les *mœurs*; & à tout prendre, vaudroit-il encore mieux recevoir d'elles le ton, fi elles font bien pures & faines, que d'être gouverné par les autres principes; mais *Lycurgue* vouloit des foldats; il n'avoit, pour ainfi dire, travaillé qu'à faire un corps de milice que rien ne pût amollir ou détruire; & fes mœurs qui étoient aufteres, fe reffentoient de la cruauté & de l'injuftice, avec quoi la fageffe ne s'accorde pas: il n'y avoit point de tranquillité pour les fujets de cette république, ni point de douceur à attendre de leur commerce. Les Romains, pendant longtemps, eurent des maximes de Gouvernement, & des mœurs qui nous paroiffent des prodiges, mais qui ne méritent pas toute l'admiration qu'on leur accorde; ils étoient fans ceffe attaquans; & pour étendre leur empire aux dépens de la juftice & du Droit naturel, ils rendoient leur propre *Droit civil*, fouvent auffi injufte & dur envers eux-mêmes, que leur politique étoit inhumaine envers les autres Peuples.

Tous les hommes & toutes les Nations obligés à ne rien laiffer faire au hafard, de ce qui dépend d'eux

Pour moi, je crois que, puifque les hommes, deftinés à fe conduire par raifon dans les différentes néceffités de la vie, où ils font obligés de vivre enfemble, & même dans les occafions où le plaifir feul les rapproche, le font encore plus comme formant divers Corps de Nations, expofées auffi à avoir befoin l'une de l'autre, ou bien à fe rencontrer dans leurs démarches: je crois, dis-je, qu'ils ne doivent rien laiffer au hafard de tout ce qui eft Gouvernement civil; & que s'il eft des caufes phyfiques ou morales, qui infenfiblement les déterminent à certaines chofes, plutôt qu'à d'autres, lefquelles s'écartent de la rectitude

où

où tout Corps politique doit être, pour être bien, ou ne s'y rapportent pas affez, il faut éloigner ces caufes ou les combattre avec le plus d'attention, & ne jamais fe contenter de ce qui peut fimplement avoir l'apparence de la vertu. Dans les Sauvages, il ne s'agit que d'aider la nature, de la foumettre à l'empire de la raifon, de développer celle-ci & l'étendre autant que les néceffités de la vie & les befoins permis le demandent; mais jamais que la raifon enfreigne la nature, & qu'une qualité qui eft faite pour la conduire ou la réparer, la défigure ou la perde. Pour le climat, qu'on le corrige, ou qu'on ne lui laiffe d'influence que celle qui ne dérange point les importans devoirs de la fociété & les grands préceptes de morale. Le développement même de la raifon, dans la partie des arts & des fciences, doit être fubordonné au climat; & c'eft au Légiflateur judicieux à favoir s'arrêter au point qu'il faut.

Ce qu'il reste à faire dans les Sauvages.

Il ne manquoit au Peuple de Lacédémone que d'avoir appris à concilier la valeur avec la juftice, la frugalité & la modération des biens avec l'eftime & l'ufage raifonnable des arts & des métiers néceffaires en toute Société politique; à ne point infpirer, par conféquent, du mépris pour les profeffions qui n'étoient pas celle des armes. C'eft ne rien voir, c'eft ne rien tenir, que de ne voir & de ne tenir qu'un point.

Ce qu'il manquoit aux Loix de Lycurgue.

Les Romains auroient pu faire un Peuple admirable. Les maximes du Gouvernement & les mœurs anciennes fur lefquelles Rome fe conduifoit, fur-tout dans les bons temps de la république, ont paru infiniment honorables aux forces humaines, & on

Quelle correction il falloit au régime des Romains.

les a fouvent propofées comme des modeles; mais elles outroient tout. Le principe qui nous fait agir, n'eft point bon quand nous fortons des limites, quand nous voulons faire plus que nous ne pouvons, quand nous méconnoiffons même l'agréable à côté de l'utile; & que, pour procurer le bien général, que nous manquons toujours à coup fûr par cette conduite, nous déclarons, pour ainfi dire, la guerre au bien particulier; mais un plus grand vice, en ce Peuple, c'étoit l'ambition des conquêtes & le defir de régner fur tous les Peuples de la terre. Il falloit donc le rendre plus fage pour lui-même & réprimer cette folle paffion, qui eft le comble de l'injuftice. Ils avoient d'ailleurs un tempérament de vertu qui étoit bien propre à en faire des hommes raifonnables.

Ce qu'il faudroit apprendre aux *Japonois*. Pour le Gouvernement du Japon, que les Loix, dit-on, tyrannifent, je ne puis me figurer qu'il n'y ait beaucoup d'exagération & de fauffeté dans ce qu'on en rapporte; mais toujours eft-il certain que les punitions y font extrêmes, & que le *Droit civil*, chez ce Peuple, y infulte fans ceffe le *Droit naturel*; l'on y a bien l'idée de la vertu, de la juftice, de la bonté des mœurs, mais l'on y a paffé les bornes de la capacité humaine. L'on y juge les hommes comme on jugeroit des Dieux, fi des Dieux pouvoient être coupables. Pour vouloir trop obtenir, ils n'obtiennent rien. Cette rigueur démefurée produit précifément le contraire; elle ne fait que des vicieux, & l'on fraude la Loi tant qu'on le peut impunément, parce qu'on n'aime plus la vertu pour elle-même. Ils font extrêmes dans un autre point : croyant de remédier à la corruption, ou craignant de ne la favorifer, il

ne commercent avec personne, ils ferment l'entrée
de leur Etat aux étrangers, ils ne vivent qu'avec
eux-mêmes. Cette sorte de philosophie seroit bonne,
si d'autres hommes étoient d'une autre espece, &
qu'ils pussent se dire à eux-mêmes de ne tenir point au
reste du genre humain. Ces deux vices partent de la
même source, la mauvaise opinion qu'ils ont des
hommes en général : ils ne s'estiment pas plus
eux - mêmes qu'ils n'estiment les autres, & il est
conséquent qu'ils rebutent les étrangers, contre qui
il est clair que la sévérité de leurs Loix ne peut
avoir lieu : l'on aime mieux une séparation entiere que de ne pouvoir réduire à ses maximes
ceux qui nous approchent, quand nos maximes
sont extrêmes. C'est donc ce vice primordial qu'il
auroit fallu arrêter. Il auroit fallu leur inspirer de la
confiance envers eux-mêmes, leur apprendre que
les hommes naissent bons, & qu'il ne faut point
juger de leur nature par les imperfections où ils
tombent : ou plutôt, les Légiflateurs de ce Peuple
auroient dû diriger toutes leurs Loix vers ces idées,
& y faire conformer l'éducation.

Que dirons-nous des Chinois? L'on ne peut
nier que, suivant l'exposition qu'on nous fait de
la maniere dont les Légiflateurs de cette vaste
contrée s'y prirent, pour donner d'abord à cet
Etat le meilleur régime & le plus solide fondement, ils n'eussent admirablement bien remontré.
Quoi de plus heureux & de plus juste pour un
Peuple que d'être formé sur l'idée du Gouvernement d'une famille ? La premiere chose qui se
présente est de faire respecter beaucoup les peres :
le respect pour les peres, nécessairement lié, comme
on nous dit, avec tout ce qui représentoit les peres,

Exposition du Gouvernement primitif des Chinois, pour nous préparer à connoître ce qui y auroit été à desirer. Esprit des Loix, Tome II, page 281.

les vieillards, les maîtres, les Magiſtrats, l'Empereur, ſuppoſoit un retour d'amour pour les enfans; & par conſéquent, le même retour des vieillards aux jeunes gens, des Magiſtrats à ceux qui leur étoient ſoumis, de l'Empereur à ſes ſujets. Ils tournerent donc toutes leurs attentions à inſpirer ce reſpect pour les peres; non-ſeulement, on les honoroit beaucoup pendant leur vie, mais après leur mort. L'on nous fait obſerver, par la raiſon contraire, que ſi l'on diminue l'autorité paternelle, ou même ſi l'on retranche les cérémonies qui expriment le reſpect que l'on a pour elle, l'on affoiblit le reſpect pour les Magiſtrats qu'on regarde comme des peres; les Magiſtrats n'auront plus le même ſoin pour les Peuples qu'ils doivent conſidérer comme des enfans. Ce rapport d'amour qui eſt entre le Prince & les ſujets, ſe perdra auſſi peu à peu; qu'enfin, ſi l'on retranche une de ces pratiques qui marquent du reſpect, l'on ébranle tout : c'étoit avoir bien ſenti le rapport que peuvent avoir, avec la conſtitution fondamentale, des choſes qui paroiſſent au premier coup-d'œil indifférentes. Ainſi les Légiſlateurs de la Chine conſtituerent cet état de maniere que l'autorité paternelle d'un côté, & l'obéiſſance filiale de l'autre, fuſſent comme les deux arcs-boutans de l'Empire & les deux ſeuls réſſorts qui donnaſſent le mouvement à tout.

Ibid.
Page 182.

Mais il ſuit de ce ſyſtême encore, que des hommes, qui ne compoſent, pour ainſi dire, qu'une famille, doivent ſe reſpecter beaucoup; que chacun doit ſentir à tous les inſtans qu'il doit beaucoup aux autres; qu'il n'y a point de citoyen qui ne dépende, à quelque égard, d'un autre citoyen : Les Légiſlateurs de la Chine donnerent donc aux regles de la civilité la plus grande étendue.

Or, pour faire respecter autant les peres, pour faire respecter les citoyens entr'eux, il falloit des signes extérieurs, des marques sensibles & connues, que chacun pût apprendre & apprécier. Aussi ces mêmes Législateurs établirent une infinité de Rites & de cérémonies, qui furent écrites & enseignées comme les choses les plus importantes de la vie; les manieres composoient, de cette sorte, une grande partie de leur code, & l'on ne parvenoit à l'estime publique & aux honneurs que par elles : pareils préceptes, comme on remarque fort bien, n'ayant rien de spirituel, mais étant simplement des regles d'une pratique commune, il étoit plus aisé d'en convaincre & d'en frapper les esprits que d'une chose intellectuelle (1).

Ibid.
Page 178.

Ces Législateurs firent plus : ils confondirent la Religion, les Loix, les mœurs & les manieres; tout cela fut la morale; tout cela fut la vertu : les préceptes, qui regardoient ces quatre points, furent ce que l'on appela les *Rites.* Ce fut, nous dit-on, dans l'observation exacte de ces Rites que le Gouvernement Chinois triompha. On passa toute sa jeunesse à les apprendre, toute sa vie à les pratiquer. Les Lettrés les enseignerent, les Magistrats les prêcherent; & comme ils enveloppoient toutes les petites actions de la vie, lorsqu'on trouva le moyen de les faire observer exactement, la Chine fut bien gouvernée; & au contraire,

Ibid.
Page 177.

Ibid.
Page 178.

(1) Mais cette observation, quoique juste, ne détermine point la nécessité de l'institution. Il suit de-là seulement, que les choses *nécessaires* sont en général plus aisées.

D d iij

poursuit le même Auteur, quand les Princes qui, au lieu de gouverner par les Rites, voulurent gouverner par la force des supplices, quand on abandonna les principes du Gouvernement Chinois, quand la morale y fut perdue, l'État tomba dans l'anarchie, & l'on vit des révolutions.

Ibid.
P. 179.

Ce tableau est beau, il réveille la nature, parce qu'il la peint comme elle est, & que chacun la sent dans son propre cœur; mais quoiqu'il faille suivre la nature, les institutions sociales la prendront-elles uniquement pour guide? Doit-on espérer que l'idée du Gouvernement d'une famille puisse jamais avoir son effet entier? Un pere réunit tous les pouvoirs chez lui : au milieu de ses enfans, il en est le Roi, le Prêtre, le Ministre; il est chargé des Loix civiles & de celles de la Religion (on le considere en ce sens comme isolé avec sa famille); mais quand plusieurs familles s'unissent; quand plusieurs peres, en conduisant leurs affaires domestiques, veulent pourtant les faire dépendre d'intérêts généraux & communs pour le plus grand avantage de tous, il n'en peut pas être de même : il reste du moins à savoir ce qu'il en doit arriver.

Ibid.
P. 175.

Quelquefois, dit *Montesquieu*, dans un État, ces (1) choses se confondent. *Lycurgue* fit un même code pour les Loix, les mœurs, les manieres; & les Législateurs de la Chine en firent de même. Il observe, dans une note, que *Moyse* fit un même code pour les Loix & la Religion, & que les premiers Romains confondirent les coutumes an-

---

(1) Les Loix, les mœurs & les manieres.

ciennes avec les Loix. Il penſe qu'il ne faut pas
être étonné ſi les Légiſlateurs de Lacédémone &
de la Chine confondirent les Loix, les mœurs
& les manieres ; *c'eſt*, dit-il, *que les mœurs repré-*
ſentent les Loix, & les manieres repréſentent les
mœurs. Il ne dit point s'ils firent bien. Or, nous
avons déja vu que les Chinois, dans ce mélange,
confondirent encore la Religion : c'eſt une raiſon
de plus pour rechercher ſi la réunion de ces
quatre points peut être l'objet d'un même code ;
d'autant que par-là, nous trouverons ce qui auroit
été à deſirer dans le Gouvernement primitif des
Chinois, pour y établir le ſeul & véritable eſprit
général qui convienne à tout Etat civil, & pour
faire de ce Peuple, à cet égard, le modele le
plus accompli.

Eſprit des
Loix, To-
me II,
Partie I,
p. 176.

D d iv

CHAPITRE II.

Des Loix humaines & des Loix de la Religion en général. Des deux Puissances & de la nécessité d'avoir deux Codes.

Tous les hommes contenus ou dirigés par deux sortes de Loix : les *Loix humaines* & les *Loix de la Religion.*

DEUX sortes de Loix doivent contenir ou diriger les hommes, les Loix humaines & les Loix de la Religion. L'objet des premieres est le succès, la facilité des affaires, les intérêts, en un mot, temporels ; les soins d'une famille, la sûreté personnelle, l'obéissance à son Souverain, la force de l'Etat, sa tranquillité, ses ressources, &c. le tout sous des peines & des récompenses. L'objet des secondes est le culte qu'on doit à Dieu, & de porter les hommes, en ce bas monde, à l'accomplissement de tous leurs devoirs, par les espérances & les craintes de l'autre vie. La morale est donc directement du ressort de la Religion ; mais les Loix la représentent : autrement, il y auroit de la contradiction entr'elles ; & pour obéir au Prince ou à l'Etat, ou bien pour faire ce que les Loix permettroient, il faudroit, ou l'on auroit le droit de déplaire à Dieu, ce qui ne se peut.

Eloge de la Religion Chrétienne.

Quand je parle de la Religion, j'entends la véritable, la seule Religion chrétienne, dont la Divinité se fait sentir à la simplicité, comme à la sublimité de sa doctrine ; la seule propre à faire de vertueux citoyens, des enfans soumis, de tendres peres, des époux fideles, des sujets obéissans, de bons défenseurs de la Patrie, des hommes heureux. Ce n'est pas que toutes les Religions se flatant d'être la véritable, & de vouloir diriger les esprits vers le ciel, elles ne puissent, quoique fausses, figurer dans cette division des deux sortes de Loix; & elles approcheront d'autant plus du but, qu'elles imiteront davantage la Religion chrétienne; mais le fond est dans celle-ci, & nous ne devons établir que sur elle nos idées.

De sorte que les Loix civiles & politiques doivent être teintes, pour ainsi parler, de la *morale;* & la morale, de la *Religion.* La perfection de tout Gouvernement civil sera donc que ces deux directrices & conductrices des actions humaines se concilient de maniere qu'elles se soutiennent réciproquement & ne fassent ensemble que comme un seul tout, quoique réellement distinctes. Elles doivent former l'habitant du monde, membre néanmoins d'un corps de Nation, puisqu'il est hors de nos espérances que tous les Peuples de la terre soient jamais réunis sous un même empire. Je ne crois pas qu'on puisse considérer autrement le train de toute civilisation, la marche de toute partie de l'espece humaine vivant sous des Loix communes : & ce que je viens de dire se concilie fort bien avec les différences qu'observe *Montesquieu* entre les Loix humaines & les Loix divines.

Ces deux sortes de Loix, (les Loix humaines & les Loix de la Religion), doivent tenir l'unede l'autre.

« On ne doit point, *dit-il*, statuer par les Loix » divines ce qui doit l'être par les Loix humaines, » ni régler par les Loix humaines ce qui doit » l'être par les Loix divines ». Cela est applicable

Comment il faut entendre ou corriger un Chapi-

tre de *Montef-quieu* fur fa *diffé-rence des Loix divi-nes.*

Efprit des Loix, To-me III, p. 30.

en fon lieu & contient vérité pour les cas propres aux unes ou aux autres, quand il s'agit de déci-fion. Dans leur influence générale fur les cœurs & les efprits, l'action de toutes enfemble eft né-ceffaire, leur concours doit fubfifter. Je ne parle pas de ces différentes Loix par rapport au temps où les hommes ont agi, mais par rapport à celui avant qu'ils agiffent. Elles ne doivent point leur ordonner, leur permettre ou leur défendre, cha-cune de fon côté, des chofes contraires ou qui ne s'allient pas bien, ni fe croifer entr'elles, foit fur les mêmes points, foit fur d'autres.

Ibid. Pag. 31. La nature desLoix di-vines, bien rendue par cet Auteur, celle des Loix hu-maines mal.

« La nature des Loix humaines eft d'être fou-» mifes à tous les accidens qui arrivent, & de » varier à mefure que les volontés des hommes » changent : au contraire, la nature des Loix de » la Religion eft de ne varier jamais ». C'eft bien caractérifer l'immutabilité de celles-ci ; mais c'eft mal rendre, à mon avis, la nature des Loix hu-maines. Elles font changeantes par notre inconf-tance & par nos abus, ou parce que nous voulons ufer de tout ; mais c'eft notre défaut : c'eft-là le *fait* & non pas le *droit.* Elles font changeantes encore par les divers accidens qui arrivent & qui demandent une direction différente ; mais jamais elles ne doivent paffer du blanc au noir ; & leur variation, foumife à cet ordre que j'entends, peut former une uniformité : c'eft toujours être d'ac-cord avec foi-même que d'aller au véritable bien.

Efprit des Loix, To-me III, p. 31.

« Les Loix humaines ftatuent fur le bien : la » Religion fur le meilleur. Le bien peut avoir » un autre objet, puifqu'il y a plufieurs biens :

» mais le meilleur n'eft qu'un; il ne peut donc » pas changer. On peut bien changer les Loix, » parce qu'elles ne font cenfées qu'être bonnes; » mais les inftitutions de la Religion font toujours » fuppofées être les meilleures ». Ce parallele offre bien à découvert l'excellence des Loix de la Religion; & il falloit en avoir été bien pénétré pour en parler avec cette énergie; mais je ne voudrois pas rabaiffer tant les Loix humaines. Je ne parle point de celles qui font faites, bonnes ou mauvaifes : j'entends celles qui feroient à faire, fi l'on vouloit fe conformer à l'ordre en lui-même & à l'exacte regle, dont j'ai tâché de faire connoître le deffein. Le *bon* & le *meilleur*, dans la tête des hommes, en ce bas monde, feront toujours comme une confufion. Ils n'ont plus d'idée bien précife de leur devoir, quand le *bien* femble partagé & avoir des degrés différens. Les actions dépendent beaucoup des principes, & l'on ne fait que trop fouvent ce que l'on penfe, parce que le plus fouvent on penfe mal. Nous croyons d'avoir déja fait quelque obfervation femblable, *La Religion va au meilleur*, mais ce *meilleur* eft relativement à l'autre vie ; car la Religion chrétienne n'entend point d'enlever, de déranger ou d'affoiblir en rien les effets honnêtes de l'utile & de l'agréable, les difpofitions légitimes & les admirables arrangemens de la fociété civile. Elle veut que le monde fubfifte, & que les hommes y finiffent leur carriere comme il convient à leur nature & à leur état préfent. Elle eft feulement plus exigeante, parce qu'elle porte fes regards plus loin; mais ce qu'elle exige eft poffible & alliable avec les volontés ou les permiffions honnêtes du Droit civil ou politique, quoique celui-ci n'y prefcrive rien,

seulement soumis à venir au secours de la Religion quand elle le réclame. *Le bien peut avoir un autre objet, puisqu'il y a plusieurs biens :* cela expliqué, le merveilleux en tombe, & l'on appercevra davantage la regle, sans la connoissance de laquelle il est impossible de diriger sûrement ses pas. *Il y a plusieurs biens,* c'est-à-dire, qu'il y a diverses manieres d'être ou d'agir, en fait de Corps politiques, où l'on est dans l'ordre, sans faire tort aux autres ou à la justice due à tous les particuliers, de même que sans manquer à la Divinité, parce que l'Auteur de notre être n'a pas voulu simplement nous borner comme des créatures irraisonnables; & qu'il nous a laissé un espace assez étendu pour faire usage de notre liberté. Que je fasse l'aumône ou que je secoure autrement quelqu'un qui est dans la nécessité ou le malheur suivant l'occasion, quand elle se présente, cela est égal pour moi, j'ai commis une bonne action; mais si on y réfléchit, quoique les objets soient différens, le bien en lui-même est toujours unique, & je ne puis le concevoir que sous une seule idée. Au fond, je ne peux pas dire qu'*il y ait plusieurs biens.* Mais ces divers objets dans le bien, quand ils sont conformes à l'ordre, quoique la Religion ne s'en occupe pas (cela étant du ressort direct des Loix humaines), elle les approuve néanmoins, & ne dédaigne pas qu'on les allie avec ses préceptes; je ne parle jamais ici de la Religion que par rapport aux affaires du monde qu'elle ne condamne pas, & qu'au contraire, elle favorise à sa maniere en les rendant plus pures & plus raisonnables.

Au fond il n'y a qu'un bien; & le bien a plusieurs objets.

Ibid.
Page 31.

« Il y a des Etats où les Loix ne sont rien ou

» ne font qu'une volonté capricieufe & tranfitoire
» du Souverain. Si dans ces Etats les Loix de la
» Religion étoient de la nature des Loix humaines,
» les Loix de la Religion ne feroient rien non
» plus : il eft pourtant néceffaire à la fociété qu'il
» y ait quelque chofe de fixe, & c'eft cette Re-
» ligion qui eft quelque chofe de fixe ». Ce raifonnement eft concluant ; mais jamais il ne nous
donne des idées juftes fur la nature des Loix humaines, dirigées fur le plan de la droite raifon
& du *Droit naturel* tout pur. Il eft certain que
les Loix humaines font cenfées affervies à un modele,
à un plan original qui eft antérieur à l'intelligence
de l'homme : car d'où tireroit-on les différentes
efpeces de Loix, leurs diverfes formes? Simplement de la volonté capricieufe & tranfitoire ? C'eft
ce qui arrive dans les Etats defpotiques, dans les
Gouvernemens même modérés, quand ils s'écartent de la juftice. Mais, en cherchant le *bien*, en
fait d'arrangement civil & politique, pour le comparer aux Loix de la Religion, nous ne devons
pas le prendre dans les écarts de la raifon humaine & dans nos paffions. Les Loix humaines
qui exiftent, ne font pas celles qui devroient exifter,
ni leur nature celles des autres, fi nous les fuppofons mauvaifes. Là où effectivement la fociété
civile a le malheur de n'avoir rien de *fixe* en fait
de Loix, & de dépendre de l'inconftance du Souverain, il eft naturel que la Religion, quelle qu'elle
foit, fe faffe entendre & foit écoutée. Ses maximes & fes ordonnances, qui font au moins toujours fondées fur la *Loi naturelle*, font certaines;
elles parlent dans tous les hommes ; elles viennent à l'appui contre les emportemens & les dé-
pravations énormes du cœur ; mais cela même

La force des Loix de la Religion dans les Etats Defpotiques, indiquant que les Loix hu-
maines n'y font rien, on ne peut donc pas prendre en exemple de pareilles Loix pour la parallele des unes & des autres.

indique la foibleffe ou la non exiftence de la Loi humaine, puifque la Religion a tant à fe mêler des affaires temporelles & à contenir le Souverain, qu'elle devroit feulement inftruire & éclairer : plus occupée, ce femble, à faire la fonction de la Loi civile, que la fienne propre, dont l'objet principal eft l'autre vie.

Ibid.
P. 32.
Que la
crainte eft
un reffort
commun à
la Religion
& aux Loix
humaines.

« La force de la Religion vient de ce qu'on la
» croit; la force des Loix humaines vient de ce
» qu'on les craint. L'antiquité convient à la Reli-
» gion, parce que fouvent nous croyons plus les
» chofes à mefure qu'elles font plus reculées : car
» nous n'avons pas dans la tête des idées accef-
» foires tirées de ces temps-là qui puiffent les con-
» tredire. Les Loix humaines, au contraire, tirent
» avantage de leur nouveauté, qui annonce une
» attention particuliere & actuelle du Légiflateur
» pour les faire obferver ». Cette différence des Loix
humaines & des Loix de la Religion, n'eft pas
prife dans leur caractere : je la crois tirée de notre
foibleffe ou de notre maniere fouvent de confidérer les chofes qui n'eft pas fuivant ce qu'elles
font en elles-mêmes. Certainement, faut-il bien
commencer par croire une Religion, pour qu'elle
ait de la force; mais fa force ne vient pas feulement *de ce qu'on la croit*. Si elle eft fauffe, comme
je l'ai déja dit, elle eft du moins établie fur la
Religion naturelle, dont les notions & les infpirations fecretes font fur les confciences une impreffion dont on n'eft pas le maître, & qui excite
la crainte dans les manquemens un peu confidé-
rables, comme un juge intérieur ou un moyen
que Dieu nous a donné pour nous corriger. La
force de la Religion vient donc encore de ce qu'on

la craint, comme la force des Loix humaines ; & cette propriété leur eft commune aux unes & aux autres, avec feulement quelques modifications qui leur font propres à chacune. *L'antiquité convient à la Religion, & la nouveauté, au contraire, aux Loix humaines?* Nous ne penfons pas que cela foit bien jufte, du moins bien afforti à la nature des idées. Notre croyance ne fait rien à la nature de ces Loix. Toutes les Religions du monde ont eu un commencement. L'on n'a même jamais été plus pénétré de la vérité de la Religion chrétienne, qu'à fa naiffance & dans les trois premiers fiecles de l'Eglife, où l'on prouvoit fa foi par le martyre. Sa nouveauté, bien loin de diminuer le nombre des croyans, l'augmentoit tous les jours. Et que devient cette obfervation que *fouvent nous croyons plus les chofes à mefure qu'elles font plus reculées ?* Cela peut-être bon, à l'égard des Religions fauffes, dont il eft cenfé qu'on auroit pu reconnoître l'impofture, fi on avoit été de leur temps; mais on ne peut pas le dire de la Religion véritable, la Religion chrétienne. Ainfi l'*antiquité* n'eft pas un attribut effentiellement convenable à la Religion pour la diftinguer par-là des Loix humaines. Et quant à la *nouveauté*, au contraire, qu'on croit plus avantageufe à celles-ci, c'eft encore une façon de penfer tirée de nos préjugés, mais qui ne décide point de la nature de ces Loix. Il eft bien vrai que *leur nouveauté annonce une attention particuliere & actuelle du Légiflateur pour les faire obferver;* mais prenons garde que c'eft bien moins leur nouveauté que leur *création,* qui nous annonce une attention du Légiflateur; puifqu'il fuffit qu'il les mette au jour pour qu'on penfe qu'elles font faites pour être

Que l'antiquité peut convenir de même aux Loix humaines & à la Religion.

exécutées, & qu'on s'attende à ce qu'il y veille. Mais, en même temps, eſt-il rien de plus propre à inſpirer du reſpect & de l'obéiſſance envers ces Loix, que leur antiquité ? Qui marque, non mieux leur vérité & leur juſtice en elles-mêmes, mais leur importance, leur ſolidité, leur fermeté, leur néceſſité, leur rapport, en un mot, avec la conſtitution de l'Etat & le génie des Peuples ? N'étoit-ce pas un mérite à la Loi de *Moyſe*, que d'être toujours la même & invariable ? « Y ajouter

Hiſt. Un.
Tome I,
p. 201.

» ou en retrancher un ſeul article, *dit Boſſuet*, » étoit un attentat que le Peuple eût regardé avec » horreur. On ne voit point d'ordonnances ni de » David, ni de Salomon, ni de Joſaphat, ou » d'Ezéchias, quoique tous zélés pour la juſtice. » Les bons Princes n'avoient qu'à obſerver la Loi » de Moyſe, & ſe contentoient d'en recommander » l'obſervance à leurs ſucceſſeurs ». C'étoient-là, me dira-t-on, des Loix divines, des Loix de la Religion Moſaïque, qui avoient été inſpirées de Dieu ; mais il y en avoit de civiles & de politiques, & d'autres qui ne regardoient que la Religion, leſquelles il faut bien diſtinguer ; & cette vénération, qui ſe tiroit de leur conſtance & de leur invariabilité, étoit commune aux unes & autres. De ſorte que la *nouveauté*, en fait de Loix humaines, n'eſt ni plus utile, ni plus convenable à ces Loix que leur *antiquité*, & qu'on n'a pas pu fonder là-deſſus un parallele.

Combien
il conve-
noit de
prendre
des idées
juſtes de
ces deux
ſortes de

Il étoit néceſſaire de bien caractériſer ces deux ſortes de Loix, & de repouſſer ce que nos préjugés ou notre maniere précipitée d'entendre les choſes y font ajouter de faux, avant de rechercher l'uſage qu'on doit faire des unes & des autres, lors de de la formation d'un nouveau Peuple ou de la correction d'un ancien, relativement au plus grand bonheur de la société & aux avantages de cette vie : en ne considérant ici la Religion que dans son concours nécessaire à cette fin, quoiqu'elle en ait une autre bien plus importante ; il faut connoître comment le Législateur, le Souverain ou l'Etat peut se comporter à l'égard de l'établissement de ces deux sortes de Loix, dont une, qui est les *Loix civiles & politiques*, le regarde essentiellement ; & l'autre, qui est les *Loix de la Religion*, ne peut venir que de Dieu. Que la Religion soit vraie ou fausse, les difficultés sont les mêmes, la question ne change pas, parce qu'en la supposant fausse, elle est censée véritable dans les pays dont elle est, & l'on doit s'y conduire avec la même circonspection. Que si on y étoit en état de bien saisir ces différences, & de s'en tenir aux vrais points où il est permis d'aller par rapport à l'utilité temporelle des Loix même de cette Religion fausse, l'on ne manqueroit pas de l'abandonner pour prendre la véritable ; car je soutiens qu'on arriveroit à la véritable par la seule démonstration des fausses.

La Religion venant de Dieu, il est clair que les hommes ne peuvent se mêler d'en créer une ; & que tout ce qu'ils entreprendroient à cet égard, seroit ou une arrogance extrême ou une ignorance malheureuse. L'Auteur du célebre traité de l'*Esprit des Loix*, dont je viens d'examiner les paroles, expose *ce en quoi les Loix de la Religion, considérée dans ses diverses especes*, (& comme elle s'est montrée ou qu'elle se montre encore chez différens Peuples) *& les Loix humaines doivent*

Tome III. E e

Loix : *Les Loix humaines & les Loix de la Religion.*

Que *Montesquieu*, sur ce sujet ne parlant que du rapportque les Loix humaines ont, avec l'établissement de la Religion, (en tant que les fauſſes ſubſiſtent) ſon Ouvrage ici ne peut être d'aucun ſecours.

convenir enſemble, ou ce en quoi elles ſe ſont contredites. Il en parle en politique qui ne regarde qu'aux *rapports*, ſans rien approuver au fond, ni ces diverſes Religions, ni les conſtitutions civiles contraires au *Droit naturel*. Ce travail a ſon utilité, quant à l'étendue d'eſprit qu'il donne & à la connoiſſance qu'on y prend des *convenances* ou *diſconvenances*, non relativement au bien en lui-même, mais au but des établiſſemens civils ou politiques qui ſe ſont faits; mais nous n'y trouvons pas les devoirs des Légiſlateurs, & ce qui ſeroit à faire en toute inſtitution politique pour le bonheur des Peuples, dans le concours néceſſaire des Loix humaines & des Loix de la Religion. Nous avons donc beſoin ici de tirer de nos ſeules réflexions ce que nous avons à dire, & de ne puiſer que dans la nature des idées propres à cet objet; à quoi nous ne pouvons parvenir qu'en nous étayant d'un point fixe & inconteſtable.

Vérité inconteſtable : *Que l'établiſſement de la Religion & de ſes Loix, n'eſt pas du fait des Légiſlateurs.*

C'en eſt un, par exemple, contre lequel l'on ne ſauroit s'élever, & que j'ai regardé juſqu'ici comme un axiôme, que les Légiſlateurs ne peuvent ni former les Loix de la Religion, ni diſpoſer d'elles à leur gré : puiſque, quand même, l'on ne reconnoîtroit que la Religion naturelle, l'on eſt forcé de convenir qu'elle n'eſt pas l'ouvrage de l'homme, & que ſes inſpirations & ſes maximes ſont d'une force fort au-deſſus de la raiſon qui ne fait qu'éclairer l'eſprit; tandis que les autres échauffent ou remuent le cœur, & l'excitent du moins à la pratique d'un culte quelconque, toujours repréſentatif de l'Être ſuprême.

Conſéquence : ils

Cela étant ainſi, & les hommes deſtinés à donner

des Loix à un Peuple, ne pouvant en faire que de purement humaines ; il fuit que leur feule attention eft de les conformer, autant qu'il eft de la nature de ces Loix, à celles de la Religion.

Mais il eft fuppofé qu'il eft du moins permis (& je le regarde comme un devoir) de confidérer fi ces Loix de la Religion font propres à faire, même dès cette vie, le bonheur de l'humanité ; fi loin de nourrir les penchans dangereux, & de donner lieu à des erreurs d'une fatale conféquence, elles ne répriment pas au contraire les defirs immodérés, les folles paffions, les vaines curiofités de l'efprit ; fi elles ne bornent pas l'homme au fimple néceffaire, en ne lui permettant pas même tout attachement trop fort aux biens permis ; fi l'amour fraternel, la charité font infpirées & prefcrites, comme une obligation effentielle, & fi la pratique en eft favorifée & rendue facile par des moyens même naturels ?

Car, en vain, tendroit-on à dreffer une fociété civile qui mît les particuliers dans cette heureufe pofition de faire tous enfemble un corps bien lié & puiffant, & chacun à part un être tranquille & défintéreffé, & maître, pour ainfi dire, de fes fens, fi la Religion autorifoit la cruauté, les haines, l'avarice, la volupté, l'ambition, toutes les paffions les plus funeftes ; ou fi même elle ne faifoit que s'accommoder aux foibleffes humaines, & permettre de jouir fans mefure des biens de ce monde.

Le Légiflateur ne peut pas créer une Religion : mais il la doit examiner avant de former fes Loix humaines. Il doit prendre de ces deux feules *direc-*

n'ont qu'à y conformer les Loix humaines, autant qu'il eft de la nature de cesLoix.

Mais avant tout, bien examiner les Loix de la Religion.

En vain voudroit-on faire une fociété civile la plus jufte & la plus parfaite qu'il fût poffible, fi la Religion ne difpofoit pas déja les hommes à cet heureux arrangement.

Moyen

d'éprouver laReligion
La con-
noiſſance
del'homme

trices du genre humain, comme je les ai appelées, les idées qui leur conviennent. Il doit rechercher le but de la création ; pourquoi la naiſſance ; pourquoi la mort, & commencer par être Philoſophe & Religieux avant d'être Inſtituteur : il doit, ſans ſe trop élever au-deſſus des notions communes, tirer ſes premieres connoiſſances de la conſidération ſeule de l'homme : c'eſt en contemplant ce tableau qu'il verra bien que cette créature intelligente n'eſt pas faite pour cauſer ou entretenir le déſordre dans ce monde ; mais au contraire, pour y établir la paix & la juſtice, ſeules capables par état, de la rendre heureuſe, & de glorifier le Créateur ; & ſeule préparation digne de l'amener à un état beaucoup plus ſolide & plus deſirable, qui lui eſt ſans doute deſtiné.

C'eſt à cette recherche qu'il devra la découverte de la vérité. C'eſt par elle qu'il ſentira l'inſuffiſance de la Religion naturelle : la futilité, l'aveuglement, le mélange d'imperfections, l'arrogance, le dangereux de toutes les fauſſes Religions ; qu'il ſe déſabuſera des vains préjugés, ou qu'il n'en contractera aucun ; enfin, qu'il ne trouvera que dans la Religion chrétienne, le centre du bonheur humain, le modele & la regle des Loix civiles, & les moyens les plus propres à les faire exécuter.

Cette étu-
de utile,
quand mê-
me on
manque-
roit la vé-
ritable Re-
ligion.

Que ſi la bonne volonté & les ſoins de ce Philoſophe Religieux ne l'amenoient point à ce haut degré de lumiere, qui eſt pourtant bien ſimple, quand on le conſidere dénué de toute prévention & dans une ſoumiſſion d'eſprit & de cœur convenable à la Créature ; il en auroit encore aſſez fait pour donner à ſes Loix un caractere raiſonnable, & à ſon état civil, une conſtitution douce

& bienfaisante ; il n'auroit pas trouvé la perfection ; mais il auroit beaucoup approché des termes
que j'ai marqués aux defirs & à la jouiffance de
l'homme. Le défordre , il eft vrai , s'introduiroit
bien plus vîte dans une machine qui auroit quelque
défaut que dans celle qui feroit parfaite ; & c'eft
en quoi le fort des fociétés civiles , qui n'ont pas
le bonheur d'avoir pour guide la Religion chré-
tiénne , eft encore plus à plaindre ; quoique les
autres font plus coupables de n'avoir pas profité
des Loix de leur Religion , pour y purifier comme
au flambeau de la vérité leurs Loix humaines ;
ces mêmes fociétés civiles , cependant , privées de
l'ineftimable avantage de la Religion chrétienne ,
font dans un état qui augmente en elles la difficulté
de donner à leur régime politique & civil , la
meilleure forme , & à leurs Loix , le tempérament & les objets les plus convenables.

Dans cet Etat , mettons pourtant qu'on vient à
reconnoître cette feule Religion véritable ; qu'on
voit , en elle , tous les avantages même temporels
qu'elle procure ; & enfin , qu'on va travailler à
dreffer fur ce plan le Gouvernement civil & les
Loix qui doivent marquer aux hommes ce qu'il
leur eft permis ou défendu , dans l'exercice de
leurs facultés naturelles & acquifes , & dans l'ufage
des chofes du monde : voyons comment le Légiflateur fe comportera à tous ces égards , par rapport à la
Religion elle-même , qui doit avoir une force fenfible
& réprimante , autrement elle feroit fans effet ; quelle
fera cette force ? D'où lui viendra-t-elle , &c ?

La véritable Religion trouvée , (la Religion Chrétienne) : moment le plus important de toute légiflation , pour le rapport des Loix humaines à cette même Religion.

Nous touchons ici au moment le plus important
de toute légiflation humaine : il eft queftion d'embraffer , pour ainfi dire , tout ce que le Ciel & la

ſerre exigent pour le bonheur du genre humain ſur cette même terre, où il eſt obligé de vivre un certain temps : nous diſons, le *bonheur ;* car l'obſervation de l'ordre & de la juſtice peut ſeule le procurer, & toutes les Loix doivent être établies à cette fin.

Moyſe, ſeul Légiſ- lateur, qui ait trouvé l'art de réunir dans ce rapport les Loix données à ſon Peu- ple ; mais c'étoit dans un Gouverne- ment tout particulier.

Savant & humble Légiſlateur des Juifs, vous ſeul aviez trouvé cet art de réunir ſous des Loix différentes, mais qui concouroient à un but unique, un même Peuple : la Divinité elle-même vous les dictoit, & ce Peuple étoit ſon Peuple! mais nous avons vu (1) combien la nature d'un tel Gou- vernement étoit particuliere à lui, & ne pouvoit convenir à aucun autre : de cette infinité d'obſer- vances, les unes pourtant, qui ne ſe rapportoient pas directement à l'eſſence de cet empire temporel & immédiat de Dieu, devenoient communes aux autres Peuples; & il falloit bien diſtinguer entre les Inſtitutions qui appartenoient de droit à cette ſouveraineté comme ſenſible de l'Eternel, & celles qui ne regardoient que les uſages ordinaires & les beſoins de la vie civile, ſans aucun rapport marqué à cette ſouveraine puiſſance.

Les autres Légiſla- teurs n'a- voient qu'une ſa- geſſe hu- maine. Ou ils avoient imité, hors de propos *Moyſe,* ou ils s'avoient mal imité.

Sages du monde, Politiques, Légiſlateurs, qui n'étiez conduits que par votre propre eſprit, & qui vous formiez chacun un plan de ſociété, où des hommes devoient ſe gouverner ou être gou- vernés ſelon vos idées de juſtice : vous n'aviez pas aſſez conſulté la raiſon éternelle, cette ſageſſe ſupérieure à la vôtre ; ou plutôt, vous aviez le

(1) Partie I, Section III, Chapitre V, Article VIII. *Ibid.* Partie II, Section II, N°. III & IV.

malheur de ne pas connoître la source de la vraie Religion, ou bien d'abuser de ce que vous en aviez appris! Vous passiez en Egypte, dont les plus nobles travaux & le bel art, dit-on, consistoit à former les hommes. *Moyse* même y avoit puisé cette sagesse, par laquelle il commença d'être *puissant en paroles & en œuvres.* Mais *Moyse* vous avoit précédés, & il devoit jouer un rôle tout autrement extraordinaire.

Hist. Un. de Bossuet, Tome I, p. 457. *Actes des Apôtres,* VII, 22.

Il renferma, dans un même Code, les Loix de la Religion & les Loix civiles. C'étoit le seul livre qu'on eût à apprendre & à méditer : toutefois, la Puissance spirituelle, le sacerdoce y est séparé de l'Empire : en quoi Dieu a voulu dès-lors donner à connoître que ces deux espèces d'autorité, quoique faites pour s'entendre & travailler de concert à sa gloire & à la félicité des Peuples, doivent pourtant être distinctes & mises en différentes mains.

Hist. Un. Tome I, p. 201. *Moyse sépare l'Empire du Sacerdoce, comme cela doit être*

Moyse se mêla de créer également les Loix de la Religion & d'en établir les Ministres ; mais Dieu l'inspiroit, comme nous avons dit, & il n'étoit-là que l'instrument dont cet Être suprême se servoit pour donner sa loi & les regles de la vie humaine, auxquelles elle assujétissoit son Peuple. Et vous, Législateurs du siecle ou Puissans de la Terre qui vous êtes chargés de conduire des Peuples; non-seulement vous avez souvent réuni, sur une même tête, ces deux Puissances; mais quand vous les avez divisées, vous avez fait vous-mêmes ce partage; vous avez décidé de la chose & du choix : en un mot, la Religion & les Ministres ont été votre ouvrage, comme tout le reste de la constitution politique! Les Empires Despotiques de nos

Conduite opposée des autres Législateurs.

Esprit des Loix, Tome III, p. 16.

jours nous montrent encore l'exemple du premier défaut; & d'autres plus modérés conservent la preuve du second. Vous ne pouviez qu'errer dans l'emploi des moyens de la Religion & des moyens civils, unis ensemble, dont vous vous rendiez également les maîtres ou les dispensateurs : vous rendiez les uns trop foibles, ou les autres trop forts ; vous altériez leur nature & l'appliquiez mal ; vous ne donniez pas au Peuples l'idée qu'ils en devoient prendre ; & les fausses notions & les connoissances imparfaites produisent des actes vicieux comme elles : tout s'est ressenti du vice primordial. C'est à le connoître que le Livre XXIV de l'*Esprit des Loix* (dans le rapport qu'elles ont avec la Religion considérée dans ses dogmes & en elle-même), ainsi que porte le titre, peut être utile.

Esprit des Loix, Tome II, Deuxieme Partie, page 61.

Moyse. Maître de tout, même de l'Ordre Sacerdotal, mais non des choses de cet Ordre.

Mais *Moyse* étoit toujours le chef & le conducteur du Peuple Juif : la police générale le regardoit. Tout lui étoit soumis dans l'Etat, jusques à l'Ordre Sacerdotal, qui en faisoit partie. La force exécutrice étoit dans son autorité ; & cette seconde puissance, la premiere pourtant dans son origine, comme les choses spirituelles sont au-dessus des temporelles, mais non dans l'ordre civil qu'est l'état propre & naturel de l'homme en ce monde ; cette seconde puissance, dis-je, n'avoit d'action réelle & sensible sur les particuliers, que par le moyen de l'autre : *Moyse* étoit toujours le vengeur & le défenseur des droits du Pontificat.

Si l'obéissance civile est un devoir gé-

Cet arrangement merveilleux, qui fait tout le lien & l'accord de deux autorités de si différentes natures, est, comme l'on voit, l'ouvrage de Dieu même ; & la raison nous dicte qu'il ne peut pas être autrement. Mais il est visible encore que le Prince, ou la puissance temporelle est obligée de protéger l'autre, & de faire respecter ses ordonnances, quand elles n'ont rien de contraire à la Constitution politique & à l'Etat civil ; & elles n'auront jamais rien de contraire, quand les Gouvernemens se seront réduits & auront mis les Citoyens à ce point de régularité & de modération que nous avons si souvent marqué dans cet ouvrage. Le sang humain ne coulera plus sur la terre ; les punitions seront douces & suffisantes ; l'amour & la tendresse paternelle exciteront l'amour filial, qui sera le gage le plus assuré de l'obéissance des Peuples.

Or, si *Moyse* a dû être imité, en cette séparation des deux puissances, en sorte que deux différentes personnes en soient pourvues, il n'a pu l'être en la formation des loix religieuses, de laquelle il se chargea aussi : en lui étoit une double mission. Dieu, en se choisissant un Peuple, avoit à lui donner des loix de deux especes ; il les dicte à Moyse, qui non-seulement reçut les unes & les autres avec la même soumission ou la même sainte hardiesse ; mais qui les réunit toutes ensemble dans un même livre : les regardant comme le seul Code & toute la loi, qui devoit, jusqu'au temps du *Messie*, être la regle constante & invariable de conduite pour ce Peuple.

Cet assemblage des loix civiles ou politiques, & des Loix de la Religion étoit là d'autant plus nécessaire, que celles-ci étant l'ouvrage immédiat

néralement pour tout le monde, sans excepter les Ministres des Autels : La Puissance temporelle de son côté est obligée de défendre & de protéger l'autre.

Les moyens en seront toujours doux, ou il ne sera pas besoin d'en prendre quand les choses seront au point de rectitude où elles doivent être dans l'Etat civil.

Raison pourquoi Moyse n'a pas dû être imité en ce point, de former les Loix de la Religion ?

Pourquoi encore il n'a dû former qu'un

de Dieu même, ainsi que les autres, & se rapportant à l'immense & souveraine puissance du
Maître des cieux, qui vouloit l'être encore en particulier d'un Peuple choisi sur la terre ; les Loix
civiles ou politiques dévoient naturellement & absolument en porter le caractere ; & n'avoir sur
bien des points, rien de commun avec les regles
ordinaires & les plus propres au genre humain.
Ce Peuple, comme nous l'avons représenté en
divers endroits de cet Ouvrage, avoit une forme
de Gouvernement, & suivoit une marche toute
singuliere, que les autres ne pouvoient se donner
entiérement sans blesser le *Droit naturel*, & la
douceur avec laquelle il convient à des hommes
de se traiter mutuellement les uns les autres.

Raisons,
aux autres
Législa-
teurs, de
se condui-
re autre-
ment.

Il falloit donc que le Peuple Juif trouvât, dans
un seul livre, tous les commandemens & toutes
les ordonnances du Monarque divin qui le con-
duisoit ; puisque le temporel & le spirituel, c'est-à-
dire, les Loix religieuses & les Loix de l'Etat par-
toient de la même source, & étoient son ouvrage.
Au lieu que dans l'état ordinaire des choses, &
selon la condition commune des Gouvernemens
civils, il y a une sorte de Loi qui vient immédiatement de l'homme, & une qui part directement de Dieu. Celle-ci, notre sens naturel ne
la découvre pas : notre entendement seulement
en juge quand on la lui montre ; & l'on y
trouve des douceurs & une certitude qui nous
console & nous rassure. Mais l'autre sorte de Loi,
qui se puise dans les lumieres de notre raison &
dans cette intelligence que Dieu nous a donnée,
encore que l'homme ne soit pas le maître de cette

raifon & de cette intelligence, tient à lui & eft
comme fon ouvrage : c'eft une production qui
lui appartient avec d'autant plus de vérité, qu'ici
il peut fe tromper, comme il fe trompe le plus
fouvent; & que dans les Loix de la Religion dont
Dieu eft l'auteur, l'infaillibilité eft leur partage.
Il eft donc de convenance & de devoir que les
établiffemens humains foient bien diftingués de ceux
de la Religion, & qu'il y ait entre les deux efpeces
de Loix, comme une borne, qui faffe bien fentir
aux Peuples la différence de leur origine, & combien l'une eft au-deffus de l'autre dans les chofes
qui regardent Dieu & fon culte.

Cette borne, cette marque infaillible à laquelle on
les reconnoîtra, fera de les voir recueillies à part,
& qu'il y ait un code pour les Loix civiles, &
un autre pour celles de la Religion; la Religion
Chrétienne offre cette féparation néceffaire, &
fon *Evangile* peut fans ceffe être oppofé aux ordonnances de l'Etat & aux Loix politiques, quand les
unes & les autres s'écartent trop des regles divines
ou les bleffent & les violent. Le contrafte qui eft
entre elles, eft immenfe ; & la plus belle preuve,
que nous fommes mal montés & mal arrangés pour
les mœurs & pour l'ordre civil convenable à notre
efpece, c'eft cette contradiction étonnante & perpétuelle qu'on remarque entre les établiffemens
& les maximes du monde, & les Loix & les
maximes de la Religion ; mais ce n'eft pas de
quoi il s'agit maintenant. Nous avons voulu nous
convaincre que les Légiflateurs de la Chine & de
Lacédémone firent mal de joindre dans un même
code les Loix de la Religion & les Loix civiles.

Il faut un Code pour les Loix Civiles, & un Code pour les Loix de la Religion. La Religion Chrétienne offre cette féparation: fon utilité.

Ils y joignirent les mœurs & les manieres. Cette union avec les Loix civiles fut-elle aussi déraisonnable? Nous allons le voir dans le Chapitre suivant.

CHAPITRE III.

De l'union des mœurs & des manieres avec les Loix ; & de la Morale naturelle avec la Religion.

LA Religion, avons-nous dit, doit avoir ses Loix écrites séparément de celles l'Etat ; mais les mœurs, avons-nous dit encore, doivent représenter la Religion ; & les Loix doivent représenter les mœurs. Il ne peut y avoir de direction parfaite & de marche heureuse que par ce concert unanime. Qui de vous autres, Nations policées, aura atteint cet accord merveilleux, & en même-temps fort simple, sera sûre d'avoir rencontré la vertu dans son suprême degré ? Or, nous avons observé que la Morale est du ressort direct de la Religion : & comme nos actions dépendent plus immédiatement de celle-là, puisqu'il y en a une de morale toute naturelle, qui tient sa perfection de sa conformité avec celle de l'Evangile ; & que notre état primitif, dans l'ordre des temps, est d'être en ce monde, avant de passer dans l'autre, il semble raisonnable de commencer par rapporter à cette même morale en général, nos manieres & nos mœurs, pour arriver, par cette gradation de conformité, à leur donner cette pureté & cette simplicité dignes de la Religion Chrétienne ; car nous avons dit que les mœurs doivent représenter la Religion. De sorte que voici comme je me figure l'ordre naturel de ces différens rapports : L'homme,

Ordre naturel des différens rapports pour l'homme quant à la regle de sa conduite : Ses manieres, ses mœurs, ses Loix, sa morale, sa Religion

ses manieres, ses mœurs, ses Loix, sa Morale, sa Religion. Le tout ensemble doit concourir à porter les individus de l'espece humaine à s'acquitter de leurs devoirs envers le Créateur & envers la créature : ne travailler qu'à une partie, c'est ne rien obtenir ; il faut tout ou rien.

Les Loix *Politiques* **& les Loix** *Civiles* ne réglentque ce qui est extérieur.

Il a été dit (1) encore que les mœurs regardent plus la conduite intérieure, & les manieres l'extérieure. Tous les actes de la vie civile, tous les mouvemens entre des êtres qui se communiquent, ou pour des besoins réciproques, ou pour le plaisir seulement, sont sensibles & l'objet des yeux. Les motifs, au contraire, sont souvent cachés, parce qu'on n'est pas bien-aise toujours de montrer ce qui nos anime, & le but que l'on a; mais en général, & dans l'ordre réglé de la nature, les manieres doivent être la marque des mœurs ; & les unes & les autres représenter ensemble l'homme tel qu'il est ; mais, lors de la formation d'une Société civile, il est question de régler les démarches des particuliers entre eux & envers l'Etat ; d'empêcher les injustices des uns aux autres, & les licences qui peuvent nuire au Gouvernement ; d'exciter le zele pour la Patrie, le désinteressement envers les Concitoyens, l'amour de la frugalité, la modération, le courage dans les occasions périlleuses, toutes les vertus, en un mot, nécessaires au maintien de la société & au bonheur commun. *Les Loix politiques* sont d'abord établies pour former la constitution ; *les Loix civiles*

---

(1) Ci-devant, Chapitre II de la Section Seconde.

pour prescrire aux Citoyens ce qui leur est permis ou défendu relativement à leur propre intérêt & à l'intérêt général ; elles reglent , tant les unes que les autres , ce qui est extérieur : les premieres donnent un arrangement quelconque au Corps entier, mettent les Sujets sous une telle disposition de Gouvernement , les font dépendre d'une administration publique avec laquelle la leur particuliere ne doit pas se croiser : les autres étendent ou resserrent les facultés actives des Citoyens, à proportion de l'utilité générale & du besoin de la Patrie ; elles leur tracent précisément dans l'usage des choses, ce qu'ils peuvent ou ne peuvent pas; leur objet est d'accorder tous les actes que fait un maître de famille, pour sa prospérité & son bonheur , avec ceux de tous les autres maîtres de famille , en sorte qu'il ne soit point au pouvoir les uns des autres de s'entre - incommoder & de se nuire , & encore d'accorder ces mêmes actes avec les vues du Souverain lui-même, qui , comme le maître universel, a droit de statuer sur ce qui convient le mieux à la famille entiere des Citoyens.

Voilà les *Loix* qui, dans l'ordre naturel des différens rapports de l'homme, quant à la regle de sa conduite dans l'Etat civil , tiennent le troisieme rang ; & toutefois l'ordre demanderoit d'entamer la civilisation par la rectification des mœurs ; de commencer par rendre honnête homme & religieux, avant de donner des chaînes à la liberté naturelle ; de travailler, en un mot, à bonifier l'intérieur , avant d'imposer des regles avec lesquelles on n'est pas sûr que cet intérieur s'accorde. *Les Manieres* regardant plus la conduite extérieure ,

Marche contraire à l'ordre naturel, que de ne s'occuper d'abord que des Loix politiques & des Loix civiles, dans l'entreprise de *civiliser* un Peuple.

il fembleroit aufli que le premier pas, après les Loix, feroit de les réformer ou de les affimiler avec la pureté & la juftice de ces mêmes Loix; mais comme elles ne font que l'image des mœurs, il eft bien fenfible que le premier objet des Légiflateurs doit être de donner des mœurs, de porter à la vertu, d'en faire refpecter l'empire, de tâcher que la Loi naturelle & le tribunal de la confcience, ayent en quelque façon plus de force que la Loi pofitive & le tribunal du Prince; qu'on craigne enfin bien plus l'ignominie que les peines, la honte que le châtiment, la violation de la regle que la regle même.

Comme il faut pourtant d'abord des Loix, il fuit que l'Inftituteur doit entreprendre tout enfemble les Loix, les mœurs & les manieres.

Or, comme du moment qu'un Corps politique fe forme, il faut des Loix, & qu'on ne peut les réferver pour le temps que je viens de dire; il s'enfuit que l'ouvrage des mœurs, des manieres & des Loix, doit être entrepris tout enfemble, & occuper un Inftituteur dès l'inftant qu'il fe charge d'une commiffion aufli importante. La conftitution qu'il donne à fon état, & fes Loix civiles doivent donc tendre à cet effet; c'eft-à-dire, non-feulement faire connoître aux Citoyens ce qu'ils peuvent ou ne peuvent pas, par les Loix; mais encore leur préfenter, dans leur propre cœur, la conformité des idées naturelles de juftice, & du langage intérieur de la confcience avec ces Loix, que l'on doit dreffer par conféquent fur le modele des idées de juftice, & fur le langage de la confcience, autant qu'il eft poffible.

Néceffité aufli de les comprendre toutes

Pour cela, il faut néceffairement la *Morale*: la traiter par la pratique, & la rendre comme vivante, pour que les hommes s'y voyent peints & capables

capables des mêmes chofes qu'elle recommande. Ce n'eft encore là que la morale humaine, cette fcience dont les feules lumieres de la raifon ont montré les beaux préceptes dans le fein du Paganif-me, & à travers une philofophie mêlée d'abfurdités & d'erreurs. Puifque les Loix repréfentent les mœurs, & les mœurs défignent les manieres, il eft évident que, pour la perfection des Loix en elles-mêmes, & pour leur exécution, il importe de comprendre dans un même code, tant les unes que les autres ; afin de les préfenter au Peuple comme dans un feul miroir, où il trouvera non - feulement l'or-donnance de l'homme, mais celle antérieure de la Divinité, gravée dans tous les cœurs, & qui fera en même-temps, & la juftification de la Loi écrite, & le moyen d'y obéir fans contrainte : car un des plus forts aiguillons à l'accompliffement de fes devoirs, eft que l'ordre public paroiffe oçcupé de la pureté des mœurs, & nous engage encore plus à être *vertueux* qu'il ne nous le commande.

trois dans un même Code.

Ainfi, je trouve que, fi les Légiflateurs de la Chine & de Lacédémone firent mal de joindre dans un même code les Loix de la Religion & les Loix Civiles, ils agirent très-fagement de com-prendre, avec les Loix Civiles, les mœurs & les manieres. Or, les Loix, les mœurs & les ma-nieres font l'objet de la morale, & doivent la repréfenter. C'eft à l'avoir mal connue ou mal établie, qu'on doit imputer tout le défaut de fuccès dans l'art de la *Civilifation*.

Les Lé-giflateurs de la Chi-ne & de Lacédé-monene s'y tromperent pas ; mais le malvient de n'avoir pas bien connu la morale.

La Morale naturelle, telle que Dieu nous en a donné les idées & l'impreffion, au moment qu'il tira l'homme du néant, avoit fans doute fa perfec-

De la morale na turelle.

tion ; & ſes préceptes , que chacun portoit au-
dedans de ſoi, brilloient d'une lumiere vive , tant
que les paſſions ne s'éleverent point au-delà de
leur terme & de leur légitime objet , & que le
genre humain reſta dans ſa ſimplicité & ſon innocence.

Mais ce guide ſecret devint peu ſûr , auſſi-tôt
qu'on aima les ſenſualités & l'empire, que chacun
voulut primer ſur ſes pareils , ou acquérir des
biens, dont l'abondance, ſans contribuer en rien
à notre bonheur, ne fait , au contraire , que groſſir
la vanité ou l'orgueil , & par conſéquent multiplier
notre miſere.

Des Philo-
ſophes, en
général qui
de temps à
autre , en
rappe-
loient les
premiers
principes
& les gran-
des vérités.

Quelques hommes ſeulement, de temps à autre,
mettoient en principes & enſeignoient les grandes
vérités, qui ſont les fondemens de la Morale, &
dont on trouve la preuve comme en ſoi-même :
*De ne point faire à autrui ce que nous ne voudrions
pas qu'on nous fît ; de ne ſe charger de rien d'inutile ; de ſe contenter de peu ; que la vertu vaut
mieux que les richeſſes ; que les richeſſes ſont dangereuſes ; que celui qui fait obéir eſt auſſi eſtimable
que celui qui commande ; qu'on doit la ſoumiſſion
aux Puiſſances légitimes , & la vénération à l'âge &
au vrai mérite , &c.*

Peu pro-
pres, par
eux-mêmes
à réformer
le monde ;
& leur mo-
rale d'ail-
leurs im-
parfaite.

Mais ces foibles moniteurs des Nations étoient toujours en trop petit nombre, trop dépourvus de pouvoirs , & prêchoient en même-temps une morale
trop oppoſée au gout régnant, pour qu'ils puſ-
ſent être entendus & ſuivis : outre que leur morale
toute pure qu'elle paroît d'abord , portoit en ſoi la
preuve de ſon imperfection, par les mélanges dont

elle étoit chargée. Nous avons dit (1) quelque chofe de ce beau traité (2) qui fait encore tant d'honneur à fon auteur, à propos de la guerre offenfive qu'il autorife ; & nous le trouverions repréhenfible en d'autres points, fi nous le recherchions. La vertu des Egyptiens, des Grecs, des Romains, des Chinois, de tous les Peuples du Monde, par rapport au Gouvernement & à la conduite politique des Citoyens, a toujours manqué la vraie deftination de l'homme & fon vrai bonheur : l'on pourroit faire un très-bel ouvrage, en démontrant cette vérité par le détail & par les exemples. Je me contente de dire qu'ils méconnoiffoient la feule regle qui pouvoit rétablir leur morale, qui eft la *Religion chrétienne :* laquelle en découvre l'excellence dans fon origine, & fon infuffifance enfuite dans les temps où fon empire s'eft affoibli. Elle a rappelé le Genre humain à la pureté de fon principe, & lui a appris la caufe de fa foibleffe & de fa chûte, lui a montré les grandes vues de la Providence fur lui, les bienfait ineftimables de fa miféricorde, fa deftination en ce monde, la fimplicité dans laquelle il doit être, le traitement qu'un homme doit faire à un autre homme, la modération dans l'ufage des chofes néceffaires à la vie, & l'exclufion des inutiles ou dangereufes. Enfin, c'eft dans la Loi chrétienne que ces Peuples devoient chercher la Loi naturelle, & voir par fon degré de proximité avec elle, fi elle étoit bien pure.

La *Morale Chrétienne,* feule regle pour la morale naturelle.

Cette Religion veut qu'un Monarque foit le pere

Vœux & ordonnances de la Religion Chrétienne

---

(1) Dans la Premiere Partie, Section III, Chapitre II.
(2) *De Officiis,* par Cicéron.

F f ij

pour le bonheur du genre humain.

de son Peuple ; que les sujets lui soient soumis comme ses enfans ; qu'un chef de famille aime sa femme , ses enfans , ses concitoyens ; qu'il ait des dispositions favorables envers tous les hommes ; que les Nations soient unies entr'elles , comme les pariculiers le doivent être entr'eux ; que la paix , en un mot , & la concorde lient tout le Genre humain.

Elle renferme tout dans deux Commandemens.

Pour cela , elle nous donne deux commandemens supérieurs à tout (1) : *Aimer Dieu de tout son cœur , & le prochain comme soi-même.*

Moyen qu'elle fournit de les exécuter.

Le moyen de les remplir , elle nous le fournit, en même-temps : c'est le détachement des biens du monde , de se réduire au nécessaire , au pur besoin , selon les deux sortes de substances dont nous sommes composés , & de la maniere que je l'ai exposé souvent dans cet Ouvrage , d'après les seuls indices de la raison : c'est de simplifier nos opérations , de régler notre cœur & notre esprit,

Impossibilité de bien faire, tant que la morale politique sera mauvaise.

de mettre un frein à nos passions. Quand les institutions sociales & la morale politique combattront cette sainte morale , le moyen , que la Religion chrétienne nous propose , sera toujours sans succès ou bien infructueux : Il est démontré que les actions générales & publiques , en se tirant de l'ordre & de la regle , entraîneront hors des limites de la vertu & jeteront dans le sentier du vice, les actions pariculieres. La morale humaine que j'ai prêchée jusqu'ici , est toute autorisée par celle de l'Evangile : Que dis-je ? elle y est toute ren-

(1) Nous avons déja eu occasion de les rappeler.

fermée ; & c'est pour cela que je dis que les Législateurs de la Chine & de Lacédémone comme tous les autres , en établissant leurs Loix , leurs mœurs & leurs manieres , étant obligés de les rapporter à la *morale*, ils devoient, avant toutes chochoses , rechercher si cette morale, parmi eux , avoit toute la perfection requise , pour remplir les vues du Créateur, & les obligations de la créature.

Montesquieu fait le plus grand éloge de la secte Stoïque : S'il pouvoit, dit-il , un moment cesser de penser qu'il est chrétien , il ne pourroit s'empêcher de mettre la destruction de la secte de *Zénon*, au nombre des malheurs du Genre humain. Il est vrai , comme il le dit , que les Stoïciens regardoient comme une chose vaine, les richesses , les grandeurs humaines , la douleur, les chagrins, les plaisirs ; qu'ils n'étoient occupés qu'à travailler au bonheur des hommes, à exercer les devoirs de la société ; mais qu'elle seule sût faire les citoyens, qu'elle seule fît les grands hommes, qu'elle seule fît les grands Empereurs, cela ne peut être vrai, que relativement à la morale publique, qui régnoit alors , & aux maximes du monde toutes contraires à cette même morale Stoïque ; mais ils ne connoissoient pas assez la dépendance de l'homme envers Dieu, même dans la vertu : Ils n'avoient de la Divinité ni de la nature humaine les idées convenables : La pluralité des Dieux ne les rebutoit pas ; ils sembloient leur refuser leur providence. Quant à l'homme , ils lui attribuoient une force dont il n'est pas capable de lui-même, d'être insensible aux chagrins & à la douleur , & de pouvoir dire en souffrant, que la douleur n'est point un mal. Ils en faisoient, sans y penser , un être or-

F f iij

Margin notes: Comment les Législateurs de la Chine & de Lacédémone, ainsi que tous les autres, s'éloignerent de la perfection. — *Esprit des Loix*, Tome II, Deuxieme Partie page 75. — Beauté de la morale des *Stoïciens* ; & grand défaut qu'elle avoit en même-temps. — *Ibid.* P. 176. *Ibid.* P. 75. *Rollin*, Hist. Ancienne, Tome VI, in-4°. page 505.

gueilleux; & une telle opinion étoit propre à les rendre durs & cruels, à leur maniere. D'autre part ils ignoroient la plus belle vertu, qui diftingue le chriftianifme, *l'humilité*, mere de la vraie modeftie & de toutes les vertus pacifiques.

Suite de ce défaut : D'admettre la doctrine du Droit de la Guerre, & d'autorifer les Nations à fe battre.

Auffi, tous ces Sectateurs d'une Philofophie qui paroiffoit combattre fi violemment les préjugés & les délices du monde, ne faifoient pas difficulté d'admettre la *doctrine du Droit de la Guerre* comme jufte, & fa pratique comme naturelle. Ils n'ont jamais appris aux Nations qu'elles n'euffent pas ce droit de fe faire juftice elles - mêmes, & que la force n'étoit un moyen légitime que dans la preffante & actuelle néceffité de fe défendre.

Les fept Sages de la Grece, quoique prefque tous Légiflateurs, & à la tête du Gouvernement, pas plus fages, en cela, que les autres hommes.

Des fept fages de la Grece, il n'y eut que *Thales* qui ne fut point Légiflateur ni à la tête du Gouvernement (1) : on ne voit nulle part qu'ils aient fenti ce point important & unique dont je viens de parler, pour la perfection de l'art de diriger des hommes entr'eux, & de les difpofer, de Nation à Nation, de maniere que la fociété générale du genre humain ne puiffe pas être troublée : ce qui ne fe peut que par des maximes telles que je les ai avancées, & que la Religion chrétienne elle-même renferme dans fa morale.

Réfultat de la maniere prefcrite au Légiflateur avant de former fes Loix : La Religion & la morale naturelle

Etant arrivés à ce but de nos recherches politiques, c'eft-à-dire, que les foins & les précau-

---

(1) *Septem fuiffe dicuntur uno tempore, qui fapientes & habe-rentur, & vocarentur. Hi omnes, præter Milefium Thalen, civitatibus fuis præfuerunt.* Cic. de Orat., Lib. III, Cap. **XXXIV.**

tions, que tout Législateur doit prendre avant de former ses Loix pour le Gouvernement, l'ayant fait passer successivement par ces différens rapports, que j'ai dit être nécessaire de considérer, & trouvés dans l'ordre des choses, les *Mœurs*, les *Manières*, les *Loix*, la *Morale*, la *Religion*; & l'ayant conduit à la seule & véritable regle de toute opération tendante à cette fin, la *Religion Chrétienne*: il résulte clairement, que deux Codes renferment toutes les Loix, divines & humaines, qui doivent gouverner les hommes & les Etats: celui de la Religion & de la morale naturelle jointes ensemble; & celui des Loix, des mœurs & des manières qui composent l'ordre civil, & forment spécialement le citoyen & l'habitant du monde.

dans un même Code: & les Loix, les mœurs & les manieres dans un autre.

Le Code de la Religion Chrétienne, c'est l'*Evangile*, ouvrage de la Divinité même, & qui est au-dessus de toutes nos pensées & de nos spéculations: l'homme n'y a rien mis du sien; & la regle deviendroit incertaine, s'il avoit pu y contribuer. Ce Code devroit donc, ce semble, contenir uniquement les Loix de la Religion; cependant j'y associe celles de la morale naturelle: n'y auroit-il pas en cela une contradiction avec mes principes mêmes?

S'il n'y a pas de la contradiction à joindre dans le Code de la Religion les Loix de la morale naturelle?

Non, l'ouvrage de Dieu reste séparé; il est à la tête & toujours distingué par les caracteres & les signes qui nous le font reconnoître aujourd'hui. L'homme ne feroit autre chose que joindre à ce livre divin un Traité de la Loi naturelle, c'est-à-dire, l'exposition des importans devoirs de la

Comment elles subsisteroient bien ensemble.

F f iv

société générale du genre humain, tout simples & tout évidens, soit par le témoignage de la conscience & les lumieres de la raison, soit par la nature de nos besoins & la condition de notre être en ce bas monde. On ne présenteroit ici que les vérités de sentiment; on rendroit sensible aux yeux & aux oreilles, ce langage intérieur, qui, avant la Loi écrite & la Loi de grace, étoit le guide des hommes. On en éloigneroit les préjugés des sens & les erreurs de l'esprit, qui sont venues comme étouffer cette Loi de nature, à mesure que les Peuples se sont écartés de la simplicité dans laquelle ils doivent vivre : & la chose seroit bien aisée, puisque la Religion Chrétienne seroit toujours là à côté pour servir de regle ; & que sans cesse on y pourroit faire comparaison des Loix de la morale naturelle, qu'on auroit recueillies, avec la morale de *Jesus-Christ*. Le principe étant évident & invariable, il seroit impossible de se tromper ; la Loi Naturelle recevroit toute sa perfection.

Cette réunion fondée en raison. Par qui doit être faite.

Et cette union est fondée en raison : les deux Loix sont l'ouvrage de Dieu; elles sont supérieures à l'homme & indépendantes de ses volontés. La Loi Naturelle, il ne l'invente point, il la trouve, il est obligé de s'y soumettre comme à la seule regle & au seul fondement qu'il eut de sa croyance & de sa conduite en fait de morale, avant que la Loi Chrétienne l'eût éclairé de son flambeau. Il est dans l'ordre des choses qu'elle soit rétablie ou recueillie par les Conservateurs & les Interpretes même de cette derniere Loi, & mise à côté d'elle pour en être sans cesse appuyée & défendue, contre les imaginations & les entreprises des hommes.

Et quand je dis *par les Conservateurs & les Interpretes de la Loi Chrétienne*, je n'entends pas exclure le concours du Souverain & des grands Magiſtrats, en chaque Nation, pour recueillir ou rétablir cette Loi Naturelle. Elle gît dans le cœur de tous les hommes, & elle eſt l'aliment le plus propre à leur intelligence. Il faut donc que la puiſſance ſpirituelle commence par dreſſer ſon Code purement moral, puiſqu'il doit être joint à ce-lui de *Jeſus-Chriſt*, mais que la Puiſſance tem-porelle y mette ſon ſceau, en preuve d'un con-ſentement univerſel ; ſans lequel cette réunion n'auroit pas force de Loi, puiſque juſqu'alors leur conformité ne ſeroit pas conſentie ni conſ-tatée.

Les avantages de cette réunion ſont ſenſibles : quoique la Religion Chrétienne n'ait pas beſoin de comparaiſon & qu'elle ſe ſuffiſe à elle-même, il eſt bien, il eſt conſolant pour l'homme de pouvoir encore, comme d'un coup-d'œil, apper-cevoir l'accord qui eſt entr'elle & la Loi natu-relle ; de connoître celle-ci pour ce qu'elle eſt véritablement, & de pouvoir juger, par ſa propre rectitude, de ce que l'autre a de ſupérieur, dans la partie même qui regarde la deſtination du genre humain ſur la terre. Eſt-il rien de plus capable de raffermir dans les bonnes voies où la Religion Chrétienne nous conduit ?

Ses avan-tages.

CHAPITRE IV.

Maniere de traiter ensemble, dans un même Code, les Loix, les Mœurs & les Manieres, & de les y établir, les unes & les autres, en particulier.

Comment se conduira le Législateur, pour traiter ensemble dans un même Codeles Loix, les mœurs & les manieres. L'OUVRAGE dont nous venons de parler, étant fait, il n'est plus question que de traiter les Loix, les mœurs & les manieres dans un même Code : entreprise, qui regarde purement le *Politique* & le *Légiflateur.* Quelle sera donc sa conduite ? Par quoi commencera-t-il ? Quelles réflexions a-t-il auparavant à faire, & quels objets at-il à confidérer ? Nous avons un principe sûr, un point invariable d'où il peut partir : la *Religion Chrétienne* & la *Loi Naturelle* mise dans toute sa pureté. Le Pilote marche en assurance en plein jour, & à l'aide des instrumens qui lui marquent sans cesse la route.

Esprit des Loix, Tome II, Part. I, p. 176. Tableau, encore, de la marche qu'il a à suivre. Nous avons dit (1) que les *mœurs repréfentent les Loix, & les manieres repréfentent les mœurs ;* mais les Loix aussi à leur tour, repréfentent les mœurs, & les mœurs repréfentent les manieres. L'homme se montre premiérement par celles-ci. Elles regardent plus, avons-nous vu, la conduite extérieure, & les mœurs la conduite intérieure.

(1) Ci-devant, à la fin du Chap. I de cette Section.

Or , si le Législateur envisage d'abord quelles
manieres il doit faire prendre à son Peuple, il
faut qu'il se regle sur les mœurs qu'il lui veut
inspirer : que dis-je ? qu'il est obligé de lui inspirer : il n'est pas le maître de lui donner celles
qu'il veut à sa fantaisie ; il est asservi à les mouler sur la Loi Naturelle, laquelle, par gradation,
le porte jusqu'à la Religion Chrétienne, son vrai
modele.

Ci-devant,
Chap. II ,
Sect. II.

Mais la *morale* n'est pas les *mœurs* , comme il
est superflu de le dire. Il y a entr'elles la différence de la *théorie* à la *pratique* : la morale
donne les préceptes, elle instruit, elle met en-
avant ses maximes ; l'on connoît par elle, ses
devoirs, & comme être subordonné à l'Auteur
de tous les êtres , & comme créature obligée de
vivre avec ses semblables , & de former société :
elle nous montre donc ces devoirs , & la raison
encore de ces devoirs.

Quelle dif-
férence en-
tre la *mo-
rale* & les
mœurs.

Les mœurs, au contraire, dans l'objet que je
me propose, sont des commandemens & des
especes de Loix, non sur ce qui est uniquement
affaires & intérêts civils ou politiques, mais sur
certaines démarches, certains penchans, certains
goûts, certaines prétentions, ou certains arrangemens accessoires & relatifs à l'usage de nos
volontés & de nos desirs, ou de nos affections ;
sur quoi la Loi prescrit, modifie, ou défend,
comme il convient aux circonstances, pour amener
plus heureusement & plus certainement les hommes
à l'observance des Loix proprement dites. Et c'est
une propriété de ces especes de Loix, comme des

Ce que
sont que
les *mœurs,*
dans l'ob-
jet qu'on
envisage.

autres, de n'apporter point la raison du commandement.

Le Légiflateur pénétré donc des vérités incontestables de la Religion & de la morale naturelle, & voyant dans quel degré & de quelle forte elles laiffent aux hommes l'ufage de leurs facultés & des productions de la terre, ainfi que de celles des arts & des fciences, pour venir au but de leur deftination, apperçoit d'abord, comme dans un plan, l'efpece de régime fous lequel il doit les conftituer en corps, & parmi eux, relativement à ces mêmes vues générales ; & il ne s'agit plus que de déterminer *clairement, briévement & fouverainement* ce qu'il a conçu, pour être la Loi dans l'Etat, toujours analogue, toujours conforme aux Loix de la Religion & de la morale naturelle.

Le Pilote, venons-nous de dire, marche d'un pas ferme quand il a une regle fûre ; mais les paffions & les defirs, comme des vents impétueux, troublent fouvent la férénité de la mer du monde, & l'on y fait prefque toujours naufrage, fi, plus heureux que dans l'autre élément, où l'on ne peut maîtrifer les vents, l'on n'y maîtrife pas fes paffions, & l'on n'y regle pas fes defirs comme on en a le pouvoir & la liberté.

Que fi les particuliers font obligés d'être en garde contre de tels dangers, à plus forte raifon le Légiflateur doit-il les mettre en état de s'en garantir, & de vaincre un ennemi, qui eft d'autant plus redoutable, qu'on le porte dans fon propre fein, & qu'il en devient toujours plus fort par ses victoires. Il a trois points à remplir : les *loix*, les *mœurs* & les *manieres*. Les *Loix* auront pour objet *l'utile* & *l'agréable*, renfermés dans les bornes de la nécessité, tant pour le corps de l'Etat en lui-même, que pour les sujets en-tr'eux. Les *mœurs* prescriront, quant aux choses, des réserves & des limitations, donneront tel pou-voir, le modéreront ou l'ôteront entiérement ; & quant aux égards mutuels, & les prétentions personnelles, elles indiqueront la vraie mesure qui convient, pour procurer, faciliter ou entre-tenir les dispositions que les Loix desirent ou présupposent, pour être elles-mêmes bien exécutées. Et les *manieres* marqueront les démonstrations sen-sibles envers nos semblables, qui sont comme l'annonce des bonnes intentions que nous avons pour eux : signes extériurs, ou témoignages à la vérité, qui indiqueront bien plus le caractere général de la Nation, que celui des particuliers; quoique chacun ait, à cet égard, sa maniere propre, & qu'en suivant celle qui est commune à tous, il le fasse avec une distinction qu'il ne sera pas difficile de remarquer.

Dans quel point de vue encore il doit con-sidérer les Loix, les mœurs & les manie-res.

La perfection de son art, est de traiter ces trois points de sa législation dans le même point de vue & pour le même but; que tous les trois ils présentent à l'homme, mis en société, ce qu'il a à faire pour son bonheur, fondé sur l'ordre général & la tranquillité publique, & encore sur les moyens aisés & sûrs de satisfaire à ses besoins particuliers.

Perfection de l'art : Que toutes ensemble, elles pré-sentent à l'homme ce qu'il a à faire pour sonbonheur & celui de ses pareils.

I. Je commencerois, si j'étois chargé d'un si beau ministere, par donner à mon Etat civil, la

Des mœurs donnera

l'Etat civil la forme la plus favorable à la modération des desirs & à la bienveillance réciproque

forme la (1) plus favorable à la modération des desirs & à la bienveillance réciproque des Citoyens. J'ai déja dit que le Gouvernement Monarchique est tout aussi capable d'avoir, pour principe la *vertu*, que le Républicain ; il ne faut qu'en extirper ou en bannir les alimens du vice, en réformant le Peuple ; les Grands, qui ne seront *grands* que par leur place, seront réformés aussi ; & la Cour du Monarque, au lieu d'être, comme on a toujours dit, le centre de toutes les imperfections, sera l'exemple & la preuve que le vice n'est pas dans la nature de la chose, mais dans la maniere dont on s'est permis d'être en société.

Présenter au Peuple l'image vivante d'une famille : la faire retrouver même avec la nécessité d'aller plus avant.

Je présenterois, dans son ensemble, au Peuple, l'image vivante d'une famille. Je pousserois la comparaison aussi loin qu'elle peut aller ; je la mettrois en exécution jusques dans son dernier terme ; & je voudrois qu'il s'apperçût encore de la nécessité qu'il y a d'aller plus avant : ensorte néanmoins, qu'il vît toujours le *pere* hors de l'enceinte même où son pouvoir est renfermé ; & les enfans, dans cette obéissance nécessairement continuelle & par conséquent plus longue, que s'ils étoient véritablement fils de famille.

Que le Souverain & les Sujets ne pussent que se pénétrer de cette idée ; & qu'elle passe des peres aux enfans.

Le Souverain & les Sujets doivent d'abord se pénétrer de cette idée, & la conserver sans cesse. Tous les peres la communiqueront à leurs enfans: ils regarderont l'Etat entier, comme un Corps, qui, semblable à celui que Dieu nous a donné,

_____

(1) On peut voir ce que j'ai dit, Part. II, Sect. I, Chap. I, vers le commencement.

a diverſes parties toutes utiles & néceſſaires au
maintien du tout, lequel n'en peut négliger une
partie, ſans nuire à lui ou aux autres, ou de
qui les autres parties ou quelqu'une d'elles ne
peuvent ſe refuſer à ſervir, ſans travailler en
même-temps à ſa perte & à celle de toutes
enſemble.

Tout doit donc nous rappeler à une vérité
ſi efficace & ſi douce, ſi propre à faire le bonheur du monde & de toutes les Nations. le Légiſlateur doit chercher de tout ſon pouvoir à
l'établir d'une maniere *inébranlable*, à la faire
paroître dans ſon plus beau jour, & que rien
ne ſoit capable de l'obſcurcir : Quel moyen plus
ſûr de la rendre ſenſible aux yeux des Souverains & des Peuples, de l'imprimer avec force
dans les eſprits, & de la rendre victorieuſe, que
de l'entourer, pour ainſi dire, de tout ce qui
peut la faciliter & l'entretenir, de tout ce qui
eſt de ſon reſſort & analogue avec elle? Et qu'eſt-
ce qui a davantage cette propriété que l'uſage
modéré des biens & des plaiſirs du monde? Que
dis-je! des biens & des plaiſirs *néceſſaires?* Car,
ne nous y trompons pas, je l'ai aſſez ſouvent
expoſé dans cet Ouvrage ; il n'y a que le ſimple
beſoin, la pure néceſſité, dont la jouiſſance ſoit
un droit pour l'homme. Il n'y a qu'une conduite
relative à cet objet, qui ſoit digne d'un être
raiſonnable, & l'on doit tourner vers ce but
tous les établiſſemens humains, toutes les libertés
qu'on s'accorde.

Unique moyen pour cela : La modération des biens & des plaiſirs néceſſaires.

Cela étant, la partie des *mœurs* forme pour
lui, le chapitre important de ſa légiſlation. Il la

Premiere Conſé-quence: les

mœurs,
Chapitre
important
& comme
bafe de la
Légiſlation

traite, non par maximes & didactiquement ;
mais en forme de réglement & d'ordonnances
touchant des points de pratique, néceſſairement
liés avec les actions principales de la vie civile,
par leſquelles chacun pourvoit à ſes beſoins, ou
en conférant, ou en pactiſant avec les autres,
comme d'égal à égal, ou d'inférieur à ſupérieur,
ou de ſupérieur à inférieur ; & il fixe encore les
objets de ces mêmes actes de la vie civile, touchant l'uſage des biens, leurs diverſes ſortes, leurs
quantités, les degrés & les eſpeces d'induſtrie. Il
détermine, en un mot, tant les voies & les
moyens d'acquérir ou d'échanger, ou de ſe défaire de ce que l'on a, dont on peut ſe paſſer,
que la meſure générale & la regle, pour tout le
monde, dans la jouiſſance des biens, leur conſervation ou la perquiſition qu'on en fait.

Deuxieme
Conſé-
quence : le
Chapitre
des mœurs,
compoſé de
deux par-
ties.

Ainſi ce Chapitre des *mœurs* eſt compoſé de
deux Parties : 1°. quelles libertés & quelles permiſ-
ſions ſont laiſſées à la volonté des citoyens, dans le
choix & l'uſage des choſes indiſpenſables au ſoutien
de la vie, & celles qui ne ſont que pour le délaſ-
ſement & le plaiſir ; & 2°. les obligations que
le rédacteur des mœurs impoſe, pour faciliter,
aider & amener plus ſûrement ces mêmes choſes,
par le moyen de certaines démarches réciproques
ou publiques, tendantes à témoigner du reſpect,
ou de la conſidération, ou de l'amitié, ou de la
bienveillance, ou de la reconnoiſſance, ou de la
généroſité, ou du déſintéſſement, &c. ce ſera
comme ſur ce fond, que portera l'édifice des
Loix ; & nous avons vu quel rang tient, parmi
les articles fondamentaux & eſſentiels à tout Gouvernement civil, la garde des *mœurs* & ceux qui
en

en font une fuite néceffaire. Nous ferons bientôt
encore là-deffus quelques réflexions, en parlant du
chapitre des loix. Difons auparavant comment le
Légiflateur traite celui des manieres.

II. Il eft néceffaire, pour inculquer ou rappeler les vraies idées des chofes , de répéter
fouvent des vérités inconteftables , & qui font
comme des axiômes : *Les mœurs regardent plus la
conduite intérieure, & les manieres, l'extérieure.*
En conféquence , les mœurs étant fixées & marquées aux hommes fuivant le plan de conftitution
& de Gouvernement le plus convenable à notre
efpece, c'eft-à-dire , le plus relatif à nos befoins
naturels, & à ceux acquis que la raifon avoue,
les *manieres* en fortent comme d'elles-mêmes, &
le Légiflateur doit les rendre nettes & précifes
pour leur donner la fincérité & la liberté qui
font l'indice de la bonne foi & de la juftice : il
faut que les citoyens y voient clair la nature,
& qu'ils ne foient point contraints de prendre des
formes ou d'imiter des façons, dont ils fentent
en eux la fauffeté, l'excès, l'inutilité, ou le dangereux ufage.

On (1) nous fait remarquer que dans les Etats
Defpotiques, où l'on fe communique moins, où
chacun & comme fupérieur & comme inférieur
exerce & fouffre un pouvoir arbitraire, « l'on
» y change moins de manieres & de mœurs;
» que les manieres plus fixes approchent plus
» des Loix; & qu'ainfi il faut qu'un Prince ou

Notes marginales :
Des manie-
res : Quel-
les qualités
elles doi-
vent avoir.

Les manie-
res , plus
fixes dans
les Etats
Defpoti-
ques , où
les femmes
font ren-
fermées.

(1) *Efprit des Loix*, Tome II, Part. I, p. 170.

» un Légiflateur y choque moins les mœurs &
» les manieres, que dans aucun pays du monde ».

Changeantes perpétuellement dans les Etats fondés fur les Loix; où les femmes vivent avec les hommes

Et l'on ajoute que « les femmes y font ordi-
» nairement renfermées & n'ont point de ton à
» donner ; mais *en même-temps l'on obferve que* dans
» les pays où elles vivent avec les hommes,
» l'envie qu'elles ont de plaire, & le defir que
» l'on a de leur plaire auffi, font que l'on change
» continuellement de manieres ; *que* les deux
» fexes fe gâtent ; *qu'ils* perdent l'un & l'autre
» leur qualité diftinctive & effentielle ; *qu'il* fe
» met un arbitraire dans ce qui étoit abfolu, &
» *que* les manieres changent tous les jours ».

Ces deux fortes d'être à des corps politiques auffi mauvais l'un que l'autre, à différens égards.

Voilà donc deux Etats auffi dangereux l'un
que l'autre. Les Gouvernemens Defpotiques font
injurieux à la nature humaine : ils font contraires,
en droit à la juftice, puifqu'ils ne reconnoiffent
point de Loix écrites ; & l'ufage de renfermer
les femmes eft tout auffi injufte & déraifonnable. C'eft un bien à la vérité que les mœurs
& les manieres y foient fixes, mais c'eft tout
autant qu'elles feroient bonnes par elles-mêmes &
réglées. Autrement le vice politique feroit encore
plus grand par cette même raifon qu'elles feroient
fixes. Et dans les Gouvernemens fondés fur les
Loix, où l'honnête liberté regne, où les femmes
vivent avec les hommes & font la plus agréable
partie de la fociété, c'eft un mal infupportable
que les deux fexes fe gâtent ; qu'ils perdent l'un
& l'autre leur qualité diftinctive & effentielle ; qu'il
fe mette, comme on dit, un arbitraire dans ce
qui étoit abfolu ; enfin, que par la raifon qu'ils

se communiquent tant, *les manieres changent tous les jours.*

Cet effet seroit-il le fruit d'une bonne cause ? ou la cause elle-même ne vaudroit rien ? le Despotisme est mauvais en soi ; là les femmes y sont renfermées, contre le vœu de la nature : & cependant les mœurs & les manieres y sont plus fixes. Nos Gouvernemens modérés & fondés sur les Loix, sont les seuls capables de faire le bonheur du genre humain : les femmes y jouissent de la liberté de vivre avec les hommes; & toutefois les mœurs se gâtent, & les manieres changent continuellement. Cela ne présente-t-il pas un contraste difficile à concilier avec la sagesse infinie de l'Être suprême de toutes choses, qui trouve sans doute *mauvais* ce que nous reconnoissons mauvais de sa nature, c'est-à-dire, le Gouvernement Despotique, la clôture des femmes & l'inconstance perpétuelle des manieres ; & *bon*, ce que nous reconnoissons être bon, c'est-à-dire, les Gouvernemens fondés sur les Loix, la liberté dont les femmes y jouissent & les manieres plus fixes qu'on trouve dans les Etats Despotiques ; ensorte que les deux sexes ne s'y gâtent point, & ne perdent pas leur qualité distinctive & essentielle ?

Contraste étonnant ! Que de mauvais effets soient avec une bonne cause, & de bons effets avec une mauvaise.

Ne seroit-il donc pas possible de mettre tout le *bon* d'un côté, & le *mauvais* de l'autre ? De faire que la liberté des femmes se trouvât avec la constance des manieres & la pureté des mœurs ? & que nos Gouvernemens, fondés sur les Loix, nous présentassent tous les avantages & les effets de l'ordre & de la vertu ; & les Despotiques, tous ceux du désordre & du vice ?

Pourroit-on donc mettre tout le bon d'un côté, & le mauvais de l'autre ?

Le cœur, champ où l'on doit femer, & où l'on doit établir les regles de l'ordre & de la fagef-fe.

C'eft dans le cœur qu'il faut femer, qu'il faut établir les regles de l'ordre & de la fageffe. L'on jette les principes, l'on porte la lumiere & le favoir dans l'efprit; mais c'eft dans le cœur que l'on fait naître & germer l'amour du *bien*, qu'on excite l'horreur naturelle que nous avons du mal, & qu'on renferme dans leurs bornes, & l'on fixe à leurs légitimes objets, les paffions humaines.

La clô-ture des femmes ne fait pas des femmes vertueufes

La liberté, ame de la vertu.

La clôture des femmes, dans les Pays Orien-taux, eft un empêchement à de plus grands dé-fordres, mais ne fait pas des femmes vertueufes. Il n'y a jamais moins de vertu que dans la contrainte forcée, la fervitude eft la pire efpece des con-ditions : celui qui a le malheur d'y être, femble devenir toujours plus excufable dans fes défauts, à proportion qu'il eft plus mauvais, par cela même que l'auteur de fon infortune commet envers lui la plus grande des injuftices. La véritable vertu n'eft que dans le choix volontaire des bonnes actions & d'une conduite réglée, ou bien dans l'acquiefcement raifonnable qu'on y met : le bien qu'on nous commande, & que nous fommes forcés de faire, ne peut pas nous être imputé à grand mérite, fi, par notre propre foumiffion à la regle ou à la contrainte, nous ne nous faifons un plaifir de notre devoir, & nous n'aimons, dans la gêne même, l'obligation qui en eft le but. Mais ce moyen de conduire à la regle & à la pratique du bien, étant injufte en foi, ne fait au contraire que des revêches & des cœurs ulcérés. En tirant l'homme hors de fon affiette, en voulant le traiter comme une bête, vous en faites néceffairement un monftre, ou un lâche, afservi à toutes les mauvaifes inclinations, ou un lion extrêmement dangereux, s'il brife fes fers, ou qu'il le tente.

La coutume donc d'enfermer les femmes eft mauvaife, indépendamment des autres inconvéniens, pour l' tat & la fociété humaine. Mais la corruption des *mœurs* & le changement perpétuel des *manieres* font un autre vice, qu'il n'eft pas moins néceffaire de réprimer ou d'éviter, & qu'il eft honteux à des êtres raifonnables & à des Peuples civilifés de laiffer croître & fubfifter chez eux. Un pareil état eft indigne de la bonne caufe, c'eft-à-dire, des Gouvernemens avoués par la juftice, & du fyftême qu'on y fuit de tenir les femmes dans une honnête liberté, & dans ce rang d'égalité, en quelque forte, où la nature les a appelées.

Cette réflexion nous conduit à nous rappeler ce que j'ai établi, en fon lieu (1), fur les droits refpectifs & les obligations communes des époux : quelle différence il y a entre le mari & la femme, par rapport au Gouvernement domeftique & à l'égard des enfans, &c.; c'eft-là que le Légiflateur, dreffant le chapitre des manieres, remontera, pour vérifier fi les *mœurs* qu'il aura traitées, font bien pures; qu'il reconnoîtra à quelles démonftrations extérieures, à quels témoignages fenfibles, à quels petits devoirs relatifs aux principaux, il eft naturel que chaque fexe foit affujéti, afin d'y rappeler fans ceffe les citoyens,

(1) Part. II, Sect. II, No. I, Chap. I; No. III, Chap. VII; No. IV, Chap. III; No. V, Chap. IV.

& qu'ils puiſſent lire comme dans une image, ſeule repréſentative des mœurs & des manieres, celles qu'ils ont à apprendre & à entretenir.

<table>
<tr><td>

Par cette comparaiſon, chaque ſexe gardera ſes propriétés reſpectives

</td><td>

Il arrivera de cette comparaiſon, qu'on ſera ſans ceſſe en état de faire, de cette meſure à laquelle l'on rapportera continuellement les inſtitutions ſur cette matiere, qu'on laiſſera chaque ſexe dans ſes propriétés reſpectives, c'eſt-à-dire, que les *mœurs* ſeront ſimples en général & pures, & les *manieres* juſtes & bien aſſorties, & par cela même véritablement agréables; car rien ne plaît tant que l'expreſſion & l'habillement, pour ainſi parler, de la *nature* : enſorte que rien de ce qui eſt abſolu ne devienne arbitraire, & que toutes les eſpeces & les individus conſervent avec ſoin leurs qualités diſtinctives.

</td></tr>
<tr><td>

L'image de la ſociété naturelle entre les époux, ſera celle de tout le corps des citoyens entr'eux.

</td><td>

Cette image ſera donc celle de tout le corps des citoyens entr'eux. Puiſqu'ils ne ſont enſemble autre choſe, qu'une eſpece de ſeule & grande famille, il faut que les mœurs publiques & les manieres générales ſe rapportent à cet unique objet; que cette conformité exacte, & leur uniſſon parfait forment, dans ce qu'on appele l'*eſprit général des Nations*, ce tour & cette diſpoſition de cœur ſi néceſſaires au bien public, à l'amour de l'ordre & à la pratique de la vertu.

</td></tr>
<tr><td>

Tout répond à cette idée : le Gouvernement civil, lui-même. Comparaiſon du

</td><td>

Le principe, comme l'on voit, de toute réformation ou inſtitution ſociale, c'eſt de monter chaque famille au ton & ſur les Loix de la nature; de ramener ou de contenir les deux époux dans les bornes & les fonctions où chacun d'eux doit être : tout dépend de cette idée fondamen-

</td></tr>
</table>

tale. Les Gouvernemens civils doivent se régir sur les principes du Gouvernement d'une famille. Le Roi ou le Souverain, de quelle maniere qu'il soit représenté, est le Pere de l'Etat; les Sujets sont ses enfans. Par rapport aux citoyens entr'eux, chaque chef est Roi dans sa famille; ils sont à cet égard dans une parfaite égalité : ils ont chacun la direction, la correction domestique; les femmes partagent cette autorité & ces soins; les époux se doivent réciproquement des égards & dépendent, en droit, chacun à son tour, l'un de l'autre; &, en fait, le mari détermine & ordonne quand il y a partage : de même que dans les Etats Politiques, les Rois & leurs sujets sont liés entr'eux par des devoirs réciproques tirés de la nature de la chose & de la volonté du Créateur; mais en fait, toujours l'autorité du Prince doit l'emporter, & le Peuple rester soumis & obéissant quand les représentations sont inutiles.

En poursuivant cette idée, l'on s'apperçoit que tous les chefs de famille sont, par rapport au Gouvernement civil, comme des freres & des sœurs; & puisqu'en chaque famille, les enfans de l'un & de l'autre sexe doivent se respecter mutuellement en s'aimant beaucoup, & que le bien de la société, la décence & l'ordre domestique demandent que ce amour & ce respect soient précisément, chacun, dans sa nature, pour que ces mêmes enfans ne puissent être saisis d'aucun desir criminel, entr'eux, ni y succomber : de même, les maris & les femmes, à l'égard des autres femmes & maris dans la société générale, doivent se regarder sur ce pied; & tandis que chaque couple est censé ne faire qu'une seule

Gouvernement Domestique avec le civil.

Delà les mœurs & les manieres des citoyens, dans les deux sexes, se reglent sur celles des époux entr'eux.

G g iv

perſonne , il eſt évident que toute penſée ou toute démarche tendante à former d'autre union, entre différent ſexe , au préjudice des liens déja pris, eſt un déſordre & une infraction à la Loi Naturelle, Exemplaire de la Loi Civile.

Delà l'eſ-prit géné-ral de la Nation.

C'eſt donc , encore une fois , à ce tableau de l'union conjugale, & à toutes les conſéquences qu'il en réſulte, qu'on doit conformer les *mœurs* & les *manieres* de la Nation : c'eſt de-là qu'il faut faire naître l'eſprit général, & c'eſt par-là qu'on doit l'entretenir.

Comment il ſuit que les femmes & les maris regarde-ront réci-proque-ment les maris & les femmes d'autrui, ainſi que des freres & des ſœurs D'où vient que ces idées ne prennent pas, & qu'elles pa-roiſſent même ri-dicules ?

Comme les femmes n'auront d'autre préten-tion ſérieuſe que de plaire à leurs maris, elles n'auront pour les maris des autres femmes que les attentions, les égards, les manieres ſeulement qu'on a pour des freres : les maris, à leur tour, conſidéreront les femmes d'autrui comme des ſœurs ; & toute leur tendreſſe étant réſervée ou dévouée au ſervice de leurs-épouſes, ils ſeront bien plus ſûrs d'être payés d'un juſte retour.

Je ſais que ces idées s'effacent ; mais c'eſt, parce qu'elles ne ſont pas aſſez imprimées ; qu'elles ne ſont même, chez nous, que des êtres de ſpéculation ſans réalité, capables, qui plus eſt, de jeter un ridicule immenſe ſur celui qui en paroîtroit perſuadé ; & c'eſt auſſi une grande preuve que nos mœurs ſont mauvaiſes.

En quelle proportion les *manie-res* doivent répondre aux *mœurs*

Après que notre Légiſlateur aura conſtitué ſes *mœurs* ; qu'il aura retranché de la jouiſſance de l'homme, tout le ſuperflu ; qu'il ne lui aura pas permis d'avoir plus de deſirs que ce qui eſt néceſſaire : ou plurôt, qu'il l'aura mis dans cette heureuſe poſition d'aimer à avoir peu, parce que ce peu lui ſuffira ; il eſt beſoin que les *manieres*, qui repréſentent davantage, comme nous avons dit, la conduite extérieure, répondent (1) à cette exacte préciſion : que dis-je ? qu'elles ſoient comme en raiſon inverſe des biens & de la jouiſſance, c'eſt-à-dire, les rendre (2) telles, ces manieres, & en tel nombre, pour ainſi parler, qu'elles, ſoient comme des ſentinelles toujours ſuffiſantes & toujours à leur poſte, pour repouſſer les obſtacles ou les ennemis des mœurs, qui peuvent entrer par mille portes.

Nous les devons trouver, ces défenſeurs, ces gardiens fideles, toujours dans le tableau de l'union conjugale & de l'amour fraternel : je veux dire, dans ce qui ſe paſſe au ſein d'une famille, où l'on peut voir en petit, tout ce qui arrive en grand dans la ſociété civile. Les *manieres*, puiſqu'elles ſont des démonſtrations, expriment ce que nous avons dans l'ame, ou par rapport à nous ſeulement, ou par rapport aux autres. Quand ces témoignages extérieurs ne ſont que des indices de nos foibleſſes & que des ſignes d'imperfections, en l'individu qui ſe montre tel, c'eſt un mal comme parti-

Puiſer toujours dans le tableau de l'union conjugale & de l'amour fraternel.

Diſtinction de manieres particulieres & des manieres générales dont il eſt iciqueſtion

---

(1) Puiſque l'on ſera moins adonné aux biens de la terre, qu'on ne ſera imbu que des principes conſtitutifs des ſociétés, que le bien de l'univerſalité & de la Patrie ſera le plus grand mobile des actions, il eſt conſéquent qu'on ſoit plus doux, plus ouverts, plus généreux envers les autres hommes, qu'on ſe témoigne davantage de l'amitié & de l'attachement ; mais en même-temps, il importe, pour cela même, de tenir les Sujets dans ces diſpoſitions.

(2) Cela eſt encore expliqué quatre ou cinq pages plus bas.

culier à lui, & dont abfolument les autres n'ont pas à fouffrir. Les manieres alors font rebutantes & décident du degré de méfeſtime ou de mépris qu'elles méritent ; mais ce n'eſt pas de celles-là dont il eſt ici queſtion : je parle de celles que le Légiſlateur a à rédiger regardant ou intéreſſant directement le Public ou les particuliers avec qui l'on vit : je parle d'ailleurs des *manieres générales* & qui doivent toutes obliger l'univerſalité des citoyens à les adopter & à les prendre, pour ſe concilier davantage les uns les autres leur affection, refferrer toujours plus le lien focial, & réchauffer les ſentimens de la nature que les affaires d'intérêt pourroient refroidir.

Tableau naturel des rangs & de la maniere dont chacun ſe place dans une famille, avant que les mœurs ſe ſoient gâtées.

Entrons dans le ſein d'une famille, en remontant à ces temps précieux où les vices de la ſociété humaine n'avoient point encore infecté ou banni les vertus : ſans ſortir même de notre ſiecle, pénétrons dans ces lieux écartés des villes & des grandes habitations, affez & heureuſement pour n'en avoir pas encore reſſenti la contagion : qu'eſt-ce que nous y voyons ? le pere aſſis toujours au premier rang ; la femme au ſecond ; les garçons à côté du pere, les filles à côté de la mere. Le ton donné par le chef de la famille, & cependant des égards pour la mere, & les petits foins domeſtiques à elle laiſſés comme ſon partage & ſon domaine. Les enfans ſans ceſſe frappés par ces dehors, reconnoiſſent les qualités & les droits de chacun de ceux qui leur ont donné le jour, & le témoignent par leurs propres démarches & leurs actions. La nature n'eſt jamais plus inté-

reffante , que quand on la faifit dans ces fituations où l'on voit chacun à fa place, où les fentimens font felon le caractere & la qualité des
perfonnes, où enfin tous les Acteurs fe démontrent
véritablement pour ce qu'ils font & comme ils
doivent être. On eft faifi d'un tendre plaifir, en
voyant dans une peinture, ou au théâtre, fidelement repréfentées les mœurs & les manieres
du pere de famille, dans (1) *le Roi & le Fer-*
mier ; où ce bon Prince (2) , le pere de fon
Peuple , fe trouvant chez un métayer , après
s'être égaré à la chaffe, fans être reconnu, y
éprouve la plus douce fatisfaction , qui eft de
favoir pofitivement qu'il eft aimé. Ces fcenes,
dis-je, font les plus touchantes , parce qu'on y
rend la nature dans ce qu'elle a de plus délicat,
la *fimplicité & l'innocence ;* & qu'on la repréfente
précifément comme on la trouve, c'eft-à-dire (je
le répete) en confervant à chacun fon caractere, fes manieres, fon ton, fes difcours, &c.

Effet tou-
chant que
font ces
fortes de
regards fur
les ames
fenfibles.

Ce font ces traits, ce font ces manieres que le
Légiflateur doit faifir pour y ramener fes citoyens.
Ce font ces peintures qu'il faut perpétuellement
leur préfenter, pour qu'en leur pénétrant le cœur
d'une expofition, qui eft elle-même une leçon ,
ils fe portent à l'imitation fans contrainte , &
comme fans s'en appercevoir. Les trois quarts
du chemin font déja faits, quand on a dans l'ame
les mêmes fentimens, & que l'on fait que telle
eft auffi l'ame de la Patrie.

Le Légifla-
teur doit y
rame-
ner les ma-
nieres qu'il
a à établir.

---

(1) C'eft le nom de la Piece, comme chacun fait.
(2) Henri IV.

Esprit des
Loix, To-
me II,
Partie I,
p. 182.

Réflexion
juste de
Montef-
quieu sur la
néceffité de
telle & tel-
le pratique
indifféren-
te en foi.

Ce n'eſt pas ſans raiſon que *Montesquieu* obſerve qu'il « eſt fort indifférent en ſoi que tous
» les matins une belle fille ſe leve pour aller
» rendre tels & tels devoirs à ſa belle-mere :
» mais *que* ſi l'on fait attention que ces pratiques
» extérieures rappelent ſans ceſſe à un ſentiment
» qu'il eſt néceſſaire d'imprimer dans tous les
» cœurs, & qui va, de tous les cœurs, former
» l'eſprit qui gouverne l'Empire, l'on verra qu'il
» eſt néceſſaire qu'une telle ou une telle action
» particuliere ſe faſſe ».

Cela ſe
voit & par
rapport à la
Religion,
(*le culte ex-
térieur*), &
par rapport
aux hom-
mages ex-
traordinai-
res quel'on
rend aux
Souverains

Tout eſt lié dans le moral comme dans le
phyſique : je l'ai ſouvent dit. C'eſt en vain que
nous ſerions perſuadés, par exemple, qu'il faut
honorer la Divinité par un culte, ſi ce culte
n'étoit pas extérieur. Non-ſeulement il faut des
ſignes ſenſibles pour frapper les autres, & les
exciter à la pratique des mêmes devoirs, en
rendant en commun nos adorations à cet Être
ſuprême; mais nous en avons beſoin pour nous-
mêmes, pour nous entretenir dans une habitude,
dont les fréquens & continuels exercices, empêchent en nous l'oubli de la choſe, & ſont bien
plus capables de nous faire perſévérer dans le
bien ou de nous y conduire que le renoncement
à ces mêmes actes de Religion. C'eſt pour cela
que l'on accorde aux Souverains de la terre, des
titres pompeux & magnifiques; qu'on leur donne
les noms de *Majeſté*, de *Hauteſſe*, &c. qu'on
prend les poſtures les plus reſpectueuſes, en leur
parlant; qu'il eſt même des étiquettes conſacrées
& un certain cérémonial duquel on ne s'écarte point
ſans crime, pour inculquer davantage dans les

esprits, la grandeur de leur place & l'importance de leurs fonctions. Il est un usage, dit-on, en France, que tous les matins, la Reine & la Famille Royale viennent à une certaine heure rendre leurs devoirs au Roi. A la minorité des Rois, dans leur plus tendre enfance, & à un âge même où certainement ils n'entendent rien à ce qu'on leur dit, les divers Corps de l'Etat viennent les complimenter tout sérieusement dans les occasions d'éclat; & ils agissent auprès de ces Souverains muets & sourds, comme s'ils étoient de grandes personnes.

Nous sommes ainsi faits: l'esprit tout pur, lorsqu'il faut agir, ne nous décide pas toujours; nous avons besoin d'exemples & de choses sensibles pour nous rendre toujours présentes des vérités, qui sans cela, ou ne nous frappent pas assez, ou s'oublient de moment à autre. Ainsi la plus grande précaution que l'on puisse prendre contre les distractions, ou les obstacles capables de détourner des devoirs essentiels à la société civile, soit par rapport aux hommes entr'eux, soit par rapport à l'Etat lui-même, c'est de leur prescrire des formules & des pratiques, qui, sans avoir le défaut de beaucoup des nôtres, soient un langage véritablement expressif des sentimens que l'on se doit, & comme une annonce des obligations plus essentielles auxquelles l'on est engagé. Il faut mettre à l'accomplissement de ces pratiques un honneur & une gloire qu'aucun autre mérite ne sauroit remplacer. Les Actes extérieurs, les *manieres* seront dès-lors un chapitre important de la législation, & peut-être le plus visible instrument pour entretenir dans la vertu; puisqu'en y manquant, l'on se donneroit comme pour vouloir se soustraire

La plus grande précaution contre les distractions & les empêchemens de la regle, est d'établir des formes & des pratiques qui soient comme l'annonce de plus grands devoirs.

aux plus grands devoirs, & adopter des mœurs contraires à la regle, & qu'en cela même l'on encourra la peine de la Loi : déshonneur, que des cœurs délicats & des gens bien élevés auront honte d'essuyer.

En quel sens & comment les *manieres* doivent être comme en raison inverse de la modération des desirs & de la modicité des biens.
Principes.

Nous avons dit (1) que les *manieres* doivent être comme en proportion des biens & de la jouissance : c'est-à-dire, être d'autant plus étendues & en nombre, qu'on sera sobre & frugal dans tout le reste. Voici comme je l'entends, & que cela me paroît nécessaire.

On prétend (2) que *moins l'on se communique, & plus les manieres font dures ;* que *la grande communication* cependant *gâte les mœurs.* C'est un fait que la modération des desirs & la frugalité ne s'accordent pas trop avec le commerce d'une certaine extension, qui introduit le luxe, & avec lui, les vices qui en dépendent.

Ce que nous avons accordé de raisonnable à la recherche des biens & des plaisirs.

Nous n'avons pourtant pas proscrit entiérement le commerce de notre Etat civil & de nos mœurs ; nous n'avons pas défendu aux hommes la recherche honnête des biens, par les voies naturelles que la Providence ouvre à toutes les créatures ; mais bien, par la plupart de celles que les hommes se sont permises ; & nous leur avons accordé encore l'usage des biens purement agréables, jusqu'à ce point où ils concourent,

---

(1) Quatre ou cinq pages plus haut.

(2) Voyez ci-devant, Section II, Chap. IX, au commencement.

avec les essentiels, à nous soulager & à nous
conserver.

Il est entre ces deux excès, un milieu à prendre : trop de communication, trop de commerce
gâtent les mœurs ; & trop de frugalité & de privation
des biens que l'on recherche, endurcit les mêmes mœurs ; le caractere en devient moins liant
& tendre. Les *manieres* suivent l'espece des
mœurs : elles sont étendues, ouvertes & comme
généreuses au premier cas ; elles sont seches,
courtes & resserrées dans le second. L'esprit particulier & l'amour-propre semblent habiter plus
avec cette abstinence un peu trop forte des biens
du monde, & la modération extraordinaire avec
laquelle on en use : du moins cela est de même
parmi nous, quant à ceux qui, témoins des
grandes richesses & des commodités de la vie,
dont quelques-uns jouissent, & dans lesquelles
chacun place la félicité, prennent le parti forcé
de s'en passer, parce qu'ils n'ont pas les moyens
de s'en procurer ; & qu'avides & ambitieux dans
le cœur, ils n'ont que l'apparence de la simplicité & de la modération.

L'on peut dire que cela doit être de même :
premierement, il n'est pas naturel, en ceux dont
je viens de parler, de voir sans quelque sorte
d'indignation, des hommes regorgeant de tout,
& d'autres qui n'ont pas le nécessaire, ou qui
sont bornés à une simplicité extrême. Des cœurs
s'aigrissent à la vue d'une telle disproportion,
& la vertu est chagrine, qui est contrainte à
prendre des résolutions, qui ne sont pas celles
de tout le corps des citoyens. Ceux même qui

Inconvé-
niens pour
les *manie-
res*, dans
les excès
ou du trop
de richesses
& de satis-
factions
humaines,
ou du trop
de simpli-
cité &
d'abstinen-
ce.

Premiere-
ment, des
gens vivans
simple-
ment, ou
austere-
ment, de
gré ou de
force, à
l'égard de
ceux qui
sont dans
l'abondan-

ce & les plaifirs.

volontairement quitteroient une vie délicieuse & renonceroient à de grands biens pour embrasser un état de pauvreté & d'abstinence, ne conferveroient pas encore assez de sang-froid dans cette courageuse entreprise, si elle est bien sincere, pour n'avoir toujours un certain mépris pour les riches & les heureux du siecle, qu'ils quitteroient. L'existence d'une pareille disproportion de fortune jette, malgré qu'on en ait, les gens les plus sages, & ceux qui feront les plus grands sacrifices, dans une disposition de cœur, qui se ressent du jugement de leur esprit : & plus ils s'enfoncent, comme dans leur fort, dans les maximes rigoureuses de leur philosophie, & plus ils paroissent austeres & durs : c'est-à-dire, d'un commerce difficile & très-peu liant.

Secondement, de ceux-ci aux autres.

D'un autre côté, il ne doit pas être étonnant, en deuxieme lieu, que des hommes qui, à cause de leur abondance ou du goût excessif qu'ils ont pris pour les plaisirs du monde, sont obligés à une communication aisée & à avoir des manieres beaucoup plus douces, sans quoi ils seroient réduits à être seuls, & la solitude n'est point bonne à leur objet : il ne doit pas être étonnant, dis-je, que ces gens-là, c'est-à-dire, les gens du monde, par la comparaison qu'ils font de leur train de vie, avec celui des personnes dont nous avons parlé, séquestrées en quelque sorte de la grande société & accoutumées par système à être pénibles envers elles-mêmes, les trouvent de difficile composition en bien des choses, ressentent en elles des *manieres* peu agréables, & en portent des jugemens peu avantageux, même en les louant.

Ce

Ce n'eſt que dans l'état réglé, dans l'uniforme pratique du bien pour tous les citoyens & dans la condition commune, miſe à ſon point, ſuivant l'exhortation de la nature, que l'on peut être dans une diſpoſition favorable, à ne s'appercevoir pas de ces prétendus défauts que l'on reproche à la vertu ; parce qu'en effet ils n'y ſeront point.

A meſure que tout le corps des citoyens ſera dans les mêmes principes & dans le même uſage ; que la modération des deſirs & la modicité des biens ſ‑ ‑at univerſelles, l'objet & le vœu de la Patrie, & la vertu de tous les particuliers ; chacun ſe regardera du même œil ; & n'étant, pour ainſi dire, pas plus frappé des bonnes actions, parce qu'elles ſeront communes, la vertu ne montrera plus rien qui nous répugne en ceux qui la pratiqueront, & tout le monde la pratiquera : du moins le plus grand nombre, (je parle ici, & l'on doit l'entendre, de la *vertu politique*) ne paroîtra aux yeux des autres qui lui ſeront ſemblables, que comme tout le monde doit être. Les *manieres* réciproquement n'auront rien d'extraordinaire ; & l'on ne ſentira jamais de ces mouvemens intérieurs, qui, dans nôtre état, & accompagnent au déſavantage de la vertu, l'admiration que nous lui portons, & engagent, ſans s'en appercevoir, les gens auſteres & qui font les plus grands ſacrifices, à n'avoir pas cette douceur & cette complaiſance que l'on remarque en ceux qui ſuivent le monde & ſont adonnés à ſes plaiſirs & à ſes jouiſſances.

L'uniforme ſimplicité dans les *mœurs*, ſeul état où l'on puiſſe bien ſe plaire par les *manieres*, les uns aux autres.

Raiſon de cela.

Nécessaire que les citoyens soient dans une espece d'occupation qui ait pour objet le commerce des égards.

Outre cette réflexion générale sur les grands effets, pour la bienveillance réciproque & l'estime sincere entre les citoyens, de l'uniforme simplicité des *mœurs*, & de la bonne foi des *manieres*, qui seront telles alors qu'elles dóivent être; il est important que le fondateur d'une si belle institution entretienne ces mêmes citoyens dans une espece d'occupation qui ait pour objet leur affection réciproque & le témoignage commun des égards que tous les particuliers se doivent dans une société, dont chacun est membre.

Donner au Chap. des *manieres*, une trèsgrande étendue; & par conséquent aux regles dela *civilité*. *Esprit des Loix*, Tome II, Premiere Part. p. 176.

Ce n'est pas assez que chaque sexe garde ses qualités distinctives; que les *manieres* répondent bien aux *mœurs*, & qu'on puisse s'y rapporter comme en étant les fidelles images : il faut encore que *l'objet de faire vivre le peuple tranquille, de faire que les hommes se respectent beaucoup & que chacun sente à tous les instans qu'il doit beaucoup aux autres*, donne au chapitre des manieres une très-grande étendue, & qu'on porte ainsi les regles de la *civilité* à une quantité, pour ainsi dire, bien supérieure à celle des principales obligations; de telle sorte qu'en s'accordant très-peu à soi-même, chacun soit extrêmement généreux envers autrui, & ne paroisse occupé que d'intérêts étrangers.

Lesdevoirs essentiels, en petit nombre; mais beaucoup de moindres devoirs y conduisent

Les devoirs essentiels sont en petit nombre, si l'on s'arrête à l'absolu besoin; comme, en fait des nécessités de la vie, très-peu de bien suffit pour la subsistance & l'entretien de l'homme: mais au lieu que par rapport à nous il convient de nous contenir dans l'exacte précision du *besoin*, sans quoi nous sortirions des bornes qui nous sont marquées par la nature ; il est indispensable que, par rapport à autrui, nous ayons des devoirs à remplir bien plus que des simples nécessaires, & qu'on nous oblige envers lui à des choses dont la pratique nous mene droit à celle des grands *devoirs*, en nous détournant, en quelque sorte, de nous-mêmes, & nous empêchant, par cela même, de négliger ou de léser ceux avec qui nous avons à vivre ; ce sont-là comme des degrés pour arriver au but de la société, qui est le bien & le bonheur de tout le monde. Nous avons souvent dit qu'on n'oublie jamais mieux autrui, ou l'on en fait d'autant moins de cas, que quand on est plein de soi-même, & que l'on ne se croit obligé envers lui qu'à s'abstenir des grands manquemens.

Montesquieu, sur ce que, chez les Peuples Chinois, *on vit les gens de village observer entr'eux des cérémonies comme des gens d'une condition relevée*, remarque que « c'est-là un moyen très-» propre à inspirer de la douceur, & à main-» tenir, parmi le Peuple, la paix & le bon » ordre, & à ôter tous les vices qui viennent » d'un esprit dur ; & en effet, *ajoute-t-il*, s'af-» franchir des regles de la civilité, n'est-ce pas » chercher le moyen de mettre ses défauts plus » à l'aise » ?

Remarque de Montesquieu sur la civilité. Esprit des Loix, Tome II, Premiere Partie, p. 176.

Nous avons, je crois, observé ailleurs que *la civilité est cette attention constante qui porte les particuliers entr'eux à s'acquitter exactement de ce qu'ils se doivent les uns aux autres en vertu de*

Comment nous la définissons ?

la Loi : un homme entre dans un lieu public. Il ne doit point venir occuper une place qui gêneroit trop ses voisins, s'il en a d'ailleurs une où il ne porteroit point de préjudice : ou bien il ne doit point se placer de maniere à être une borne à qui que ce soit, soit pour entendre, soit pour voir, s'il peut se ranger autrement : il seroit en cela incivil & dur ; en paroissant n'user que de son droit, il commettroit une action injuste, & il indisposeroit étrangement contre lui sans pourtant rien faire de formellement opposé aux regles établies.

Ce que pense Montesquieu de la politesse ? Esprit des Loix, Tome II, Partie I, page 176.

Montesquieu, à ces mots que, *s'affranchir des regles de la civilité, c'est chercher le moyen de mettre ses défauts plus à l'aise*, conclut que « la civilité » vaut bien mieux à cet égard que la politesse. La » politesse, *dit-il*, flate les vices des autres, & la » civilité nous empêche de mettre les nôtres au jour. » C'est, *ajoute-t-il*, une barriere que les hommes » mettent entr'eux pour s'empêcher de se cor- » rompre.

Il en juge mal : très-bonne, dans un Etat bien constitué & réglé.

Suivant la maniere dont j'ai défini la *civilité*, je ne serois pas tout-à-fait de son sentiment sur la politesse. Dans l'exemple que j'ai apporté, la civilité doit engager à se placer sans jamais incommoder personne, s'il se peut : elle nous empêche alors de mettre nos vices au jour ; mais la *politesse* comment iroit-elle à flater ceux des autres ? Il est sans doute de son ressort, que loin que l'on prenne une place qui pourroit gêner autrui, l'on cede plutôt la sienne, l'on offre généreusement ce qui nous appartient de droit, l'on fasse, en un

mot, des facrifices en faveur de gens ou que l'on
aime ou que l'on refpecte beaucoup. Où eft-ce
donc là que la politeffe mériteroit le reproche
de flater les vices des autres, & fur quoi porteroit cette imputation? Il eft toujours fenfible que
Montefquieu en juge felon nos mauvaifes inftitutions & nos mœurs corrompues. La civilité ufe
de fes droits avec circonfpection, avec égards,
crainte de déplaire & de nuire. La politeffe plus
attentive & moins intéreffée, nous fait abandonner
l'ufage des chofes les plus légitimes pour le bonheur ou l'avantage de ceux avec qui nous vivons,
ou avec qui nous traitons : elle remplit précifément l'objet des *manieres*, qui eft de marquer
perpétuellement à la fociété, que nous voulons
vivre dans la plus grande amitié avec nos concitoyens, & que ce fera plutôt aux dépens de
nos intérêts que nous y réuffirons.

La *civilité* & la *politeffe* feront donc comme
les deux départemens dans lefquels les *manieres*
fe rangeront. L'*inftituteur* les rendra vraies & fé-
rieufes, libres & ouvertes; il en ôtera la contrainte & la fauffeté, par le mépris qu'il infpi-
rera de toutes les fuperfluités du fiecle, par la
confidération qu'il donnera aux témoignages communs & réciproques du defir dans tous les particuliers, de vivre tranquilles & unis. Il en dé-
veloppera les regles avec le plus grand foin, il
portera cette fcience auffi loin qu'elle peut aller;
& il fera bien connoître, par fes recherches &
l'abondance de la matiere, que ces deux parties,
compofant le fecond chapitre de fon code, y
font d'un ufage très-effentiel; & que ce n'eft que

La *civilité*
& la *poli-
teffe*, font
comme les
deux dé-
partemens
des *manie-
res.*

H h iij

par leur observance qu'on peut fidelement remplir l'objet des deux autres chapitres. Il me reste à parler de celui des *Loix.*

Des *Loix.* Elles seront peu nombreuses, & traitées succinctement.

III. Il suit de mes réflexions sur les *mœurs* & les *manieres*, dans la façon de les constituer comme regles de conduite pour les concitoyens, que les *Loix*, proprement dites, doivent être peu nombreuses & traitées succinctement. A des peuples civilisés comme nous sommes, adonnés à toutes les inutilités du siecle, & dont l'esprit, en général, est encore plus porté aux choses superflues qu'aux nécessaires, il faut beaucoup de Loix, bien peu de réglemens sur les mœurs, & point du tout sur les manieres. La quantité de Loix suppose une grande liberté civile; cette grande liberté, un usage étendu, constant & recherché des commodités de la vie & de tous les effets du luxe; ces commodités & ce luxe, un air beaucoup ouvert; & cet air ouvert, des manieres douces & aisées. Mais on est alors faussement doux, bons & honnêtes : on est tel que je l'ai décrit. Si l'on jouit d'une grande liberté civile, c'est qu'on est au fond esclaves des choses & de la maniere dont on les permet. L'on ne s'apperçoit pas que l'on se charge de chaînes dorées, & que la véritable liberté est dans l'usage seulement raisonnable, de ce qui nous est nécessaire ou vraiment utile. Il n'y a d'ailleurs de véritable concorde que dans le désintéressement, lequel ne peut se rencontrer que dans les bornes étroites où Dieu a renfermé nos besoins.

Multitude de Loix dans un Etat, quelle marque c'est ?

Au contraire, l'éten-

Pour ceux, au contraire, qui seroient constitués

selon mes principes, en jouissant modérément des biens & des commodités de la vie ; en n'y faisant pas consister tout leur bonheur ; en prenant pour base de leur repos, la tranquillité publique & l'amour mutuel des concitoyens ; en se nourrissant des maximes qui menent ou entretiennent dans ces sentimens ; & en ne connoissant ou ne suivant que des usages qui en seroient la pratique ; les *mœurs* & les *manieres* seroient, pour ainsi dire, tout : le Législateur auroit comme tout préparé dans ces deux Chapitres de son Code. Si vous éloignez tous les obstacles, & apportez tous les moyens, que reste-t-il donc à faire pour les *Loix*, qui n'ait été comme déja arrêté par les mœurs & les manieres ? On va directement au but, quand rien n'est plus capable d'arrêter en chemin ; & il est bien vraisemblable qu'on veut le moins quand on a fait le plus. Qu'est-ce qu'il y a de si difficile, après l'observance des réglemens qui portent ou sur la modération des desirs & la médiocrité des biens, ou sur le commerce mutuel des égards & des témoignages d'estime & d'amitié que les hommes se doivent ? Il est clair que les *Loix*, proprement dites, composeront un Chapitre bien peu étendu, en comparaison des deux autres.

Mais le Législateur doit le présenter d'une maniere qui, en même-temps qu'elle le recommande & en fasse connoître la nécessité & l'importance, laisse pourtant entrevoir que les deux autres en font les uniques fondemens, & comme la route : par conséquent d'une nécessité & d'une importance très-graves, dont la transgression, par la raison

due des réglemens sur les mœurs & les manieres, indique que le Chapitre des Loix soit court.

Comment pourtant présenter les Loix ? & qu'est-ce qu'il faut faire entendre d'elles, par

rapport
aux mœurs
& aux ma-
nieres?

qu'elle suppoſeroit ou entraîneroit celle des Loix, exige une plus forte attention de la part du chef à les faire exécuter. C'eſt cet abandon des mœurs, c'eſt ce pervertiſſement ou cet abus des manieres, qui, chez nous & chez tous les peuples civiliſés comme nous ſommes, ont ouvert la porte à tous les déſordres qui dégradent notre eſpece, & font le malheur & la honte de la ſociété.

Bornes
dans leſ-
quelles ſe
contien-
nent les
Loix.

Il ſuit de ce raiſonnement que, tandis que le Légiſlateur aviſera, dans les deux Chapitres des mœurs & des manieres, aux regles qui contiendront les citoyens dans l'obſervation des points, par leſ-quels ſeuls on s'abſtient des grands manquemens & des grandes infractions aux devoirs communs, & ſans leſquels l'on reſte toujours ou avec le pen-chant ou avec les tentations de mal faire : il ſuit, dis-je, que le Chapitre des *Loix* ne connoîtra, ne traitera, ne diſpoſera que de ce qui eſt des néceſſités de la vie, des beſoins indiſpenſables, de la convenance réciproque à ſe communiquer, à négocier d'intérêts particuliers ou généraux ; à améliorer ou conſerver ſon état ; de tout, en un mot, ce qui eſt comme les reſſorts viſibles & ma-tériels de la machine politique.

Elles por-
tent com-
me ſur les
reſſorts vi-
ſibles &
matériels
de la ma-
chine poli-
tique.

Les *mœurs*, en effet, ſont plus intérieures, & les manieres ſont ſenſibles ; mais ce n'eſt pas là proprement le corps de l'Etat. Il en eſt de lui comme du corps humain : en chaque individu eſt le fond d'un homme ; qu'il maigriſſe ou ſoit dans l'embonpoint, qu'il ſoit grand ou petit, qu'il ſoit en mouvement ou en repos, que le ſang & les humeurs circulent lentement ou non, ce ſont des accidens qui ne constituent pas absolument l'homme. Les *Loix* portent sur les rangs & les personnes ; sur les mariages & les contrats civils ; sur la subsistance, la propriété, les acquisitions, les échanges, la culture des terres, la levée des impôts & leur création ; sur tout ce qui est militaire, par rapport à la défense de l'Etat, ou à la défense particuliere ; sur la punition & les récompenses : Voilà bien des objets à la vérité ; mais chacun d'eux ne doit pas être étendu, & ne fait pour tout monde qu'une regle générale.

Au lieu que les *mœurs* & les *manieres*, en développant l'homme, en allant chercher les intentions & la conduite intérieure, en ne se contentant pas du fond & de la chose même, mais de la maniere d'être & de se montrer, en prescrivant tous les moyens d'être premierement honnêtes gens, & bien disposés les uns envers les autres, avant de l'être par les loix, ont un champ très-vaste à parcourir. On ne fera jamais mieux respecter les *Loix* qu'en les abregeant par cette même raison que le reste pourvoit, pour ainsi dire, à tout.

Les mœurs & les manieres ont bien un autre champ à parcourir

Mais, de même que dans cette science & dans ces institutions politiques, le Législateur doit éviter de tomber dans des minuties, & prendre garde que l'abondance de la matiere ne nuise point à l'attention, ou à l'intelligence, ou à la bonne volonté des citoyens ; pareillement il doit éviter de rien laisser à desirer à ses Loix : il doit tâcher, en prévoyant tout, de leur faire dire tout ; & encore qu'elles n'aient jamais un air de puérilité

Mais les Loix sont aussi asservies à des regles. Défauts à éviter.

& de peu d'importance , dans la nécessité même
souvent de les faire rouler sur des modiques objets :
il faut que tout soit sacré & le paroisse.

CHAPITRE V.

Solidité des Institutions précédentes, & Conlusion de tout l'Ouvrage.

QUE s'il est certain que la douceur des mœurs & la politesse des manieres, que je veux inspirer, n'auront rien de commun avec celles que j'ai reprochées aux Nations policées, & que j'ai données pour une des principales causes qui ont le plus contribué à étendre & à maintenir le *mal*, en fait d'Institution Politique; il n'est pas moins assuré que la dureté de caractere & la rudesse des manieres, ne trouveront jamais à s'introduire chez un peuple dirigé par des regles conformes au plan général que je viens de tracer. Nous allons précisément par les *manieres* à prévenir tous les inconvéniens ; & nous avons tâché de trouver des points fixes, sur lesquels on puisse être en assurance entre les extrêmes : en sorte qu'on ait les bons effets d'une bonne cause, sans résultats désavantageux. « Des gens toujours corrigeans ou » toujours corrigés, *dit Montesquieu en parlant des* » *Lacédémoniens*, qui instruisoient toujours, & » étoient toujours instruits, également simples & » rigides, exerçoient entr'eux plutôt des vertus, » qu'ils n'avoient des égards ». C'étoit en effet le défaut de ce peuple, de n'avoir point appris le grand art des *manieres*, de n'y avoir point tourné les vues du Gouvernement, d'avoir méconnu une branche si importante de la Législation. On don-

Solidité des Institutions précédentes.

Esprit des Loix, Tome II, Partie I, p. 177.

Pourquoi les Lacédémoniens avoient des manieres dures.

noit tout à la force du corps & de l'ame ; aux vertus guerrieres, mais infolentes, altieres, & fouvent inhumaines ; à l'intérieur, pourvu qu'il fût d'accord avec les regles établies ; & l'on abandonnoit cette partie de la civilifation, qui confifte dans les témoignages extérieurs, annonces de tous les devoirs & fignes de la bonne volonté, avant même d'agir, & qui nous prépare à pouvoir compter d'avance fur nos femblables.

Grands effets de diverfes Caufes fur l'efprit des citoyens, formés fur notre modele, pour les préferver du même vice : 1°. En voyant les grands foins du Légiflateur à faire que les hommes s'aiment & aientdes mœurs pures.

2°. En abhorrant bien plus les crimes, à mefure qu'ils fe verront chargés de petits de-

L'efprit des citoyens, formés fur le modele que j'expofe, fera bien pénétré de la valeur & du prix d'un homme, quand ils verront combien l'on a pris foin de relever dans le Chapitre des *égards*, le zele & les attentions que les hommes fe doivent les uns aux autres ; & dans celui des *mœurs*, de les épurer & de les conferver telles, par la privation de toutes les chofes inutiles ou mauvaifes, & par des fixations juftes & raifonnables de l'ufage même de celles qui font bonnes & néceffaires.

Ils feront bien plus éloignés de commetre les crimes, & de fe tirer des devoirs principaux, en confidérant la multitude d'autres petits devoirs dont ils feront comme entourés, & dans l'habitude où ils feront de les réduire en pratique. Comme toutes les actions de la vie font liées, il y a une gradation, qui eft dans la nature, de fentimens & d'affection. On ne devient jamais froid ou indifférent, ou bien indifpofé contre quelqu'un tout-à-la-fois, comme on ne paffe pas fubitement dans l'irréligion ou dans la débauche : l'on y arrive infenfiblement & par degrés fucceffifs ; c'eft ainfi qu'en morale, comme dans la

phyfiqne, tout tire à conféquence, & qu'on ne
fauroit trop arrêter les premieres actions qui s'é-
cartent tant foit peu de la regle.

voirs tous relatifs à la vertu.

Des hommes qui verront du *férieux* dans ces
Inftitutions politiques, concernant les dehors & les
démonftrations; qui fentiront le rapport de ces
manieres avec les mœurs établies; qui apperce-
vront à celles-ci une analogie & une convenance
parfaite avec l'Etat naturel de l'homme & fa
condition fur la terre; qui n'éprouveront, de la
part des Loix, que des ordonnances & des objets
de fujétion néceffaires, relatifs à la conftitution
civile; & qui trouveront encore cette conftitution
la plus propre à faire le bonheur de la fociété,
ne pourront qu'être juftes, doux, honnêtes, polis;
puifqu'ils auront, de toutes ces qualités, les véritables idées; & qu'ils ne feront point, comme
nous, au milieu d'une infinité d'établiffemens qui
nous féduifent ou nous forcent fans ceffe à être
le contraire de ce que ces mêmes qualités fuppofent.

3°. En confidérant l'accord de ces mêmes Points de la Légif- lation, fi bien adap- tés à notre bonheur.

Si nous paffons enfuite à la confidération du
grand rapport, qu'ils trouveront, du Code Civil
& Politique, à celui de la Religion; quel effet
penfons-nous que cela produife, aux yeux de
ces mêmes hommes, affujétis à un joug fi doux
& fi raifonnable? Comment le cœur ne pourroi-
il pas s'attendrir & s'exhaler en fentimens de
reconnoiffance & d'amour, en éprouvant une fi
belle harmonie de tous les agens ou refforts établis pour la conduite & la confervation de la
fociété; en voyant tant de jufteffe entre le fond
& la forme, entre les caufes & les effets, entre

4°. En admirant le grand rapport du Code Civil & Politi- que à celui de la Re- ligion; & leur con- cert mer- veilleux à remplir la deftinée de l'homme.

les befoins & les reffources, entre les effets & les móyens pour les produire, entre les dangers & les précautions ; en un mot, entre l'autorité & la fujétion, la liberté & la retenue, l'ufage des biens & des plaifirs & leur modération, les honneurs & la fimplicité, la gloire & la modeftie, l'élévation & l'égalité , &c ?

Beauté de cette heureufe pofition. Heureufe pofition ! félicité humaine ! vous êtes la feule qui puiffiez contenter une ame vertueufe & des citoyens ; vous êtes feule propre à faire refpecter la Patrie & à la faire aimer ; à donner ce grand attachement pour elle, fans nuire à celui qu'on doit aux autres fociétés ; à faire fouvenir qu'on eft membre de tout le genre humain ; & que fi des Gouvernemens fe font établis, c'eft auffi peu, pour rompre l'union naturelle qui eft entre les hommes, & bleffer les devoirs qui en font une fuite, que pour favorifer les paffions particulieres & conduire l'homme à tous les excès, où l'hiftoire de tous les fiecles nous le repréfente ; en quoi il paroît avoir fait d'autant plus de progrès qu'il eft devenu plus civilifé & plus poli, au fens & de la maniere que nous l'avons repréfenté.

Conclufion de tout l'Ouvrage. Nous voici enfin arrivés à la conclufion de tout l'Ouvrage. C'eft de l'Etat naturel des Peuples dont j'avois à traiter : c'eft de la véritable civilifation dont il s'agiffoit de donner une efquiffe ; il a fallu d'abord combatre les vices publics & politiques des Nations policées, & la doctrine perverfe des Auteurs en Droit naturel & des gens, qui ont, comme tous, concouru à confacrer ces mêmes vices. J'ai tâché, dans cette vue, de développer la morale dans fes replis les plus cachés, ou plutôt

dans ſon cours le plus naturel & le plus facile ;
diſons mieux encore, dans ce qu'elle a d'eſſen-
tiellement convenable & d'heureux pour le genre
humain. Il s'en eſt enſuivi que ſi les grands écarts
des Nations ſur la juſtice naturelle forment de
plus grandes imperfeƈtions, ils autoriſent en outre
celles des particuliers, & les rendent comme ir-
réparables ; que celles-ci, à leur tour, ſuppoſent
les autres ; & que toutes enſemble, elles ne forment qu'une ſeule chaîne, que tiennent, pour
ainſi dire, en leurs mains, les Souverains du
monde, comme pour les avertir qu'ils ſont ſeuls
capables & ont ſeuls le pouvoir de la changer en
une chaîne de vertus ; mais changement, qui
ne peut s'opérer que par un zele vraiment paternel. Nous avons vu que cette morale naturelle, ſur laquelle doit porter le nouvel édifice,
eſt ſans ceſſe d'accord avec la morale de *Jeſus-*
Chriſt ; & cette conformité m'a paru être ſon
plus grand triomphe : en ſorte que tous les Peuples
de la terre doivent ſe réformer ſur tant de points
que j'ai montrés être contraires à l'ordre & à
la juſtice, s'ils veulent être (chaque homme à
l'égard de ſon ſemblable, & les Corps politiques
entr'eux) comme le *Droit naturel* le demande,
& que l'a voulu le Créateur pour ſa plus grande
gloire & l'utilité de ſes créatures : que ſi c'eſt-là
une obligation générale, combien plus ne regarde-
t-elle pas les Nations policées, elles que tant de
lumieres & d'inſtruƈtions laiſſent entiérement ſans
excuſe, & qui, à raiſon des pas qu'elles ont déja
faits vers les connoiſſances humaines, ſemblent
deſtinées à ſervir d'exemple, & à répandre les
fruits ineſtimables d'une ſi belle réformation ?

J'ai tâché de payer à la vérité & à ma Patrie mon tribut d'homme & de citoyen. En découvrant en général les imperfections civiles & politiques, j'ai respecté par-tout l'autorité & prêché par-tout l'obéissance. J'ai dit ce que j'ai senti en mon cœur & ce que j'ai cru appercevoir de plus vrai daus les lumieres de la raison. J'ai fait des vœux pour la réunion de tous les Peuples. Enfin, j'ai osé tracer un plan qui m'a paru le plus propre à parvenir à ce but, & à établir la félicité fur la terre : c'est à Dieu feul qu'en est réservé le succès!

F I N.

TABLE

DES

TITRES ET CHAPITRES

DE CETTE TROISIEME PARTIE.

SECTION PREMIERE.

_____

SECTION DEUXIEME.

Conſidération ſur les ſources primitives, & les cauſes ſubſéquentes des déſordres Civils & Politiques qu'on avoit à réparer ou à prévenir. Pages

SECTION TROISIEME.

Confidération fur la fauffe Civilifation des Peuples, & fur ce qu'il y avoit préalablement à obferver pour la rendre véritable. Pages

500 TABLE DES TITRES ET CHAPITRES.

Fin de la Table.

ERRATA,

POUR L'ESSENTIEL.

PAGES.	Lignes.
2,	8, mauvaife : *lifez*, mauvais.
3,	5, remontrer : *lifez*, rencontrer.
12,	25, officice : *lifez*, office.
14,	23, d'infenfé : *lifez*, infenfé.
20,	3, aucune : *lifez*, aucun.
30,	3, compofant : *lifez*, comparant.
Ibid.	17, elles : *lifez*, elle.
Ibid.	20, n'entrant : *lifez*, n'entrent.
36,	note 1, au bas de la page, ligne 5, difons : *lifez*, dirons.
53,	5, qui a fait : *lifez*, qui fait.
75,	28 & 29, conduits point : *lifez*, conduits au point.
124,	15, il a été établi : *lifez*, il a établi.
150,	6, on : *lifez*, ou.
162,	9, ces hommes : *lifez*, de ces hommes.
189,	26, recevront : *lifez*, recevroient.
289,	15, plus de Peuples à craindre : *lifez*, de Peuples plus à craindre.
305,	28 & 29, quels corps convenables : *lifez*, quel corps convenable.
330,	5, faut-il que : *lifez*, faut-il bien que.
339,	8, récens : *lifez*, reçus.
385,	19, qu'il prenne : *lifez*, qu'on prenne.
Ibid.	21 & 22, les lui fourniffent : *lifez*, les fournissent.
388,	1, & que le bien : *lifez*, & que le défaut de bien.
393,	1, de la : *lifez*, de fa.
462,	6, après *vice*, un point, aulieu de la virgule.
489,	10 & 11, pour tout monde : *lifez*, pour tout le monde.

SUPPLÉMENT

A L'ERRATA DU PREMIER VOLUME.

PAGES. *Lignes.*
224, 9, elles : *lisez*, ils.
272, 29 & 30, voyons donc : *lisez*, voyons, par.

CORRECTIONS

A L'ERRATA DU SECOND VOLUME.

PAGES. *Lignes.*
9, 15, 16 & 17, les opinions que j'ai rapportées
au commencement de cette Seconde Partie,
& dans le cours de la Premiere : *lisez*, les
opinions suivantes, & toutes celles que j'ai
rapportées dans le cours de la Premiere
Partie.
30, 4, 5, il n'y a point d'erreur ici.
72, 7, à soi-même : *lisez*, soi-même.

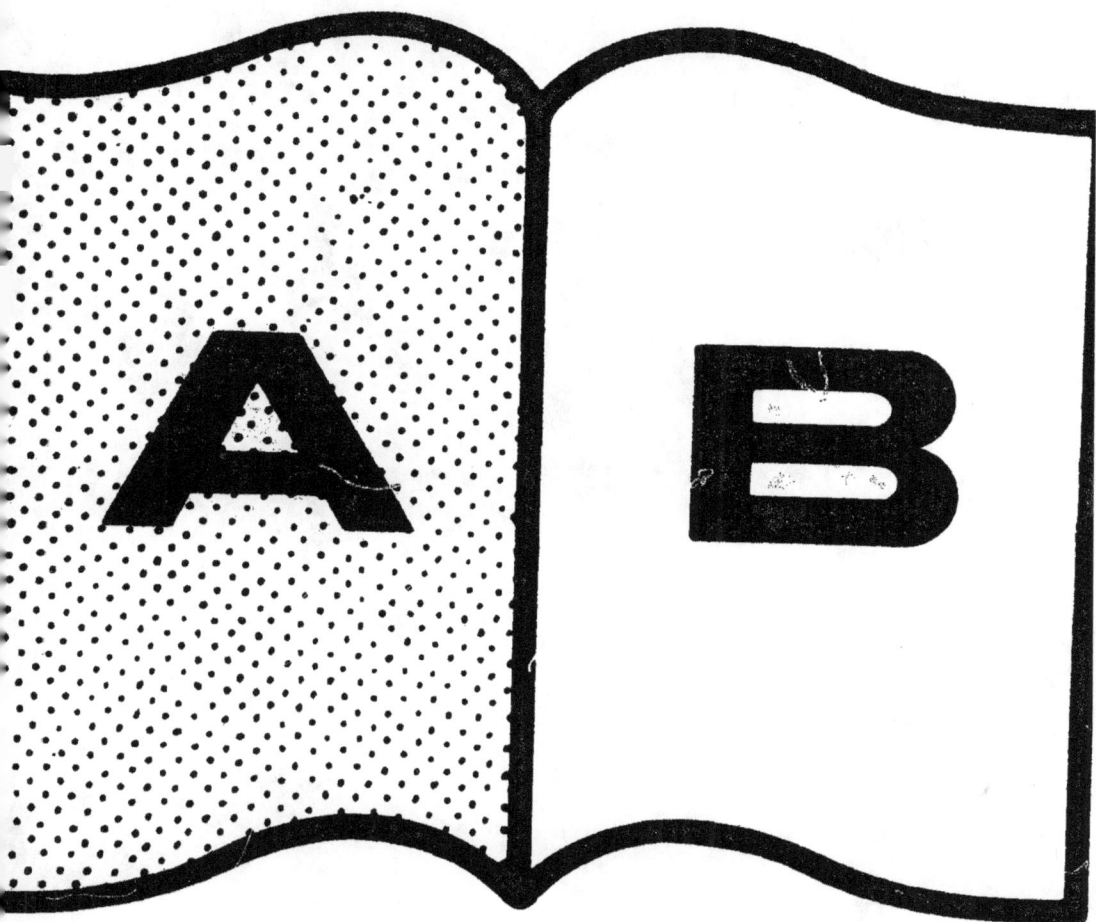

Contraste insuffisant

NF Z 43-120-14

www.ingramcontent.com/pod-product-compliance
Lightning Source LLC
Chambersburg PA
CBHW050545270326
41926CB00012B/1918